증보판

체육원리의 제 문제

체육원리의 제문제

초판 1쇄 1996년 3월 12일 | **5판 2쇄** 2018년 9월 10일

지은이 김동규 | **펴낸이** 서길수 | **펴낸곳** 영남대학교출판부

출판등록 1975년 9월 5일 경산 제16-1호 | **주소** 경북 경산시 대동 214-1
전화 053) 810-1801~3 | **FAX** 053) 810-4722 | **홈페이지** book.yu.ac.kr

ISBN 978-89-7581-387-0 93690

• 값은 표지 뒷면에 있습니다.
• 잘못 만들어진 책은 바꾸어 드립니다.

증보판

체육원리의 제 문제

김동규 지음

영남대학교출판부

머 리 말

체육의 학문화 경향은 하위영역을 설정케 하여 분야별로 많은 발전을 이루었지만 유독 체육원리라는 교과만은 뚜렷한 방향이 서 있지 못한 것 같다. 그의 가장 큰 이유는 우선 체육원리라는 교과가 체육학의 하위영역이 아니며, 인문 · 사회 · 자연의 전 계열을 담당해야 하는 포괄성에 의해서이다. 즉 교과의 방향과 범위가 명확치 못한 개론적 성향이 취급해야 할 수준의 설정을 매우 어렵게 한 것이다.

흔히 체육원리에서 다루어지는 체육의 과학적 기저에서 생리학, 역학, 심리학, 사회학 등의 이론이 동원된다. 그러나 이러한 분야는 체육계열학과 학생이면 상급학년에서 체육 · 스포츠의 문제와 접목하여 전공교과로서 다시 수강해야 하는 영역이다. 그러하니 체육원리에서 그 영역을 다루어야 할지, 다룬다면 어느 수준과 범위까지 취급해야 하는가가 난처한 것이다. 이는 교육학에서 교육원리, 교육학 개론을 가르치지 않을 수도 없고, 다루자니 어디서 어디까지를 대상으로 해야 하는가에 대해 고민하는 입장과 일맥상통한다고 볼 수 있다.

그리하여 체육원리라는 책도 저자에 따라 매우 다양하게 구성되어 있다. 비슷한 내용이면서도 범위와 폭이 제법 차이가 있게 저자의 소신대로 집필되어 있다. 선행문헌의 객관도를 존중하는 것도 아니고, 그렇다고 저자 본인의 주장을 구체적으로 나타낸 것도 아닌 것이 체육원리라는 책의 특징이라면 특징이다. 이 책도 그러한 점에서 크게 벗어날 수는 없었다. 십수년 동안 학부와 대학원 과정의 학생들을 대상으로 강의해 오면서 모아온 자료들을 정리해 보고, 부분적으로 본인의 주장도 내세워 보긴 하였으나 솔직히 말해 독창적 이론이 제공될 수는 없었다. 이는 본인의 능력에도 문제가 있었지만 교과의 특성이 그러하기 때문이라는 변명도 해 본다.

그러나 이 책은 그 나름대로 몇 가지 특징이 있다.

우선 체육의 과학적 기저를 과감히 성략하고 체육 · 스포츠의 가치 영역을 확대했다. 그리고 과학적 기저라는 말 대신에 체육학의 영역이라는 이름으로 과학과 관련된 전공 영역을 따로 소개했다. 그 이유는 체육원리라는 교과가 대체로 체육을 전공하고 있는 학생을 대상으로 하지만, 일반학생이나 비전공인들이 체육에 대해 관심을 가질 때 그들에게 우리의 분야를 설명해야 하는 의무가 있는 교과이기 때문이다. 만약 체육의 과학적 기저에 대한 내용을 확대했다면 체육을 전공하는 학생들이 전공과목을 이수할 때에는 다소 도움이 되겠지만 일반학생들에게는 지나치게 보편적인 이론일 수 있고, 또한 그 내용이 체육의 영역인지 기초과학의 영역인지에 대해 혼란을 줄 수 있다고 보았다.

이 책이 지닌 두번째 특징은 각 영역의 문제들이 궁극적으로는 인간주의적 입장에서 조명되었다는 점이다. 즉 전반적인 내용의 결론이 휴머니즘적 입장을 추구하지 않을 수 없었다. 왜냐하면 체육교육과 스포츠가 인간주의적 입장으로 방향이 지워지지 않으면 현대 혹은 미래 사회에서는 필요없는 분야로 전락할 위험성이 내포되어 있기 때문이었다. 비록 「체육 · 체육학의 정체성 논의」편에서 이를 비판적으로 취급하였지만 체육 · 스포츠 분야의 인간주의적 입장은 타 분야에서 모방키 어려운 우리만이 갖는 특권으로 유도해야 할 것이다.

마지막으로 밝히고자 하는 특징은 이 책의 집필에 많은 전문가의 지식과 조언이 밑거름이 되었다는 점이다. 체육철학을 전공으로 하고 있는 사람의 입장에서 과학의 영역을 상세히 조명한다는 것은 오류를 범할 가능성이 있다고 보아 각 분야에서 권위있는 분들께 많은 조언을 구하였다. 따라서 이 책은 다양하게 구성된 것 이상으로 그 내용의 신뢰성이 높다고 자평할 수 있다. 철학과 관련된 문제는 동료 교수인 교육학과 박철홍박사의 감수가 있었고, 운동생리학 분야는 박준현박사, 스포츠심리학은 류호상박사, 스포츠사회학은 이정식교수, 그리고 생체역학은 일리노이 대학에서 박사과정을 이수하고 있는 임영태군이 시간을 내어 도와주었다.

이상과 같은 몇 가지의 특징에도 불구하고 막상 원고를 출판부에 넘기고 나니 많은 아쉬움이 남는다. 우선 전반적인 내용에 대해 본인의 철학이 깊게 관여하지 않은 채 선행 연구의 내용을 발췌하여 정리한 경향이 있고, 문장의 구조 또한 이해하기 쉽게 구성해 보려는 노력은 있었지만 만족하기에는 부족함을 느낀다. 그리고 '미래의 체육 · 스포츠 문제' 는 시간에 쫓겨 완성된 내용이 되지못한 아쉬움이 크다. 이 문제는 차후 수정본에서 보완할 계획이지만 장기간의 신중한 준비에 의해 이루어져야 할 것으로 보아진다.

하여튼 졸작이긴 하나 1년여 끌어온 작품 아닌 작품을 세상에 내어놓게 되어 흔히 하는 말로 시원섭섭하다. 오염된 세상에 나도 한 몫하여 세상을 더욱 어지럽게 하고 아까운 종이만 축내는 것은 아닌지 걱정도 된다. 그러나 이 책을 처음부터 자세히 읽어 내려가게 되면 체육 · 스포츠와 관련된 많은 문제들에 대해 각자가 갖는 그 나름대로의 느낌은 오리라 본다. 이 책을 통해 의문이 생기고 더 많은 앎의 욕구가 도출된다면 이 책이 의도하는 목적은 대부분 달성되었다고 볼 수 있다. 왜냐하면 더 많은 앎의 욕구를 충족시켜 줄 체육학의 여러 전문영역이 대기하고 있기 때문이다.

책의 모습을 갖추는데 큰 역할을 한 몇 분을 소개하고자 한다. 원고의 최종 손질을 맡아준 고홍렬선생이 으뜸이며, 장세창선생, 최병호, 임강일군이 그러한 사람들이다. 그리고 나의 컴퓨터 선생 교육대학원 손해정양도 이 책의 탄생을 위해서는 반드시 있었어야 할 사람이었다. 또한 체육교육과 은사, 선배, 동료교수들은 본인과 같이 집필했다고 해도 부족함이 없을 만큼 평소에 많은 지도가 있었으며, 출간을 적극적으로 권장하고 지원해준 영남대 출판부는 이 책의 시작이자 마지막이었다. 먼발치서 조용히 지켜 봐준 식구들에게도 마쳤다는 소식을 전한다.

마지막으로, 낳아주시고 길러주신 부모님, 체육인의 길을 인도해 주신 이진화교수님, 그리고 학문적 성숙을 일깨워주신 이광섭박사님께 평소의 은혜에 항상 미흡함을 용서드리며 졸작이나마 이 책을 올린다.

1996년 2월

경산 교육대학원 뒷방에서

저 자

증보판 간행에 즈음하여...

출간 후 4년만에 증보판을 내게 되었다. 이미 비슷한 유형의 저서가 상당히 출간되어 있었고, 특히 이 책은 대학출판부에서 간행되었다는 제한점이 있었음에도 불구하고 여러 대학에서 교재로 선택하여 이용하고 있음은 저자로서 감사한 일이 아닐 수 없다. 출간 당시의 서문에서 밝혔듯이 「체육원리」는 개론적 성향이 강한 교과목이다. 그리하여 교재내용의 범위가 매우 다양한 편이며, 특히 체육전공자가 아닌 일반 대학생들이 수강하게 되면 그 범위는 훨씬 확대되지 않을 수 없다. 체육원리라는 교과목은 체육 · 스포츠의 여러 문제들이 어떠한 경로를 밟아 오늘에 이르렀으며, 향후에는 어떠한 목표로 대응해야 할 것인가 하는 문제 외에 실천적 측면에서의 다양한 방법까지 제시해야만 소위 말하는 수요자의 욕구충족이 이루어질 수 있게 된 것이다.

1980년대 후반까지 각 대학에서 「체육」이라는 교과목은 필수과목이었다. 그러나 그후 대부분의 대학에서 선택과목으로 전환하면서 실기수업 외에 이론과목을 상당수 개설하였다. 교과목의 이름은 각양각색이나 그 내용은 대체로 체육 · 스포츠에 대한 개론적 성향의 소개서라고 보여진다. 금번의 증보판은 그에 많은 관심을 가지고 구성되었다. 체육학도에게는 체육학 입문서로, 일반 학생에게는 교양도서로 이용코자 함이 본 증보판의 목적인 것이다.

증보판에서 보완 · 수정된 내용은 크게 3영역이다. 우선 「체육 · 스포츠의 가치」에 대한 내용의 범위를 확대시키고 전면 개편하였다. '운동의 생리적 가치' 에서는 운동의 의의와 운동의 효과에 대한 생리학적 접근이 이루어졌으며, '운동의 심리적 가치' 에서는 생리심리학적 입장에서 운동이 심리적 안정과 치료에 어떻게 접근될 수 있겠느냐가 비교적 심도 깊게 다루어졌다. 그리고 '스포츠의 사회적 가치와 기능' 에서는 정치 · 경제 · 문화 · 교육적 입장에서 스포츠의 가치를 논하고, 스포츠의 기능을 순기능과 역기능적 입장에서 조명하였다. 운동의 생리적 가치에 대한 보완 내용으로서 '운동과 건강' 이라는 내용이 새로이 구성되었는데 이는 「건강추구의 의의와 체육의 과제」의 말미에 첨부하였다.

증보의 두 번째 내용은 「스포츠와 법」이라는 주제로서 현대사회에 있어서 스포츠의 법적인 문제가 점차 확대되어가고 있음에 스포츠 법, 스포츠 범죄, 스포츠 사고 등으로 구분하여 논의하였다. 체육학의 연구영역에 법의 문제들을 포함시켜 스포츠 현장에서의 법적 분쟁을 예방하고 대책을 수립하는데 일조 할 수 있으리라 본다.

세 번째 증보 내용은 「미래 스포츠의 전망」에 포함된 '스포츠의 본질과 구조의 뉴 패러다임' 이다. 21세기를 맞이하면서 스포츠에 대한 고전적인 접근에서 한 단계 도약하여 스포츠의 본질에 대한 비판적 담론의 장을 마련하고, 그 구조적 틀을 구상해 보려는 논문형식의 내용이다. 스포츠의 틀에 대한 문제제기 차원에서 의미가 있다고 본다. 이상의 증보된 내용들로서 '발전' 이라고 단정할 수는 없으나 첫 출간이 서두름에 의해 미흡한 부분이 있었음을 인정할 때, 이의 보완은 의미가 있다고 본다. 다음 증보판을 향해 오늘부터 다시 자료를 모으고 정리하려 한다.

많은 부분이 수정되고 보완된 것은 아니나 증보판 역시 많은 협력자가 있었다. 우선 운동생리심리학의 대가인 류호상 교수가 '운동의 심리적 가치' 에 대한 자료들을 보내 주었으며 이를 이영환 선생이 요약해 주었고, 박사과정의 김한철, 변재철 선생이 생리학에 대한 나의 지식 부족을 보완해 '운동의 생리적 가치' 를 충실하게 완성해 주었다. 또한 고홍렬, 이정식 교수의 쌍두마차가 전공을 살려 '스포츠의 사회적 가치와 기능' 을 요약해 주었으며, 전용배 박사가 '스포츠와 법' 의 영역에 대한 자료수집 및 원고 작성에 동참해 주었다. 체육철학 전공자인 저자의 입장에서 보면 이 분들의 도움이 없었으면 아예 증보판의 계획을 세우지 못하였거나 시도했더라도 조잡한 내용으로 일관할 수밖에 없었을지도 모른다. 마지막으로 증보판의 계획을 허락해 주고 협력해 준 영남대학교 출판부의 박병진 부장님과 관계자들에게 감사드린다.

2000년 2월

경산 서당골 2층에서 지은이

증보 2판의 출간에 부쳐…

1996년에 초판을 발간한 이후 2000년에 증보판을 출간하여 부족한 부분을 보완하였다. 10여년의 세월이 흐르는 동안 수많은 독자들이 이 저서를 아껴주어 저자로서 무어라 감사의 뜻을 전할 수 없다. 이에 보답의 길을 모색하다가 금년에 다시 증보 2판을 출간하게 되었다. 전면적인 개편은 아니나 섬세하지 못한 부분을 수정하였고, 체육학의 시대적 추세에 뒤처진 내용은 보충하면서 덜 중요한 내용을 삭제하였다. 체육학의 전문화는 체육 · 스포츠의 제반 문제들을 포괄적으로 이해하는 데에서 비롯된다는 이치를 수용할 때 이번 증보 2판의 작업은 의미가 있다고 본다. 많은 이의 조언과 격려를 기대하면서 체육동지 여러분의 건승을 기원한다.

2005년 2월

저자 김 동 규

증보 4판의 출간에 부쳐…

2008년 증보 3판에 이어 금년에 다시 증보 4판을 출간하게 되었다. 많은 내용의 변화보다는 부분적인 첨삭添削이 이루어졌으며, 저서 전체에 대한 리모델링 remodeling이 시도되었다. 독자들에게 항상 감사하다는 말씀을 전하며, 지속적인 격려와 충고를 기다린다.

2010년 2월

저자 김 동 규

목 차

문제 9. 인간주의 체육 · 스포츠

문제 10. 체육학의 제 영역

문제 11. 미래 스포츠의 전망

문제

1 체육원리의 의미

1. 체육원리의 학문적 성격

체육원리라는 책을 처음 접하는 사람들에게 가장 먼저 갖게 되는 질문은 과연 "체육원리란 무엇인가?" 라는 질문일 것이다. 체육원리의 개념은 사실 학자에 따라 다양하여 모두가 합의하는 일치된 견해는 아직 없다. 하나의 교과로서 『체육원리』의 의미를 명확히 하기 위하여 먼저 살펴보아야 할 것의 하나는 체육원리가 과연 체육학의 하위 학문영역의 하나로 간주할 수 있는가 하는 것이다. 그러나 애초부터 "체육원리가 학문영역의 명칭인가?" 라는 질문에 대해서는 "그렇지 않다" 라는 대답에 쉽게 이를 수 있다. 대개 학문에는 '학學' 이나 '-ology' 라는 접미어가 붙지만 체육원리에는 그러한 접미어가 없기 때문에 상식적으로 말해 학문이라고 말하기 어려운 것으로 쉽게 판단된다. 그리고 체육원리가 체육학을 구성하는 학문영역의 하나가 아니라면 교과의 명칭으로 적합한가 하는 것 자체가 의문시될 수 있다. 사실 阿部忍과 같은 학자는 "체육심리학, 운동생리학, 생체역학 등에 이미 각각의 원리가 존재하고 있는데 별도로 체육원리라는 명칭을 사용하는 것은 논리적으로 옳지 않다" 고 언급하기까지 한다.

그렇다면 체육원리는 학문과 관계가 없는 분야인가? 하지만 그렇게 말할 수는 더욱 없다. 왜냐하면 체육원리가 학문 그 자체라고 볼 수는 없지만 '원리' 라는 것은 학문의 뒷받침이 있거나 학문적 영역의 길잡이 역할을 해야 하기 때문이다. 이는 원리principle라는 말의 어원語源이 라틴어인 principium으로 부터 파생되어 근원根源, 기본基本, 기원起源, 또는 원천源泉의 뜻을 포함하고 있으며, 그 의미가 '일반적 행동이 어떠한 목적을 향하도록 지도하는 법칙' 이라는 점을 이해하면 해결된다.

片岡曉夫는 『체육원리』의 내용 구성이 상이하고, 학學이나 아니냐에 대한 논란은 '원리' 와 '이론' 의 구분을 명확히 이해하지 못한 것도 그 원인이라고 말하고 있다. 흔히 원리와 이론은 유사한 의미로 사용되는 경우가 있으나 원리는 실천 지향적이라는 점에서 이론과 구분된다. 우리는 중학생 때 'Archimedes의 원리' 에 대하여 배운 적이 있다. 금으로 만든 왕관에 불순물이 섞여있는가를 판별하도록 명령을 받은 Archimedes(B.C. 272-212)가 밤낮으로 고심을 하던 어느날 목욕탕에서 무게와 부피와 배수량과의 관계를 발견하게 된다. 여기서 말하는 '원리' 는 왕관이 순금인지 아닌지를 판정하는 '행위에 확실한 근거를 부여' 하는 것이다. 즉 원리는 현실사회에서 생긴 문제를 바르게 해결할 수 있는 근거가 되는 이론, 현실과 관련하여 일정한 효과를 가져오는 이론을 의미한다. 그러므로 체육적 행위에 대한 가치 판단을 해야 하고 방향을 정해야 할 때에 이론은 원리로 비약하지 않으면 안된다. 그럴 경우 이론은 행위와 깊은 관련을 맺지 못하며, 이론을 위한 이론 체계에 지나지 않게 된다.

또한 원리는 보통 '원론原論' 이란 말과도 유사한 의미를 지니고 있는 것처럼 사용되는 경우가 있다. 하지만 엄밀히 말하면 원리와 원론간에는 그 범위와 폭에서 차이가 있다. 원리는 'Archimedes의 원리' 와 같은 개별 명칭이므로 하나 하나를 가리키나 원론은 해당 영역의 근간根幹을 논하는 것을 의미한다. 원론은 '해당 영역을 성립시키는 원리' 라고 할 수 있다. 永井康宏은 체육원리가 "체육의 근거와 기준" 을 취급하는 영역이라면, 체육원론은 "체육의 본질을 탐구하고 그 위에 원리를 검토하는 것" 이라고 했다. 따라서 원론은 특정의 문제와 관련된 원리를 만들어 내는 생성의 사고 과정에 붙여진 명사로서 원리와 이론을 이끌어 내는 연구 활동을 말한다.

원리의 의미를 명료화하기 위하여 검토해야 할 또 하나의 사항은 원리와 철학哲

學과의 관계이다. 원리는 철학서에서 구한다라고 할 수 있을 만큼 철학서에 원리라는 말이 빈번하게 등장한다. 다시 말해 철학서는 원리를 구하는 과정의 기록이며, 전형적인 방법과 깊이를 구체적으로 나타내고 있다. 논쟁적인 일이나 중요한 일을 결정할 때 예리하고 정확한 판단을 가능케 하며, 올바른 실천이 이루어지도록 인도하는 역할을 철학이 하게 된다. 철학은 계측 기계에 의한 관찰이나 특정의 지식에 의지하는 것이 아니라 일상 접하는 일이나 사건에 대해 경이하게 생각하고 의문을 가져 사색하는 과정으로서 원리의 근간이 된다. 체육원리를 과학적 방법에 의해서만 성립한다고 하는 것은 과학적 연구의 한계를 이해하지 못한데서 나온 오류이다. 체육의 상황에서도 올바른 이해를 위해서는 체육에 대한 언어적 설명과 이론적 논증論證이 수행되어야 하며, 철학이 체육원리 내에서 주로 이러한 역할을 담당하게 된다. 그러므로 원리는 철학적 훈련을 거친 자에게서 탄생될 수 있는 것이다.

이상을 종합하여 체육원리의 학문적 성격을 보면, 체육원리는 좁은 의미에서는 체육의 근거, 체육의 기준이라고 하는 어의語義를 갖고 있다. 그러나 좀 더 넓은 의미에서 보면 체육을 연구하는 학문, 또는 체육과 관계되는 제 학문의 이론적 사실과 과학적 내용을 뜻하는 것이다. 이런 측면에서 J. F. Williams는 “체육을 올바르게 지도하기 위해서는 방향direction, 방법method, 실천practice이 있어야 하는데, 그 이론적 근거를 제공하는 분야가 체육원리”라고 정의하고 있다. 그리고 永井康宏은 “체육의 실천을 위해 과학적 연구에 의해 얻어진 결과(지식)가 체육적 입장에서 검토되고 조정되어 실천의 기준과 근거가 된 지식 및 법칙”을 체육원리라고 했다. 이러한 입장에 따르면, 체육이라는 학문을 보다 효과적으로 설명하고, 예증例證하기 위해서 우리가 동원할 수 있는 모든 분야의 학술적 이론을 체육원리라고 할 수 있다. 그렇다고 해서 원리가 절대적이거나 완전무결한 진리라는 것은 아니다. 원리는 잘못된 것일 수 있고 잠정적인 것일 수도 있다. 사람이 체육적인 행위를 하는 한 행위자의 의식과 관계없는 행위의 판단 근거로서 원리가 존재할 수는 없다. 따라서 원리라는 것은 고정되고 영원한 것이라기보다는 현실 세계에서 생동적으로 기능하는 이론들을 말한다. 즉 원리는 현실과 관련하여 의 ‘가변성可變性’을 특징으로 한다. 그러므로 우리는 ‘원리’를 행위와 관련하여 받아들여진 잠정적인 이론으로 이해하면서, 체육적 행위의 배경에 감춰진 잠재적 원리를 명확히 하는 노력을 기울여야 할 것이다.

2. 체육원리의 구성과 연구방법

인간의 사유 방법은 크게 나누어 철학적 사유방법과 과학적 사유방법으로 나눌 수 있을 것이다. 앞에서 잠시 언급했지만 원리는 그 어느 하나에 의해서 독립적으로 설명되지는 않는다. 그러므로 원리의 기초를 이루는 학문 영역은 우선 '철학' 과 '과학' 으로 나누어 설명할 수 있다.

철학의 영역은 '인문학' 으로서 과학자의 입장에서 '인문과학' 으로 분류하기도 하나, 철학은 역시 과학과는 학문의 체계나 방법에 있어 독자적이라고 보지 않을 수 없다. 즉 현실의 자연이나 사회에 그다지 구속되지 않고 그들의 관계 그 자체를 연구의 대상으로 삼는 '현실 세계의 초월' 이라는 학문적 특성이 철학에 있다. 그러므로 철학은 '전체의 학문 또는 종합적인 학문' 이라고 할 수 있으며, 연구방법 또한 현상 그 자체를 전체로서 파악하여 반성과 직관이라는 방법에 의해 본질을 탐색한다.

이에 비해 과학의 영역은 인간의 현실 세계와 직접적으로 관련하여 객관적으로 인정되는 현상을 대상으로 한다. 그러므로 과학은 '분석적, 실험적 학문' 이며, 연구 또한 특수한 대상을 관찰하거나 실험이라는 방법을 동원하여 객관적으로 규명해 나간다. 철학이 'why' 의 입장이라면, 과학은 'how' 와 관계한다고 볼 수 있다. 체육원리에 있어서 철학은 체육의 방향을 결정하는 데 영향을 미치며, 과학은 이상적인 방법과 실천을 뒷받침하는 이론적 바탕을 이룬다.

과학은 다시 두 영역으로 분류된다. 하나는 '자연과학' 이며, 다른 하나는 '사회과학' 이다. 두 영역 모두 대상이 되는 세계를 기술하는 것이지만 자연과학의 영역은 우주에 존재하는 사물과 현상들을 설명하는 데에 일차적인 관심을 두고 있다. 사람도 우주를 구성하는 사물의 하나로 취급하여 자연과학적 입장에서 분석하고 이론화할 수 있다.

片剛曉夫에 의하면 자연과학의 양극을 점유하는 것은 천문학과 물리학이다. 양자는 대상의 크기와 구체적인 연구방법의 차이에 의해서 구별된다. 천문학에서는 실험은 불가능하며 관찰에 주로 의존하고, 공간적으로 광대한 세계를 설명하고 있다. 이에 비해 물리학은 이론(엄밀히 말하여 가설)을 먼저 세우고, 그 후 가설을 검증하기 위한 관찰이나 실험이 뒤따르며, 눈으로 들여다보기 어려운 극미極微한 세계에 관하여 설명하는 데에 관심을 가지고 있다. 모든 학문은 거대巨大한 세계에 관심을 두고 있는 천문학과 극소極小한 세계에 관심을 두고 있는 물리학 사이에 존재하는 듯하다. 최근 양자의 관계는 더욱 깊어지고 있다. 물리학에서의 진보가 천문학에 도움을 주게 되고 그 반대 현상이 일어나기도 한다.

그러면 이들 사이에 존재하는 다른 모든 학문은 결국 천문학이나 물리학으로 돌아가 버리는 것일까? 예를 들어 운동생리학은 생리학의 일부이니까 생리학의 체계 속으로 흡수되고, 생리학은 해부학의 뒷받침을 요구하게 되며, 해부학은 분자 수준까지 분석을 하게 되면 화학과 깊은 관계를 맺게 된다. 화학은 원자의 문제와 연결되기 때문에 다시 물리학의 지식을 기초적인 지식으로 요구하게 된다. 이와 같은 관계를 이론이라고 하는 점에 초점을 맞추어 보면 결국 모든 이론은 물리학의 이론에 기초를 두지 않으면 안 되며, 그러한 의미에서 물리학이 자연과학의 지배자로 보이게 된다. 이것이 올바르다고 한다면 물리학은 현재 모든 자연과학에 원리를 제공하고 있거나, 지금 현재는 제공하지 않는 경우라도 언젠가는 제공하게 될 것이라고 예상할 수 있다.

천문학과 물리학이 모든 학문의 기븐 모델이 되며 물리학이 모든 학문의 이론적 기초가 된다는 이상의 설명에서 혹자는 그렇다면 천문학이나 물리학을 제외한 여타의 과학들은 원리를 언급할 때에 고려할 필요가 없다고 생각할지 모른다. 즉 중간의 과학들은 원리의 문제를 고찰하는 데에 불필요하다는 주장이 충분히 있을 수 있다. 하지만 이것은 '환원적인 사고 과정', 즉 공통적인 것만을 남기고 특수한 것을 버려가는 사고과정만을 가지고 사태를 판단하기 때문이다. 사태의 공정한 판단을 위해서는 공통적인 것에서 특수과제를 발견해 가는 '화합적 사고과정'을 동시에 고려해야 한다.

화합적 사고과정은 지금의 사고과정을 역으로 거슬러 올라가는 것이다. 우선 물리학이 있다. 원자의 종류와 구조가 설명되어 있다. 예를 들면 수소와 산소가 각각 독자적인 성질과 구조를 가지고 있다. 이것이 합성되면 H_2O라고 하는 물의 분자가 된다. 새로이 합성된 물의 성질은 수소나 산소의 성질과는 전혀 새로운 것이다. 여기에 화학 고유의 연구과제가 성립되게 된다. 이것은 물리학에서는 다룰 수 없는 새로운 과제이다. 분자생물학에서는 염색체의 분자구조를 명확하게 할 수 있을 것이다. 그러나 염색체는 고유의 성질을 가진 생물과의 관계 속에서 그 의미를 찾아낼 수 있다. 이것은 화학이나 물리학이 관여할 수 없는 점이다. 즉 화학에서는 분담할 수 없는 새로운 과제가 또 다시 생기게 된다. 이와 같은 방법으로 더욱 자세히 조사해 나가면 각각의 과학이론은 고유의 연구 과제를 가지고 있으며 바로 이런 점에서 다양한 학문 영역들이 존재해야 할 필요가 있다. 그리고 각각의 학문 영역들은 그 학문 영역 고유의 이론과 원리를 가지고 있다. 따라서 원리를 제공하는 것은 물리학뿐이라고는 말할 수 없게 된다.

과학의 또 한 영역은 인간의 문제와 직접적으로 관련이 있는 '사회과학' 이다. 인간도 생물의 한 종류에 지나지 않지만 과학을 다루는 주체가 인간이므로 자연과학을 포함한 모든 학문은 인간을 위해 존재한다고 해도 과언이 아니다. 자연계에 있는 생물 계통을 거슬러 올라가게 되면 최후에는 인간에 도달하지 않을 수 없다. 이러한 문제 역시 새로운 능력이 첨가된 화합적인 과정으로 본다면, 인간에게 있어 다른 생물과는 다른 α(알파)가 존재한다고 할 수 있다. 그것은 일반적으로 언어, 학습, 문화형성 등과 같은 것을 형성하는 토대가 되는 높은 차원의 능력을 의미한다. 이와 같은 인간의 능력으로부터 물질적 측면으로 다 설명할 수도 없으며, 물질적 측면으로 환원될 수도 없는 생활양식과 문화 창조의 산물이 있음을 알 수 있다. 그리고 이러한 것은 학문 탐구와 연구의 대상이 된다. 사회학, 종교학, 경제학, 정치학, 법률학 등이 그것이며, 언어학, 문학, 역사학, 철학 등 인문과학도 이러한 대상들과 밀접한 연관이 있다.

이러한 영역간에도 자연과학의 경우처럼 환원과정을 발견할 수 있는가 하는 의문을 가질 수 있다. 단적으로 말하면, 이들 간에 상호 관계는 존재하지만 환원이나 화합적인 관계가 있다고 볼 수는 없을 것 같다. 이들 간에는 영역이 서로 구분되어 역할 분담이 되어 있는 상태이기 때문이다. 인간의 생활과 문화에 관한 학문영역을 과학 전체 속에서 본다면 환원의 방향으로는 동물학이 있다. 특히 의학이나 체육학은 환원적인 경향을 가지므로 동물실험이 중요한 위치를 차지한다. 그러나 의학이나 체육학에는 동물실험과 같은 것으로 완전히 환원되지 않는 것이 있음은 확실하며, 그러한 까닭에 의학이나 체육학도 위에서 논한 인간의 특수함에 의해 다른 학문들과 관계를 맺고 있어야 한다.

그렇다면 우리가 전공하고 있는 체육원리는 어떻게 되어 있는가?

체육 현상에 대한 이론 구성에 여러 과학이 관계하고 있다는 사실은 역사적으로 증명되고 있다. 체육이 원래 과학의 영역이라기보다는 과학의 대상으로서 관찰되어야 하는 현실이고 인간을 대상으로 하고 있기 때문이다. 다시 말하면 체육이론은 자연과학의 환원적, 화합적 과정이라고 하는 세로의 선과 인간에 관한 모든 학문의 영역 분담이라고 하는 가로의 선이 교차하는 십자로에 위치하고 있다고 볼 수 있다. 이 위치는 주체성을 잃기 쉬운 위험한 십자로이다. 사방으로부터 여러 학문이라는 자동차에 실린 지식이 다가온다. 혼란을 피하기 위해서는 교통 정리가 필요하다.

십자로에 진입한 자동차는 지금까지의 관습상 '체육'이라고 하는 접두어를 달게끔 되어 있다. 체육철학, 체육사, 운동생리학, 생체역학, 체육심리학, 체육사회학, 체육교육학, 체육행정학 등의 학문이 이 십자로에 진입하고 있으며 앞으로도 이어질 전망이다. 또한 체육이라는 접두어 외에 '신체' '운동' '스포츠' '체력'이라고 하는 접두어도 사용하게끔 되어 이 십자로는 입체적 교차의 모양을 이루고 있다. 하층의 교차를 신체, 가운데 층을 운동, 상층을 스포츠라고 하여 이 교차점 전체를 체육이라고 부르기도 한다. 교차점 속에는 여러 가지 지식이 산더미처럼 쌓여 있어 어수선하다. 이와 같이 혼란스러운 십자로를 정리할 필요가 있다는 주장도 제기되고 있다.

이러한 문제와 관련하여 최근 체육 이외의 분야에 종사하는 전문가들이 체육 혹은 스포츠를 자신의 문제들로 취급하려고 하는 경향이 많아지고 있다. 소설가, 저널리스트, 철학자, 종교학자, 지리학자, 인류학자, 의사 등이 그러하며 그들은 우리 분야와 관련되는 많은 이론들을 생산하고 있다. 체육전문가들도 이제는 체육인임을 포기하고 다른 한 영역으로 들어가지 않으면 생산적인 이론을 도출하기가 어렵게 되었다는 이야기가 나올 정도이다. 그러나 체육, 스포츠의 문제는 체육전문인이 아니면 해결할 수 없는 것들이 산적해 있다. 그러므로 체육학자들은 이러한 현상을 초조하게 받아들여 배타적인 태도를 취하기보다는 체육, 스포츠 분야의 정체성 확보에 보다 많은 힘을 쏟아야 할 것이다. 체육원리는 이러한 문제의 해결에 관심을 가지며, 실제로 이의 해결을 위해 선두에 나서기도 하는 분야이다.

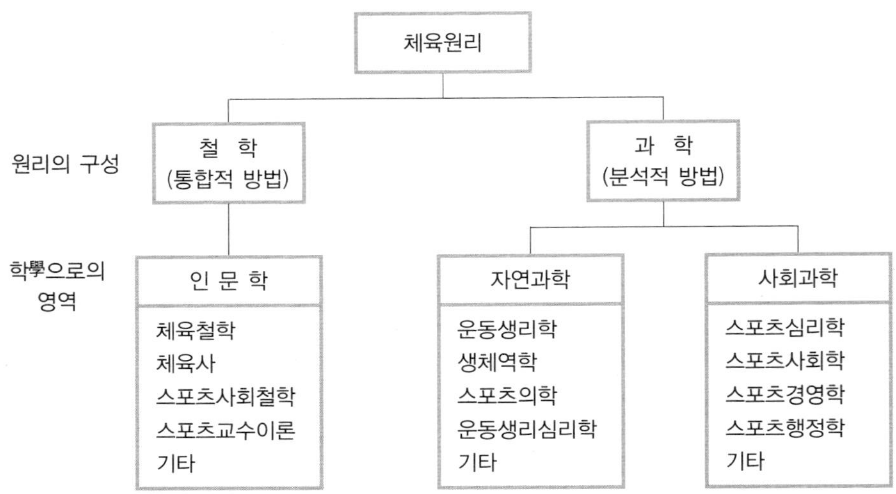

〈그림 1-1〉 체육원리의 구성과 체육학의 하위영역

참고문헌

김영환(1987) 체육원리의 비교연구. 서울 : 도서출판 금광.

김홍수(1995) 체육학의 구성원리. 서울 : 도서출판 대경.

예종이(1987) 체육원리신강. 서울 : 형설출판사.

이진수 역(1995) Thomas, C. E., 스포츠 철학. 서울 : 교학연구사.

阿部忍(1984) 體育の哲學的 探求. 東京 : 道和書院.

片康曉夫(1990) "體育原理とは何か", 體育原理講義. 東京 : 大修館書店.

永井康宏(1983) 體育原論. 東京 : 不昧堂出版社.

문제

2 현대체육의 개념 변천

체육의 역사는 원시사회의 출현과 맥을 같이하고 있지만 형식적인 틀을 갖추고 교육적으로 접근하기 시작한 것은 19세기 후반부터 미국을 중심으로 이루어졌다고 볼 수 있다. 물론 유럽에서는 화려한 그리스의 체육이 있었고, 근대에 들어서서 18세기 Jean Jaques Rousseau의 자연주의에 의해 체육활동에 대한 권장과 실천이 확대되었지만, 현재 한국이 취하고 있는 교육을 기저로 한 체육은 미국의 의료인과 체육학자들에 의해 시도된 형식인 것이다.

원시, 고대사회에서 시작하여 근대에 이르는 체육의 역사가 현대체육의 개념 정립에 근거가 되었듯이, 20세기를 전후로 급변하는 현대체육의 개념변천 또한 미래체육의 방향에 결정적인 영향을 미친다고 보지 않을 수 없다. 이에 이 장에서는 현대체육에 대한 상반된 입장의 2대 조류와 그에 따른 새로운 시각의 탄생, 그리고 새로운 시각에 대한 또 한차례의 반대급부 등의 4단계 과정을 역사철학적인 입장에서 접근해 보고자 한다. 미국을 중심으로 나타난 현대체육의 개념변천이기는 하나 이는 세계적인 조류, 또는 한국에서의 조류와 일맥상통하는 내용임이 전제가 된다.

1. 신체를 위한 교육

체육의 역사를 살펴보면 체육에 대한 개념이나 운동의 형식, 방법 등이 시대의 변천에 따라 많은 변화의 길을 걸어 오늘에 이르렀다는 것을 알 수 있다. 일반적으로 현대체육에 대한 시대적인 성격규명에는 2가지 반대개념, 즉 '신체를 위한 교육education for the physical'과 '신체를 통한 교육education through the physical'이 있다. 신체를 위한 교육의 개념은 신체를 통한 교육의 개념보다 훨씬 먼저 탄생된 개념이다.

1900년 이전의 체육은 '신체를 위한 교육'의 색채를 갖고 있으며, '교육으로서의 체육physical education as education'을 부르짖게 된 것은 그 이후의 일이다. 즉 신체를 위한 교육은 초기 체육의 발달에 기초적인 역할을 한 의료인들이 19세기 말에 "신체의 올바른 계획이 한 나라 젊은이들의 육체적인 건강에 중요한 기여를 한다"고 보고 학교 교육과정에 체육을 정식 교과목으로 채택시키도록 하면서부터 발달하게 된 개념이다. 그리하여 그 무렵 미국 등의 나라에서는 이미 보편화된 여러 종목의 운동이나 미용체조와 더불어 신체적성운동, 즉 신체단련physical training의 열풍이 불기 시작하였다.

미국에 있어서 이러한 개념의 확립에 주도적 역할을 한 이로는 Edward Hitchcock과 Dudley. A. Sargent를 들 수 있다. 이들은 본래 의학도들이었으나 일생을 체육의 발달에 헌신한 미국 체육의 대표적인 선구자들이다. Hitchcock은 1861년 Amherst대학의 교육과정에 최초로 체육프로그램을 삽입시킨 미국 최초의 체육교수로서 딱딱하고 형식적인 독일식 Jahn체조를 지양하고, 기구와 음악을 동반한 light gymnastics를 주장하면서, 한편으로는 인체측정anthropometric measurements 분야의 개척자 역할을 하였다. 그리고 Sargent는 1879년부터 40여년간 Harvard대학에서 체육교수 겸 그 대학 Hemenway 체육관장을 역임하면서 체조의 보급과 운동기구exercise machine의 개발, 그리고 운동에 대한 기능적인 접근을 시도한 체육인이다. 그러나 이들이 주창한 체육개념은 역시 의료인의 범주에서 탈피하지 못한 '교육으로서의 체육'보다는 체육의 목적이 건강의 유지와 신체적성의 발달에 초점이 집중되었다고 볼 수 있다.

비록 체육physical education이라는 용어가 1831년 John Warren(Harvard대학 해부생리학 교수)의 저서 『Theoretical Treatise on Physical Education』에서 처음으로 사용되었으나 그 당시에는 physical training, physical culture 등의 개념에서 벗어나지 못했다. 즉 체육이라는 용어는 미국에서 처음으로 사용되었으며 그 용어가 19세기의 산물이기는 하나, 20세기에 들어서야 비로소 그 원래의 의미인 신체활동의 교육적 접근이 시도되었다고 볼 수 있다.

20세기에 접어들면서 체육의 개념이 '신체를 위한 교육'에서 '신체를 통한 교육'으로 변모되어 신체적성의 발달에 대한 관심이 다소 미약해졌다고 볼 수 있으나, 세계 제1, 2차 대전 시의 징병검사 불합격자 문제, 1916년에 있은 소아마비의 유행, Kraus-Weber Test 보고 등에 의해 신체적성에 대한 관심은 주기적으로 재등장하곤 하였다. 1970년대에 접어들면서 '신체를 위한 교육'의 견해를 지지하는 체육교육자들은 그들의 견해를 정당화시키기 위해 더욱 많은 노력을 했으며, 지난 반 세기동안 운동이 인체조직에 미치는 효과와 장수, 체중조절, 심리적 균형 등에 대한 풍성하고 세밀한 정보가 쏟아져 나오게 되었다. 그러나 '신체의 정상적인 발육'과 '건강의 보호증진'에만 체육의 목적을 둔 '신체를 위한 교육'의 개념은 신체활동의 영향은 단지 신체적인 면에만 국한되어지는 것이 아니고, 심신의 생물학적 단일성에 근거를 둔다는, 즉 '교육의 일 영역an aspect of education'으로서의 체육으로 그 개념이 점차 변모하게 되었다.

2. 신체를 통한 교육

'신체를 통한 교육'의 개념은 19세기 말에 실험적인 개념이 구상되긴 했지만 20세기 초에 들어서서 비로소 부각되기 시작한 개념이다. 중점적인 '신체의 교육' 위주에서 '신체를 통한 교육'이라는 포괄적인 개념으로 방향의 전환이 시도되었다. 즉 이 시기는 '신체의 단련physical training'에서 '체육physical education'으로 옮아가는 때였다.

미국은 1900~1920년대에 정치, 경제, 사회적으로 진보주의 운동progressive

movement이 시작되었으며, 교육에 있어서도 William James, G. Stanley Hall, Edward. L. Thorndike, John Dewey, William H. Kilpatric 등에 의해 진보주의 교육 운동이 일어났다. 진보주의 교육철학의 핵심은 '학교는 근본적으로 사회적 기관이며, 교육의 주된 결과는 그 성격상 사회적인 것' 이라는 점이다. 적극적 학습, 민주적 수업활동, 경험의 공유, 문제해결, 삶으로서의 교육 등과 같은 교육적 개념들은 진보주의 철학사조로부터 직접 유래된 것이다. 그리하여 '진보주의 교육', '새 교육'은 교육에서 쓸모없는 번쇄한 지식의 교육을 배척하고, 유용의 교육, 실용의 교육을 강조하였다.

진보주의 교육운동의 중심인물은 Dewey이다. 그는 아동 중심적이고 자연적인 교육을 통하여 사회의 개선을 도모하였다. 또 Dewey는 민주사회에 있어서 평화적인 개혁을 가져오는 길은 교육뿐이며, 교육은 아이들이 적극적 참여자가 되는 의미있는 경험이 되어야 한다고 믿었다. 진보주의 교육에서는 '하는 것doing' 과 '아는 것knowing' 이 동일하게 중요시되었다. 그리하여 Dewey는 '인간의 총체성the unity of man' 을 강력하게 믿었고, 신체와 정신은 분리될 수 없으며, 모든 교육적 활동은 지적 · 도덕적 · 신체적 결과를 동시에 가져다준다고 하였다. 따라서 놀이, 스포츠, 게임 등의 활동들은 Dewey와 그의 추종자들에게 환영을 받았다. 그러한 의미에서 Dewey는 체육의 강력한 지지자였으며, 그의 지지는 체육의 사회적 목적을 성취시키고자 할 때 더욱 강화되었다.

체육에 있어서 이러한 방향전환에 주도적인 영향을 미친 사람은 Luther. H. Gulick, Thomas. D. Wood, Clark. W. Hetherington 등이었는데, 이들은 체육에 참여함으로써 얻어지는 이익들은 매우 다양하며 그러한 이익들은 신체적인 것 이상의 것이라고 했다. 그러나 그러한 개념들은 그 당시 즉각적으로 인정을 받은 것이 아니며, 선견지명을 가진 Gulick과 같은 교육자의 꾸준한 노력에 의해 받아들여지게 된 것이다.

Gulick은 1890년 당시 체육교육자의 임무가 잘못 해석되고 있다고 했다. 체육이 마치 의학의 부속학문이나 운동경기의 한 부분으로 인식되고 있으며, 더 나아가서는 체육교육자들이 근육을 발달시키는 데만 몰두하는 사람으로 생각되고 있다고 했다. 그리하여 그는 운동을 교육education, 치료curation, 레크리에이션recreation 등의 3

가지 목적으로 분류하면서, 체육은 3가지 목적 중 교육적 목적의 범주에 속한다고 보았다. 이러한 접근에 의해 그는 "체육은 우리의 체력을 인출하고 단련하며 어떠한 직업에나 적응할 수 있는 신체를 준비케 하고 일상생활을 보다 활동적이고 유용하게 한다"라고 했다.

한편 Wood는 1893년 Chicago에서 개최된 국제교육학회에서 "체육교육 분야에 있어서 가장 중요한 점은 신체를 위한 교육에 있는 것이 아니라, 신체훈련이 교육을 완성시키는데 있어서 차지하는 역할에 있는 것이다"라고 연설을 함으로써 '새로운 체육new physical education'에 대한 자신의 견해를 밝혔다. Wood의 발표는 '체조중심의 체육'으로부터 '신체를 통한 교육으로서의 체육' 철학으로 넘어가는 분수령을 마련하였다. 이 철학은 20세기 체육계의 지배적인 사상이 되었고, '진보주의 교육이론'이 새로운 체육의 철학적 근거를 마련하는 계기를 만들었다. Wood는 1891년부터 1901년까지 Stanford대학에 재직하였는데 마지막 해에 Hetherington을 만나게 된다.

Wood가 퇴임할 무렵 Hetherington은 Columbia대학으로 가서 Wood(1932년까지 재직)와 함께 '신체를 통한 교육'을 널리 전파하는 중심인물이 된다. 1924년에는 Columbia대학이 New York대학과 협동 프로그램으로 처음 체육과 박사과정을 개설하였다. 오늘날 현대체육의 아버지로 일컬어지는 Hetherington은 당시 체육의 목표를 다음과 같이 설정하였다.

첫째, 기관 교육organic education
둘째, 심리운동 교육psychomotor education
셋째, 인격 교육character education
넷째, 지적 교육intellectual education

이 구분은 오늘날에도 지배적인 역할을 하고 있다. Darly Siedentop은 1960년대 미국의 체육문헌 중에서 밝혀진 체육목표를 분석한 결과 36명의 체육학자가 진술한 33권의 내용 속에서 23권은 Hetherigton의 4가지 목표와 완전히 일치하고, 나머지 10명 중에서도 7명이 3개의 목표를 인용 진술하고 있다고 했다. 오늘날의 용어로 신체적성, 운동기술, 태도, 인식 등의 순서일 것이다. Hetherinton은 체육의 개념을 설명할 때 체육, 즉 'physical education'의 용어 중 '교육education'을 특히 강조하였다고 볼 수 있다.

앞에서 밝힌 바와 같이 Gulick, Wood, Hetherington 등은 체육은 교육과정의 필수적인 일부가 되어야 한다고 주장하였다. 하지만 '신체를 통한 교육'이라는 어구를 실제로 만든 이는 Jesse. F. Williams이다. Williams는 1915년 Columbia대학에서 의학박사학위를 취득하고 1919년 그 대학 교수로 발령을 받은 후 Wood의 후계자로서 '신체를 통한 교육'의 대변인이 된다. 그는 이 견해를 지지하는데 평생을 바쳤으며, 그의 체육에 대한 해석은 사실 '체육이 신체를 위한 교육이다'라는 주장에 대한 저항운동이었다. Williams는 체육을 '특정한 종류의 결과를 가져올 수 있는 선택된 인간행위의 총체'라고 선언하였다. 즉 '선택된 인간 행위'라는 것은 민주적인 방법으로 생활하는데 기여할 수 있는 인간의 행위를 말하는 것이다. 또한 '결과'라는 것은 자기 나라의 부강에 필요한 지적 인격이라고 했다. 즉 체육을 '신체를 통한 교육'으로 설명하는 현대체육은 신체의 발육발달은 물론 지적, 사회적, 정서적, 도덕적으로 완전한 인간을 만드는 교육의 한 부분이라는 주장으로서 이는 심신의 생물학적 단일성에 근거를 가지며 생명을 전체로 보고 있는 것이다. 1929년에는 Jay B. Nash가 New York대학에서 체육교육학 박사학위를 취득하게 되는데 이 때 그는 이미 그 대학 교수로 재직하고 있었다. Nash는 Hetherington의 수제자로서 Hetherington의 이론을 가장 잘 이해하고 전파하는 역할을 하였다. '신체를 통한 교육'이라고 하는 사상적 기반은 Gulick과 함께 Wood-Hetherington-Williams-Nash라고 하는 계보를 통하여 형성된 것이다.

3. 독립된 학문으로서의 체육

20세기 초반, 체육의 과학적 지식이 높아지고 전문직업 분야가 확대되자 체육의 이론 연구와 교사, 코치, 경기인, 체육행정인 등의 체육전문인들이 당면하는 실질적 문제 사이에 괴리가 발생하기 시작했다. 다시 말하여 전문직업 분야의 확대에 따른 과학지식의 부족이 노출되었던 것이다.

바로 이러한 시기에 Harvard대학 총장 출신인 James Conant가 「미국의 교사교육(The Education of American Teachers, 1963)」이라는 제목의 논문에서 "체육은 기능 중심적인 교과이므로 학문적인 지식은 체육에서 다루어지지 않아야 한다"고 주장하여 체육 분야의 사람들을 놀라게 했다. 체육학은 독특한 이론체계가 존재하지 않는다고 한 그의 주장이 '체육의 학문화 운동'에 사회적 촉매 역할의 계기가 되었던 것이다.

체육학자들은 Conant의 이러한 도전에 그들의 학문적 응전을 즉각적으로 보여주었다. 특히 강력한 응전을 보여준 사람은 California대학의 Franklin Henry로서 1964년 자신의 견해를 NCPEA(National College Physical Education Association)에 「Physical Education ; An Academic Discipline」이라는 제목으로 발표했다. Henry가 발표한 이 글은 오늘날까지도 논의의 대상이 되고 체육학의 고전이 되고 있다.

그는 'academic discipline'을 "학교에서 배우는 지식의 총체를 가진 하나의 독립된 학문 분야"라고 정의하면서 체육의 기본 개념이 인간에게 주는 지식의 유익함만을 강조하는 '전문 영역profession'으로부터 지식 추구 그 자체에 관심을 가지는 '하나의 독립된 학문academic discipline'으로 변모되어야 한다고 주장하였다.

이러한 사상은 경험 중심의 진보주의 교육사상으로부터 교육의 지적 생산성을 강조한 the post-Sputnik 개혁 운동의 이론적 성과에 의한 것이라고 볼 수 있다. 그리하여 20세기 후반에 접어들면서 체육교육자의 입장은 '전문적 영역'과 '학문적 영역' 모두를 설명할 필요가 있게 되었다. 전문적 영역이라 하면 가치론axiology, 즉 'what ought to be'에 속하는 것으로 이는 지식 추구의 동기가 봉사service에 있으므로 교육적 입장에서의 체육 개념을 의미하는 것이며, 학문적 영역이라 하면 존재론ontology, 즉 'what is'에 속하므로 지식 추구의 동기가 호기심curiosity에 있어 실재reality를 이해하는 것으로 묘사와 설명을 주로 하게 된다. 그러므로 academic discipline으로서의 체육을 주장하는 이들은 체육이 원래부터 지식의 총체로서 발달하지 못한 것은 체육 프로그램을 대학에서 시작한 의사들의 관심이 신체 활동이 우리 인간에게 주는 유익함만을 강조한 때문이라고 지적하며, 체육의 학문적인 영역을 정당화시킬 수 있는 합법적인 내용이 개발되어야 한다고 주장하고 있다.

이에 대한 훌륭한 역할을 할 수 있는 개념으로 human movement가 등장하게 된다. 즉 체육학이 "인간의 운동을 대상으로 하는 학문으로서 신체적인 측면에서 인간을 종합적으로 탐구하는 과학", 바꾸어 말하면 "인간 수행을 연구하는 과학"으로 발전해야만 하는 시대적 요청에 의해 human movement는 현대 체육에 있어서 최근에 가장 활발히 강조되고 있는 개념인 것이다.

4. Human Movement

20세기 후반 체육학이 자체의 지식체를 발견하여 학문으로 정립함으로써 physical education이라는 명칭은 부적합하다고 인식되기 시작했다. 그리하여 체육학의 선두 주자인 미국의 대학에서도 대학 및 학과의 명칭을 각기 다르게 사용하고 있는 실정이다. kinesiology, exercise science, sport science, sport studies, human performance, human movement science 등 다양한 명칭들이 사용되고 있어 체육학의 혼란을 대변해 주고 있다.

이와 즈음하여 체육학의 지식체로서 human movement가 적합하다는 의견이 대두되었다. human movement의 개념은 1937년 무용가이며 안무가인 Rudolf Laban이 나치 독일을 떠나 영국에 옴으로써 발달하기 시작한 것으로서, 미국에서는 1950년 경 부터 유행하기 시작했으며 Eleaner Metheny가 선구자의 역할을 했다. 여기에서 human movement는 대근육 활동을 지칭하는 것으로서 일할 때 사용하는 인간의 활동은 제외되며, 주로 play나 sport를 할 때 사용하는 대근육 활동을 말한다.

M. C. Resick와 B. L. Seidel은 체육의 정의를 규정함에 있어 human movement의 개념을 도입하여 "human movement에 대한 예술과 과학The art and science of human movement"으로 정의하고 있다. 여기서 '과학'이라고 하는 것은 앞에서 말한 '학문적'이란 말과 같으며, '예술'이라고 하는 것은 '미적 가능성' 또는 '교육의 방법'을 말하는 것이다.

그들은 체육을 movement의 예술로서 생각할 때는 동작에 대한 세련되고 우아한 기능이 포함된다고 했다. 예를 들면 무용가가 뛰거나 회전하는 동작, 축구에 있어서 상대 공격을 저지하는 동작, 어린이들의 줄넘기 동작 등을 말할 수 있다. 또 체육을 movement의 과학으로 설명할 때의 예를 들면 투포환 선수의 코치가 힘과 몸의 높이의 관계를 설명하면서 신체의 중심을 설명할 때, 실험실의 교수가 격심한 운동에서의 최대산소섭취량을 조사할 때, 수영 코치가 다리의 동작에 있어 Newton의 '운동의 제3법칙' 을 설명할 때 등이다.

또한 많은 여성 체육지도자들도 human movement를 강조하는 사람들과 뜻을 같이하면서 미국의 몇몇 여자대학 체육과에서는 동작원리에 대한 강좌가 개설되었다. Wisconsin대학교의 Magart H. Doubler교수는 인간의 동작 원리에 관한 강의를 시작한 최초의 한 사람으로 1917년 그녀는 'interpretive dancing' 에 관한 강의를 시작하였는데, 그것은 동작원리라는 개념에 근거를 둔 것이었다. 아마 여성들이 movement에 대해서 많은 관심을 가지는 것은 이 개념이 무용과 밀접한 관계를 가지고 있다는 사실에 연유하는 것 같다.

이와 같이 체육을 human movement의 개념 위주로 한다고 해서 교과 내용이 완전히 바뀐다고 볼 수는 없다. 단지 종전에 신체 활동을 통하여 얻으려는 교육 효과 위주로부터 탈피하여 신체 활동을 포괄적으로 다루는 것이다. 그리고 스포츠, 무용, 게임 등을 새로운 각도에서 보게 되는 것이다.

종합하면, 체육의 두 가지 측면, 즉 학문적 영역academic discipline과 전문 영역 professional discipline으로 구분할 때 체육의 학문성을 강조하게 되면 human movement가 될 것이며, 전문 영역을 강조하게 되면 19세기부터 현재까지 보편적 개념으로 사용되고 있는 체육physical education이 되는 것이다.

1960년대 AAPE가 정의한 체육의 지식체 'The art and science of human movement' 는 1974년 Concepts of physical education and sport science라는 주제로 개최된 국제세미나(이스라엘)와 1987년 세계체육협회AIESEP의 제25차 회의에서 종래 physical education의 개념이 human movement의 개념으로 전환되어야 함을 논함으로써 20세기 체육의 지식체가 human movement라는 것이 확인되었다.

마지막으로 21세기 체육학의 구조와 위치에 대하여 알아보자.

전통학문은 인문과학과 자연과학으로 대별되며 체육학, 즉 human movement science는 그 구조상 명확히 어느 쪽이 속한다고 단언하기 어렵다. 신체의 자연적 현상은 분명히 자연과학 쪽이지만 그 신체가 일으키는 '움직임' 은 자연과학의 지식만으로 해석할 수 없으며 더욱이 이 '움직임' 으로 일어나는 사회 문화적 현상은 인문과학에 속함이 분명하다. 그러므로 체육학은 인문과학과 자연과학의 cross-disciplinary 성격을 지닌 중간 학문 영역이 되는 것이다.

체육학은 놀이, 스포츠, 댄스, 신체활동, 직업, 사회복귀 등 인간움직임을 바탕으로 한 현상을 이해하고 해석하기 위해서는 신체유기체적 요소를 다루는 자연과학과 움직임의 행동적 요소를 다루는 인문과학, 그리고 운동적 요소를 다루는 인간운동학human kinetics 등 3자가 수평적으로 교차되는 학문으로 성립된다. 21세기에는 자연과학, 인문과학과 대등한 비중을 가진 제3의 학문영역인 인간운동학 분야를 체육학이 담당해야 될 운명이라고 볼 수 있다.

5. 체육 · 체육학의 정체성 논의

1) 문제의 제기

체육관련 문제는 세 영역으로 논의될 수 있다. 하나는 각급 학교에서 일반 학생을 대상으로 실시하는 체육교육*이고, 둘은 학교 및 일반사회에서 행해지는 경쟁적 스포츠 활동이며, 마지막 세번째 영역은 체육 및 스포츠와 관련된 학문적인 접근이다. 이 장에서는 두번째 영역인 스포츠 활동에 대한 논의는 일단 제외하기로 한다.

체육교육의 입장과 학문적 접근을 강조하는 입장간에는 세력 다툼이 초창기부터 있어 왔다. 체육은 신체활동을 동원하여 피교육자의 인격 완성을 목표로 하는 교육적 입장profession이 무엇보다 중요하다고 생각하는 집단과 체육이 교육적 입장만 강조하다 보니 독립된 학문academic discipline으로 성숙되지 못한 우愚를 범하게 되었다고 주장하는 집단간에 상당한 견해 차이가 있어 온 것이다. 이는 두 영역간에 상

* '체육' 이라는 용어 자체에 이미 교육이라는 뜻이 포함되어 있으나 이 장에서는 포괄적 의미의 '체육' 과 혼동을 피하기 위해 '체육교육' 으로 표기함.

존하는 범위 한계의 모호함과 이론 탄생의 배경에 대한 상황적 차이에 기인한 것이 아닌가 한다.

이 장에서는 위 두 영역간의 논쟁에 대한 해결을 목표로 하려하지 않는다. 왜냐하면 체육이 교육을 강조하든, 학문을 강조하든 아직은 타 분야에 비해 성숙기로 접어들었다고 볼 수 없으며, 또한 두 영역은 대결을 하기보다는 협조의 관계가 형성되지 않으면 안되는 숙명적 관계에 있다고 보기 때문이다.

이 장에서 강조하고자 하는 점은 '체육교육'과 '체육학'의 영역 모두 현 상태로 나아간다면 정체감의 상실로 말미암아 존립의 위기에 빠질 수 있다는 점이다. 국내외의 고등학교와 대학에서 체육수업을 타 교과로 전환하려는 움직임은 이미 오래된 현상이며, 체육학의 분야 또한 타 학문의 종속 학문으로 전락할 어려운 상황이라고 보지 않을 수 없다. 이에 대한 논의는 시대적, 상황적 여건으로 보아 필연적이라고 판단하며 체육전공인의 자구책 마련과도 직결된다고 본다.

구체적인 논의에 앞서 위의 문제들을 어떠한 방법으로 접근할 것이냐를 결정해야 할 것 같다. 첫번째는 체육교육과 체육학이 현 상태대로 유지되면 어떠한 문제점이 나타날 것인가이며, 두번째는 체육교육과 체육학이 존속되기 위해서는 어떻게 대처해야 할 것이냐이다. 또 첫번째, 두번째 분야 모두 체육교육과 체육학으로 구분하여 논술하되 마지막에는 공통분모를 찾아보려는 노력을 할 것이다.

2) 정체성 상실과 관련된 제 문제

(1) 체육교육

현재 각급 학교에서 실시하고 있는 체육교육은 Hetherington이 분류한 체육의 목표로서 이루어지고 있다고 보아 무방할 것이다. 이는 현대 체육의 목표로 가장 흔히 인용되고 있는 Charles A. Bucher & Deborah A. Wuest(1987 : 32~39)가 주장한 목표와도 일치하는 내용이다. 즉 신체적, 운동 기술적, 인지적, 사회적 목표가 바로 그것이다. 이의 궁극적인 목적이 전인全人임은 물론이다. 일반교육의 목적과 완전히 동일선상이다.

그러나 '전인' 이라는 말은 매우 모호한 말이다. 옛 그리스인들은 심신心身의 조화로써 설명하고자 하였으며, 동양의 철인哲人들은 지행합일知行合一이란 개념으로 설명하고자 하였고, 역사적으로 지智, 덕德, 체體의 조화로 설명하고자 한 적도 있다. 그리고 현대의 교육자들은 인간에 관한 다양한 연구의 종합을 통하여 전인이라는 개념을 설명하고자 한다.

21세기의 현 시점에서 체육전공인은 1900년경부터 완전한 사람을 타겟으로 한 체육이 어느 정도 목표를 성취시켰는가에 대해 스스로 의문을 가져야 할 때가 되었다고 본다. 체육이 인간을 완벽하게 교육시킬 수 있다면 다른 분야의 교육은 도대체 무엇 때문에 존재해야 하는가에 대한 역설적인 의문이 나올 수 있다. 국어, 영어, 수학이 왜 필요하며, 도덕교육은 무엇 때문에 존재하는가라는 억측도 유발시킬 수 있는 것이다.

체육의 목표가 신체적인 면에만 국한해서 안된다고 보는 입장에 반대할 수 만은 없겠지만 각급 학교에서 실시하고 있는 체육교육이 전인을 목표로 하고 있기 때문에 오히려 체육교육이 정체성을 잃어버리고 학생들이 뛰어 놀 수 있는 공간과 시설, 용구조차 확보치 못한 원인은 되지 않았는가를 돌이켜 보아야 할 것이다.

체육은 어떠한 경우이든 신체 및 신체활동과 직접적인 관련이 있는 분야이다. 신체활동을 통하여 이루어질 수 있는 지적, 정서적, 사회적, 도덕적 목표는 부수적 목표는 될 수 있을지언정 신체적, 운동 기술적 목표와 동일 선상에 놓을 수는 없다고 보지 않을 수 없다. 동일선상에 놓음으로 말미암아 체육교육의 초점이 흐려져 목표의 성취성만 논의되면 강력한 주장을 펼칠 수 없게 된 것이다. 교육내용과 방법이 구체적이지 못하고 결과의 평가가 애매모호한 부수적 목표들은 체육교과가 타 교과로 전환되는 역할밖에 하지 못한 게 아닌가 하는 의구심을 불러일으키게 한다. 학생들의 체력 수준이 나날이 저하되어 가고 있음에도 불구하고 전인교육에 매어 달려 있는 체육교육은 역할의 혼란만 가중시킬 따름이다.

(2) 체육학

체육학 또는 체육과학이라는 용어만 나오면 1964년 Henry가 발표한 「Physical education ; an academic discipline」이라는 논문을 생각케 한다. 그후 체육학은 하위영역의 설정을 어떻게 할 것이며, 연구의 초점을 어디에 맞추어야 타 분야가 접근치 못한 영역이 확보될 수 있을 것인가에 대해 많은 논쟁이 있어 왔다. 가장 강력한 주장으로 출현된 연구 초점, 즉 연구대상은 human movement가 되었으며, 이를 대상으로 인문, 사회, 자연의 전 계열에서 접근을 시도한 것이다.

학자에 따라 하위영역의 설정은 다양하지만 Siedentop이 시도한 분류가 비교적 보편적으로 받아들일 수 있는 내용이라고 본다. 즉 그는 1976년에 저술한 「Physical Education, introductory analysis」 제2판에서 인문계열로 스포츠 철학, 스포츠 사, 사회계열로 스포츠 심리학, 스포츠 사회학, 자연계열로 운동생리학, 생체역학의 6영역으로 분류하였으며, 1980년 제3판에서는 스포츠 심리학에서 운동학습motor learning 분야를 떼어내어 7영역으로 세분하였다. 그리고 1990년 출간한 「Introduction to Physical Education, Fitness, and Sport」에서는 스포츠 교육학sport pedagogy과 스포츠 휴머니티sport humanity를 첨부하여 소개하고 있다.

체육학 연구에 있어 이러한 접근은 체육의 과학화에 결정적으로 이바지하여 체육교육 내용의 개선은 물론, 스포츠 현장에서도 각종 기록을 비롯한 경기력의 향상에 많은 기여를 하게 되었다. 10초가 인간의 한계라고 하던 100m경주의 기록이 그 이하로 떨어졌고, 42.195km의 마라톤도 이제 2시간 정도면 달릴 수 있게 되었다. 각종 구기 운동에 있어서도 과학적 연구 결과의 적용은 보편화된지 오래 되었다. 얼마전 까지만 해도 생소하던 체육분야에서의 박사학위 소지자는 이제 의학박사만큼이나 증가 일로에 있다.

체육의 과학화 자체는 매우 바람직한 현상이긴 하나 21세기에 즈음한 현재의 입장에서 체육의 과학화에 우리가 취하고 있는 태도를 그대로 유지만 하면 되는 것인가에 대한 의문을 가져 볼 때가 되지 않았나 한다. 즉 체육의 과학화에 대한 구조적 모순점은 없는가에 대한 의문에서 시작하여 체육의 과학화가 어떠한 경로를 통하여 이루어져 왔는가에 대해 검토할 필요성이 요구된다고 보는 것이다. 현재 우리가 취하고 있는 체육학 연구의 내용과 방법이 그대로 유지되면 체육학의 정체성 위기는 매우 가까운 시일 내에 나타난다고 보는 입장의 이유는 다음과 같다.

첫째, 체육학의 연구는 하위영역간에 교류가 거의 이루어지지 못하고 있다.

전술되었듯이 체육학은 인문, 사회, 자연 계열을 모두 포함하는 종합과학이라는 학문적 특성이 있다. 또한 각 계열 내에도 상당한 영역으로 세분되어 각 전문 분야 간에 왕래하기 어려운 전문지식들이 존재하고 있다. 이를 당연한 듯이 받아들이는 우리의 태도에 문제가 있는 것이다.

의학이 세분되어 각 전문영역별로 연구가 이루어지고 있는 형태를 취하고 있으나 의학은 수천년전 부터 이어져 내려오는 지식을 토대로 해서 서서히 자리를 잡은 분야인 반면, 체육학은 학문의 영역을 확보해야 한다는 충격이 원인이 되어 혁명적 붐에 의해 형성된 입장이다. 그러므로 의학과의 수평적 비교는 모순점이 있다. 그리고 의학에서조차도 내과와 외과, 내과와 신경과, 마취과와 외과 등의 협력적 연구와 임상은 학문적 미흡함에 원인이 있다기 보다 나은 결과를 위한 협동으로 보아야 할 것이다.

그럼에도 불구하고 체육학 연구에 종사하는 사람들은 체육학 내에서의 타 영역과 협력해서 연구하려는 태도가 부족하며, 심지어 배타적 태도까지 취하고 있는 경향이 강하다. 체육학이란 울타리에 있으면서도 운동생리학자와 스포츠 심리학자는 전공영역이 다르다는 이유로 서로의 전문성을 침해하지 않으려하며, 타 영역에는 깊은 관심을 두지 않는다. 또 같은 스포츠 심리학에서도 자연과학적 실험심리영역과 정신과학적 심리영역간에도 이질적인 모습을 보여준다. 하나의 중심주제를 통합개념 없이 따로 분리된 학문의 관점에서 연구가 시행되고 있음은 체육학의 발전을 위해 불행한 일이 아닐 수 없다. 체육이라는 주제를 통합할 수 있는 단일적인 앎의 세계가 존재해야 할 것이다.

둘째, 체육학의 이론 구조가 모학문의 종속 분야로 전락하고 있는 위험에 처해 있다.

이는 첫번째 문제와 일맥상통하는 내용으로서 체육학 연구자들이 체육 분야 자체내의 교류보다는 전공 계열 모학문과의 관계를 우선시 한다는 이야기이다. 운동생리학은 생물학, 스포츠 심리학은 심리학, 스포츠 사회학은 사회학, 스포츠 철학은 철학, 스포츠사는 역사학, 생체역학은 물리학 등에 의존하게 되는 것이 바로 그것이다. 그럼으로 인하여 체육학 연구자들은 모학문의 이론을 수용하지 않으면 안되는 입장에 서게 되었으며, 모학문의 발전 없이는 체육학 분야의 발전도 기대할 수 없게 된 상황에 이르게 되었다.

전통적으로 인정되어온 학문의 구성 요소는 첫째, 고유의 연구대상이 존재할 것, 둘째, 독자적인 연구방법이 존재할 것, 셋째, 대상과 연구방법에 의해 산출되는 고유한 지식의 본체가 존재할 것 등이다. 이러한 점에서 체육학 연구는 취약점을 안고 있다. 타 분야에서 접근이 이루어지지 않은 human movement를 체육학의 대상으로 선정하긴 하였으나 모학문에의 지나친 의존에 의해 독특한 이론의 형성이 이루어지지 못하고 있으며, 체육 전공자간의 교류가 부족함에 의해 과학화의 50여 년이 지난 현재의 시점에서 보면 체육학이 정체성을 확립하는 데에는 실패를 했다고 보지 않을 수 없다.

체육과 스포츠 분야가 과학적 접근에 의해 교육, 경기력 양면에서 결과의 질적 성과는 있었다하더라도, 체육학 자체가 개발한 지식 체계나 독립된 연구방법의 적용, 그리고 타 학문 분야에 비해 우위성을 주장할 수 있는 위치의 확보는 이루지 못한 것이다. 이는 모학문의 종속 분야로 전락할 위험성은 물론 체육학이라는 학문 자체의 존립에 대한 회의, 그리고 체육학 연구에 대한 체육전공자의 우선권 불인정 등이 논의될 수 있음을 예고하는 것이다. 왜냐하면 체육학은 모학문의 입장에서 보면 아주 작은 주제에 지나지 않기 때문이다.

이에 대한 우려는 비단 본인 만이 오늘의 시점에서 염려하는 것이 아니라 체육의 과학화 20년 후인 1980년대부터 나타났으며, 국내에서도 정응근, 오정석 등이 그에 대한 연구를 시도하여 체육만의 독자적인 앎의 세계, 즉 '체육적 앎' 의 확보가 필수적이라고 주장하였다.

3) 정체성 확보와 관련한 대책

(1) 체육교육

체육의 목표를 어디에 두어야 할 것인가에 대한 논의는 어제, 오늘의 이야기가 아니다. 목표에 대한 논의는 목적이 무엇이냐에 따라 달라질 수 있다. 왜냐하면 목표는 목적의 대변인 역할을 하고 있기 때문에 목적에 따라 목표의 내용이 수정되지 않을 수 없기 때문이다.

앞에서 논의되었듯이 현행 체육교육의 목적은 '전인' 이다. 완전한 인간으로 육성하겠다는 교육의 목적과 동일선상에 있음으로 인하여 체육 또한 신체적, 지적, 사회적 목표가 종합적으로 요구되는 것이다. 그러나 체육이 학교에서 시행되는 한 교육의 한 부분이긴 하나 일반교육의 목적과 동일하게 '전인' 이라는 목적을 설정한 방식에서 탈피해야 한다. 궁극적 목적은 전인이라 하더라도 현실적 감각으로는 전인의 부분적인 영역만을 담당해야 하며, 전인의 전 영역을 체육이 담당하려는 성향을 표출해서는 체육교육의 정체성이 모호하게 되는 것이다. 다시 말하여 체육은 신체활동을 매개체로 하는 교육이므로 신체활동과 가장 직접적으로 관련시킬 수 있으면서 가시적인 결과를 가져 올 수 있는 목표를 한정해서 설정해야 한다.

오정석은 이러한 문제와 관련하여 다음과 같은 진술을 하고 있다.

"체육은 인간의 신체활동을 그 내용으로 하고 있으므로 살아 있는 인간을 몸과 영혼으로 구분하여 취급할 때 '체육' 이란 단지 몸을 개발하고 단련하여 몸을 어느 정도 발육시키는 수단이나 신체기능을 효과적으로 발달시키는 정도의 영역으로 간주하기 쉽다. (중략)"

바로 이점에서 체육, 즉 '체體' 를 '육育' 한다는 개념이 우리로 하여금 난처하게 만드는 것이다. 이 문제는 체육이라는 개념 자체가 인간을 신체와 정신으로 구분하는 이원론적 인간관에 잘못 근거되었기 때문이다.

이에 대해 다소 다른 의견을 제시할 수 있다. 즉 신체와 정신을 구별 지우는 이원론적 인간관에 동조하는 것은 아니나 체육교육의 내용에 있어서만은 신체의 발육발달과 신체기능의 습득에 초점을 맞추지 않을 수 없다고 보는 입장이다. 이는 체육학 연구의 대상과 체육교육에서의 교육내용이 반드시 동질적이어야 하는 것이 아님을 의미하며, 체육교육의 정체성 확보를 위해서는 신체적인 면을 우선적으로 부각시켜야 함에 기인하는 것이다. 신체의 발육발달과 신체기능의 효율적인 습득을 위해 시도되는 앎 세계의 협조는 환영하지만 체육교육의 목표가 지, 덕, 체 모두를 포함하는 전인의 육성은 혼란만 가중시킬 수 있다고 본다.

체육의 목표가 '체력증진'과 '운동기술의 숙련'에 한정되어야 한다는 주장에 대해 반론이 있을 수 있다. 19세기 후반 미국에서 의사들이 중심이 되어 주창한 '신체를 위한 교육education for the physical으로서의 체육'으로 되돌아가자는 말이냐라는 의문이 바로 그것이다. 개념은 비슷하나 시대적 상황은 전혀 다르다. 19세기 후반에는 대부분의 각급 학교가 체육을 정식교과로서 인정하지 않은 때 였다. 그러나 현재는 대부분의 학교에서 이미 체육을 교과로서 수용하고 있다. 체육이 '신체를 위한 교육'에서 '신체를 통한 교육'으로 전환한 움직임은 체육이 건강과 관련한 단순한 사회적 운동을 학교로 끌어들여 교육의 한 영역을 확보케 하였다. 그러나 현재로서는 학교에서 체육의 영역이 확보된 만큼 '전인'의 광범위한 교육 목표에서 '신체활동을 동원한 체력증진과 운동기술의 숙련'이라는 목표로 범위를 축소시켜 시행하는 것이 체육교육의 정체성을 높일 수 있게 한다. '체력증진'이 '건강'을 전제로 해야 함은 두말할 나위가 없다. 효율적인 신체활동을 통하여 건강을 도모함이 중요함은 예방 의학적 측면을 강조하지 않더라도 현대사회에서 보편화되어 있는 상식이다. 작업의 자동화, 생활기구의 간편화, 여가시간의 증대, 경제적 풍요에 의한 음식문화의 변화 등은 이러한 체육의 목표를 더욱 합리적으로 받아들이게끔 하고 있는 것이다.

신체활동과 관련한 '운동기술의 숙련'이라는 목표는 여가시간의 증가와 효율적 이용, 그리고 체력증진 방법의 효율성을 향상시키는데 중요하다고 볼 수 있다. 다시 말하여 운동기술의 숙련은 여가시간에 신체의 움직임과 관련된 활동에 보다 적극적으로 참여케 하며 건강의 유지에 유익하게 작용할 수 있다. 이는 여가시간을 체육활동과 함께 하는 문화인의 양산에 관련될 수 있다.

현대사회에 있어 체육목표 및 내용과 관련한 또 하나 제안하고자 하는 점은 신체활동은 그 자체에 상당한 즐거움의 요소가 포함되어 있음을 전제하는 것이다. 땀흘린 후 만끽할 수 있는 즐거움은 어떠한 즐거움에 못하지 않으며, 그러한 경험은 참가자만의 특권이다. 그럼에도 불구하고 지,덕,체를 모두 포함하는 경직된 체육의 목표와 흥미를 무시한 교육방법은 체육교육의 당위성과 정체성이 무시당하는 결과를 초래할 수 있다.

현대사회에서의 체육(교육)은 건강을 기축으로 하면서 체력증진 및 운동기술의 향상에 초점이 맞추어져야 하며, 교육내용의 전달은 신체활동의 즐거움을 느낄 수 있도록 하는 노력이 수행되어야만 정체성이 확보, 유지될 수 있을 것이다.

(2) 체육학

체육학의 정체성 확보에 대해 최근 가장 활발히 논의되고 있는 연구는 체육의 'physical' 이라는 용어 대신에 서구의 mind, spirit, body라는 용어를 포괄한 'somatics' 라는 동양 철학적 용어를 사용하자는 것이다. 이와 관련한 국내에서의 연구는 정응근,오정석의 「동서양 체육사상의 비교연구」, 정응근, 오정석, 박현우의 「somatic education으로서의 체육의 가능성」 등이 있으며, 그 내용의 핵심은 다음과 같다.

'soma' 는 직관적 지혜를 우선하는 인식론의 특징을 지닌 동양철학에서 나온 말로서 살아있는 유기체를 뜻하며, 'somatics' 는 soma를 연구하는 것, 즉 내적으로 인식된 몸soma을 연구하는 것이라 할 수 있다. 이는 숨겨진 질서 속에서 시간과 공간, 즉 의식과 물질(신체)이 하나로 통합되어 구별이 없는 세계의 존재를 지향하는 것이 된다. 이와 관련하여 'somatic education' 이라는 용어도 생각할 수 있는데 이는 심신일원론을 전제한 개념으로서 그 가치에 대한 부정적 시각과 경시 풍토가 심화되고 있는 'physical education' 과 대치될 수 있는 용어로 생각하고 있다.

이에 대한 국외의 연구로는 Thomas Hanna의 「The field of somatics」란 논문을 필두로 최근에는 Seymour Kleinman(1994)이 한국체육학회가 주최한 국제스포츠학술대회에 참석하여 「Somatic education : a holistic approach to physical fitness, health and sport」라는 논문을 발표하여 주목을 끌었다.

즉 체육학에 대한 'somatics' 적 접근은 데까르트R. Descartes적 심신이원론과 이에 기초한 주지주의의 영향, 그리고 전통적 과학주의의 영향에서 탈피하여 각 계열간에 상호교류 없이 이루어지고 있는 체육학 연구가 총체적으로 이루어질 수 있는 계기가 될 수 있다고 본다. 스포츠 심리학자와 운동생리학자가 한 테이블에서 공동연구를 실시할 수 있으며, 스포츠 철학자와 스포츠 사회학자가 동일한 주제로 의견을 교환할 수 있게 될 것이다.

체육학의 정체성 확보에 대한 또 하나의 주장은 체육학 연구는 '건강'이 기축이 되어야 한다고 보는 입장이다. 이러한 주장은 연구방법을 중심으로 다룬 위의 내용과는 전혀 다른 접근 방법으로서 연구의 즈체를 논의의 대상으로 하고 있다.

상술되었듯이 체육학은 응용과학이면서 종합과학의 성격을 지니고 있다. 그럼으로 인하여 인문, 사회, 자연의 전 계열을 다루어야 한다. 그 대상은 물론 인간의 움직임human movement이다. 문제는 인간의 움직임을 어디에 초점을 맞추어야 할 것인가가 분명치 못하다. 전인교육의 질적 향상에 초점을 맞추어야 할까? 운동선수의 경기력 향상에 초점을 맞추어야 할까?

김홍수가 주장하는 바에 의하면 향후 체육학은 건강을 기축으로 해야 한다고 보고 있다. 그가 주장한 내용의 핵심은 다음과 같다.

"체육학에서의 매개물이나 대상은 신체활동physical activity 혹은 인간행동human movement이라는 것에는 이론異論이 없을 것이다. 그러나 그 지향하는 바는 원만한 인격 형성의 인간본위적 사고는 신과학운동의 시스템적 혹은 우주의 전일적全一的 측면에서 재고되어야 할 부분이라고 사료되는 것이다. 즉 이분법二分法에 의거한 인격형성, 혹은 피상적인 인간형성이라는 것보다는 오히려 전일적 건강이 체육학에서 추구되어야 할 목적이 되는 것이 보다 타당하리라고 사료되는 것이다."

현대 문명과 관련하여 나타나는 비만이나 질병의 치유, 예방 의학적 측면의 개인적 건강의 추구 등에 대해 체육학 연구가 앞장서야 된다고 보는 입장이다. 합리적인 운동처방에 의한 신체활동이 위의 둔제들을 해결하는데 기여할 수 있음은 이미 부분적으로나마 실증되고 있으며, 체육학 연구에서는 '운동내용'과 '합리적 방법'을 담당해야 하며, 한편으로 '현대병의 예방과 치료에 신체활동의 중요성을 인식'시키는 영역을 취급해야 할 것이다. 이는 체육학의 영역이 의학 못지 않게 일반국민에게 중요한 영역으로 수용될 수 있으며, 아울러 체육학의 정체성이 확보될 수 있음에 기여할 수 있을 것이다.

체육학의 정체성 확보를 위하여 위의 두 영역의 주장과 함께 다음과 같은 제안을 보태고자 한다.

우선 생각할 수 있는 문제는 "체육학의 연구는 전문적인 영역profession과 유대관계를 보다 긴밀히 해야 함" 이다. 체육학은 학문적 특성이 응용과학임에도 불구하고 순수과학식으로 접근하려는 경향이 높다. 다시 말하여 1960년대까지 이루어지지 못한 학문적 영역을 확보해 보겠다는 갈망에 의해 전문적이며 직업적인 영역과 유대를 맺으면 마치 학문의 질이 떨어지는 것으로 여겨 일선지도자나 경기지도자와의 괴리를 쾌감으로 느끼기까지 하고 있다. 이는 체육학의 한계를 알지 못하는 행위로서 순수과학에서 공부한 후 체육학으로 전공을 바꾼 과학자들에게서 흔히 발견할 수 있는 현상이다. "이론은 실기를 이끌고, 실기는 이론을 수정한다." 이는 D. J. O′conner(1966)가 한 말이다. 이 말에는 이론과 실기 양쪽으로 서로 교차하면서 흐르는 상호관련성이 존재함을 뜻한다. 신뢰할 만한 일련의 가정으로서 이론이 실기를 이끌고 실기는 현명하게 인간의 행동양상을 조절하거나 변경하는데 적용되는 일련의 이론을 정정한다는 것은 적절한 절차라고 할 수 있다. 체육학은 인간의 움직임을 건강에 초점을 맞추든지, 경기력 향상에 맞추든지간에 임상적 측면을 고려하지 않고서는 정체성의 확보에 실패할 수밖에 없다. 왜냐하면 이론적 측면만의 강조는 생물학자나 의학자 혹은 심리학, 사회학 등을 전공하는 기초학문 종사자들에게 우리의 자리를 내어 주어야 하는 경우를 피할 수 없게 하기 때문이다.

체육적 지식은 체육활동에 의해 이루어지는 과정이며, 인간의 움직임에 대한 앎의 구조는 단일한 과학적 법칙이나 단일한 논리적 추리양식에 의해 손쉽게 밝혀질 수 없다. 소위 체육과학자라고 불리우는 이론 연구자들은 실험실의 연구를 운동장이나 체육관으로 자리를 옮기기도 하고, 선수나 경기지도자를 실험실이나 강의실로 끌어들이는 보다 많은 노력이 필요한 때라고 생각된다. 이론과 실천, 지식과 행동, 어느 것이 먼저고 어느 것이 우위성을 갖는다기보다는 사실은 서로 순환적으로 제약하고 보충하면서 발전하는 것이다. 즉 체육에서 추구되어야 할 앎의 세계는 행동과 이론이 괴리된 영역이 아니라 인간의 앎의 구조에 근거한 명제적 지식과 방법적 지식이 인간의 주체적 움직임 속에서 함께 합치되어 개화되는 영역이라고 할 수 있다. 운동장이나 체육관에서의 경험은 이론가들이라 불리우는 집단에 의해 쉽게 무시될 수 있는 그러한 경험이 아니며, 펜으로 쉽게 살 수 있는 것도 아니다. 또한 '뚱보 공화국'이 되어 가는 주변의 모습도 우리를 이론 탐구에만 몰두하지 않게 하고 있다. "체육학의 생명은 임상"이라고 감히 말하고자 한다.

체육학의 정체성과 관련하여 또 하나 제안하고자 하는 점은 체육계열간의 상호교류와 함께 하위영역간에도 공동 연구가 필요하다고 보는 입장이다. 체육에 우선적으로 해결되어야 할 기본 문제가 바로 체육의 지식세계를 결정하는 일이다. 여기에서 주목해야 할 일은 상호 배타적이지 않은 지식의 토대를 구축해야 한다는 것이다.

인간 움직임의 부분적 혹은 개별적 설명을 넘어서서 유기체 전체로 이해하기 위해선 각 분야별 연구내용을 종합할 수 있어야 한다. 물론 각각의 이론이 동일한 상황 하에서 이해되기는 어렵겠지만 분야별 상호교류와 지속적인 종합연구, 그리고 개별적 이론을 전체적으로 수용할 수 있는 커다란 패러다임의 체제를 갖추어야 하고, 그것을 개별과학자들이 새롭게 인식해야 한다. 스포츠 심리학과 스포츠 사회학의 통합연구라고 볼 수 있는 스포츠 사회심리학, 스포츠 철학과 스포츠 사회학의 통합연구인 스포츠 사회철학, 운동생리학과 스포츠 심리학의 통합연구인 스포츠 생리심리학 혹은 스포츠 심리생리학 등이 바로 그것이다. 이는 이미 상당 부분 연구가 이루어지고 있긴 하나 체육학의 정체성 확보를 위해서는 보다 권장되어야 한다고 본다. 이러한 연구는 체육학자가 모학문 영역의 추종에 급급함에서 벗어날 수 있으며, 아울러 체육학 연구자간의 의견 교환 및 공동연구의 촉진에 기여할 수 있을 것이다. 심리학적 고려없이 행해지고 있는 운동생리학의 실험이나 생리학적 고려없이 행해지는 스포츠 심리학의 연구들은 스포츠 철학 전공자의 입장에서 보면 염려스럽기 그지없는 것이다.

스포츠 철학의 연구 또한 스포츠 현장과 큰 괴리감을 줄 수 있는 사변철학思辨哲學적 연구에만 치중하게 되면 응용학문으로서의 가치가 의심받을 수밖에 없으며, 철학적 고려없이 숫자만의 놀이에 급급한 스포츠 사회학의 행동주의적 연구방법 또한 선장 없는 항해라고 보지 않을 수 없다.

위에서 논의된 하위영역간의 공동연구는 이러한 문제들의 해소에 기여할 수 있을 것으로 본다.

4) 결론

이 장에서는 전통적인 체육교육의 고수와 체육의 학문화 강조에서 비롯된 정체성 위기의 문제가 논의되었다.

(1) 체육교육

지, 덕, 체의 조화, 즉 전인의 육성을 목표로 한 체육교육은 신체적인 측면의 중요성이 상대적으로 위축되어 정체성의 확보에 실패할 위험이 있다.

체육교육의 정체성 확보를 위해서는 건강을 기축으로 한 체력증진 및 운동기술의 향상에 초점이 맞추어져야 하며, 교육 내용의 전달 또한 신체활동의 즐거움이 만끽될 수 있도록 조정되어야 할 것이다.

(2) 체육학

방향 잃은 체육학의 학문화 강조 경향은 체육학 하위영역간의 교류가 차단되며, 체육학의 이론구조가 모학문의 종속분야로 전락할 위험이 있다.

대책을 위한 선행연구로는 체육의 'physical' 이라는 용어 대신에 동양 철학적 용어인 'somatics' 를 사용하자는 주장과 체육학의 기축은 '건강' 이어야 한다고 보는 입장이 있었다.

이 장에서는 체육학의 정체성 확보를 위한 제안으로서 다음의 내용을 첨부하였다.

첫째, 체육학 연구는 전문적인 영역과 보다 깊은 유대관계를 가져야 한다.

이론과 행동이 괴리된 체육학 연구의 허용은 체육학의 응용과학적 특성을 이해하지 못함에 기인한 것으로서 이론가와 실천가의 통합적 노력은 필연적으로 이루어져야 할 문제다.

둘째, 체육학 내 하위영역간의 상호교류와 통합적 연구가 보다 권장되어야 한다.

생리심리, 사회철학, 사회심리학적 연구 등이 그러하며, 현장중심의 철학적 연구, 철학적 고려하의 심리, 사회학적 연구 등이 통합연구라고 볼 수 있다.

(3) 결어

체육교육과 체육학이 '인간 움직임human movement' 을 대상으로 함이 자명하다는 입장에서 볼 때 그를 통한 '건강의 추구' 만큼 선명하고 설득력 있는 영역이 없을 듯하다. 잡다한 교육목표의 나열에서 벗어나 건강을 축으로 하는 체육교육, 그리고 인류복지와 관련한 건강의 증진에 체육학이 초점을 맞출 때 만인에게 공감대 형성은 물론 가시적인 결과의 도출이 가능해진다. 이의 접근은 이 장에서 제안된 것 이상 매우 다양하겠으나 지속적인 관심과 연구가 보다 중요하다고 본다.

참고문헌

김대식 외 5인 역(1975) 체육기저와 원리. 서울 : 형설출판사.

김대식 외 3인 역(1973) 체육철학. 서울 : 보신문화사.

김성국(1989) "체육학 연구의 한계와 확장에 관한 소고", 제27회 하계학술발표회, 한국체육학회.

김영환(1981) "현대 체육학의 개념으로서의 Human movement", 체육학술연구발표논문집, 고려대학교 체육교육과.

김종선 외 2인 (1972) 기초체육교육. 서울 : 보신문화사.

김홍수(1990) "신과학운동과 체육학(III)", 제28회 하계학술발표회, 한국체육학회.

오정석(1994) "체육적 앎' 에 관한 연구", 서울대학교 대학원 박사학위논문.

이돈희(1991) 교육철학개론. 서울 : 교육과학사.

정응근(1994) "체육적 지식 분화의 문제점과 그 통합 가능성", 서울대학교 체육연구소논집 제15권 제2호.

정응근(1992) "체육학의 새로운 접근", 서울대학교 체육연구소보 제28호.

정응근, 오정석(1991) "동,서 체육사상의 비교 연구", 서울대학교 체육연구소논집 제12권 제2호.

정응근, 오정석, 박현우(1992) "Somatic education으로서의 체육의 가능성", 한국여성체육학회, 제6권.

Bucher, A. Charles & Deborah A.Wuest.(1987) Foundations of Physical Education & Sport. St. Louis : Times Mirror/Mosby College Publishing.

Gulick, Luther H.(1962) A New Profession, in A Weston ed., The making of American Physical Education. New York : Appleton-Century-Crofts.

Hanna, Thomas.(1976) "The Field of Somatics", in Somatics,Vol.1.

Henry, Franklin.(1964) "Physical Education ; An Academic Discipline", Journal of Health, Physical Education and Recreation, Vol.97.

Kleinman, Seymour.(1994) "A Holistic Approach to Physical Fitness, Health and Sport", The 94 International Sport Science Congress, Korean Alliance for Health, Physical Education, Recreation and Dance.

Lawson, H. & Morford.(1979) "The Crossdisciplinary Structure of Kinesiology and Sports Studies", Quest 31, 1979.

O′conner, D. J.(1966) An Introduction to the Philosophy of Education. London : Routledge & Kegan Paul.

Resick, M. C. & Seidel, L. B.(1972) Physical Education, An Overview Reading. Mass : Addison-Wesley Publishing Company, Inc.

Siedentop, Darly.(1990) Introductory to Physical Education, Fitness, and Sport. California : Mayfield Publishing Company.

Siedentop, Darly.(1976, 1980) Physical Education; introductory analysis(2nd, 3rd ed.). Dubuque, Iowa : Wm.C.Brown Company Publishers.

Singer, Robert N. (1976) Physical Education : Foundation. New York : Holt Rinehart and Winston, Inc.

Wood, Thomas D. (1962) The New Physical Education, in A Weston, ed., The making of American Physical Education. New York : Appleton-Century-Crofts.

문제

3 체육의 정의와 목적, 목표

1. 체육의 정의

교육이 '인간 행동의 계획적인 변화' 라고 정의된다면, 체육은 '신체활동을 통한 인간 행동의 계획적인 변화' 라고 정의할 수 있다. 그리고 교육이 바람직스러운 방향으로의 인간 형성을 목적으로 하므로 체육 또한 교육의 한 분야로서 바람직한 인간의 형성을 목적으로 하게 된다. 다시 말하면 체육은 신체 활동의 잠재적 가치를 최대한으로 발현시킴으로써 인간을 바람직한 방향으로 유인하려는 노력인 것이다.

체육의 과학화라는 슬로건 아래 우리나라 최초의 종합 체육이론서로 볼 수 있는 문교부(현재의 교육인적자원부) 발간의 『체육원리(1973)』에서는 체육의 개념과 정의를 다음과 같이 서술하고 있다.

"인간 그 자체는 미숙 불완전하기 때문에 인격적인 인간과는 상당한 거리를 가지고 있다. 이 거리를 단축시키는 것이 곧 교육이며, 체육은 그런 뜻에서 신체활동을 통해 인간을 형성시키는 교육이라 하겠다. 그러므로 학교 체육은 인간의 신체활동을 수단으로 하여 인격적인 인간 성취를 목적으로 하는 교육과정의 총체이다."

이는 인간이 타고난 경향성의 일부는 행동에 따라 좋게도 그르게도 변할 수 있으므로 사회가 요구하는 인간이 되기 위한 수단으로 교육이 있게 되며, 체육도 그러한 맥락에서 조명되어 질 수 있음을 의미한다. 즉 체육은 선택된 신체활동을 통하여 미완성된 현실의 인간을 이상적인 인간으로 형성시키려는 교육적 노력인 것이다.

川村(가와무라)는 이를 다음과 같이 도식화했다.

현실의 인간 ──────→ 이상적 인간
(동물적 행동) ↑ (인간적 행위)
신체활동

다음은 국내외 여러 학자와 기관에서 공식, 비공식적으로 주장한 체육의 개념 및 정의를 발췌하여 정리한 것이다. 국외 학자의 내용은 타 저서와 다소 차이가 있을 것으로 생각되나 이는 번역의 과정에서 발생된 표현상의 차이라고 여겨진다.

〈국내〉

● 김오중

체육은 교육의 일 영역으로서 선택된 신체활동을 통해서 신체적, 정신적, 정서적, 사회적으로 조화된 인간을 육성하기 위한 교육적 활동이다.

● 김창룡

체육이란 개인이 신체활동을 통해서 최적의 신체적, 정신적, 그리고 사회적 기술과 체력을 습득하는 과정이다.

● 안용규

체육은 계획적인 대근육 활동을 통해서 인간의 운동 가능성을 개발하고 인간 행동에 변화를 가져오려는 의도적인 교육의 일면이다.

〈국외〉

● C. A. Bucher

전 교육과정의 통합적 부분인 체육은 체육의 목표 실현을 꾀한다고 하는 관점으로부터, 선택된 신체활동을 매개로 해서 신체적, 정신적, 사회적으로 적성 있는 시민의 형성을 도모하는 일 영역이다.

● E. W. Nixon과 F. W. Cozens

체육은 활발한 근육활동과 그와 관련된 반응, 그리고 그 반응의 결과에서 오는 개인의 수정이나 변화에 관계되는 교육과정의 일면이다.

● F. A. Schmit

체육은 전 교육 가운데에서 중요한 부분을 차지하며 학생에게 유희 및 자유로운 영역을 확립하고 신체적, 정신적인 훈련을 촉진하여 스포츠 활동에의 즐거움을 자각하게 한다.

● H. Barrow

체육은 스포츠, 운동, 무용과 같은 대근 활동을 통한 교육이다.

● J. B. Nash

체육은 대근大筋의 활동 또는 활발한 전신 활동에 관계하는 교육의 지도 분야이다.

● J. C. Thompson

체육이란 신체운동을 통해서 이루어지는 교육의 한 방법이다.

● J. F. Williams와 C. L. Brownel

체육은 일정한 목표를 향해 선택된 운동종목으로 행해지는 신체활동의 총체이다.

● L. H. Gulick

체육은 체력을 인출하고 단련하며 어떠한 직업에나 적응할 수 있는 신체를 준비케 하며 일상생활을 보다 활동적이고 유용하게 한다.

● Soviet 교육학사전

체육은 인간의 건강을 증진하고 민첩한 신체발달을 이룩함을 목적으로 하여 실시되는 교육이다.

● T. D. Wood와 R. Cassidy

체육은 기본적인 신체 활동에 의해 어린이의 완전한 교육을 이루게 하는 공헌 작용이다.

● 前川(마에가와)

체육은 인간의 신체 활동, 즉 대근大筋 활동을 수단으로 하는 신체의 교육 및 신체에 의한 교육이다.

위에서 인용된 체육의 정의들은 두 가지 점에서 공통점을 지니고 있다.

첫째, 체육은 교육적 행위이므로 행동변화의 추구가 주요 과제이다.

행동의 변화에는 '바람직한 방향으로' 라는 조건이 전제되며, 행동 변화의 폭은 신체적으로는 물론 인지적, 사회적 영역까지 포함된다. 그러므로 체육은 인고忍苦의 덕을 과정으로 해서 결과에 목적을 두는 행위이다.

둘째, 체육의 내용은 선택된 신체활동을 대상으로 한다.

선택된 신체활동이라 함은 체력physical fitness단련 및 운동기술motor skill의 향상과 관련된 인간의 움직임human movement을 의미하며, 노동이나 일상 생활과 동반되는 신체활동은 제외된다. 이를 위해서는 주로 활기찬 대근大筋 활동vigorous muscular activities이 동원된다.

2. 체육의 목적, 목표

현대 체육의 개념 변천과정에서 드러났듯이 체육의 목적과 목표는 시대와 다양한 주변 환경에 의해 간단하게 개념화될 수 있는 것이 아니다. 한 때는 신체의 발육발달이 체육의 최고 목표였으나 시대의 흐름에 따라 교육의 한 영역으로서의 체육, 즉 전인교육을 목표로 한 체육이 주를 이루었다. 그 후 체육은 다시 학문성에 대한 관심이 고조되었으며 최근에는 지나친 과학주의에 의한 정체성의 위기 문제가 논의되고 있다. 이는 어느 한 개념이 최종적인 것이 될 수 없음을 말하며 '교육으로서의 체육' 이라는 개념조차도 다양한 입장에서 조명되질 수 있음을 의미하는 것이다.

체육의 목적과 목표에 대한 논의에 앞서 우선 그에 대한 두 가지 전제를 설정해야 할 것 같다.

첫째는, 일반적으로 말하고 있는 체육의 목적과 목표는 그 대상을 포괄적인 것으로 보기도 하지만 이 장에서는 학교에서 이루어지는 체육교육을 전제로 하고 있다. 다시 말하면 체육의 목적과 목표의 대상은 초,중등 및 대학의 일반학생에게 수업으로 실시되는 체육교육instructional physical education의 방향과 방침을 의미하는 것으로서 대중스포츠sport for all, 엘리트 스포츠elite sports, athletics, 방과후 활동으로서의 체육intramural sports은 일단 제외되어야 할 것 같다.

둘째, 이 장에서 다루어질 체육의 목적과 목표에 대한 논의는 어느 한 학자의 주장이 강조되기보다는 다양한 의견이 수용될 것이다. 저자는 이를 다시 큰 부류로 요약하며 최종적으로 미래 체육의 목적 및 목표의 방향 설정에 노력을 기울일 것이다.

1) 목적과 목표의 개념 및 관계

'목적' 과 '목표' 는 불가분不可分의 관계에 있어 혼동키 쉬우나 엄격한 의미에서 보면 그 범위와 방향이 다르다. R. W. Webster는 '목적aim' 을 순수하게 언어학적으로 분석하여 "어떤 것을 가리킴pointing at something" 혹은 "어떤 것을 얻기 위해 자신의 노력을 그 곳으로 돌림directing one's effort toward attaining something" 이라고 했다.

그리고 이를 다시 교육학적 관점에서 "목적은 자발적 행동에 의해 성취될 수 있는 비교적 원거리에 있는 한 지점" 또는 "어떤 활동에 방향을 주고 행위에 동기를 주는 미리 알려진 결과"라고 했다. 반면에 '목표(objectives)'에 대해서는 "어떤 사람이 애써서 얻으려는 어떤 점, 어떤 상태, 어떤 위치, 어떤 상대 혹은 어떤 것을 의미한다"고 했다. 목표는 목적을 향해 접근하는 단계라는 시각이다.

이돈희도 이에 대해 "목적은 프로그램의 결과들을 일반적으로 서술하여 목표보다 장시간에 걸쳐 성취되도록 설계되는 반면, 목표는 다소 단기간에 성취되도록 설계되는 것으로서 이들은 상호보완적 관계를 갖는다"라고 했다. 그러므로 목적은 한층 포괄적이며, 추상적이어서 구체성을 갖지 못하며, 이러한 목적의 달성을 위해 구체적으로 그 내용을 분석하고 실현 가능한 항목을 설정한 것이 목표라고 할 수 있다. 이는 체육의 입장에서도 동일하게 적용된다고 볼 수 있다.

안용규는 이에 대해 "체육의 목적은 체육이 궁극적으로 지향하는 바를 규정하는 이상적이며 포괄적인 상위 개념이고, 체육의 목표는 체육의 목적을 달성하는데 기대되는 체육의 행동 성과를 규정하는 보다 현실적이고 구체적인 하위 개념이라고 할 수 있다"라고 진술하고 있다. 이는 체육의 목적이 궁극적 측면에서 조명되는 반면 체육의 목표는 목적 성취를 위한 수단적 입장으로의 조명이라고 볼 수 있다.

2) 체육의 목적

체육이 의도적인 신체활동을 통한 인간의 전인적 발달을 추구한다고 할 때, 체육의 목적은 교육의 목적과 근원적으로 일치한다고 볼 수 있다. 그러므로 체육의 목적은 시대와 국가에 따라 각기 다른 교육철학 및 교육목표에 의거하여 그 내용을 달리하고 있다.

다음은 체육의 목적에 대한 여러 학자들의 입장을 정리한 것이다.

- D. Oberteuffer

  놀이와 레크레이션 활동에서의 자연스러운 동작의 경험이 체육 목적의 극치이다. 왜냐하면 이들은 개인의 전체적 능력을 계발시키는데 영향을 주기 때문이다.

● J. E. Nixon과 A. Jewett

체육의 목적은 학습자에게 운동과 교육 환경을 제공해 줌으로써 모든 생활 장면에서 개인의 잠재력을 적절하게 발달시키도록 최대한으로 기여하는데 있다.

● J. F. Williams

체육의 목적은 개인이나 집단에게 숙련된 리더십을 길러주고 신체적으로 유익하고 정신적으로 만족스러운 자극을 주어 사회적으로 건전한 방향으로 행동할 수 있는 기회를 가지도록 적절한 시설을 제공해주는데 있다.

● K. W. Bookwalter

체육의 목적은 사회적, 위생적 기준에 따라 선정된 전신활동에 참여하고 교육을 받음으로서 신체적, 정신적, 사회적으로 통합되고 적응된 개인으로 최적의 발달을 이룩하는데 있다.

● Laporte

체육의 목적은 건전하고 의미 있는 신체활동을 매개로 하여 개인을 조화롭게 발달시키고 교육받게 하는 것으로서 이를 통해 각 개인은 신체적, 정신적인 최대 능력을 깨닫게 되며, 극심한 정서적 스트레스 아래서도 협력하여 일하는 것을 배울 수 있다.

● N. Daugherty

민주사회에서의 체육의 목적은 각 개인의 전면적 발달 단계를 통해 능력의 성취와 발달을 가져오며, 개인의 건강과 안녕에 기여하고 신체적, 정신적, 정서적, 사회적으로 긴급하면서도 장기적인 모든 삶의 문제에 적응할 수 있도록 하는데 있다.

이상의 주장을 요약하여 안용규는 "체육의 목적은 전인적 인간 발달이라는 교육의 일반 목적과 일치하는 것으로, 교육의 일반 목적 내에서 합리적이고 의도적인 신체활동을 통해 개인의 신체적, 정서적, 사회적, 정신적 발달을 이룩함으로써 개인의 잠재력을 최대한으로 발달시켜 민주 사회의 건강한 시민을 육성하는데 있다." 라고 진술하고 있다. 이는 매우 포괄적인 진술로서 체육이 '전인적 인격의 완성' 임을 전제로 하여, 목적 달성을 위해서는 신체활동의 올바른 실천과 건강한 생활지식의 이해 및 태도 등이 동반되어야 함을 의미하는 것이다.

3) 체육의 목표

목적이 비교적 원거리에 있는 이상理想이라면 목표는 구체적이고 정확한 설명이라는 특성이 있다. 그러므로 체육의 목표를 설정함에 있어서는 여러 가지 여건을 충분히 고려하여 명확한 항목을 제시해야 교육 현장에서 시행착오가 없게 되며 유명무실한 목표가 되지 않는다.

R. W. Webster는 체육의 목표를 설정할 때 고려되어야 할 사항들로 다음의 내용들을 제시하고 있다. "교육의 목표와 체육 목표의 기본적인 관계, 사회의 양상, 풍토climate의 종류, 이용할 수 있는 시설 및 용구의 수량과 종류, 자격증이 있는 유능한 교사 및 행정가의 수와 종류, 활동의 성격과 유효성, 교사, 행정가, 카운슬러, 심리학자, 사회학자, 인류학자 및 이들 여러 분야의 사람들이 학생들에 대해 갖고 있는 지식, 아버지, 어머니, 형제 자매가 학생들에 갖고 있는 지식 등" 이 그것이다. 이어서 그는 체육의 목표가 너무 간단해서 흥미를 잃어버릴 정도이어서는 안 되고, 도전을 받기에 충분할 정도로 어려운 것이어야 한다는 점을 강조하고 있다.

체육의 목표와 관련하여 또 한가지 제기할 수 있는 문제는 "교육현장에서 왜 체육의 목표가 설정되어야 하는가" 이다. 이러한 문제는 체육이 누구나 지도할 수 있는 분야라는 과거의 인식과 관련되며 실제로 체육교육 현장에서 흔히 볼 수 있는 무계획성과 무관하지 않다. 체육목표는 체육 학습 과정 혹은 체육 학습 경험을 통해서 학생들이 추구해야 할 학습의 방향이나 성취 도달점을 지칭하는 개념이기도 하다. 그러므로 적절한 체육 목표의 수립은 학생들에게 체육 목표를 올바르게 인식시키고 체육교육 속에서 의미 있는 체육 활동을 수행할 수 있게 하는 전제 조건이 된다. 또한 체육 교사나 지도자에게 있어서도 명확한 교육 목표는 성공적인 교육이나 지도에 필수 조건이 된다.

C. A. Bucher와 D. Wuest는 명확한 체육목표의 설정이 체육교사나 지도자에게 필요한 이유를 크게 다섯 가지로 나누어 다음과 같이 진술하고 있다. 이 진술은 체육의 목표를 설명함에 있어 매우 자주 인용되는 내용이다.

첫째, 명확한 목표는 체육교사나 지도자들에게 그들이 무엇을 어떻게 가르쳐야 하는지를 보다 분명히 이해하도록 도와준다.

둘째, 명확한 목표는 체육교사나 지도자들로 하여금 교육에 있어서 체육의 가치를 보다 잘 이해할 수 있게 해준다.

셋째, 명확한 목표는 체육교육이나 지도시에 문제가 발생하였을 때 올바르고 적절한 결정을 내리게 해준다.

넷째, 명확한 목표는 다른 교과의 교사와 일반인들에게 체육의 의미와 가치를 보다 잘 설명할 수 있게 도와준다.

다섯째, 명확한 목표는 체육교사나 지도자들에게 체육교육이나 체육 프로그램을 실시하고 난 후 교육의 성과를 파악하고 평가하는 데에 도움을 준다.

위의 내용은 체육 목표의 수립이 학생들은 물론 타 계열 전공자, 그리고 일반인들에게까지 체육교육이 무엇을 하는 분야인가, 체육교육을 통해서 얻을 수 있는 점은 무엇인가, 체육교육에서 가장 주안점을 두어야 할 점은 무엇인가에 대한 의문이 해결될 수 있다고 보는 입장이다. 즉 체육목표의 설정은 체육학습과정 혹은 체육학습 경험을 통해서 학생들이 추구해야 할 학습의 방향이나 성취 도달점을 명확하게 하는데 기여한다고 볼 수 있다.

체육의 목표는 일반적으로 B. S. Bloom이 분류한 세 영역을 가장 보편적인 것으로 받아들이고 있다. 즉 심동적 영역psychomotor domain, 인지적 영역cognitive domain, 정의적 영역affective domain이 그것이다. '心動的' 이란 말은 '심리운동적' 의 준말로서 체육교과의 '신체적' 또는 '운동적' 이라는 용어로 대치될 수 있다. 심동적 영역心動的 領域의 목표는 체력 증진과 운동 기능의 발달을 내용으로 하고 있다. 인지적 영역認知的 領域의 목표는 신체활동과 관련된 지식의 이해, 적용, 분석, 종합 및 평가의 능력을 신장토록 하는데 있으며, 운동, 보건, 건강 지식의 습득과 다양한 운동상황에 대처할 수 있는 문제 해결력, 탐구력, 창의력 등의 고등 정신 기능의 함양을 내용으로 하고 있다. 정의적 영역情意的 領域의 목표는 신체활동을 통해 얻을 수 있는 정서의 발달과 희생정신, 공정성, 협동심, 지도성, 시민 정신과 같은 사회성 발달 및 미적 감상력의 함양을 내용으로 하고 있다.

체육의 분야가 위의 세 영역 중 어느 영역에 보다 중점을 두고 체육의 목표를 설정해야 할 것이가 하는 문제는 항상 논쟁의 대상이 되고 있다. 한 때의 체육은 심동적 영역만을 지나치게 강조하여 체력을 단련하고 운동기술을 향상시키는 것이 체육교육에서 다루어야 할 교육내용의 전부 인양 취급하기도 하였으나, 한 때는 심동적 영역 못지 않게 지적 정서적 영역이 강조되어 일반 교육과 지향하는바가 무엇이 다르냐는 식의 정체성正體性을 의심받는 경우가 되기도 하였다. 그러나 체육을 교육의 한 분야로서 받아들이는 한에 있어서는 심동적, 인지적, 정의적 영역 모두를 대상으로 하지 않을 수 없다고 본다.

체육의 목표는 위에서 제시된 세 영역의 분류 방법 외에 심동적 영역을 신체적 발달과 운동동작의 발달로 구분하여 네 영역으로 분류한 방법이 자주 인용되고 있다. 이러한 주장은 Bloom이 학습과정에서의 행동 특성을 바탕으로 하여 접근한 분류 방법을 기본으로 하면서도 체육교육의 특성을 살려 신체활동과 관련된 영역을 보다 강화한 분류라고 볼 수 있다. 이러한 주장의 대표적인 학자로는 C. Hetherington, H. Barrow, C. A. Bucher 등이 있다. 이 책에서도 위 네 영역의 분류가 보다 합리적이라고 보아 신체적 발달physical development, 운동동작의 발달motor & movement development, 인지적 발달cognitive development, 사회적 발달social development 등을 중심으로 이에 대한 설명을 첨부할 것이다.

다음은 위의 내용을 기본으로 하여 여러 학자 및 기관에서 주장한 체육의 목표를 발췌하여 정리한 것이다. 어느 한 학자가 주장한 체육의 목표에 관심을 두기보다는 각 내용이 주장하고 있는 목표의 공통점이 무엇인가에 대해 관심의 초점을 맞추는 것이 체육의 목표를 이해하는데 현명한 방법이 될 것이라 본다. 본 내용은 1994년 안용규의 박사학위 논문 「중등학교 체육과 목표비교를 통한 체육교육의 발전방향 연구」가 주요 참고 자료가 되었음을 밝혀둔다.

● C. W. Hetherington(1910)

a. 기관 교육organic education

b. 심리운동 교육psychomotor education

c. 인격 교육character education

d. 지적 교육intellecture education

● C. W. Hetherington(1922)

a. 직접적 목표 – 아동들의 생활 적응을 위한 유희 생활의 구성을 강조

b. 간접적 목표 – 아동이 성장한 후 필요로 하는 성인 집단 생활에 쉽게 적응할 수 있는 능력의 배양을 강조

c. 발달의 목표 – 본성의 개발 : 성격 특성의 발달
지적 발달 : 운동 조정력, 판단력, 통찰력의 발달
기관의 발달 : 정력, 활력, 소화 능력, 피로에 대한 저항력의 발달

d. 사회적 기준에서의 목표 – 사회성 개발 및 사회에 관한 판단 능력의 발달, 건강한 학교 생활의 발달

e. 건강 상태 조절의 목표 – 신체 각 기관을 튼튼히 하여 질병에 걸리지 않고 건강 상태를 유지함을 강조

● T. D. Wood & R. F. Cassidy(1931)

a. 일반목표 – 아동기에 자연스럽게 체육활동이라는 수단을 통해 흥미, 잠재 능력과 같은 개인적인 자질을 조화롭게 발달시키는 것이며, 성인이 되었을 때 행복하고 건강한 생활을 할 수 있는 다양한 흥미와 좋은 습관 그리고 훌륭한 이상을 조화롭게 발달시키는 것이다.

b. 특수목표 – 일반목표를 달성할 수 있도록 하는 것이다. 즉 생물학적인 면에서의 특수목표는 근육의 발달, 기관과 신경 계통의 활력, 좋은 건강 습관, 신체결함의 교정, 정신 위생 등을 말하며, 사회 윤리적인 면에서는 지적인 지도를 들고 있다.

● 미국체육협회 목표설정 위원회(The Committee on Objectives of the American Physical Education(1934)

a. 체력physical fitness

b. 정신 건강과 능률mental health and efficiency

c. 사회 도덕적 성격social-moral character

d. 정서 표현과 통제emotional expression

e. 감상appreciation

● A. Stoodley(1947)

a. 건강, 신체, 기관의 발달health, physical or organic development

b. 정신적, 정서적 발달mental, emotional development

c. 신경근의 발달neuromuscular development

d. 사회적 발달social development

e. 지적 발달intellectual development

● J. B. Nash(1948)

a. 기관의 발달

b. 신경근의 발달

c. 이해력의 발달

d. 정서의 발달

● 미국체육학회AAHPER(1950)

a. 신체적 능률의 최대 발달 및 유지to develop and maintain maximum physical efficiency

b. 기능의 발달to develop useful skills

c. 사회에 유익한 방향으로의 행동to conduct oneself in socially useful ways

d. 건전한 레크레이션 활동to enjoy wholesome recreation

● J. F. Williams(1964)

a. 자격 있는 지도자, 적당한 시설, 신체적, 정신적, 사회적인 의미를 함축한 경험을 서로 잘 적응하도록 하는 체조에 의한 예방적, 교정적 목표
b. 유희나 스포츠에 관한 목표
c. 개인 전체의 발달을 유도하는 무용에 대한 목표
d. 군사적, 사회적 준비를 위한 하이킹, 캠핑, 낚시, 사냥에 있어서의 목표
e. 결단심, 용기, 그리고 신체를 효과적으로 통제할 수 있는 능력을 발달시키는 스턴츠stunts 및 격투 활동에 관한 목표
f. 매일 매일의 생활에 필요한 걷고, 달리고, 뛰고, 기어오르고, 던지고, 매달리고, 들어 올리고, 운반하는 등의 기본적인 기술에 대한 목표
g. 어린이들과 사회의 요구에 맞으겨 학교 계획에 맞는 시설과 교사진에 대한 목표

● J. Nixon & A. Jewett(1964)

a. 인간 운동에 대한 기본적인 이해와 감상력의 발달
b. 개인의 적정한 근력, 근지구력 및 호흡 순환 지구력의 발달
c. 움직임을 통한 의사 전달력의 발달
d. 인지력 및 이해력의 발달과 움직임을 통한 민주적 행동의 학습과 사회성의 개발

● D. Oberteuffer & C. Ulrich(1970)

a. 단기 목표 (쉽게 획득할 수 있는 목표) : 운동기능의 습득, 기관의 발달, 흥미의 발견 등
b. 장기 목표 (쉽게 획득하기 어려운 목표) : 성격과 사회성의 발달, 인간성과 인간 관계의 이해, 민주적 생활 방식의 이해, 반성적 사고의 개발 등

● E. S. Schurr(1975)

a. 왜 움직이는가를 이해한다.

b. 광범위하고 다양한 운동 기능을 터득한다.

c. 자기 운동 능력을 깨닫는다.

d. 운동 상황에서 일어나는 여러 문제에 대한 해결 능력을 기른다.

e. 운동에 참여하여 즐거움을 느낀다.

● C. A. Bucher(1975)

a. 신체 발달의 목표 : 신체 기관의 발달, 좋은 자세와 적당한 체중의 유지, 근육과 근지구력의 발달,

b. 운동 발달의 목표 : 여러 운동 기능의 발달과 신체적 효율성의 증진

c. 지적 발달의 목표 : 신체와 관련된 지식의 발달과 신체적 효율성의 증진

d. 사회적 발달의 목표 : 책임감, 자신감, 우정, 정서, 성취감, 협동심, 적응력, 지도성, 훌륭한 시민 정신의 발달

● H. Barrow(1977)

a. 체력을 포함한 기관의 발달

b. 스포츠 기능을 포함한 심리운동적 영역의 발달

c. 스포츠, 운동 및 무용과 관련된 지식과 이해를 포함한 지적 발달

d. 정서적, 사회적 발달을 포함한 정의적 영역의 발달

● C. E. Willgoose(1979)

a. 체력과 운동 기능의 발달

b. 사회적 효율성의 재고

c. 문화 습득

d. 레크리에이션 능력의 향상

e. 지적 능력의 발달

● K. W. Bookwalter(1969)

수준					수준
궁극적인 목적	체육의 목적은 스포츠 · 무용 · 체조활동을 통하여 신체적 · 정신적 · 사회적으로 적응된 개인을 기르는 것이다.				철학적 수준
장기적인 목표	건 강	여가선용		윤리적 성격	사회적 수준
중간발달 목표	기관의 발달	신경근의 발달	이해력의 발달	정서의 발달	생물학적 수준
결과	건상상태 조절 (신체적 변화)	습관 및 기능	인식의 조절(지식 · 판단 · 이해 · 통찰력)	행동양식 조절 (사고방식 · 태도)	교육적 수준
	〈체 력〉	〈스포츠 습관 및 기능〉	〈스포츠의 이해〉	〈스포츠 맨십〉	
결과의 형태	지구력 근력 이상적 체중 훌륭한 자세 심폐기능	기초운동 능력 수영능력 여러가지 스포츠 기능	스포츠 맨십에 관한 지식 경기의 전략에 대한 지식 건강 규칙에 관한 지식	경기 중의 예의 사태처리에서의 자기통제 약자에 동정을 갖는 태도	측정 및 성취 기능

〈그림 3-1〉 Bookwalter(1969)의 체육 목표 분류

체육의 목표에 대한 여러 학자와 기관에서의 주장은 매우 다양한 듯한 느낌을 주지만 다른 시각에서 보면 구별이 불가능할 정도로 공통점이 많음을 발견할 수 있다. 이는 현대 체육의 개념이 '신체의 교육education for the physical' 에서 '신체를 통한 교육education through the physical' 으로 변모되어 교육의 한 영역으로 자리를 잡았음에 가장 큰 원인이 있겠으나 체육이 신체의 움직임과 떼어놓을 수 없는 영역이라는 특성 또한 중요한 요인으로 작용했기 때문일 것이다.

다음의 내용은 위에서 소개된 여러 학자와 기관이 주장한 체육의 목표를 요약하여 공통점을 찾아본 것이다. 이는 Bucher와 Wuest가 1987년 저술한 『Foundations of physical education & sport』에서 밝힌 체육 목표의 내용과 같은 맥락임을 밝혀둔다.

첫째, 신체 발달physical development의 목표

신체 발달의 목표는 신체적성physical fitness의 증진을 의미하는 것으로서 체육의 목표 중 가장 기본적이면서도 가장 중요한 목표라고 볼 수 있다. 체육이라는 분야가 인간에게 제공할 수 있는 가장 선명한 영역이 바로 신체 발달의 목표이기 때문이다. 체육의 인지적, 사회적 목표가 성취 결과에 의심을 받더라도 체육이 신체를 발달시킨다는 목표만은 의심의 여지가 없다.

신체 발달의 목표는 신경, 순환, 호흡, 근육, 소화기관 등과 같은 인체 여러 기관의 효율적인 발달과 기능의 증대를 의미한다. 이러한 기관의 발달은 근력, 지구력, 유연성, 민첩성 등과 관련되며, 원활한 작업 수행 능력, 피로로부터 빠른 회복, 여가선용, 긴급사태에 대비한 에너지의 축적 등과 밀접한 관련이 있다고 볼 수 있다.

둘째, 신경근 발달neuromuscular development의 목표

신경근神經筋의 발달 목표는 신체 기술physical skill의 발달을 의미하는 것으로서 적절한 신체 에너지의 사용을 통하여 선택된 신체 동작을 수행할 수 있는 능력의 개발을 목표로 한다. 이는 효율적인 방법으로 움직이는데 필요한 지각, 조정력, 평형성, 민첩성, 정확성 등의 요인과 관련되며, 스포츠의 기술은 물론 레크리에이션의 기술도 경우에 따라서는 포함된다.

셋째, 인지적 발달cognitive development의 목표

인지적認知的 발달의 목표는 인체에 대한 신체활동의 중요성을 이해하는 것으로서 올바른 건강 습관의 형성이 궁극적인 목표라고 볼 수 있다. 이는 인체에 대한 올바른 지식과 운동이 인체에 미치는 영향에 대한 지식을 토대로 건강 유지를 위한 효율적인 운동 방법을 익히는 목표이다. 인지적 발달의 목표는 이해, 분석, 종합, 문제해결, 의사결정 등의 심리적 특성이 관련을 맺는다. 또한 인지적 발달은 운동 경기의 역사, 규칙, 전술 등의 이해가 포함되며, 신체 활동의 이해에 의한 자아표현과 긴

장으로부터 해방되는데 필요한 감정의 배출이 목표가 될 수 있다.

넷째, 사회 정서적 발달social-emotional-affective development의 목표

사회 정서적 발달의 목표는 체육활동을 통하여 건전한 사회적 경험을 얻도록 하는 것이 가장 중요하다. 사회적 경험에는 스포츠맨십, 자기수양, 이타심利他心, 성실성, 정직성, 충실성 등의 요인이 강조된다. 이밖에도 책임의식, 규칙 및 규정 준수의 태도, 협동과 분업의 조화, 귀속감, 도덕관, 긍정적 성격 등이 체육활동을 통하여 형성된다고 본다. 이는 건전한 여가의 이용을 유도하여 개인이나 집단이 사회의 구성원으로서 효과적으로 적응해 나가도록 하며, 또한 자기가 맡은 일의 수행에 필요한 태도, 가치관, 사회적 관습의 이해 등이 가능케 됨을 의미한다.

체육의 목표 중 인지적 발달과 사회 정서적 발달의 목표는 성취 결과가 가시적이지 못하다는 이유에 의해 "과연 체육이 지향해야 할 목표로서 타당한가"라는 의문의 여지가 있음이 사실이다. 이러한 문제와 관련하여 '95 서울 국제스포츠과학학술대회에 참가한 S. K. Stoll은 "체육이 보다 생산적이기 위한 목표로서 신체적성에 치중해 왔음에도 불구하고 젊은 세대들이 예전보다 신체적, 정신적으로 건강하지 못함은 어찌된 일이냐"고 의문을 제기하면서 체육이 외재적, 물질적, 단편적인 가치에 치우친 결과라고 주장하고 있다. 이는 인지적 발달과 사회 정서적 발달의 목표가 많은 논의의 대상이 되고 있음에드 불구하고 체육 목표의 편협성을 면하기 위해서는 포함되어야 한다는 입장임을 의미한다.

4) 한국의 체육 목표

(1) 해방 이전의 체육 목표

한국 역사에 있어 체육교육이 제도화된 것은 1895년 7월 16일 고종황제의 칙령 제45호로 내려진 소학교 령이 공포된 이후부터이다. 당시 소학교 령에 나타난 체육과의 내용은 소학교 심상과(1~3학년) 과목은 修身, 讀書, 作文, 習字, 算術, 體操로 하고(제8조), 소학교 고등과(2~3개년) 과목은 修身, 讀書 .... 體操로 함(제9조). 체

조과의 목표는 건강한 신체, 건전한 정신, 사회성 도야(제10조) 등의 내용으로서 소학교 심상과에서는 체조를 선택으로, 고등과에서는 필수로 실시했다.

제10조(원문) : 體操는 신체의 성장을 均齊健康케 하며 정신을 快活剛直케 하고 겸하여 규율을 守하는 습관을 養함을 요지로 함.

위의 10조 원문은 한국 학교 체육사에 나타난 최초의 목표 진술이고, 체육이 신체 단련이라는 일반적인 관념을 신체교육의 의미로 발전시킨 것이라 볼 수 있다. 지도 내용에서는 "고등과에서는 병식체조를 主하여 授함, 여학생에게 授하는 체조는 적의절충適宜折衷 함" 이라고 명시하여 지도 내용이 병식체조 중심이었음을 암시한다. 이 병식체조의 지도는 학교의 교사 중에는 전문 지식이 없었으므로 대부분 육군연성학교 출신의 군인들이 지도하는 과도기적 현상이 당분간 지속되었다.

1895년 7월 23일 학부령 제1호로 한성 사범학교 규칙이 공포되어 체조가 교과목이 되어 있으나 교재 내용이나 목표에 대한 언급은 없었으며, 1900년에는 중학교 규칙이 발포되어 심상과, 고등과로 나누어졌다. 중학교 교칙 제2조에 따라 체조가 한 교과목으로 되어 있으나 정도에 대해서는 아무런 지시가 없었다.

1906년 8월 27일 칙령 제44호에 의하여 개정된 보통학교령 및 그 시행 규칙에서 제6조는 체조를 정규 교과목으로 인정하였고, 제9조 제10항 시행 규칙에서는 다음과 같은 체조 교육의 목표를 언급하고 있다.

제9조 제10항(시행규칙) : 체조는 신체의 각부를 고루 발육하게 하며, 사지의 동작을 기민하게 하여 전신의 건강을 보호증진하고, 정신을 쾌활, 강하게 함. 아울러 규칙을 지키고 협동을 소중히 하는 습관을 기름을 요지로 함.

1900년의 중학교 규칙을 개정한 1906년 학부령 제21호의 고등학교령 시행 규칙 제4조에는 체조가 정규 교과목으로 설정되어 있으며, 제5조 13항에는 당시의 고등학교 체조 교육 목표가 나타나 있다.

제5조 제13항 : 체조는 신체를 강건히 하며 정신을 쾌활하게 하고 아울러 규율을

지키며, 협동을 소중히 하는 습관을 기름을 위주로 하여 보통체조와 병식체조를 적당히 교수함을 요함.

또한 1908년 학부령 제9호의 고등 여학교령 시행 규칙의 관계 조항은 한국 최초의 여성 교육 기관인 고등 여학교를 대상으로 최초로 여성에게만 국한된 체조의 교육 목표가 나타나 있다.

제5조 제13항 : 체조는 신체를 강건히 하며, 정신을 쾌활하게 하고 아울러 용의를 단정하게 하고 규율을 지키며, 협동을 소중히 하는 습관을 기름을 요함. 체조는 보통 체조와 유희로 하되 보통체조는 교정술, 도수체조 및 기타로 함.

이것은 1909년 7월 5일 다시 개정된 二 시행 규칙 제2장 제5조 제12항에,

체조는 신체의 각부를 고르게 발육시켜 강건히 하며, 그 동작을 기민하게하며, 정신을 쾌활하게 하고, 아울러 용의를 단정히 하며, 규율을 지키어 협동을 소중히 하는 습관을 기름을 요지로 함. 체조는 유희 학교 체조를 교수함이 가함.

그 후 한국은 1910년 일본의 식민지하에 들어가게 되어 조선 교육령 내지 조선총독부령의 일본식 교육 제도에 따르게 되었다. 따라서 36년간의 일본 통치하의 교육 목표 변천은 해방 후의 교육과도 연관이 없는 단절된 교육 내용이 되었다. 다만 역사적인 연계성을 위하여 일본 식민지 시대의 대략적인 체육 목표의 변천된 내용을 요약하면 다음과 같다.

1911년 勅令(조선교육령) 제299호

체조는 신체의 각부를 均齊히 하여 자세를 단정히 하고 정신을 쾌활케 하며 겸하여 규율을 守하고 節制를 崇尙하는 습관을 養함을 要旨로 함.

---

*한국 체육 목표에 대한 내용은 이광섭(1988), 안충규(1994)의 논문이 주 참고문헌이었음.

1922년 총독부령 제90호

체조는 신체의 각부를 생리적으로 발육케 하며 신체를 강건케하며 동작을기민케하며 快活剛直 堅忍持久의 정신과 규율을 守하여 협동을 尙하는 습관을 養함을 要旨로 함.

1941년 총독부령 제90호

신체를 단련하고 정신을 연마하여 豁達强健한 忍苦持久의 심신을 육성하고 獻身奉公의 실천력을 배양하여 전력을 증강에 資할 것을 요지로 함.

(2) 해방 이후의 체육 목표

해방 이후 교육에 관한 방침을 최초로 발표한 것은 1945년 9월 17일 미군정청 학무국이 각 도에 일반 명령 제4호로 지시한 '신조선을 위한 교육방침' 일 것이다. 그 당시 교육방침은 첫째, 일제 잔재의 불식, 둘째, 평화와 질서의 유지, 셋째, 생활의 실제에 적합한 지식 및 기능의 연마 등이다. 발표내용 중 교육상 유의할 점 제8항에는 체육을 적극적으로 장려하여 강건한 기운을 함양할 것을 지시하고 있다.

1945년 10월 1일 중등학교의 개교에 앞서 군정청 학무국은 중등학교 교과목 편제와 시간배당을 각각 발표하여 교육방침에 의거한 교육내용에 따라 지도할 것을 지시하였다. 이 때의 중등학교 교과목 편제와 시간배당을 보면 일제말기의 중등학교 교과목이나 시간배당을 근간으로 개정된 것이지만 일제와는 달리 체조 대신에 '체육' 이라는 교과명을 사용하여 2~3시간의 체육시간을 배당한 점이 특징이다.

미군정기가 끝나고 1948년 8월 15일 대한민국 정부가 수립되었을 때 가장 시급한 일은 건국이념에 맞는 교육법을 제정하여 교육이념과 교육제도를 확립하는 것이었다. 그리하여 대한민국 법률 제86호로 1949년 12월 31일에 확정 공포되었다. 이 법에 명시된 교육이념과 교육목적에 따라 교육과정이 편성되고 교과서가 편찬되어야 했다. 이에 따라 문교부는 교육과정 시간배당 및 교육과정을 새롭게 문교부령으로 정하게 되었다. 그러나 1950년 6.25전쟁으로 교과과정 개정작업은 중단되었고 6.25전쟁이 끝난 후 1955년 8월 1일자로 각급 학교 교육과정을 중학교 교육과정은 문교부령 제45호로, 고등학교 교육과정이 문교부령 제46호로 공포됨에 따라 자주적인 교육과정에 따른 체육 목표가 탄생하게 되었다.

① 제1차 체육과 교육과정

제1차 체육과 교육과정에서는 체육과의 교과명이 초등학교에서는 '보건', 중·고등학교에서는 '체육'으로 불리어졌다. 체육과 교육과정의 문서상에 나타난 구성 체계는 보건과 및 체육과의 목적, 보건과 및 체육과의 지도방침, 보건과 및 체육과 지도상의 유의점, 고등학교 체육과의 목표, 고등학교 체육과의 지도내용으로 구성되어 있다. 1955년 문교부령 제44호로 고시된 제1차 교육과정은 종래의 지식중심의 교육과정을 지양하고, 학생들의 경험과 생활을 존중하는 교육과정을 편성하도록 노력한 점이 돋보인다.

● 중등학교 체육과 목표

보건과 및 체육과는 원만한 환경 밑에 신체활동을 통하여 신체 각 부위를 고르게 튼튼히 발달시키고, 굳세고 아름다운 정신과 건전한 사회적 성격을 기르며, 위생생활을 습관화하여 민주적 사회활동에 최선을 다 발휘할 수 있는 능력을 가지게 한다.

제1차 교육과정에서는 종합 목표를 앞에 제시하고 구체적인 실천 목표를 가) 신체적 목표(8개항목), 나) 사회적 목표(9개 항목), 다) 지적 정서적 목표(7개 항목), 라) 안전 지도(4개 항목), 마) 레크리에이션 지도(1개 항목)로 세분화하여 제시되어 있다.

고등학교 체육과의 지도내용은 맨슨체조(맨손체조, 기계체조, 스턴츠), 스포츠(육상경기, 구기, 헤엄, 투기), 무용, 위성, 체육이론의 5개 영역으로 구성되어 있다.

② 제2차 체육과 교육과정

1963년 문교부령 제119호로 고시된 제2차 교육과정은 생활중심의 교육과정 또는 경험중심의 교육과정으로서 학생들의 생활경험을 통하여 교육함으로써 쓸모 있는 사회인을 육성하고 자활할 수 있는 실천인의 육성을 강조하였다. 즉 생활 또는 경험중심의 교육과정이 도입되면서 운동, 스포츠 및 여가활동을 통하여 체육을 학습할 수 있도록 목표를 설정하였다. 제2차 체육과 교육과정에서는 체육으로 교과명칭이 통일되었으며, 제1차 교육과정에서 분류한 구성체계를 수정하여 목표, 학년목표, 지도내용, 지도상의 유의점으로 구성하였다.

●중학교 체육 목표

가) 여러 가지 운동을 통하여 기초적 운동능력을 조장하여 신체의 모든 기관을 고르게 발달하도록 한다.

나) 스포츠를 통하여 극기 자제하여 타인과 협력할 수 있는 사회성을 길러 페어플레이하는 정신을 기른다.

다) 건강생활과 각종 스포츠의 개요를 알려 감정과 의지의 통일 작용을 수련시키고, 미적인 표현, 창작, 감상력을 통하여 정서를 순화한다.

라) 보건과 안전에 대한 지식과 기능을 길러 사회 안전훈련에 협력하도록 한다.

마) 레크리에이션 활동을 계획하여 윤택한 민주생활을 하도록 한다.

●고등학교 체육 목표

가) 운동의 기능과 기술을 숙달시켜 신체 각 부위를 균형 있게 발달시키고 건강증진에 힘쓰도록 한다.

나) 스포츠를 통하여 명랑 성실한 성격과 페어플레이의 태도를 지니게 하여 솔선실행하는 사회적 성격을 기른다.

다) 각종 스포츠와 신체적 표현의 개요를 알려 강인한 의지와 판단력을 기르며 정서를 순화하도록 한다.

라) 건강과 안전에 대한 지식, 습관, 태도를 길러 사회안전에 이바지하도록 한다.

마) 레크리에이션 활동을 계획하고 참가 지도할 수 있게 하여 윤택한 민주생활을 추진하도록 한다.

제2차 교육과정에서의 지도내용은 체조(맨손체조, 기계체조, 스턴츠), 스포츠(육상경기, 구기, 헤엄, 투기), 무용, 레크리에이션, 보건위생, 체육이론 등의 6개 영역으로 구성되어 있다. 제1차 교육과정에 비하여 맨손체조가 체조로, 위생이 보건

위생으로 명칭이 바꾸어 제시되고 있고, 특히, 레크리에이션이 새로운 영역으로 첨가된 것이 특징이라 할 수 있으며, 체조, 스포츠 등 각 영역의 하위 영역마다 추구해야 할 목표가 학년별로 새롭게 제시되어 있음을 알 수 있다.

③ 제3차 체육과 교육과정

1973년 문교부령 제310호로 고시된 제3차 교육과정은 학문 중심의 교육과정을 강조하였으며, 국민교육헌장 이념의 구현을 기본방향으로 삼고 국민적 자질의 향상, 인간교육의 강화, 지식, 기술교육의 쇄신을 기본방침으로 하였다. 그리고 제3차 체육과 교육과정에서는 제2차 때의 지도내용을 명칭을 바꾸어 목표(일반목표, 학년목표), 내용, 지도상의 유의점 등으로 구성하였다.

● 중학교 체육 목표

가) 심신의 발달에 알맞는 여러 가지 운동의 특성을 이해하고 이를 실천하여 강건한 체력과 강인한 의지를 기른다.

나) 일상생활에 있어서 운동이 차지하는 가치를 이해하고 합리적인 운동 생활을 통하여 활발하고 명랑한 성격과 공정하고 협동하는 국민정신을 기른다.

다) 직업인으로서 건강, 안전, 여가선용에 대한 이해를 높이고 이에 대한 기초지식을 습득시켜 건강과 안전생활을 영위할 수 있는 태도와 능력을 기른다.

● 고등학교 체육 목표

가) 각종 운동에 대한 이해와 실천을 통하여 체력과 운동기능을 높여서 왕성한 실행력을 가진 강건한 국민으로 자라게 한다.

나) 운동경기의 자발적인 참여와 실천을 통하여 공명정대한 경쟁의 의식과 협동심, 준법성, 책임감 등의 건전한 사회적 태도를 기른다.

다) 심신의 건강과 안전생활에 대한 이해와 실천을 통하여 공중보건 의식을 높이고 안전능력을 기른다.

라) 운동을 생활화하게 함으로써 여가를 선용하고 정서를 순화하여 명랑한 성격과 활달한 기상을 지니게 한다

제3차 체육과 교육과정에서의 지도내용은 순환운동, 체조(맨손체조, 기계체조), 육상경기(달리기, 뛰어뛰기, 던지기), 구기(농구, 핸드볼, 배구, 축구, 럭비), 투기(유도, 씨름, 태권도), 계절 운동(수영, 빙상운동), 무용(여), 체육이론, 보건 등의 9개 영역으로 구성되어 있다. 특히, 제3차 교육과정에서는 제2차 때에 비하여 6개 영역에서 9개 영역으로 보다 세분화되었고, 순환운동이 하나의 영역으로 제시되고 있다.

④ 제4차 체육과 교육과정

1981년 문교부령 제442호로 고시된 제4차 체육과 교육과정은 건전한 심신의 육성, 지력과 기술의 배양, 도덕적인 인격의 형성, 민족공동체 의식의 고양 등을 강조하였다. 상단에 교과목표를 간결하게 포괄적으로 진술하고, 그 밑에 4개항으로 나누어 구체적인 목표를 기술하고 있다. 즉 형식과 체제는 상위목표와 하위목표로 구별되는 형식으로 일반목표를 제시하고, 지도내용에 앞서 학년목표가 명시되어 있다. 제4차 교육과정에서는 제2, 3차 교육과정과 달리 교과목표, 학년목표 및 내용, 지도상의 유의점 등으로 구성되어 있고, 교육과정 구성체계 내에 평가항목이 처음으로 제시되었다.

● 중학교 체육 목표

여러 가지 운동을 통하여 체력과 다양한 운동 기능을 기르고, 건강과 안전 및 운동에 필요한 지식을 습득하여 일상생활에서 활용하며 운동을 통한 건전한 정신을 기른다.

가) 여러 가지 운동을 적극적으로 실천하여 체력을 기르고 운동기능을 향상시킨다.
나) 건강생활과 신체활동에 필요한 지식을 습득하며, 이를 생활에 활용하는 능력을 기른다.
다) 운동경기를 통하여 규칙과 질서를 지키고 서로 협력하며, 공정하게 운동하는 태도를 기른다.
라) 운동을 통하여 여가를 선용하고 정서를 함양하며, 명랑한 성격을 기른다.

●고등학교 체육 목표

적성에 맞는 운동을 합리적으로 실천하여 체력과 전문적인 운동기능을 향상시키고 운동, 보건, 안전에 관한 지식을 생활에 활용하는 능력을 기르며, 운동을 생활화하여 건전한 생활태도를 가지게 한다.

가) 여러 가지 운동을 합리적으로 실천하여 체력과 운동기능을 향상시킨다.
나) 스포츠의 기초과학과 보건안전지식을 운동과 생활에 적응할 수 있는 능력과 태도를 기른다.
다) 자율적으로 운동경기에 참여하여 공명정대한 정신과 협동심, 준법성, 책임감 등의 민주적인 생활태도를 기른다.
라) 평생 동안 운동을 생활화할 수 있는 바탕을 마련하여 여가를 선용하고 정서를 함양한다.

제4차 교육과정에서의 지도내용은 육상운동(달리기, 뛰뛰기, 던지기), 체조(맨손 체조, 기계 체조), 구기(농구, 배구, 핸드볼, 축구, 소프트볼, 럭비), 평생 스포츠 및 야외활동(크로스컨트리, 등산, 캠핑, 낚시), 투기(씨름, 태권도, 유도, 복싱, 레슬링), 수영, 무용(민속 무용, 창작 무용), 체육이론, 보건 등의 9개 영역으로 구성되어 있다. 제4차 교육과정은 제3차 때에 비해 다양한 운동경험이 이루어질 수 있도록 활동의 폭을 넓히며, 평생 동안 즐겨 실천할 수 있는 스포츠의 기본기능과 소양을 지니도록 하는 데 역점을 두어 평생 스포츠 및 야외활동 영역을 강조하였다. 특히, 체육의 목표 영역별 기본체제가 확립되어 보다 짜임새 있는 내용선정 및 구성이 이루어지도록 하였다.

⑤ 제5차 체육과 교육과정

제5차 체육과 교육과정에서는 인간중심의 체육철학, 운동발달의 단계적 이론, 움직임 교육과정 이론 및 학문중심 교육과정 이론을 중심으로 개발되었다. 체육의 목표는 내용 조직상에서 일반적이고 포괄적인 표현으로 체육의 종합적인 목표를 먼저 제시하고 구체적인 실천목표를 4개항으로 분류하여 진술하는 제4차 교육과정의 형식과 동일하다.

●중학교 체육 목표(1987년 문교부 고시 제87-7호)

여러 가지 신체활동을 통하여 운동능력을 기르고 운동과 건강에 필요한 지식을 이해, 적용하며, 바람직한 사회적 태도를 가지게 한다.

가) 경기를 즐길 수 있는 운동기능과 체력을 기르게 한다.
나) 신체적인 표현능력을 기르게 한다.
다) 운동과 건강 및 여가선용에 필요한 지식을 습득하고, 적용하는 능력을 기르게 한다.
라) 정서를 함양하고 바람직한 사회적 태도를 가지게 한다.

●고등학교 체육 목표(1988년 문교부 고시 제88-7호)

여러 가지 운동을 통하여 운동기능을 기르고 운동과 건강에 필요한 지식을 습득하여 바람직한 사회적 태도를 가지게 한다.

가) 종목별 경기특성에 따른 운동기능과 체력을 기르게 한다.
나) 신체활동을 통하여 사상과 감정의 표현 및 감상능력을 기르게 한다.
다) 운동, 건강, 안전 및 여가선용에 필요한 지식을 습득하고 생활에 적용하는 능력을 기르게 한다.
라) 운동에 대한 올바른 가치관을 가지고 운동을 생활화하며, 민주적 시민태도를 가지게 한다.

제5차 체육과 교육과정의 내용은 구체적인 지도내용을 제시하지 않고 학교에 의사 결정권을 부여하기 시작하였으며, 운동기능에 해당하는 심동적 영역, 지식에 해당하는 인지적 영역, 태도에 해당하는 정의적 영역 등으로 구분하여 제시하고 있다. 심동적 영역은 육상, 체조, 수영, 구기, 무용, 투기, 평생 스포츠, 야외 활동, 체력 운동 등의 9개 단원으로 구성되었으며, 그 목표는 종목별 경기특성에 따른 운동기능을 숙달하고 체력을 육성하여 운동능력을 높이는데 있다. 인지적 영역에는 체육이론과 보건 등 2개의 단원을 두어 운동의 방법, 효과 및 적용에 관한 지식의 이해와 건강, 안전 및 여가선용에 관한 지식을 습득하도록 하였다. 정의적 영역은 별도의 단원으로 구성하지 않고 심동적 영역과 인지적 영역 지도시 정의적인 면에 유의하여 지도하도록 하였다.

⑥ 제6차 체육과 교육과정

1992년에 체육과 교육과정 시안을 담은 제6차 초중고등학교의 체육과 교육과정 각론 개정 연구(한국교육개발원, 1992-10)가 법적인 선언적 의미를 갖는 이론적 모형으로 제시되었으며, 1992년 6월 30일에는 교육부 고시 제1992-11호와 1992-19호에 의하여 1995년 3월 1일부터 시행될 제6차 중학교, 고등학교 체육과 교육과정이 발표되어 새로운 중 · 고등학교 체육 목표가 만들어 졌다.

제6차 체육과 교육과정에서는 운동능력의 개발과 건강을 추구하는 성격을 지니고 이를 토대로 신체적 능력의 개발과 환경에의 적응능력을 체육의 중요한 목적으로 삼고 교육과정이 확정 마련되었으며, 교육과정의 구성은 체육과 성격, 목표, 내용, 방법, 평가 등의 틀로 구성되었다.

제6차 교육과정에서는 자주성, 자율성을 중시하고 탐구능력을 강조하는 교육과정에 따라 운동기능이라는 내재적 가치와 각 개인의 건강이라는 외재적 가치 모두를 추구하고자 하였다. 이에 체육의 목표는 신체활동보다는 개개인의 요구를 바탕으로 한 자아실현에 두었고, 운동기능의 숙달보다는 운동에 대한 개인적 능력 및 건강한 생활의 영위에 초점을 두었다.

●중학교 체육 목표(1992년 교육부 고시 제1992-11호)

여러 가지 신체활동을 통하여 경기에 참여할 수 있는 운동능력과 건강한 생활을 영위할 수 있는 능력을 기르게 한다.

가) 경기에 참여할 수 있는 운동기능과 건강에 필요한 체력을 기르게 한다.

나) 신체적인 표현능력을 기르게 한다.

다) 운동과 여가활동 및 건강에 필요한 지식을 습득하여 실천하는 능력을 기르게 한다.

라) 바람직한 운동 태도와 사회적인 태도를 가지게 한다.

●고등학교 체육 목표(1992년 교육부 고시 제1992-19호)

여러 가지 운동을 통하여 경기를 즐길 수 있는 운동 능력을 개발하고 건강한 생활을 향유할 수 있는 능력을 기르게 한다.

가) 운동경기를 즐길 수 있는 운동기능과 건강에 필요한 체력을 기르게 한다.

나) 신체활동을 통하여 사상과 감정의 표현능력을 기르게 한다.

다) 운동과 건강 및 여가활동에 필요한 체계적인 지식을 이해하여 실천하는 능력을 기르게 한다.

라) 운동에 대한 올바른 가치관을 가지고 운동을 생활화하며 바람직한 사회생활 태도를 가지게 한다.

제6차 체육과 교육과정의 내용은 실기와 이론의 통합을 위하여 운동단원에 기능뿐만 아니라, 운동을 하는데 필요한 운동의 주된 원리를 학습내용으로 제시하고 있는데, 내용영역으로는 육상, 체조, 수영, 구기, 무용, 투기, 평생 스포츠, 야외 활동, 체력 운동, 이론, 보건 등의 11개 영역으로 구성되어 있다.

제6차 교육과정에서는 심동적, 인지적, 정의적 영역으로 구분한 제5차 교육과정과는 달리 영역별로 기능, 지식, 태도 항목 등을 두어 내용 영역별로 달성하고자 하는 학습목표를 제시하여 교육과정 운영에서 교사의 창의성과 자율성을 제고하고자 하였다.

⑦ 제7차 체육과 교육과정(교육부 고시 제 1997-15호)

한국이 당면하게 될 21세기 미래사회는 정보화 · 세계화 사회이고, 여기에 발맞춰 교육은 세계시민으로서 협동하고 경쟁할 수 있는 능력 있는 인간의 육성문제가 커다란 과제로 등장하게 되었다. 이러한 정보화 · 세계화 시대의 교육적 과제는 전통적인 교육제도의 운영, 교육내용과 교육방법 등에 혁명적인 변화를 요구하고 있으며, 그 해결책으로 교육개혁위원회에서는 '신교육 체제'를 구상하여 교육개혁을 추진해 나가고 있다. 그 일환으로 실시되는 제7차 교육과정은 교육법 제155조 제1항에 의거하여 고시한 것으로서 초 · 중등 학교의 교육목적과 교육목표를 달성하기 위한 국가수준의 교육과정이며, 초 · 중등 학교에서 편성, 운영하여야 할 학교 교육과정의 공통적, 일반적인 기준을 제시한 것이다. 특히 국가수준의 공통성과 지역, 학교, 개인수준의 다양성을 동시에 추구, 학습자의 자율성과 창의성을 신장, 교육청과 학교, 교원 · 학생 · 학부모가 함께 실현해 가는 교육, 학교 교육체제를 교육과정 중심으로 개선, 교육의 과정과 결과의 질적 수준을 유지 · 관리하기 위한 교육과정이라고 볼 수 있다.

교육개혁위원회는 1996년 2월 '신교육 체제수립을 위한 교육개혁 방안'의 일환으로 초 · 중등학교 교육과정 개혁방안을 제시하였다. 그 후 여러 차례의 세미나 및 공청회, 그리고 현장검토 등을 통해 1997년 12월 30일 제7차 초 · 중등학교 교육과정을 고시하였다. 2000년 3월 초등학교 1, 2학년을 시작으로 시행하게 된 새 교육과정은 이전의 교육과정과는 달리 여러 가지 특징을 갖고 있다. 제7차 교육과정의 토대가 되는 몇 가지 기본적인 성격을 살펴보자.

첫째, 국가수준의 공통성과 함께 지역, 학교, 개인수준의 다양성을 추구하는 교육과정
둘째, 자율성과 창의성을 신장하기 위한 학생중심의 교육과정
셋째, 교육부, 교육청, 학교, 교원, 학부모, 학생 등이 함께 실현해 가는 교육과정
넷째, 학교 교육체제를 교육과정 중심으로 개선하기 위한 교육과정
다섯째, 교육의 과정과 결과의 질적 수준을 유지, 관리하기 위한 교육과정한 마디로 새 교육과정은 자율과 창의에 바탕을 둔 학생중심의 교육과정이라고 할 수 있는데, 그 추구하는 인간상을 보면 다음과 같다.

첫째, 전인적 성장의 기반 위에 개성을 추구하는 사람
둘째, 기초능력을 토대로 창의적 능력을 발휘하는 사람

셋째, 폭넓은 교양을 바탕으로 진로를 개척하는 사람
넷째, 우리 문화에 대한 이해의 토대 위에 새로운 가치를 창조하는 사람
다섯째, 민주시민 의식을 기초로 공동체 발전에 공헌하는 사람

새 교육과정은 초등학교 1학년부터 고등학교 1학년까지를 국민공통 기본교육기간(10년)으로 설정하여 학년에 따라 일관성 있는 교육을 실시하며, 고등학교 2, 3학년에서는 교과에 따라 일반선택과 심화선택으로 나누고, 다양한 선택과목을 개설하여 과정 · 계열의 구분 없이 운영함으로써 학생의 선택폭을 넓히고 있다. 또 학생의 능력(개인차)에 따른 다양한 교육기회를 제공하기 위하여 교과특성에 따라 단계형, 심화 · 보충형, 과목 선택형 등 세 가지의 수준별 교육과정을 도입하고 있으며, 자기주도 학습능력을 신장시키기 위한 범교과 재량활동시간을 학교, 교사, 학생이 함께 선택할 수 있게 하였다. 그리고 학습부담을 줄이기 위해 교과별 최저 필수요소 중심으로 학습내용을 정선하고, 범위와 수준도 조정하였으며, 아울러 이수과목 수도 축소하였다. 이밖에도 학교별로 편성하는 교육과정의 평가체제를 확립하고 정보화 시대를 맞이하여 컴퓨터 교육과 개방적, 창의적 교육활동을 강화하고 있다. 다시 말해, 7차 교육과정은 21세기의 세계화 · 정보화 시대를 주도하며 살아갈 자율적이고 창의적이며, 민주국가의 발전과 인류공영의 이상을 실현할 한국인 육성을 그 목적으로 하고 있다고 할 수 있다.

이에 체육과에서도 학습자 중심의 교육, 자유와 평등의 조화, 교육의 다양화, 교육의 정보화, 자율과 책무성의 제고, 평가를 통한 교육의 질 제고 등을 기본개념으로 하여 제7차 교육과정 개정의 기본방향을 다음의 4가지로 설정하였다. 즉 목표에서는 건전한 인성과 창의성을 함양하는 기초 · 기본교육의 충실, 내용에서는 세계화 · 정보화 시대에 적응할 수 있는 교육, 운영에서는 학생의 능력, 적성, 진로에 적합한 학습자 중심교육, 제도에서는 교육과정 편성 · 운영에 대한 지역 및 학교의 자율성 확대 등으로 설정하고, 이를 통하여 자율적이고 창의적인 한국인 육성을 교육과정의 기본방향으로 정하였다. 여기에 체육과 교육과정의 '성격' 부분 명료화, 체육과 목표의 일원화, 학습내용 체계의 일원화 및 적정화, 교수 · 학습방법 및 평가지침의 구체화 등에 대한 시대적 요구가 교육과정의 개정을 가능하게 하였다. 따라서

이러한 제7차 교육과정 개정의 기본방향에 따라 21세기의 국가 · 사회적 요구를 수용하고, 그에 알맞은 인간으로 교육하기 위하여 체육과 교육과정의 개정이 불가피해졌고, 체육과 성격, 목표, 내용, 교수 · 학습 방법, 평가 등의 틀로써 체육과 교육과정이 구성되었다.

체육은 움직임 욕구의 실현 및 체육문화의 계승, 발전이라는 내재적 가치와 체력 및 건강의 유지 · 증진, 정서순화, 사회성 함양이라는 외재적 가치를 동시에 추구함으로써 인간의 '삶의 질' 을 높이는 데에 공헌하는 교과이다. 중학교 체육은 운동을 다양하게 경험하며, 보다 향상된 기능을 발휘하고, 체력 및 건강을 증진한다. 그리고 체육의 이론적 기초지식을 학습하여 체육현상에 대한 보다 올바른 이해를 증진하며, 실제 운동 참여시 지식을 적절하게 활용할 수 있는 초보적인 적용력을 기른다. 또 운동을 통하여 개인적으로 정서적 만족을 얻어 자아실현을 추구하고, 사회적으로 바람직한 태도를 기른다. 중학교 체육은 초등학교 체육에서 습득한 학생들의 신체활동에 대한 적극적인 흥미를 발전시켜 고등학교 체육에서 강조될 평생 스포츠 활동의 학습을 촉진하도록 하는 단계로서의 성격을 지니다.

고등학교 1학년의 체육은 다양한 운동에 참여하여 보다 전문화된 운동기능을 발휘하고, 체력의 향상 및 건강의 증진을 추구한다. 그리고 체육의 이론적 지식을 학습하여 실제 운동참여시 이를 적절하게 활용할 수 있는 능력을 기른다. 또 운동을 통하여 개인적인 정서함양과 사회적으로 윤리적 규범을 습득한다. 고등학교 1학년의 체육은 고등학교 2, 3학년의 일반선택 교과목인 '체육과 건강' 을 학습할 수 있는 기반을 마련하는 성격을 지니다.

● 중 · 고등학교 체육 목표

제7차 체육과 교육과정은 다양한 신체활동을 통하여 학생 개개인의 움직임의 욕구를 실현하고, 운동을 수행하는 데에 필요한 기능과 체력을 증진하며, 운동과 건강에 관한 다양한 지식을 이해하고 활용하는 방법을 익히는 것을 주 목표로 하는데 그 하위 목표는 다음과 같다.

가) 다양한 운동에 적극적으로 참여해 운동기능과 체력 및 심신의 건강을 증진한다.

나) 운동과 건강에 관한 다양한 지식을 이해하고 활용하는 방법을 익힌다.

다) 운동을 통해 사회적으로 바람직한 태도 및 문화적으로 가치 있는 규범을 익힌다.

[표 3-1] 중 · 고등학교 체육 목표 비교

중학교 체육 목표	고등학교 체육 목표
교과 목표	교과 목표
신체활동을 위한, 신체활동에 관한, 신체활동을 통한 교육으로서 체, 지, 덕이 조화롭게 통합된 전인의 육성에 기여	신체활동을 위한, 신체활동에 관한, 신체활동을 통한 교육으로서 체, 지, 덕이 조화롭게 통합된 전인의 육성에 기여
중학교 목표	고등학교 목표
▶운동기능, 체력 및 심신의 건강증진 ▶운동과 건강에 관한 다양한 지식의 초보적 이해와 활용 ▶사회적으로 바람직한 태도 및 규범습득	〈1학년〉 ▶심화된 운동기능 발휘와 체력의 향상 및 건강증진 ▶운동과 건강에 관한 지식습득과 실제 운동 및 실생활에 활용 ▶개인적 정서 함양과 사회적으로 바람직한 태도 및 윤리적 규범습득 〈2, 3학년〉 건강과 여가를 위한 운동경기 참여능력 배양 건강한 생활에 필요한 지식의 이해와 활용 운동에 대한 바람직한 태도함양
내용영역 목표	내용영역 목표
▶심동적 영역 : 운동기능 발휘 능력, 심미적 표현 능력, 건강 관련 체력 ▶인지적 영역 : 운동, 건강, 여가, 안전에 관한 지식의 이해와 활용 ▶정의적 영역 : 운동의 규칙, 선수, 심판에 대한 태도와 사회적 규범	〈1학년〉 ▶심동적 영역 : 운동경기 기능발휘 능력, 심미적 표현 능력, 건강 관련 체력유지 · 증진 ▶인지적 영역 : 운동, 건강, 여가, 안전, 보건에 관한 지식의 이해와 활용 ▶정의적 영역 : 운동의 규칙준수, 선수, 심판에 대한 태도와 사회적 규범 〈2, 3학년〉 ▶심동적 영역 : 운동경기 참여 및 감상능력 습득, 건강생활을 위한 체력증진 ▶인지적 영역 : 운동을 통한 건강 및 여가선용에 대한 지식의 이해와 활용 ▶정의적 영역 : 운동경기 참여 및 운동의 생활화로 건전한 생활 태도 함양

제 1 차 체육과 교육 과정(1955. 8. 1. 제정)

제 2 차 체육과 교육 과정(1963. 2. 15. 개정)

제 3 차 체육과 교육 과정(1974. 12. 31. 개정)

제 4 차 체육과 교육 과정(1981. 12. 31. 개정)

제 5 차 체육과 교육 과정(1988. 3. 31. 개정)

제 6 차 체육과 교육 과정(1992. 10. 30. 개정)

제 7 차 체육과 교육 과정(1997. 12. 30. 개정)

안용규는 체육 목표의 향후 전망에 대해 다음과 같이 진술하고 있다.

첫째, 체육이라는 용어 자체의 분명한 의미나 체육학의 개념과 본질이 객관적으로 정의되지 못함에 따라 앞으로도 꾸준히 용어의 성격규명과 독자적 학문성의 연구가 활발히 추진될 것으로 전망된다.

둘째, 1970년부터 독일을 중심으로 교과명칭이 체육과에서 스포츠과로 개명되었고, 주변에서 이러한 추세에 대한 큰 반론이 없고 자체의 지속된 진단결과도 긍정적이어서 점차 교육현장에서 스포츠론적인 입장의 교육적 의미가 빠르게 전파될 것으로 예견된다.

셋째, 체육의 목표가 신체적 발달, 인지적 발달, 정의적 발달을 주요 덕목으로 하던 전인교육 중심에서 운동기능, 여가선용, 자아성취, 정서안정 등의 구체적인 운동실천 목표를 중시하는 변화의 경향이 예견된다.

넷째, 교육적 가치의 측면에서 체육활동 = 스포츠활동의 등식을 뒷받침하는 스포츠의 교육적 의미가 보다 부각될 것이다. 즉 개인의 풍요로운 삶, 건강의 증진, 그리고 생활인의 능력과 자질향상의 측면에서 스포츠 교육적 접근이론이 제기될 것으로 예견된다.

다섯째, 학교체육, 사회체육, 생활체육, 평생체육의 교육적 연계성이 높아지고 국민 보통교육으로서 중등학교 체육에서의 교육활동은 개인의 특성에 따라 선정된 전문 종목별 스포츠의 반복학습이 강화될 것으로 예견된다.

여섯째, 문화의 발달과 자동화, 기계화의 생활 속에서 문명적 이기 없이 맨몸만의 움직임인 뛰고, 달리고, 밀고, 당기는 근원적이고 강력한 신체 움직임의 의미와 가치가 높아질 것으로 예견된다.

일곱째, 점차 세분화, 전문화되어 가는 직업교육은 개인의 적성과 기타 요인이 중요하게 인식됨에 따라 체육교육에서의 진로교육 문제가 크게 부각될 것으로 예견된다.

여덟째, 체육교육활동이 인간을 기르는 궁극적인 교육활동이라는 철학적 관점에서의 체육교육의 목적은 미래에도 언제까지나 변화하지 않는 절대이론일 것으로 예견된다.

참고문헌

교육부(1999) 중학교 교육과정 해설(IV) – 체육, 음악, 미술 –. 서울 : 대한교과서 주식회사.

교육부(2001) 고등학교 교육과정 해설–체육–. 서울 : 대한교과서 주식회사.

김달우(1992) "해방이후 학교체육의 재편 및 정착 과정에 관한 연구", 서울대학교 대학 원 박사학위논문.

김대식 외 역(1973) 체육철학. 서울 : 보신문화사.

김영환 외(1987) 체육원리의 비교연구. 서울 : 도서출판 금광.

김창룡(1995) 스포츠 철학. 서울 : 도서출판 대한미디어.

문교부(1973) 체육원리. 서울 : 서울신문사 출판국.

안용규(1994) "중등학교 체육과 목표비교를 통한 체육교육의 발전방향 연구", 한국체육대학교 대학원 박사학위논문.

예종이(1987) 체육원리 신강. 서울 : 형설출판사.

이광섭(1988) "목표 변천에 따른 체육교육의 미래 전망", 학교체육, 학교체육연구회.

이돈희(1991) 교육철학개론. 서울 : 교육과학사.

이래화(1992) 체육의 철학적 기초. 서울 : 형설출판사.

Barrow, H.(1977) Man and Movement ; Principle of physical education. Philadelphia : Lea & Febiger.

Bucher, C. A. & Wuest. D. A.(1987) Foundations of physical education & sport (10th ed.), St. Louis : Times Mirror / Mosby College Publishing.

Bucher, C. A.(1979) Foundation of physical education. St. Louis : The C. V. Mosby Co.

Siedentop, Daryl(1990) Introduction to physical education, fitness, and sport. California : Mayfield Publishing Company.

Stoll, S. K.(1995) "Futuristic directions of physical education for the 21th century - a call to arms... why sport philosophy has failed and why it is so desperately needed if the profession is to survive", The '95 Seoul International Sport Science Congress, Korean Alliance for Health, Physical Education, Recreation and Dance.

Thompson, J. C.(1974) Physical education for the 1970's. New Jersey : Prentice-Hall Inc. Englewood Cliffs.

문제

4 체육 · 스포츠의 가치

일반적으로 체육원리 교재에서 취급하는 '체육의 가치' 영역은 체육교육의 결과로서 이루어지는 교육적 효과를 의미한다. 체육의 교육적 가치를 조명하기 위해서는 체육이 인간활동을 바탕으로 이루어지는 자기 실현이며, 몸소 배우는 실천과학으로서 인격형성 문제와 결부되어 있다. 다시 말해서 신체활동(전인적 표현)을 교육적 입장에서 보아 습관적 체계의 통합으로서가 아니라 노력으로 수정하고 조정하는 가능성과 그 결과 얻어진 총화로서의 인간 활동이라는 점이 부각되어야 한다.

그러나 기존에 있는 대다수의 교재 내용들은 체육의 교육적 결과에서 파생되는 가치라기 보다는 보편적인 운동이나 스포츠 활동에 의해 얻어지는 혜택을 의미해오고 있다. 가치라는 개념도 '유익한 점' 이라는 단순한 입장에서부터 철학의 한 영역으로서의 '가치론' 을 의미하는 중량급적 입장이 있다.

이 장에서는 체육을 큰 범위로 설정하여 교육적 입장으로 조명하기보다는 신체활동, 즉 운동과 스포츠 활동의 결과로 얻어지는 혜택과 기능, 그리고 그러한 혜택을 가져올 수 있도록 하는 운동방법을 다루어 보았다. 물론 체육원리라는 교과의 특성상 생리, 심리, 사회(학)의 전 영역을 커버해야 함에 의해 심도深度에 있어서는 깊게 접근치 않았다. 그러나 본 내용은 운동을 함에 의해 얻을 수 있는 이득에 대해서 비교적 다양하게 접근되었다고 본다. 더욱 심도 있는 내용이 필요한 경우에는 운동생리학, 스포츠 심리학, 스포츠 사회학 등의 학문 영역을 공부하면 해결될 수 있을 것이다.

1. 운동의 생리적 가치

1) 인간에 있어 운동의 의의

(1) 생명을 육성하는 신체운동

운동은 인간의 정신이나 신체에 어떠한 영향을 미치는가? 그리고 그 영향은 좋은 것인가? 좋지 않은 것인가? 결론부터 말하자면 양면성을 가지고 있다. 우리들은 그 가운데에서 좋은 영향만을 활용하면 되며, 그것은 어느 정도의 지식과 결단력이 있으면 결코 어려운 것이 아니다.

우선 운동의 필연성에 대해 알아보자.

인간의 신체구조는 첫째, 뼈, 관절, 근육, 건 등 운동에 직접 관여하는 부분, 둘째, 운동을 수행하기 위해 필요한 에너지를 조절하는 내장이나 근육, 혈액 등, 셋째, 신경계나 호르몬계와 같이 근육의 움직임이나 에너지의 출납出納을 조정하고 운동을 효율적으로 목적에 부합되도록 하는 부분으로 나눌 수 있다. 그러나 실제로는 이러한 것들이 부분적으로 작용하기보다는 한 덩어리가 되어 신체운동을 가능하게 한다. 이러한 관점에서 보면 신체운동은 개체 전체를 활동 단위로 하여 이루어지는 인간 활동의 본질이라고 할 수 있을 것이다. 만약 어떤 사람이 건강함에도 불구하고 신체를 움직이고자 하지 않는다면 이는 인간 본래의 모습이 아니다. 왜냐하면 인간의 신체는 운동을 하도록 되어 있기 때문이다. 그러므로 신체운동은 인체가 정상적인 기능을 영위하고 건강을 유지하기 위해 꼭 필요한 것이다.

통계에 의하면 활동적인 직업에 종사하는 사람은 좌업 직업인에 비해 심장질환을 비롯한 성인병에 걸릴 확률이 적으며, 또 걸린 경우에도 비교적 증상이 가벼운 경향이 있다고 한다. 신체운동이 대사를 활발하게 하고 인간의 활동수준을 높이게 하지만 단지 대사를 왕성하게 하기 위해서라면 갑상선이나 부신의 호르몬, 알코올도 유효하며 그러한 작용을 하는 약물도 여러 가지가 있다. 그러나 이러한 것들은 운동과 같이 인체구조를 강화하고 그 기초 위에 인간 활동을 높이는 효과가 없기 때문에 권장할 수 없다.

(2) 운동의 의의

새삼스러운 이야기이지만 신체운동이라고 하는 것은 인간생활에 있어 여러 가지 의미를 가지고 있다. 직업과 관련된 노동처럼 '사회적인 의미'를 가지는 것과 스포츠와 같이 '문화적인 의미'를 가지는 것, 질병의 예방이나 치료와 같은 '의학적인 의미' 그리고 건강이나 체력과 관련된 '사회적인 의미' 등이 그것이다. 본란에서는 주로 운동생리학의 관점에서 운동의 생리적 가치와 의미에 대하여 알아보기로 한다.

우선 인간의 운동은 없어서는 안 되는 중요한 것이라는 증명이 필요하다. 따라서 다음과 같은 점들을 명확히 하고자 한다.

첫째, 생활 속에서 운동을 제거한다면 어떠한 일이 일어나며 운동결핍의 영향은 무엇인가?

둘째, 운동결핍의 영향은 운동에 의하여 정상적인 상태로 회복시킬 수 있는가?

이상의 과제는 운동이 인간의 정신과 신체에 미치는 영향, 그리고 트레이닝의 효과에 대해 명확한 해답을 제시해 줄 것이다.

2) 운동의 중요성

과학과 경제의 발달로 대변되는 현대사회는 우리의 생활을 풍요롭고 편리하게 하였지만 신체활동의 저하, 경쟁사회에서 끊임없는 스트레스, 환경오염 등 건강을 지속적으로 위협하고 있다. 1995년 한국보건사회연구원의 조사에 의하면, 우리나라의 40대 급사율은 세계 1위이며, 성인 남녀의 58%가 운동을 전혀 하지 않고 있고, 성인 10명 중 3명이 급·E만성 질환을 갖고 있으며, 이로 인한 손실이 국민 총생산의 1%(3조원)로 보고하고 있다. 올림픽을 치른 국가로서, 또한 GNP가 2만불을 넘는 국가로서는 너무 엄청난 운동부족의 결과가 아닐 수 없다.

사람을 비롯한 모든 생물체의 특징적인 현상은 끊임없이 생체 내적인 움직임이 이루어지고 있다는 것이다. 그러나 이러한 움직임은 기초 에너지대사를 통한 최소한의 활동일 뿐이어서 생명 그 자체의 일시적인 존속에 의의가 있는 것이다. 따라서 생명을 유지함은 물론 그것을 발달, 성장시키려면 어느 수준 이상의 자극이 필요한데 가장 효과적인 자극은 바로 운동이다.

운동은 세포 자체의 활동성을 높여서 심장, 폐, 혈관, 근육 등 인체기관의 형태와 기능을 발달하게 해주며, 생리적 노쇠현상을 지연시킨다. 그러나 현대의 바쁜 생활형태는 적절한 수준의 운동을 할 수 있는 기회를 좀처럼 만들어 주지 않는다. 이러한 비활동적인 생활양식은 노화에 따라 조금씩 우리의 건강을 좀먹어 가고 있다. 세포의 활동수준이 낮아짐에 따라 근육의 힘은 약화되고, 섭취한 만큼의 에너지 소비가 이루어지지 않아서 비만은 물론 심장, 폐, 혈관의 기능저하를 초래한다. 이러한 생리적 퇴행현상은 인체 각 부위의 기능 저하뿐만 아니라 결국에는 무서운 질병을 초래하는 원인이 된다는데 문제가 심각하다.

따라서 이를 방지하기 위해서는 끊임없는 자신의 실천적 활동과 그를 뒷받침하는 의지가 필요 하다. WHO가 정의한 건강과 여기에 지적, 정서적, 의지적 건강을 덧붙인 건강을 한꺼번에 얻을 수 있는 유일한 방법은 운동이다.

더군다나 현대인의 사망요인 가운데 가장 비중이 높은 심장병이 운동부족에 의해 발생된다는 사실을 감안한다면, 인체는 적당히 사용하면 그 기능을 유지하고 향상시킬 수는 있지만 사용하지 않으면 퇴화되고 약해진다고 하는 Loux의 말을 명심하여야 한다.

효율적인 운동을 하기 위해서는 먼저 자신의 체력에 맞는 운동종목과 방법을 찾아내어 지속적으로 실행할 수 있는 건강운동 프로그램을 작성해야 한다. 규칙적인 운동은 두통, 스트레스, 변비, 호흡곤란, 관절염, 불면증, 소화기장애는 물론, 특히 심장질환에 좋은 효과를 가져다준다. 외국의 자료에 의하면 유산소 운동을 많이 한 사람이 운동을 하지 않은 사람에 비해 6년을 더 살았다고 하였다. 스탠포드 대학의 Paffenbarger 박사는 주당 2,000~3,000kcal를 소모하는 운동에 참가하게 되면 사망률이 32%나 감소한다고 주장하였다. 운동이 만병통치약은 아니지만 이 세상에서 가장 값싼 예방약이라고 할 수 있다.

3) 운동의 효과

(1) 호흡 순환계

장기간 신체활동의 부족은 최대산소섭취량, 심장의 1회 박출량, 최대심박수 등을 현저히 저하시켜 결국 산소 운반능력(공급능력)이 떨어지게 된다. 더구나 심장의 수축력, 혈관탄성, 혈액량도 저하되기 때문에 중력에 대한 저항력이 약해져 기립성起立性 현기증을 일으키거나 실신하기 쉽다. 잘 알려져 있는 바와 같이 우리들의 신체는 운동을 하면 호흡이나 심장의 활동이 활발해지는 등 급성반응이 일어난다. 이와 같은 반응은 운동이라고 하는 자극에 대해 신체가 급성적인 반응을 일으키는 것이며, 운동을 원만히 수행할 수 있도록 하는 반응이라고 할 수 있다. 구체적으로는 운동을 하기 위해서 필요한 산소(O_2)를 안정시보다 여분으로 받아들이지 않으면 안 되는데, 그러기 위해서는 필연적으로 호흡이나 심장의 박동이 활발히 이루어져야 한다. 이러한 급성반응의 대부분은 직접 혹은 간접적으로 O_2 운반계의 기능과 관계가 있다.

반면에, 트레이닝의 효과라고 표현되어지는 만성적응 반응이 있다. 일반적인 의미로 말하면 트레이닝 효과란 경기력의 향상을 의미한다. 그러나 그 기초는 같은 운동을 하여도 젖산의 축적이 적다든가, 글리코겐의 소모가 적다든가, 혹은 피로가 늦게 나타나는 등의 생리적 변화에 의한 것이다. 이러한 변화의 결과로서 운동능력이 향상되어 경기력이 향상된다. 사실 운동을 장기간에 걸쳐 규칙적으로 하게 되면 근육이나 O_2 운반계에 구조적 · 기능적인 변화가 반드시 일어난다. 이러한 변화는 원칙적으로 운동에 유리한 방향으로 변화하며, 이것을 우리는 트레이닝의 효과라고 말한다.

운동은 체내의 산소(O_2)를 감소시키고 이산화탄소를 증가시킨다. 이산화탄소(CO_2)의 증가는 산성화를 초래하여 피로 등 여러 부작용의 원인이 되지만, 호흡증가를 통한(호흡중추 자극에 의해서) 이산화탄소의 제거를 통하여 산성화를 방지한다. 특히 높은 강도의 운동은 혈중의 젖산을 증가시키게 되는데 이것은 피로의 원인이 된다. 규칙적으로 운동을 하거나 운동으로 단련된 사람일수록 산소의 이용률과 이산화탄소의 제거율은 높으며, 젖산에 대한 내성이 강해져 보다 효율적인 운동이 이루어지도록 한다.

다음은 순환계에 대해 살펴보자.

운동시 근육의 수축 · 이완은 펌프작용을 하여 정맥혈이 심장으로 돌아가는 것을 돕는다. 또 운동은 흉곽 내(폐내)의 압력을 변화시켜 산소의 이용을 촉진시킨다. 운동에 따른 심박출량의 증가는 1회 박출량과 심박수에 의해서 결정이 된다. 심박수는 운동강도에 거의 비례하여 증가하며, 젊은 남성의 경우 최대심박수가 200~220회 정도까지 올라가지만 나이와 함께 현저히 저하된다.

한편 1회 박출량은 강도 높은 운동의 경우, 안정시의 2~3배 까지 증가하여 규칙적인 운동은 심장의 크기를 증가시켜(스포츠 심장) 심근 수축능력의 향상시키고 따라서 1회 박출량을 증가시킨다. 그렇지단 1회 박출량의 증가는 한계가 있으며, 이후 운동에 따른 심박출량의 증가는 심박수의 증가에 의하여 이루어지게 된다. 규칙적인 훈련은 심박수 또한 향상시킨다. 더욱이 안정시의 심박수는 저하되어 심혈기능의 효율성을 증가시킨다.

(2) 근골격계

우주비행과 같은 무중력 상태나 병상생활을 오랜 기간 지속하게 되면 보행을 쉽게 할 수 없는 경우를 흔히 본다. 이는 운동부족으로 인하여 근육이 약화되었기 때문이다. 비운동은 지근섬유(ST섬유)를 절반까지 감소시킨다는 보고가 있다. 매일 어느 정도 운동을 계속하면 근섬유가 그렇게 많이 줄어들지는 않는다. 근육에 강한 자극을 주는 운동을 하게 되면 근육내의 근섬유가 발달하여 운동한 부위가 굵어지고 이에 비례하여 근력도 증가하게 된다. 또한 운동을 장기간 시행하면 근육을 둘러싸고 있는 모세혈관의 수가 증가하게 되고, 근육 내에서 산소를 미토콘드리아로 운반해 주는 마이오글로빈myoglobin의 농도가 증가되며, 에너지원인 근글리코겐의 저장량이 두배나 증가되기 때문에 근지구력이 향상된다.

운동시 나타나는 피로 또한 여러 요인에 의하여 나타날 수 있는데 단시간의 격한 운동의 경우는 주로 국부 근육의 젖산 축적이 피로의 원인인데 비하여, 장시간에 걸친 운동 후(마라톤) 나타나는 피로는 주로 근육 속에 글리코겐 결핍 등이 원인이다. 만약 간의 글리코겐glycogen까지 결핍되면 혈중으로의 글루코스의 공급이 저하되어 뇌와 신경의 연료 결핍을 초래하고 피로는 더욱 심해진다. 장기간의 운동은 근육에 대한 글리코겐의 저장을 높이고 상대적으로 지방의 이용을 증가시켜 글로코스의 사용을 최대한 억제하는 효과가 있다. 이것은 뇌, 신경과 같은 조직의 글루코스 이용을 높여 피로를 방지할 수 있다.

운동부족에 의한 변화는 뼈에서도 나타난다. 특히 뼈는 노화현상에 따라 그 밀도가 감소되며 위축되기 때문에 노인의 경우 쉽게 골절상을 입기 쉽다. 연구에 의하면 6주 동안의 침상생활은 뼈의 밀도를 현저히 약화시키는데, 이것은 뼈의 중요한 성분인 칼슘(Ca2+)이 소변을 통하여 배출되기 때문이다. 이것은 골다공증을 초래하며 낙상falling에 의한 상해의 원인이 된다. 물론 이러한 증상은 운동에 의하여 회복된다. 운동은 뼈의 성분인 칼슘이나 단백질의 공급을 원활하게 해줌은 물론 뼈의 밀도를 증가시켜 뼈의 성장과 발달을 촉진할 수 있다. 결국, 규칙적인 운동을 지속하면 근조직이 비대해지고, 뼈는 중력과 운동의 자극으로 발달하게 된다. 뼈를 강화하는 효과적인 운동은 웨이트트레이닝과 같은 중력을 받는 운동을 들수 있다. 근력과 골밀도와도 밀접한 상관관계가 있으므로 근력을 강화시키는 운동은 골밀도의 향상을 유도할 수 있다.

(3) 내분비계

내분비계는 신경계와 함께 인체의 조절계로서 중요한 기능을 한다. 또한 신경계와 상호작용하여 인체세포의 활동을 조절하고 통합한다. 신경계는 전기적 충격을 수단으로 근육과 선gland의 활동을 조절하지만 내분비계는 호르몬을 수단으로 주로 세포의 대사적 활동에 영향을 미친다. 내분비 세포에 의해 분비되는 호르몬은 혈액을 통하여 특정적인 표적세포로 운반된다. 목적지에 도착하면 호르몬은 표적세포의 활성을 통제할 수 있다.

운동은 높은 에너지를 필요로 하고 이를 충족시키기 위해 많은 양의 영양소(글루코스, 지방 등)가 제공되어야 한다. 운동에 따른 이러한 대사의 조절은 글루카곤, 에피네프린, 노에피네프린, 코티졸 등과 같은 대사호르몬에 의하여 조절된다. 글루코스는 글리코겐의 형태로 주로 간과 근육에 저장되어 있으며, 따라서 운동시 글리코겐의 분해가 우선되어야 한다. 이 때 글루카곤과 같은 대사호르몬이 간의 글리코겐을 분해하여 혈중의 글루코스를 증가시키게 된다. 그러나 힘든 운동을 갑자기 하게 되면 이러한 대사호르몬의 효율적 작용에 지장을 초래할 수 있으며, 스트레스를 유발하는 호르몬을 증가시킨다. 규칙적인 운동은 동일한 운동강도에서 스트레스 호르몬의 생성이 감소되는 효과를 보게 될 뿐만 아니라, 성장발육에 관여하는 호르몬의 분비를 촉진시키고, 에너지를 효율적으로 사용하게 하는 효과가 있다. 지금까지 밝혀진 운동시 호르몬의 반응은 [표 4-1]과 같다.

[표 4-1] 운동시 주요 호르몬의 변화

구 분	일시적 운동시의 변화	장기간 운동 후의 변화	기 능
성장 호르몬	증가	훈련된 선수는 빠르게 감소	포도당 생성을 증가
에피네프린	선택적 증가	적게 증가	혈류량과 심박수를 증가
노에피네프린	증가	적게 증가	혈압조절
인슐린	감소	트레이닝 후에 감소	혈당을 이용하는 자극 감소
알도스테론	증가	적게 증가	수분 체내 보존
코티졸	증가	증가	글리코겐 저장, 지방분해
글루카곤	증가	트레이닝 후에 증가	혈액 글루코스 증가
갑상선	증가	티록신의 전환이 증가	알려지지 않음
남성호르몬	증가	없음	알려지지 않음
여성호르몬	증가	없음	알려지지 않음

4) 성인병과 운동

우리나라에서는 1970년 전 · 후, 운동부족증을 '성인병' 이란 용어로 칭하였으며, 요즘은 '현대병' 혹은 '중년병middle aged disease' 이라고 하기도 한다. 성인병이란 원래 가정적으로나 사회적으로 중요한 역할을 담당하고 있는 40세 이상의 성인에게 잘 나타나기 때문에 붙여진 이름이다. 정확한 의학적 용어로는 '만성퇴행성 질환' 이라고 하며, 다음과 같은 특징을 가지고 있다.

성인병은 자각증상이 잘 나타나지 않기 때문에 스스로 자각증상을 느꼈을 때는 이미 성인병이 상당히 진행된 상태이며, 대개의 경우 합병증을 동반하게 되고 일단 발병되면 좀처럼 완치가 어렵다는 것이 특징이다. 그러나 다행히도 이러한 성인병은 건전한 생활습관과 적당한 운동으로 예방할 수 있으므로 우리들은 건강에 대한 적신호가 나타나기 전에 성인병의 예방에 지혜를 모아야 할 것이다. 성인병에는 고혈압, 동맥경화, 당뇨병, 뇌졸중(중풍), 심장병(협심증, 심근경색) 등이 있는데 이러한 성인병은 어떤 한가지의 원인에 의하여 일어나는 것이 아니라 몇 가지의 요인(위험인자)이 복합적으로 작용하여 나타나게 된다. 예를 들어 협심증이나 심근경색 등의 심장병은 고혈압, 고지혈증, 흡연, 운동부족, 비만, 스트레스 등의 위험인자에 의하여 발병하게 된다.

성인병의 발병을 억제하기 위해서는 이러한 위험인자를 적게 하는 생활습관이 중요하다. 운동은 성인병의 예방이나 치료에 효과적이다. 여기에는 두 가지의 이유가 있다. 하나는 운동을 하게 되면 다른 여러 가지의 위험인자를 동시에 제거할 수 있다는 것이다. 예를 들면 운동은 정신적 스트레스의 축적, 비만, 고혈압, 고지혈증 혹은 동맥경화 등에 현저한 효과를 나타내고 있다. 즉 운동부족을 해소하는 것은 다른 위험인자(금연 혹은 동물성 지방섭취의 제한 등)를 개별적으로 제거하는 것보다 성인병의 예방이라는 측면에서 보면 훨씬 큰 의미를 갖고 있다. 또 하나는 운동을 하게 되면 위험인자라고 하는 부정적인 요인을 제거하는 작용뿐만 아니라 환경의 변화에 대한 적응력과 저항력이 커진다는 적극적인 의의도 있다.

40대 이후에 운동부족으로 인하여 나타나는 비만(특히 복부 비만)은 위에서 열거한 많은 성인병에 직접적인 원인이 되는 동맥경화를 일으키는 원인이 된다. 동맥경화는 동맥이 탄력성을 잃게 되어 굳어지는 현상으로서 누구에게나 찾아오는 노화현상의 하나이다. 이러한 동맥경화가 관상동맥(심장근육에 산소를 공급하기 위하여 심장 자체에 혈액을 공급하는 혈관)에 나타나면 심근心筋은 산소부족 현상을 일으켜 협심증이나 심근경색을 일으키게 되며, 뇌혈관에 동맥경화가 나타나면 뇌출혈, 뇌경색을 일으키게 된다.

운동은 동맥경화를 예방하고 노화와 함께 탄력성을 잃게 된 동맥을 유연하게 해주는 강력한 작용을 한다. 그 이유는 운동을 하게 되면 동맥경화와 관계가 깊은 혈중 총 콜레스테롤total cholesterol은 감소하고, 동맥경화를 예방하는데 도움이 되는 HDLhigh-density lipoproteins은 반대로 증가하기 때문이다[표 4-2].

HDL은 콜레스테롤을 동맥으로부터 제거하여 간으로 운반하여 주는 지단백lipoproteins을 말한다. 이와는 반대 작용을 하는 LDLlow-density lipoproteins은 콜레스테롤을 동맥으로 운반하여 동맥경화증의 원인이 되는 것으로서 운동이 부족할 때 혈중수치는 높아진다. 규칙적인 운동은 LDL은 저하시키고 HDL을 증가시킨다.

[표 4-2] 혈중 콜레스테롤과 LDL의 위험도

구 분	총 콜레스테롤(mg/dℓ)	LDL(mg/dℓ)
이상적인 상태	200 미만	130 미만
경계상태	200~239	130~159
위험상태	240 이상	160 이상

또한 규칙적인 운동은 측부혈행collateral circulation을 형성하여 심장근이 충분한 혈액을 공급할 수 있도록 한다. 측부혈행은 협소해진 동맥 근처에 있는 혈관들이 확대되어 보조역할을 하거나 새로운 분지를 형성하여 필요한 곳에 충분한 양의 혈액을 공급하는 역할을 한다. 뿐만 아니라 정기적인 운동은 혈압을 내린다는 많은 연구결과가 이미 발표되어 있다.

5) 유산소운동과 무산소운동

우리들이 음식물로부터 섭취한 에너지는 글리코겐glycogen이나 지방으로서 체내에 저장되는데, 글리코겐은 간이나 골격근에, 그리고 지방은 피하皮下나 내장內臟 주위에 많이 축적되어 있으며, 운동시 이들 에너지원이 분해되고, 이때 발생되는 에너지가 결국 운동의 원동력이 된다. 신체를 움직이는데 필요한 에너지는 크게 나누어 2가지의 경로에 의해 공급된다. 그 중 하나는 유산소과정이며, 다른 하나는 무산소과정이다. 대부분의 운동은 이 두가지 과정이 함께 작용하여 에너지를 공급하며, 운동강도의 차이에 따라 하나의 과정이 더욱 많이 작용된다는 것을 알아야 한다.

(1) 무산소과정

무산소과정은 산소를 이용하지 않고 영양소인 글로코스(당)가 분해되어 에너지를 만들어 내는 과정이며 해당과정解糖過程이라고도 한다. 높은 강도의 운동시(100m 달리기 등) 주로 이 과정에 의하여 에너지가 공급되는데, 이때 부산물로 젖산이 생성되고 이것은 피로의 원인이 된다. 무산소 운동은 높은 강도에서 짧은 시간 행하여지는 운동이기 때문에 근력과 심폐지구력 운동내성의 향상 등 운동기능의 향상에 효과가 있다. 운동부하가 너무 약하면 충분한 효과를 기대할 수 없으며, 적당한 부하는 각각의 기능을 발달시키게 된다. 이러한 부하를 계속 가하게 되면 더욱 강한 부하에도 견딜 수 있게 된다. 웨이트트레이닝으로 알려진 저항운동은 근력의 향상에 효과적이며, 이것은 근육량의 증가는 물론 뼈의 밀도를 높여 골밀도를 향상시키는 효과가 있다.

(2) 유산소과정

무산소과정과는 달리 글루코스가 산소를 이용할 수 있을 경우 산소가 미토콘드리아로 이동되어 에너지를 생성하게 된다. 이때 글루코스는 부산물로 이산화탄소와 물을 생성하며 이산화탄소는 폐로부터 호흡에 의해 체외로 배출되며, 물은 땀이나 호기呼氣 중의 수증기로 변하여 체외로 배출된다. 즉 산소가 충분히 공급되는 한 운동을 하여도 체내에는 노폐물이 과잉 축적되지 않으며, 피로도 유발되지 않는다. 이러한 운동을 유산소운동aerobic exercise이라고 하며, 등산, 조깅jogging, 수영(원영), 사이cycling, 마라톤, 크로스컨트리cross country 등이 대표적인 운동에 속한다. 유산소운동으로 심장에 적당한 자극과 부하를 주게 되면 심근心筋은 점차로 발달하여 강해진다. 또 심근에 산소를 공급하고 있는 관상동맥이 굵어지고 심근 속의 모세혈관도 발달하여 심근에 대한 산소의 공급이 원활해진다. 이와 같은 이유로 유산소운동은 심근경색이나 협심증 등의 심장질환에 대한 예방이나 치료에 효과가 크다. 운동부족은 비만, 고지혈증, 스트레스, 동맥경화, 고혈압 등을 초래하며 이는 모두 심장질환을 일으키는 요인들이다.

체중감량을 목적으로 운동을 할 경우에는 체지방을 보다 많이 소비하는 운동이 효과적인 것은 말할 필요도 없다. 유산소운동이 무산소운동보다 지방을 많이 소비하는 것은 다음과 같은 이유 때문이다. 첫째는 유산소운동을 계속하면 시간이 경과함에 따라 에너지원이 당에서 지방으로 바뀌게 되어 지방이 많이 사용되게 된다. 둘째는 젖산이 축적되면 그것이 지방의 분해를 방해하게 되므로 젖산이 축적되는 무산소운동보다는 젖산이 그다지 축적되지 않는 유산소운동이 지방을 많이 소비하게 된다. 그렇지만 무산소 운동이 지방을 전혀 분해하지 못하며 지방의 제거에 효과가 없다는 의미는 아니다. 무산소와 유산소 운동 각자는 나름대로의 장점과 단점을 가지고 있으며, 중요한 것은 운동을 선택하고 프로그램을 고안할 때 개인의 취향, 적합성, 목적 등에 부합하여야 한다는 것이다.

6) 운동프로그램의 기본요소

건강증진을 위해 실시하는 운동이 효율적으로 이루어지기 위해서는 4가지의 조건에 유의해서 운동을 할 필요가 있다. 4가지 조건이라 함은 운동형태, 운동강도, 운동시간, 운동빈도 등을 말한다.

(1) 운동형태

운동을 3가지 형태로 나누면 1형태는 운동강도가 일정하게 유지되고 운동 중 에너지 변화가 적은 걷기, 조깅, 싸이클 등을 들수 있다. 2형태는 운동기술 발휘시 에너지 소비율과 관련 있으나 비교적 운동 중 일정한 강도가 유지되는 크로스 칸츄리, 스키 등이 있다. 3형태는 운동강도의 변화가 많은 농구, 테니스, 축구 등이 있다. 운동 초보자이거나 초기 단계에서는 1, 2단계가 권장된다. 운동의 선택은 신체활동 중 즐거움을 느낄 수 있고, 불안, 걱정, 지루함 등으로부터 전환될 수 있으며, 위험성과 증후, 자신의 체력을 고려하여 선택하는 것이 중요하다. 무엇보다 운동참여 전 운동에 대한 안정된 반응을 확인하는 것이 또한 중요하다.

(2) 운동시간, 빈도

운동시간은 1일 최소 30분 이상, 운동빈도는 주당 3~6회 수행하는 것이 적당하다. 그렇지만 초보자와 노약자, 환자 등은 운동시간을 줄일 수 있다. 너무 짧은 운동시간으로 인하여 운동의 효과를 기대하기 어려울 경우, 낮은 강도에서 운동하되 하루의 운동 빈도를 증가시킬 수도 있다. 상당한 경력자일 경우에도 점진적으로 시간을 늘려야 한다.

(3) 운동강도

운동강도는 일반적으로 건강한 일반인을 기준으로 최대부하의 60~80%를 유지하는 것이 효과적인 것으로 알려져 있다. 여기서 말하는 기준은 건강증진을 위해 실시되는 일반인을 위한 운동조건을 의미하는 것으로서 노약자나 환자, 운동선수의 훈련과는 전혀 별개의 것임을 알아야 한다. 운동시 적절한 운동강도의 선택은 매우 중요하며, 따라서 본란에서는 이에 대해서 상세히 알아보려고 한다.

적절한 운동강도 하에서 운동을 수행하기 위해서는 운동강도를 나타내는 몇 가지의 방법을 알아둘 필요가 있다. 가장 효과적인 방법은 최대산소섭취량을 이용하는 것인데 장비이용이 어렵고 비용이 많이 소요된다는 단점이 있다. 운동강도를 나타내는 다른 방법으로 심박수를 이용하는 것이다. 이것은 언제 어디서나 간편하게 측정할 수 있으므로 가장 흔하게 사용되는 방법의 하나이다. 운동을 하면 심박수가 증가하는 것은 누구라도 알고 있는 사실이다. 예를 들어 트레이드밀treadmill의 속도나 경사도를 차츰 높이면 심박수도 비례하여 증가하며, 더 이상 증가하지 않는 점에 도달하게 되는데 이 때의 심박수를 최대심박수Maximal Heart Rate라고 한다. 최대심박수는 젊은 사람의 경우 190~200회/분이고, 나이와 함께 감소하는 것으로 알려져 있다. 그렇지만 노약자나 심장질환자 등과 같은 징후를 가진 사람들은 직접 운동에 의한 최대심박수의 산출의 위험하며, 따라서 간접적으로 최대심박수에 의한 운동강도를 산출하는 방법이 있다.

간접측정에 의한 운동강도 설정방법으로 카보넨Karvonen 방법이 있으며, 공식은 아래와 같다.

목표심박수 : 목표운동강도(%) × 최대여유심박수(최대심박수 − 휴식시심박수) + 휴식시 심박수

최대심박수 : 여자, 초보운동자 = 220 − 나이, 단련된 남자 205 − (나이/2)

예를 들면 연령이 50세, 안정시 심박스가 80회/분인 초보운동자의 적절한 목표심박수를 구해보자. 이전에 초보운동자의 적당한 운동강도는 60~80%임을 제시한 바 있다. 따라서 만약 70%의 목표심박수에서 운동하기 위한 적절한 심박수를 구하고자 한다면 아래와 같은 공식에 의하여 구해질 수 있다.

70% 목표심박수 = 0.7 × (170 − 80) + 80 → 0.7 × (90) + 80 → 63 + 80 = 143회/분

따라서 70% 목표심박수는 143회/분이 된다. 그렇지만 심박수는 개인에 따른 많은 차이가 있기 때문에 무엇보다 중요한 것은 스스로 이러한 공식을 토대로 적당한 운동강도를 찾는 것이 중요하다고 할 수 있다.

7) 운동에 의한 소비 칼로리 산출

지금까지 효과적인 운동을 위한 방법을 알아보았다. 다음은 운동에 의한 소비칼로리 산출방법에 대하여 알아보자. 인체의 섭취칼로리와 소비칼로리를 안다는 것은 중요하다. 특히 비만으로 인한 여러 문제에 노출된 사람들의 경우 효과적으로 체중을 감소하기 위해서는 각자가 얼마나 많은 양의 에너지를 섭취하고 소비하였는지에 대한 정보는 중요하다고 할 수 있다. 예를 들어 40대 남자가 배드민턴 운동을 40분간 수행하였다고 가정하였을 때 얼마나 많은 칼로리가 운동에 의하여 소비될까? 체중이 75kg인 일반인이 배드민턴 운등을 할 경우 6.2분/kcal가 소비된다. 따라서 40분간의 배드민턴 운동은 총 248kcal의 에너지가 소비된다. 그러나 이 방법은 간단하지만 오차가 크다는 점을 인식하여야 하며, 보다 정확한 소비 칼로리를 계산하기 위해서는 연령과 성, 그리고 체중을 감안한 수정식을 사용하지 않으면 안된다.

[표 4-4]는 미국인들이 각종 스포츠에 있어서 1분간 소비하는 칼로리를 체중에 따라 소개한 것이며, [표 4-5]는 각종 운동종목이 신체적성과 건강에 미치는 유익한 수준을 나타낸 것이다. [표 4-5]에서 나타난 지수는 미국 대통령 신체적성 자문기관의 전문가 7명이 종목 당 3점을 만점으로 하여 평가한 수치이다. 7명이 모두 만점을

주었을 때 21점으로 표기된다.

어떠한 운동이든 운동이 신체에 유익한 영향을 미치기 위해서는 주당 2,000칼로리 정도는 운동으로 소비해야 하는 점에 유의해야 한다. [표 4-4]와 [표 4-5]를 참조하여 각종 운동의 칼로리 소비량을 알아보고 선택한 운동을 주당 어느 정도 실시해야 건강에 유익하게 작용할 것인가를 계산할 수 있다.

[표 4-3] 직업활동 및 스포츠의 에너지 소비

Kcal/분

분 류	활 동	에너지 소비	활 동	에너지 소비
직 업	회의 사무직업 배달	0.5 0.8 3.0	가벼운 근육운동(가정원예) 중간정도의 근육운동(목수 농업) 강한 근육운동(토목작업)	3.0 4.5 6.0
스포츠 활 동	테니스, 배구 골프 가벼운 줄넘기 보통 줄넘기	5.0 3.0 8.0 11.0	계단 오르기 계단 내리기 에어로빅 체조(가벼운) 에어로빅 체조(중간) 에어로빅 체조(격한)	7.0 2.5 4.0 6.0 8.0

[표 4-4] 각종 운동의 분당 칼로리 소비량

운동종목	칼로리/분(Calories/Minute)			
댄싱(Dancing, rock)	3.3	3.8	4.4	4.9
골프(Golf, hand cart)	3.3	3.8	4.4	4.9
야구(Baseball, Fielder)	3.7	4.4	4.9	5.4
걷기(Walking, 3mph)	3.9	4.5	5.3	5.8
하이킹(Hiking, 20lb. Pack, 2mph)	3.9	4.5	5.3	5.8
노젓기(Rowing machine)	3.9	4.5	5.3	5.8
성교(Sexual intercourse, active partner)	3.9	4.5	5.3	5.8
수영(Swimming, crawl, 20yds./min.)	3.9	4.5	5.3	5.8
배드민턴(Badminton, singles)	4.6	5.2	6.2	6.8
스케이팅(Skating, leisure)	4.6	5.2	6.2	6.8
미용체조(Calisthenics)	3.9	4.5	7.3	7.9
자전거타기(Bicycling, 10mph)	5.4	6.2	7.3	7.9
댄싱(Dancing, square)	5.5	6.3	7.4	8.0
테니스, 복식(Tennis, doubles)	5.6	6.3	7.5	8.3

에어로빅 댄싱(Aerobic dancing)	5.8	6.6	7.8	8.6
계단오르기(Stair climbing, normal)	5.9	6.7	7.9	8.8
농구, 반 코트(Basketball, half-court)	7.3	8.3	9.8	10.8
핸드볼(Handball)	7.8	8.9	10.5	11.6
배구(Volleyball)	7.8	8.9	10.5	11.6
조깅(Jogging, 5.5mph)	8.6	9.8	11.5	12.7
달리기(Running, 6.5mph)	8.9	10.2	12.0	13.2
스키(Skiing, cross-country, 5mph)	9.2	10.4	12.3	13.3
트램포린(Trampolining)	10.3	11.8	13.9	15.3
고정자전거타기(Bicycling, stationary, 20mph)	11.7	13.3	15.6	17.2
체 중(Kg)	50±2	60±2	75±2	85±2

Source : Adapted from Dr. Charles T. Kuntzleman, 1981, Diet Free (Rodale Press)

[표 4-5] 각종 운동이 신체적성 요인 및 건강에 미치는 영향

요소 (Factor)	조깅 (Jogging)	자전거타기 (Bicycling)	수영 (Swimming)	스케이트 (Skating)	핸드볼 (Handball squsah)	노르딕스키 (Nordic skiing)	알파인스키 (Alpine skiing)
신체적성 (Physical Fitness)							
심폐지구력 (Cardiopulmonary endurance)	21	19	21	18	19	19	16
근지구력 (Muscular endurance)	20	18	20	17	18	19	18
근 력 (Strength)	17	16	14	15	15	15	15
유연성 (Flexibility)	9	9	15	13	16	14	14
평형성 (Balance)	17	18	12	2	17	16	21
건강한 삶 (General well-being)							
체중조절 (Weight control)	21	20	15	17	19	17	15
근육발달 (Muscle definition)	14	15	14	14	11	12	14
소 화 (Digestion)	13	12	13	11	13	12	9
수 면 (Sleep)	16	15	16	15	12	15	12
Total	148	142	140	140	140	139	134

요소 (Factor)	농구 (Basket ball)	테니스 (Tennis)	미용체조 (Calis thenice)	걷기 (Walking)	골프 (Golf)	소프트볼 (Softball)	볼링 (Bowling)
신체적성 (Physical Fitness)							
심폐지구력 (Cardiopulmonary endurance)	19	16	10	13	8	6	5
근지구력 (Muscular endurance)	17	16	13	14	8	8	5
근 력 (Strength)	15	14	16	11	9	7	5
유연성 (Flexibility)	13	14	19	7	8	9	7
평형성 (Balance)	16	16	15	8	8	7	6
건강한 삶 (General well-being)							
체중조절 (Weight control)	19	16	12	13	6	7	5
근육발달 (Muscle definition)	13	13	18	11	6	5	5
소 화 (Digestion)	10	12	11	11	7	8	7
수 면 (Sleep)	12	11	12	14	6	7	6
Total	134	128	126	102	66	64	51

Source : Delhagen, K., Runner's World, February 1988, P. 26.

8) 안전대책

안전하게 운동을 실시하기 위해서 무엇보다 중요한 것은 운동 전의 의학검사와 적당한 운동의 선택이다. 사전에 운동부하 검사를 포함한 체력검사를 실시하여 그 사람의 건강상태와 체력수준을 파악하고 그 결과에 따라 적절한 운동처방을 내리게 되면 안전하고 효과적인 운동을 실시할 수 있다. 그러나 이것만으로 위험성을 완전히 제거하였다고 생각해서는 안 된다. 운동을 하게 되면 늘 위험성이 따르기 마련이기 때문이다. 이 점은 운동을 하는 본인이나 운동을 시키고 지도하는 사람도 늘 염두에 두지 않으면 안 된다.

그 이유의 하나는 아직까지 검사 자체가 완벽하지 못하다는데 있으며, 또 하나의 이유는 신체의 컨디션이 일정하지 않고 늘 변화하기 때문이다. 예를 들면 자율신경의 균형은 낮과 밤이 상반되는 양상을 나타내며, 같은 운동을 하였을 때의 심박수도 오늘과 내일이 다르며, 시간에 따라서도 다르게 나타난다. 또 식후에 나타나는 생리적 현상은 공복시와는 큰 차이가 있으며, 신체의 생리기능에 미묘하게 영향을 미치는 기온이나 기압도 매일 변화하기 때문이다. 또 음주, 수면부족, 피로, 소화불량 등에 의해서도 신체의 컨디션은 크게 변화한다.

이처럼 신체의 컨디션이 변화하면 같은 운동이라 할지라도 어떤 때는 안전하지만 때에 따라서는 위험을 초래할 수도 있다. 의학검사는 한정된 날짜와 한정된 시간의 신체상태를 검사하는 것이므로 그 결과가 정상이라 할지라도 매일의 신체적 컨디션의 변화까지 보증하는 것은 아니다. 따라서 의학검사 결과에 이상이 없다고 판정을 받았더라도 매일 자신의 컨디션에 맞는 운동강도와 운동시간을 조절할 필요가 있다. 이것은 운동을 안전하게 하기 위해서 꼭 명심해야 할 사항이다.

2. 운동의 심리적 가치

Mens sana in corpore sano – 건강한 신체에 건전한 정신이 깃든다. 이처럼 운동은 고대 그리스 시대부터 정신건강을 증진시키는 하나의 효과적인 수단으로 인식되어져 왔다. 운동의 심리적 효과는 운동을 통한 체중의 감소나 심폐기능의 강화와 같은 생리적 효과에 비해 명백하지 않은 것은 사실이다. 그러나 운동의 심리적 효과는 매우 긍정적인 상관관계가 있음이 연구결과들에 의해 증명되어 오고 있으며, 때로는 과학적 데이타보다 더 중요하다고 볼 수 있는 우리의 상식과 경험이 그러한 관계를 뒷받침하고 있다.

지금까지 문헌에 나타난 운동의 심리적 효과는 첫째, 불안과 우울 증세의 완화, 둘째, 인지기능(지적능력)의 증대, 셋째, 자기존경과 자신감의 증대, 넷째, 수면의 질sleep quality 개선 등 네 가지로 나누어 볼 수 있다.

위에서 언급된 것들 이 외에도 운동의 참여는 학업성적academic performance, 정서, 상상력, 독립성, 성만족도 등 많은 심리적 요소들에 긍정적인 영향을 미친다는 연구들이 발표되어 오고 있으나 이들은 운동과의 상관관계가 낮거나 연구방법에 문제점이 있어 아직 학자들에게 크게 인정되지 않아 장래 보완된 연구가 필요하다고 생각된다.

1) 근원적 경향성의 정화

운동의 심리적 가치에 있어 우선 제시할 수 있는 이론으로서 '근원적 경향성 original tendency의 정화' 가 있다. 이는 과학적 실험에 의한 데이타의 결과에 의한다기보다는 성악설性惡說에 기인하는 인간 본성의 정화과정이 체육활동에서 비롯될 수 있다는 대전제에서 출발하는 교육심리학 혹은 철학적 접근이라고 볼 수 있다.

사람은 일정한 자극에 반응하는 독특한 경향성을 지니고 있다. 이것을 근원적 경향성이라고 하는데, 이 근원적 경향이 그대로 발로되면 반사회적 행동이 유발되기 쉽다. 즉 강렬한 소유욕이나 공격의 욕구를 그대로 드러낼 경우 생활의 안정을 해치고, 나아가 사회 질서를 교란시킬 우려가 많은 것이다.

인간은 수 십만년 동안 여러 가지 생활 형태를 가지며 진화해 오는 과정에서 소유욕, 공격, 구타, 살생 등 자위적 행위의 심성이 몸에 배어 근원적 경향을 이루었으며, 이것이 자극을 받으면 폭발하게 되고, 억제하면 정서의 긴장을 가져와 앞에서 지적한 바와 같은 많은 폐단을 가져오게 되는 것이다.

스포츠 활동의 요소를 보면 치고, 받고, 차고, 던지는 등 난폭하고 원시적인 듯한 행동과 들치기, 날치기 같은 반사회적인, 즉 근원적 경향성을 충족시킬 수 있는 행동으로 짜여져 있음을 알 수 있다. 복싱은 강자가 약자를 때려눕히는 것이요, 럭비는 약탈과 공격으로 남의 소유지를 점령하는 것으로 쾌감을 갖는다. 포크 댄스는 모권母權 시대의 여성들이 철을 찾아 남편을 바꾸던 습성과 같이 파트너를 바꾸어 가며 춤을 추는 활동이다.

사람들이 이러한 활동을 즐겨서 하는 까닭은 인간에 내재하는 경향성을 소박하게 내놓을 수 있다는 점에서이다. 현 사회는 규제와 법규, 도덕과 윤리로 행동의 범주가 정해져 있기 때문에 스포츠 혹은 체육활동을 통해서 잠재하고 있는 근원적 경향성을 발산하게 되는 것이다. 그래서 학자들은 스포츠의 세계를 가상의 세계라고 칭하며, 꿈의 세계라고 말하기도 한다.

이렇게 인간의 근원적 경향성을 발산할 수 있는 계기를 신체활동에서 찾고, 신체활동을 통해서 인성을 정화시키는 것이 곧 체육교육이며, 스포츠 교육이 되는 것이다. 다시 말하면 체육은 인간에 내재하고 있는 원시적 반사회적 경향성을 신체활동을 통해 정화시키는 교육과정이라고 할 수 있다.

2) 불안과 우울증세의 완화

운동 · 스포츠심리학 분야에서 질문지를 이용한 많은 연구들이 운동은 정신건강과 어느 정도 관련이 있다고 밝혀왔다. 특히 최근에 수행된 Meta-분석analysis 연구들은 운동이 불안증에 약 0.33, 우울증에 약 0.5 표준편차만큼의 증상을 낮추는 효과를 가지고 있다고 밝혀 상당한 주목을 받았다. 물론 이러한 효과들은 약물이나 심리치료의 효과크기(effect size = (운동한 집단의 수치 − 운동 안한 집단의 수치) / 두 집단의 평균 표준편차)에 비해 낮은 것은 사실이나 대중들의 건강증진이라는 측면에서 볼 때 충분히 유의한 수치이며, 심리와 약물치료에 따르는 경비와 부작용side effects 등을 고려하면 더욱 중요한 결과임에 틀림없다. 특히 심리치료는 오직 증상이 가벼운 경우에만 효과가 있고 약물의 경우 시일이 지남에 따라 그 복용량을 점점 늘여야하고, 줄이거나 복용을 멈추면 그 증상이 더욱 악화된다는 사실로 미루어 운동이 그들의 대체수단 혹은 보조수단으로 사용될 수 있다면 그 의의는 참으로 크다 하겠다.

3) 인지기능(지적능력)의 향상

인지기능이란 인간이 어떤 사물을 감지하고, 추론하고, 판단하고, 직관하고 기억하는 능력을 통틀어 말하는데 인간이 살아가는데 없어서는 안될 참으로 중요한 기능임에 틀림없다. 많은 연구들이 운동은 성인들의 인지기능을 향상시킬 뿐만 아니라 노인들에게 일어나는 인지능력의 저하를 방지하거나 줄일 수 있다고 밝혀왔다. 인지기능을 측정하기 위해 사용된 여러 변수들 중에서도 특히 산술능력 (0.48), 반응시간 (0.15), 예민도 (0.36), 기억력 (0.36) 실험에서 큰 효과크기를 나타내었다. 이것은 운동을 한 번하여 일어나는 일시적 효과가 아닌 어느 정도 장기간의 운동 결과로서 가능하다고 알려져있다.

4) 자기존경과 자신감의 증대

자기존경과 자신감은 인간의 정신건강을 증진시키는데 없어서는 안될 필수적인 심리 요인들로서 운동은 이들의 증대를 가져온다고 많은 문헌들이 밝히고 있다. 이 효과는 한 번 혹은 장기적인 운동에 관계없이 언제나 운동 후 입을 수 있는 혜택에 속한다. 특히 자신감은 운동을 계속하는 동기유발motivation 요소로서도 작용하기 때문에 그 중요성이 더욱 크다.

한편, 최근의 연구들은 운동이 이러한 일시적 감정을 바탕으로 타고난 인성까지 바꾸어 건전한 시민으로서 살아가는데 보다 합당하게 변화시켜 줄 수 있다는 보고들도 있다. 예를 들어 운동은 내성적이고 비사교적인 사람을 좀더 외향적이고 사교적인 사람으로 변화시킬 수 있다는 것이다. 그러나 이것은 아직 크게 일반화되지는 않았다.

5) 수면의 질(睡眠의 質, Sleep Quality) 개선

The sleep of a labouring man is sweet(Ecclesiastes) – 노동하는 자의 잠은 달다. 현대인들의 가장 흔한 문제중의 하나인 잠을 설친다거나 혹은 잠을 잘 이루지 못하는 증상들은 다음날에 사고능력은 물론 생산력에 직접적으로 영향을 미친다. 뇌의 활동을 측정하는 Electroencephalogram(EEG), 눈의 활동을 측정하는 Electro-oculogram(EOG), 그리고 근육의 활동을 측정하는 Electromyogram(EMG)을 이용하여 정상인의 수면을 분석해 보면, 제각기 다른 특징을 가진 다섯 단계로 이루어져 하나의 일정한 패턴을 가지고 있다. 그러나 정신병에 걸리면 제일 먼저 나타나는 증상의 하나가 바로 이러한 잠의 패턴이 무너지기 때문에 정신건강을 거론할 때는 수

면의 질을 제외할 수가 없다.

불면증을 해소하거나 수면의 질을 향상시키기 위해서 복용하는 치료약은 사실상 심리적 효과를 위한 것들이 많아 그 약효가 낮고 대체로 부작용을 수반한다. 이러한 사실로 미루어 불면증의 해소는 물론 수면의 질을 높일 수 있는 운동의 효과와 역할은 참으로 중요하지 않을 수 없다.

최근 운동과 수면에 대한 역학疫學, epidemiology적 연구들은 운동이 수면의 질을 향상시키고 낮시간의 졸음은 물론 피로까지 줄이는 것으로 밝혀왔고, 또한 실험 연구들은 운동이 수면의 가장 깊은 단계인 Slow Wave Sleep 시간 (수면의 3과 4단계)을 증가시킨다고 했다. 또 하나의 두드러진 발견은 운동이 수면의 5단계인 Rapid Eye Movement Sleep(REMS) 시간을 줄인다는 사실이다. 우울증에 걸리면 REMS가 길어진다. 치료를 위해 약물 혹은 전기충격치료electorconvulsive therapy를 실시하면 증상의 호전과 함께 REMS가 줄어드는 생리적 현상이 나타난다. 이를 고려하면 깊은 수면을 취한 다음날에 몸과 마음이 모두 상쾌한 이유를 설명할 수 있는 하나의 간접적인 데이타가 될 수 있다.

위에 열거된 수면 연구 전기측정기구들과 수면에 관여하는 여러 가지 호르몬, 그리고 Circadian 리듬의 변화 등을 함께 살펴보면 운동후 수면에 관계하는 생리적 변화를 좀 더 철저히 이해하고 설명하는데 상당한 도움이 될 것 같다.

지금까지 많은 학자들에 의해 한번 혹은 장기간의 운동 후에 기분이 좋아지는 이유들이 설명되어져 왔다. 그러나 운동을 통한 일상업무에서의 탈피, 사람들과의 교제, 증가된 자신감 등 심리적 · 사회적 설명들이 제안되어 왔음에도 불구하고 실험적으로 증명되지는 않았다.

최근에 와서 그 이유에 대한 생리적 · 생화학적 설명들이 보다 많은 관심을 끌고 있으며, 그 내용은 다음과 같다.

첫째, 운동직후의 체온은 평상시와 비교하여 높아지는데 그에 따라 근육이 이완되고, 뇌의 활동을 측정하는 Electroencephalogram(EEG)에 긴장이나 불안이 없을 때 나타나는 알파alpha활동이 감지된다. 이와 비슷한 효과는 사우나나 술을 적당히 마신 후에도 나타나기 때문에 상당한 호소력이 있다.

둘째, 통증을 덜어주고 인간의 감정을 다스리는데 관여하는 호르몬 앤돌핀

endorphin이 운동을 통해 그 분비가 늘어나는데 이는 많은 연구자들에 의해 관심을 끌어온 문제이다. 비록 지금까지의 Endorphin 분석이 팔이나 다리에서 채취한 혈액을 가지고 이루어졌기 때문에 뇌에서는 어떠한 반응이 일어날지 의문이 제기되긴 하지만 무시할 수 없는 중요한 요소임에는 틀림없다.

셋째, 규칙적으로 장기간의 운동을 하면 뇌의 특히 Frontal Cortex와 Limbic System에서 기분과 감정을 다스리는 신경전달물질norepinephrine과 serotonin의 활동이 증가 혹은 정상화되어 정신건강을 증진시킬 수 있다. 이러한 설명 또한 충분히 호소력이 있는 문제이다.

넷째, 우울증 치료약 투여 후 증상의 호전과 함께 가장 현저히 나타나는 생리적 현상중의 하나가 Norepinephrine을 받아드리는 beta-adrenergic 수용기 수의 하락인데, 주로 새로운 우울증 치료약을 개발하는 기준으로 사용되어왔다. 최근에 쥐를 대상으로 한 연구가 운동도 그러한 효과를 가지고 있다고 밝히고 있어 주목을 끌고 있다.

다섯째, 운동은 인간의 모든 생리적 기능들(심폐지구력, 근력, 근지구력, 유연성 등)을 강화시키고 이것은 곧바로 심리적인 여유 (안정)로 연결된다는 설명이다. 체내의 거의 모든 기관들이 뇌의 통제를 받아 움직이고 심리적 스트레스stress를 받더라도 호르몬은 물론 심장과 같은 생리적 기관들이 활동을 높여 그것에 적극적으로 대처하므로 심리와 생리 사이의 밀접한 관련을 감안할 때 이 설명 또한 충분한 설득력을 갖고 있다. 정신적 스트레스에 대하여 평상시 운동을 한 사람은 하지 않은 사람에 비해 받아들이는 충격의 정도가 적으며 이길 수 있는 힘 또한 클 수가 있다는 것이 하나의 예가 될 수 있다. 이 같은 생물심리학biological psychology적 설명은 무한한 잠재력을 가진 반면, 그 연구는 아직 유아단계에 머물러 있다. 하지만 생리학이나 약리학 같은 다른 분야의 연구방법들을 이용하여 운동 후 일어나는 자율신경계autonomic nervous system와 신경내분비neuroendocrine 활동을 조사하고, 장래에 사용비가 어느 정도 감소되면 Positive emission tomography나 Magnetic resonance imaging을 사용하여 운동후 인간의 대뇌활동을 직접 측정 분석하면 더 명확한 해답을 얻을 수 있을 것이다.

운동의 인지능력을 향상시키는 효과를 설명하는 이유 또한 명확히 알려져 있지 않다. 단지 운동은 직접적으로 지능을 높이는 역할을 하는 것이 아니고 정보나 기억 처리를 보다 효과적으로 빨리 하도록 해준다는 가설이 있다. 인간은 자동적인 것과 의도적인 것 등의 정보처리 시스템system을 가지고 있는데 운동에 의해서 의도적 정보처리 시스템이 점점 더 개발되어 질 수 있다.

지금까지의 논의에서 보았듯이 운동이 어떠한 작용을 통해 우리 인간에게 심리적 혜택을 가져오는가에 대해서는 현재로서 이유들이 분명하지 않은 것이 많다. 단지 하나가 아닌 여러 가지 요소가 서로 복합되어 심리적 혜택을 가져온다고 보는 게 가장 옳은 관점이며, 장래의 연구들은 이러한 질문에 답할 수 있도록 실험 연구 쪽으로 연구방향이 잡혀져야 하겠다.

그러나 지금 우리에게 중요한 것은 그것을 증명하는 과학적 데이터의 제시나 이유에 대한 설명을 하기 전에 운동이 심리적 효과를 가져올 수 있다는 사실 그 자체이다. 운동을 하면 잠이 달고 깊을 수밖에 없다. 운동하면 머리가 맑아지고 기분이 좋아진다는 것은 과학적 데이터 이전에 하나의 상식이며 경험이다. 생활 속에 평상시의 운동은 우리 인간에게 생리적 혜택은 물론 심리적 혜택을 가져다줌으로써 단순히 질병이 없는 상태가 아닌 보다 기쁘고 즐거운 삶으로 나아가게 하여 삶의 질quality 그 자체를 높일 수 있다.

미국 정신건강협회National Institute of Mental Health에서 밝힌 운동과 정신건강에 대한 결론을 보면 다음과 같다.

첫째, 체력은 정신건강과 직상관 관계에 있다.
둘째, 일시적 운동은 상태불안*과 역상관 관계에 있다.
셋째, 불안과 우울증은 정신적 스트레스를 이기지 못해 생길 수 있는 흔한 증상이며, 운동은 가벼운 정도의 우울증세를 감소시키는 역할을 한다.

* 상태불안 : 상황 · 환경에 따라 달라지는 불안(경기장의 규모에 따라 불안이 달리 나타난다)

넷째, 장기간의 운동은 특성불안*을 감소시키는 역할이 있다.

다섯째, 심한 우울증은 약물치료, 심리치료, 전기충격치료 등과 같은 전문적인 치료를 요하나 운동은 보조수단으로 사용될 수 있다.

여섯째, 적당한 운동은 신경근육의 긴장, 안정시 심박수, 호르몬 등과 같은 스트레스 지표의 반응을 낮춘다.

일곱째, 현재 임상분야에서는 나이와 성별에 관계없이 운동의 정신건강 증진효과를 믿고 있다.

여덟째, 심리치료를 위해 약물을 복용 중인 사람은 의료진의 관찰 하에 안전하게 운동을 해야 한다.

3. 스포츠의 사회적 가치 및 기능

1) 스포츠의 사회적 가치

(1) 인격 형성

흔히 스포츠는 사회적 성격을 발달시키는 수단이라고 한다. 이와 관련된 요인은 다각도에서의 접근이 가능하나 우선 인격의 형성이 중요한 수단이라고 본다. 인격 형성과 관련된 문제 또한 여러 요인이 있으나 이 란에서는 '규칙의 준수'와 '예의' 문제에 한정하여 그에 대한 논의를 하고자 한다.

개인이 스포츠에 관심을 갖게 되었을 때 인식하게 되는 최초의 지식은 경기 규칙이며, 이의 준수가 사회적 성격의 발달과 관련을 맺는다. P. Weiss는 "규칙은 비교적 변화가 없기 때문에 참가자들은 규칙을 받아들임으로써 상황에 대한 행동 적응 형태를 보이게 된다. 즉 스포츠 활동에서 참가자들이 규칙의 지배를 받아들이는 행위는 많은 변화 속에서도 안정된 상태를 유지하려는 태도"라고 했다. 그러므로

*특성불안 : 선천적인 불안, 특정 물체, 대상에 고정적으로 느끼는 불안

스포츠 활동에의 참가자들은 규칙에 대한 공정성을 인식케 되는 기회가 되며, 그것은 곧 사회에서의 합법성을 인정하고 준법정신이 함양되는 수단이 된다.

스포츠 장면에서 인격 형성의 발달과 관련된 다른 한 요인은 예의이다. 규칙은 직접적인 행동 양식으로서 이를 위반했을 경우 결과가 현시적인데 반해, 예의는 규칙을 위반해도 겉으로 나타나지 않는 간접적인 행동 양식이다. 예의는 스포츠 규칙으로 규정될 수 있는 문제는 아니지만 승부를 정당하게 겨루기 위해서는 반드시 지켜야 하는 규범이다. 스포츠에 있어 예의의 가치는 인식 작용 이상의 것을 요구하며, 예의를 기반으로 하여 나타나는 스포츠맨십은 이성적 사고에 의해 이루어진다. 이러한 측면에서 볼 때 스포츠는 바람직한 인격을 증진시키는 인간 교육의 장이라 할 수 있다. 인격은 가치관의 정립과 도덕적 의식 구조 및 환경에 의해 많은 영향을 받는다. 따라서 감수성이 예민한 청소년이 스포츠 활동에 참가하여 바람직한 인격을 기르는 것은 매우 의의 있는 일이다.

(2) 충성심, 이타심의 함양

충성심忠誠心, loyalty과 이타심利他心, altruism은 농구, 축구, 야구 등과 같은 팀 경기에서 구조상 혹은 목표상 요구되는 인성인 동시에 필연적 태도로서 단체정신의 산물이다. 스포츠에서의 충성심은 그가 속한 집단의 이익에 대해 자신의 이익을 부차적인 것으로 간주하는 것을 의미한다. 즉 자신보다 소속 팀의 이상理想에 대한 충성을 위해 자신의 기호와 욕망을 조절하는 것이다.

이타심은 협동심, 동지애, 비이기적인 태도, 형제애 등의 기저 요인으로서 이는 스포츠 참가의 산물이라고 볼 수 있다. 이타심이 발전하게 되면 희생정신으로 연결되며, 스포츠 장면에서 희생의 상황은 어렵지 않게 목격된다. 그러므로 건전한 스포츠에의 참여는 팀웍을 존중하는 태도가 육성되며, 승패에 집착하지 않는 너그러움을 갖게 한다. 스포츠에서의 이러한 이타심이 인간사회에서 도덕적 가치를 풍부하게 한다.

그러나 스포츠 현장에서의 이타적 태도는 일반 사회에서 상부상조나 협력으로 연결되지 못하는 모습을 자주 보여 우리를 당황하게 한다. 이러한 경우는 스포츠에서 승리를 쟁취하기 위해 지나치게 집착되어 있었음에 기인하는 것으로 여겨진다.

스포츠에서의 이타적 태도가 현실생활에 직접적으로 연결되지 않는 이러한 현상은 스포츠 장면을 떠나게 되면 일시적인 현상으로 나타나는 것인지, 아니면 계속되는 현상인지에 대해서 의문의 여지를 남기고 있다. 따라서 스포츠 활동에 참가하는 것이 과연 이타심을 배양할 수 있는가 하는 점에 다소의 의문이 제기되기도 하지만 현재로서는 긍정적인 면이 더 우세하다고 밖에 말할 수 없다.

(3) 인내심 함양

인내심과 자신감은 성공경험과 밀접하게 관련되어 있어 자기만족과 긍정적인 자아관을 형성한다. 인생의 대부분을 실패로 일관해 온 사람은 실패에 대한 의식이 생활을 지배하게 됨으로써 종국적으로는 부정한 방법을 동원해서라도 성공에 도달하려고 한다. 이와 같은 관점에서 볼 때 스포츠의 경우에서도 성공적인 참여가 사회에서 밝은 모습을 보여줄 가능성이 크다. 즉 스포츠에서의 성공은 이미 발달된 자신감과 인내심에 대한 가치를 높이고 유지하는데 기여하게 된다. 그러므로 스포츠에서의 실패도 일상생활에서와 같이 순간적으로는 개인의 판단을 흐려 놓을 수 있다.

인내심을 가지고 정상적인 승부에 도전하기보다 쉽고 부정한 방법을 찾을 위험이 있다. 그러나 스포츠는 경쟁과 협력의 상황이 동시에 이루어지며 경기규칙이 노출되어 있고, 다음 목표의 설정이 비교적 용이함에 의해 패배에서 오는 좌절감의 경험을 실생활을 위한 인내심으로 연결시킬 수 있다. 즉 스포츠의 경쟁성은 청소년이 성인기에 겪게 될 시련을 극복하는데 필요한 인내심과 정신력을 기르고 자유, 공개경쟁의 사회체제를 유지하는데 기여하게 될 것이다. 따라서 스포츠 활동이 인내심을 배양한다고 단정할 수만은 없지만 참가자가 기존의 자신감을 보존하고 긍정적인 자아관을 강화하는데 좋은 경험이 된다는 수준정도는 말할 수 있을 것 같다.

2) 스포츠의 사회적 기능

스포츠의 가치가 이데아적 측면이 강한 스포츠 활동의 결과를 의미한다면, 스포츠의 기능은 스포츠 활동을 통해 나타나는 행동적이며 현시적인 측면을 주로 담당한다고 볼 수 있다. 그러므로 스포츠의 가치가 스포츠의 기능에 비해 보다 포괄적이라고 말할 수 있으며, 가치와 기능의 영역이 상당 부분 중복되어 있어 엄격한 구분이 어려운 경우가 많다. 따라서 이 란에서는 스포츠의 사회적 기능을 제시하는 본래의 의미 외에 스포츠의 사회적 가치의 부족된 설명을 보완하려는 의도가 포함되어 있다. 스포츠의 사회적 기능에 대해서는 여러 학자의 견해가 있으나 A. Yiannakis가 제시한 5가지 기능을 소개하고자 한다.

(1) 사회 정서적 기능

사회 정서적 기능이란 개인의 사회 심리적 안정을 증대하는 것이며, 사회 심리적 안정이란 개인의 심리적, 사회적 적응을 의미한다. 따라서 사회의 한 구성원으로서 개인의 안정된 기능은 그가 심리적, 사회적으로 적응된 상태에 있는가에 달려 있다는 암시가 내포되어 있으며, 개인은 자기가 속한 사회 안에서 규범적으로 행동할 수 있음을 의미한다.

(2) 사회화 기능

사회화를 사회학적 관점에서 보면 집단 규범을 내면화하는 과정이며, 심리학적 입장에서는 자아를 형성시키면서 인간의 기본적인 욕구를 길들이는 과정이라고 할 수 있다. G. S. Kenyon과 B. D. Mcpherson은 스포츠 사회화를 "스포츠라는 소사회에서 개인이 스포츠를 통하여 집단 성원이 공통으로 가지고 있는 가치관, 신념, 태도 등을 집단 내의 다른 성원과의 상호작용을 통하여 자신의 지위에 상응하도록 습득하는 과정"이라고 정의하고 있다.

(3) 사회통합 기능

스포츠의 사회통합 기능이란 각기 다른 개성을 가지고 있는 사회 구성원을 집단 속으로 조화롭게 흡수하고 그 집단성으로 개인을 규명하는 것이다. G. Luschen은 스포츠는 실제로 참가자에게 뿐만 아니라 그 제도 내에 있는 구성원 모두에게 통합의 수단으로 작용한다고 했다. 그리고 사회 성원들은 자신이 속한 사회적, 문화적 신념과 행동 형태를 이해할 필요가 있고 이에 준하여 행동하기를 원한다. 스포츠 활동의 참가에 있어 한 팀의 구성원이 되거나 클럽의 성원이 되도록 하는 것은 개인을 그 팀이나 클럽 속으로 통합하기에 충분한 대인 결속을 필요로 한다.

(4) 사회이동 기능

스포츠의 바람직한 기능 중의 하나는 상승적 사회이동의 원천이라는 점이다. 상승적 사회이동이란 한 개인이 새로운 사회 부류에 속하게 되는 것으로서 개인이 사회적 위계 서열에서 전보다 높은 지위를 점유하는 것을 의미한다. 사회이동에서 일반적으로 언급되는 부류는 사회계층 부류이다. 즉 사회이동이란 계층간의 움직임이다. 많은 나라에서 스포츠가 보다 적은 혜택 속에 있는 사회 구성원, 즉 가난하고 인종적, 민족적으로 열세한 집단에서 사회 이동의 효과적인 수단이라는 점은 인정할 만하다.

(5) 문화주입 기능

스포츠 활동에 참가하여 얻어지는 요인을 J. Roberts와 B. Sutton-Smith는 문화인류학적 관점에서 논의하고 있다. 즉 놀이와 게임의 경험은 일반 사회생활의 경험과 구조적으로 동일하며, 이것에 의해 특정 사회가 지니고 있는 문화를 구체적으로 학습하게 된다고 주장함으로써 놀이와 게임의 문화적 기능을 인정하고 있다. Lindesmith와 Strauss도 놀이와 게임은 아동들이 성인 사회에 입문하는 제반 기능을 습득하는데 기여한다고 주장했다.

이와 같이 스포츠는 오랜 역사를 통해 신체운동 자체를 바탕으로 하여 성립된 문화인 동시에 문화적인 가치를 추구하는 행위이므로 스포츠도 당연히 역사적, 사회적 현실, 즉 정치, 종교, 교육 등을 떠나서는 존재할 수 없다. 이는 스포츠를 그 본질이나 문화성뿐만 아니라 사회과학적 관점에서 파악해야 한다는 것을 의미한다. 따라서 현대 사회에서 문화로서의 스포츠를 어떻게 이해하고 실천하는가 하는 것은 시대적 변화 및 자연 환경과 사회 조건에 영향을 받으며 그 시대의 실정이 반영된다. 스포츠의 문화주입 기능은 개인에 대해서는 신체의 성장 발달을 촉진하며, 여러 가지 인간 욕구를 충족시켜 주는 기능을 들 수 있고, 사회에 대해서는 사회생활에 필요한 행동의 규율을 배우는 기회를 제공하는 기능을 들 수 있다.

3) 스포츠의 사회적 역기능

스포츠의 사회적 기능에서 논의된 요인들이 스포츠의 순기능적 역할을 의미하였다면, 이와는 대조적으로 스포츠가 사회에서 역기능의 역할을 수행한다고 보는 관점이 있다. 순기능적 역할이 주로 개인의 가치체계나 사회 심리학적 문제와 관련을 맺는다면, 역기능은 주로 정치 사회적인 차원의 문제와 관계가 깊다고 볼 수 있다. 정치 사회문제라고 해서 개인적 문제와 관련이 없음을 의미하는 것은 아니고 개인적 차원의 가치체계가 사회적 혹은 국가적 차원으로 발전되어 영향을 미치게 된다는 의미이다. 스포츠의 사회적 역기능의 논의에서 또 하나 전제되어야 할 문제는 그에 대한 주장이 대중 스포츠sport for all를 대상으로 하기보다는 엘리트 스포츠elite sport에서 파생되는 문제점들을 주로 논의의 대상으로 한다는 점이다. 다음은 그에 대한 주장들은 정리한 내용이다.

현대 스포츠는 세속적, 실력주의적 경향이 강하고, 고도의 합리성과 관료적 조직에 예속되었으며, 스포츠 행위의 의미에 대해서 기록 수립적이고 양적인 평가를 지향하게 되었다. A. Guttmann은 스포츠가 전문화, 대량화됨으로써 스포츠의 낭만이 추상적인 숫자나 기록으로 타락되었고 품위를 생각할 겨를이 없어 페어플레이를 할 여지가 없어졌으며, 신체적인 운동 감각에 능동적으로 반응할 기회가 상실되었다고 주장하였다. 스포츠의 조직적 문제점에 의하여 발생한 가장 큰 희생자는 학교의 운동선수들이다. 이들은 경기장과 강의실이라는 이중 압력 속에 부당하게 학점을 따고 편애를 받지만 결과적으로 교육을 제대로 받지 못한다. 뛰어난 선수일수록 자신의 능력을 경매하는 것이 되어 운동선수는 성적 문제, 안전 문제, 과열 현상, 무리한 경쟁심, 물질 만능의 정신, 불법적인 스카웃, 착취, 음성 보조금 지불, 자격 기준의 조작 등 제반 역기능적 현상의 희생물이 된다. 그리하여 오늘날의 엘리트 스포츠는 운동선수에게 신체의 자유, 창조적 자발성, 본질적인 놀이 충동을 제거해 버림으로써 그 자체가 구속이며 억압적 기능을 수행하는 것이라고 할 수 있다.

J. M. Brohm은 마치 인간이 능률성과 생산성이라는 목표를 달성하기 위하여 사용되는 기계인 것처럼 운동선수들이 묘사된다고 하였다. 현대사회에서 고도로 발달된 엘리트 스포츠를 중심으로 하는 공식적 스포츠는 경쟁을 지나치게 강조함으로

써 착취적이고 비인간적인 병리적 가치를 표출하고 있는데 이러한 문제는 스포츠의 엘리트적인 체제 때문에 발생된 소외의 결과라고 할 수 있다. 이상의 문제점들은 엘리트 스포츠가 발전, 전개되면서 운동선수들에게 직접적으로 파급되는 역기능적 현상들이고 엘리트 스포츠가 본질적으로 가지는 잠재적인 모순점들을 나타낸다.

정홍익은 스포츠의 역기능적 현상을 다음과 같이 진술하고 있다.

첫째, 스포츠는 권력 집단의 대중 통제를 위한 수단으로 이용된다.
둘째, 스포츠는 불평등한 사회적 배분 구조를 반영하고 있으며 그것을 강화한다.
셋째, 스포츠는 일반 대중에게 부르주아적 계급의 정신 상태를 주입시키며, 자본가의 이익을 위한 도구나 착취 수단이 된다.
넷째, 스포츠는 개인간의 소외를 조장한다.

이러한 과정을 통하여 현대 교육 내에서의 스포츠, 특히 엘리트 스포츠는 어느 교육 수준에서나 점점 체육교육physical education, 교내경기intramurals, 놀이play로부터 멀어져 가고 있다. 이제 '놀이꾼' 이라는 말에서 출발된 운동선수의 원래적 의미는 운동경기가 고도로 조직화되면서 놀이가 아니라 직업으로 전환되어 소멸되어 가고 있는 것이다. 김용옥은 이러한 문제와 관련하여 "엘리트 스포티즘의 결론은 항상 인간구원이 아니라 인간소외일 수밖에 없다" 라고 주장하고 있다.

참고문헌

김용옥(1990) 태권도 철학의 구성원리. 서울 : 통나무.
문교부(1973) 체육원리. 서울 : 서울신문사 출판국.
임번장(1979) "스포츠 및 유사개념의 정의와 분류에 관한 고찰", 서울대 사대논총 제19집.
임번장(1986) "청소년 비행과 스포츠", 한국사회체육진흥회.

정홍익, 임현진(1988) 현대 자본주의와 스포츠. 서울 : 도서출판 나남.

朝比奈一男(1981) 運動とからだ. 東京 : 大修館書店.

池上晴夫(1984) 運動處方－理論と實際－. 東京 : 朝倉書店.

池上晴夫(1988) 適當な運動とは何か. 東京 : 講談社.

井關敏之, 前田如矢(1989) 臨床スポーツ醫學. 東京 : 南山堂.

宮下充正(1980) トレーニングの科學. 東京 : 講談社.

村山正博 編集(1989) スポーツのためのメディカルチェック. 東京 : 南江堂.

下方浩史(1993) 體脂肪分布－腹部型肥滿の基礎と臨床－. 東京 : 杏林書院.

德永幹雄(1993) 健康と運動の科學. 東京 : 大修館書店.

Brohm, J. M.(1978) Sport : a prison of measured-time, Trans, Ian Fraser, London : InksLtd.

Caspersen, C. J., Powell, K. E., & Merritt, R. K.(1994). Measurement of health status and well-being. C. Bouchard, R. J. Shephard, and T. Stephens(Eds). Physical Activity, Fitness, and Health(pp. 180-202). Champaign, IL: Human Kinetics Publishers.

Edward. H.(1973) Sociology of sport. The dossy press. Home-Wood. Illinois.

Guttmann, A.(1978) From ritual to record : The nature of modern sports, New York : Columbia university press. (7).

Kaplan, N.M.(1989) "The deadly quartet. upper-body obesity, glucose intolerance, hypertriglyceridemia, and hypertension", Arch Intern Med. 149. 1514-1520.

Karlson, J., et al.(1971) "Diet, muscle glycogen, and endurance performance", J. Appl. Physiol., 31 : 203.

Kenyon, G. S, and Mcpherson, B. D.(1981) Becoming involved in physical activity and sport : a process of socialization. In J. W. Loy and B. D. Mcpherson, and G. S. Kenyon(eds), Sport. culture and society. Philadelphia : Lea Fibiger.

Leonard. W. M.(1980) A sociological perspective of sport. Minneapolis, M N : Burgess Publishing Company.

Lopez-S, A., et al.(1974) "Effect of exercise and physical fitness on serum lipids and lipoprotein", Atherosclerosis, 20:1.

Loy, J. W.(1969) "The study of sport and social mobility", Aspects of contemporary sport sociology, Gerald S, Kenyon(ed). proceeding of C.I.C. symposium on the sociology of sport,. University of Wisconsin. 1968. Chicago. The Athletic Institute.

Luschen. G.(1967) "The Interdependence of sport and culture", paper presented at the

Annual AAHPER Meeting.

North, T. C., McCullagh, P., & Vu Tran, Z.(1990). Effects of exercise on depression. Exercise and Sport Science Review, 18, 379-415.

O'Connor, P. J., & Youngstedt, S. D.(1995). Influence of Exercise on Human Sleep. Exercise and Sport Science Reviews, 23, 105-187.

Ohlson LO. Larsson B, Svardsudd K, et al(1985) "The influence of body fat distribution on the incidence of diabetes mellitus", 13.5 years of follow-up of the participants in the study of men born in 1913. Diabetes, 34 : 1055-1058.

Petruzzello, S. J., Landers, D. M., Hatfield, B. D., Kubitz, K. A., & Salazar, W. S.(1991). A meta analysis on the anxiety-reducing effects of acute and chronic exercise. Sports Medicine, 11 (3), 143-182.

Roberts. J. and Sutton-Smith, B.(1962), Child Training and game involvement, Ethology. (1). Siedentop, D.(1980) Physical education ; introductory analysis. Iowa : Brown Company.

Thomas, R. J., Landers, M. D., Salazar, W., & Etnier, J.(1994) Exercise and cognitive function. C. Bouchard, R. J. Shephard, and T. Stephens(Eds). Physical Activity, Fitness, and Health(pp. 180-202). Champaign, IL: Human Kinetics Publishers.

Vuori, J., Urponen, H., Hasan, I., & Partinen, M.(1988) Epidemiology of exercise effects on sleep. Acta Physiologica Scandinavica, 133, 3-7.

Weiss, P.(1969) Sport ; a philosophical inquiry. Carbondale and Edwardsville : Southern Illinois university press.

Yiannakis, A. and Mcintre, T. D.(1976) Sport sociology. contemporary themes. Kendall : Hant Publishing Company.

문제

5

건강추구의 의의와 체육학의 과제

우리는 건강 도모를 위한 방법과 처방을 접하기 전에 "왜 건강해야 하는가?" "누가 건강을 지켜야 하는가?" "무엇 때문에 건강을 위해 투자를 해야만 하는가?"에 대한 의문과 논의를 거쳐야 한다. 설사 정확한 답을 기대할 수 없더라도 우리는 그러한 질문을 통해 건강과 관련된 길을 올바르게 가고 있는가를 확인할 수 있기 때문이다. 어떠한 개별과학도 사유하지 않고는 발전할 수 없으며 사유하기 위해서는 반드시 사유 규정들이 필요하다. 그러므로 위의 질문들은 존재存在, Sein가 당위當爲, Sollen를 우선할 수 없음에 기인하는 의문으로서 건강에 대한 혼란스러운 편견과 건강이라는 막연한 사슬로부터 최소한 벗어나야 한다는데 근거를 둔 철학적 물음이다.

건강은 생명 현상을 어떠한 것으로 있게 하느냐하는 『當爲』적인 문제에 바탕을 둔 전체적 입장에서, 근거와 방향을 가진 체계적 규범으로 접근되어야 할 것이다. 이는 건강에 대한 과학적 탐구가 무용하다거나 중단되어야 한다는 것이 아니다. 오히려 더욱 과학적이어야 한다는 점을 기본적인 가정으로 받아들이고 있는 태도이다. 목적과 방법은 단지 논리적 구분이지 동일한 실천 과정에서 실제로 각기 존재하는 전혀 별개의 원리도 아니며 별개의 활동들을 각기 나타내는 것도 아니다.

위의 의문, 즉 건강의 당위성에 대한 해답을 얻기 위해서는 漢字의 '健康'과 영어의 'health' 에 대한 어원語源을 풀이해 보는 것이 좋을 듯하다.

1. 健康, Health의 語源

'健康' 이란 용어의 '健' 은 '人' 이 意部이다. '建' 은 音部이며 '강하다' 는 뜻을 나타낸다. 결국 '健' 은 사람이 강하고 튼튼하다는 의미이다. 이것은 개인에게 초점을 맞춘 것이다. 한편 '康' 은 원래 '튼튼함, 뛰어남, 건전함, 부드러워지다, 화목하게 지내다, 즐기다, 크다, 五方으로 통하는 큰 길' 등의 의미가 있어 사회적인 확대감을 느끼게 한다.

'健康' 은 이와 같은 意味群을 뉘앙스로 가지고 있으나 이를 요약하면 개인적인 강함에서 출발하여 점차로 문화적文化的(즐기기 위해서는 문화를 습득하지 않으면 안된다), 사회적社會的(화목하게 지낸다는 것은 사회적 출발점이며 목표이기도 하다)으로의 확대를 나타내는 강함을 내포하고 있는 듯하다. 말하자면 '健康은 확대되어 가는 에너지의 원천' 이라고 생각하여도 좋을 듯하다.

한편, 영어에서의 'Health' 도 '건강' 이라고 번역되는 대응어對應語로서 '1) (心身의) 건강상태, 2) (心身의)건강. 건전. 壯力, 3) (인간의 건강. 행복 등을 바라는) 乾杯. 祝杯, 4) (일반적으로)건전. 生氣. 활력. 안정. 행복. 번영. 융성, 5) 보건, 위생' 의 意味群에 상당한다. 역시 개인적인 의미에서 사회적인 의미로 전개되어 가고 있음을 이해할 수 있다.

語源을 보면 'hale' 나 'heal' 과 공통으로 'whole' 과 연결된다. 'whole' 의 어원은 중세 영어 'hole' 로서 古英語에서는 'hal' 에 해당된다. 'whole' 의 類似語로는 'total' 을 들 수 있으나 양자간에는 사용상에 구분되는 점이 있다. 즉 'whole' 은 전부 혹은 전체의 부분, 요소, 數, 量 등을 완전히 갖춘 진정한 의미의 전부를 말한다. 그러나 'total' 은 전체를 의미하지만 개개의 것이 첨가되어 합계된 총체라는 의미를 포함하고 있다.

그리고 'hale' 은 '1) 병약하지 않음 : 강건함, 强壯함, 원기 왕성함, 2)(스코틀랜드, 북 영국)결점(손상)이 없음, 無傷의, 손상되어있지 않음' 등의 意味群으로 되어 있다.

'heal' 은 '1) (傷病을 고치다, 치료하다, 회복시키다, 2) (불화. 분쟁 등을)조정하다, 해결하다, 수습하다, 3) (마음을)깨끗이하다, 정화하다' 등의 意味群에 상당한다. 이는 혼란 상태를 조화된 전체성으로 회복해 가는 방향을 가르키고 있으며, 語源은 'whole' 로 향함을 지시하고 있다. 결국 'health' 라는 용어는 단순한 건강 요소의 합계가 아니라 유기적이고 기능적으로 관련된 '진정한 의미의 전체' 라는 근원적인 의미에서부터 발전해 온 것이라 할 수 있다.

그러면 개인은 '진정한 의미의 전체' 적 상태에 과연 도달할 수 있을까? 그것은 단적으로 말해 불가능하다고 밖에 할 수 없다. 왜냐하면 인간에 있어 진정한 의미의 전체는 학습에 의해 여러 가지 잠재 능력을 개화시켜 가는 과정으로서 단순한 '육체적 완전무결' 만을 의미하는 것은 아니기 때문이다. 부분적으로 전문 영역을 정해 거기서 有限的인 '진정한 의미의 전체' 를 추구하는 것이 사실상 지극히 어려운 일이다. 이러한 의미로 보면 개인이 혼자의 힘으로 'health' 化 된다는 것은 불가능한 일이며, 오히려 사회적인 관련을 통하여 공동으로 추구해야만 할 일이 아닐 수 없다.

따라서 '健康' 과 'health' 라는 두 용어로부터 '확대되어 가는 에너지의 원천' 과 '유기적이고 기능적으로 서로 관련된 진정한 의미의 전체' 라고 하는 두 가지의 기본 개념이 추출되는 듯하다. 양자는 不可分의 관계에 있다. 이에 '健康은 活力있는 진정한 意味의 全體' 라고 하는 語源的 定義를 탄생시키게 된다.

2. 건강의 의의

인간은 건강을 추구하기 위하여 과거에는 배불리 먹고, 잘 입으며, 신체적 편안

함을 최고의 선, 혹은 최고의 복으로 간주하였다. 즉 풍부한 양식을 축적하고, 추위로부터 넉넉히 견딜 수 있는 좋은 의류를 입으며 정신적, 신체적 고통없이 안락한 생활을 영위하며 건강한 자손을 많이 낳고 병들지 않고 장수하는 것을 최고의 건강으로 인식하였다.

시대가 발전함에 따라 건강에 대한 개념과 척도도 변모하게 되어 건강은 단순히 의식주를 해결하는 생존의 차원을 넘어 보다 다원화된 체계 내에서의 삶의 안녕과 복지적 차원에서 그 개념이 전환되고 있다. 즉 인간의 건강은 신체적, 인지적, 정서적, 사회적, 문화적 측면의 통합적 차원에서 추구되고 정의된다고 할 수 있다.

따라서 현대사회에서의 건강의 의의는 개인적 차원에서는 행복과 복지를 추구하는 기틀을 마련하고, 사회적으로는 건전한 심신에 의한 건전한 사회의 유인이라는 문화적 가치를 점유하며, 국가적으로는 민도의 수준을 평가하는 척도라 할 수 있다. 이러한 맥락에서 인류사에 인간의 중추적 관심사로서 면면히 이어온 건강이 가지는 의의를 개인적, 사회적, 국가적 차원에서 살펴보면 다음과 같다.

1) 신체활동과 관련한 개인의 건강

우리가 살아가는 데에는 지성, 이성, 사고 등을 동원하지만 사실 인간은 동물적인 본능을 가진 하나의 생명체이므로 유기체로서 건강을 유지하는 데에는 신체적 활동이 요구된다. 이는 "신체는 정신의 반대가 아니라 오히려 보완한다."는 Vergerio의 사상과 일치한다. 따라서 건강은 인간의 '신체 활동에 대한 본능적 욕구 충족'과 밀접한 관련이 있다.

누구나 움직이지 않고는 만족스러운 건강을 보장받을 수 없으며, 생명을 유지할 수도 없다. 갓난아기는 태어나면서 부터 욕구를 충족시키기 위해 울면서 팔다리를 본능적으로 움직이며, 어린이들은 온갖 신체적 활동으로 보내며, 청년기에는 한층 격렬한 신체 활동을 추구한다. 최근에 와서는 장년기에는 물론 노년기에도 건강 도모를 위한 신체 활동을 계속하고 있다. 신체활동을 추구하는 빈도나 강도, 그리고 내용은 연령이나 개인차에 따라 다르겠으나 인간이 신체활동 또는 운동을 생득적으로 요구한다는 점에 있어서는 공통적이다.

한편, 인간의 신체 활동은 '인간 스스로의 복지적 삶을 추구하고 정체감을 체득' 하는 수단으로서 건강이라는 목표에 직접적으로 연루되고 있다. 과거의 체육, 혹은 신체 활동의 목표는 교육적, 혹은 국가 사회적인 입장에서 인위적이고 조작적으로 설정되어 그를 추구하여 왔으나 오늘날에는 인간의 본질적인 문제와 직접적으로 연결된다. 다시 말하면 신체 활동은 인간의 존재가치를 고양시켜 줄 수 있고, 보다 나은 삶을 추구하기 위한 것으로서 과거에는 신체활동을 에너지 과잉의 출구로 이해되어 왔으나 현대사회에서는 오히려 인간의 내면적 가치를 포함하고 있기 때문이다. 결국 신체활동을 통한 건강의 추구는 활동의 욕구를 자극하며 이를 통하여 재생산 능력을 기르고, 기분을 전환하며, 생활을 윤택하게 하는데 없어서는 안 될 기본 욕구라고 할 수 있다.

신체적으로 건강한 삶이 가지는 또 하나의 의의는 오늘날과 같이 인간의 주체성이 위협받고, 인간소외의 현상이 난무하는 기계, 물질문명 하에서 확고한 '자아개념을 확보하여 인간성 상실의 위기를 극복' 하고, 인간주의 정신을 실현하는 인간학적 가능성을 함축하는 것이라고 볼 수 있다. 즉 신체활동을 통한 건강 추구의 행위는 궁극적으로 인간의 본질적 가치 및 존엄성, 숭고함을 이행하는 휴머니즘적 인간행위인 것이다. 이는 신체활동에는 반드시 실천가의 가치의식이 내재되어 있으며, 따라서 개인이 갖는 가치의식을 그 사람이 갖는 건강관의 발로로 볼 수 있기 때문이다. 그러므로 인간은 신체활동을 통해서 존엄하고 보편적인 인간으로서의 자아를 체험할 수 있으며 이는 인간이 건강을 추구하는 의의와 동일 선상의 맥락이다.

2) 건강의 사회적 의의와 목표

일반적으로 우리들이 인정하는 가치나 의미는 인간의 현실 사회로부터 나오고 있다. 이러한 가치나 의미는 우리들이 한 인간으로서 주체성을 가지고 현실의 인간사회 속에서 적극적이고 건설적으로 살려고 하지 않는 한 명확히 의식될 수가 없으며 자신의 일상 행동을 이끄는 이념과도 부합될 수 없을 것이다.

전술한 바와 같이 인간의 건강 문제는 21세기에 대비한 모든 인류에게 매우 중요한 의미와 가치를 지니며, 이는 사회적 측면에서도 예외가 아니다. 건강에 대한 사회적 접근은 이 시대가 접근한 사회의 총체적 위기의 문제를 논의하고 그에 대처함으로써 가능해진다.

첫번째 문제는, 인구의 과잉 문제로서 이는 식량 부족과 문화 수준의 정체와 직접적인 관련이 있다. 인류는 세계적인 인구촉발과 노령화하는 인구를 어떻게 건전히 조정할 수 있을까에 관심을 가져야 하며, 한편으로 노동생산력을 높게 유지하면서 인간 개개인의 생애를 만족토록 하는 문화 사회적인 측면에도 관심이 모아져야 한다. 즉 개인 혹은 한 지역의 가난과 절박함, 그리고 문화적 궁핍은 개인적 차원만의 문제라기보다는 사회적 건강의 차원에서 접근되어야 할 시대적 소명의 문제가 아닐 수 없다.

사회적 건강과 관련한 두번째 문제는, 경제에 대한 경쟁력의 강화가 자연환경의 파괴와 생활환경 및 농수산물의 오염을 심각한 상태에 이르게 하여 태어날 아이들에게 기형, 혹은 돌연변이를 일으킬 수도 있으며, 현존하는 인간에게도 부정적인 영향을 미칠 수 있게 함이다. 즉 기계문명의 활성화로 인한 산업화는 노동 일수의 단축을 일반화하여 개인의 자유스러운 활동 욕구가 확산되며 이는 다시 자신의 생활에 대한 질적 향상을 도모하려 하거나 방종된 생활의 추구를 예측할 수 있다. 각 개인에게 인간다운 삶을 허락하고 다양한 기회를 제공함은 민주사회에서의 기본권리의 보장이나 자기의 행위가 사회에 미치는 파급효과를 고려하는 의무의 수행이 사회적 건강의 유지에 밑거름이 됨을 전제로 해야한다.

현대 사회가 직면한 또 하나의 사회적 과제는 각 개인에게 인간다운 삶을 보장해야 하는 점이다. 이러한 목표는 물량적 성장에 의해서 뿐만 아니라 사회 구성원의 삶의 가치를 극대화하고 그 질적 발전이 최대한 구현될 때 비로소 가능해 진다. 삶의 질이 높은 사람들에게서 발견되는 특징으로는 만족, 행복, 심리적 편안함 등을 들 수 있으며 이러한 요인이 바로 사회적 건강의 기본요소이다. 그러므로 산업화에 따른 경제 및 사회적 발전은 일반 국민에게 다양한 삶의 기회를 제공하고 양적 팽창보다는 질적 향상을 구가하며 충족시킬 수 있는 사회복지 정책의 요구 증대를 수반한다.

이때 각 개인은 자신에게 주어지는 경제적 및 사회적 조건에 따라 삶의 질을 수동적으로 받아들이는 존재가 아니라 능동적으로 삶의 의미를 해석하고 추구하는 존재라는 입장이다. 이는 기존 사회 구조에 대한 적응을 핵심적 목적으로 하고 있는 것으로서 이와 같은 사회적 목표를 실현하기 위해서는 모든 사람들에게 신체적, 지적, 정신적, 감성적 발달의 기회를 부여함이 필요하며 이것이 바로 건강의 목적이다.

따라서 현대사회에 있어 사회복지의 새로운 방향은 임시방편적 개념으로부터 제도적 개념으로, 자선의 사상으로부터 시민의 권리의 사상으로, 빈민에 대한 특별 프로그램으로부터 일반대중의 보편적 욕구에 대한 관심으로, 개인의 치료로부터 사회개혁의 차원으로, 민간후원으로 부터 정부의 차원에서의 후원으로의 변화를 모색해야 할 필요가 있다.

3) 건강의 국가적 의의와 목표

세계의 철학과 역사의 주조는 복지 국가의 건설에 있다. 인간에게는 누구나 의식주를 비롯한 생활의 안정과 쾌적한 삶을 원하는 물질적 욕구, 마음의 평화와 지식의 확대를 추구하는 정신적 욕구, 그리고 이웃이나 친구와 원만한 교류, 우의를 갈망하는 사회적 욕구 등이 있다. 이와 같은 욕구를 어떻게 조화롭게 충족시키느냐 하는 문제는 복지 국가가 해결해야 할 핵심적 과제이다. 즉 국민의 행복을 보장하는 것이 국가 발전의 목표라고 할 때, 이러한 국가발전은 물량적 성장에 의해서 뿐만 아니라 사회구성원의 인간다운 삶의 기회를 확대하고 그 질적인 발전 가능성을 최대한으로 구현할 수 있을 때에 비로소 가능한 것이다.

이러한 시대적 요구에 부응하기 위하여 유럽과 북미제국을 비롯한 세계 각국은 국민 건강 증진운동을 전개하고 있다. 생활환경의 변화에 따른 심각한 영향을 미치는 의료비의 증대 등에 대처하기 위해서는 건강에 대한 국민의 자각을 촉구하고 이를 적극적으로 실천하도록 하는 것이 가장 좋은 성과를 얻을 수 있다는 사실을 깨달았기 때문이다.

스웨덴 정부는 스포츠 활동을 통하여 국민 의료비의 15%를 절감하자고 국민에게 호소하였고, 그 일환으로서 1973년부터 식생활의 개선을 병행한 건강 증진 운동을 전개하여 많은 성과를 올렸다. 또한 미국은 1980년 국민에게 '미래를 기대할 수 있는 투자'로서 건강을 강조하면서, '건강 아메리카'의 실현을 위해 구체적인 시행책을 제창했다. 그러한 노력의 결과 미연방 정부는 조깅 붐 등에 의해 심장병에 의한 사망률이 수년전 부터 매년 1%씩 감소하고 있다는 희망적인 보고서를 접하면서 국민에 대한 운동 및 스포츠의 장려가 경제적 성과와도 밀접한 관련이 있음을 확인했다. 이러한 국민 건강증진 운동은 많은 선진국들에게 국가재정의 건전화에 기여를 할 수 있다는 사실로서 인식되기 시작했다.

국민건강의 경제적 가치에 착안했던 선진적 사고방식은 1950년대 후반부터 60년대 초에 시작했던 골든 플랜Golden plan과 같은 서독의 2대 국민 스포츠 진흥계획의 구상 속에 이미 나타났으며, 그와 같은 진흥책은 1970년대의 트림Trim운동에도 계승되었다. 이러한 운동이 서독의 국가 경제에 많은 기여를 했음은 쉽게 추정할 수 있다.

국가 차원에서의 건강의 의의는 국내의 기업 운영과 직·간접적으로 연결되어 있다. 즉 국내의 각종 기업에서는 종업원의 건강 문제가 이미 개인 차원의 문제로서 방관되어서는 안됨을 깨닫게 되었다. 이에 대한 관리에 소극적으로 대처하게 되면 기업의 존재가 위험하게 된다는 인식이 경영 상부 층에 확산되었기 때문이다.

직장의 건강증진운동의 경제적 효과는 운동 프로그램의 실시에 의한 의료비 상승률의 저하, 건강관리 부담금의 경감, 생산성 향상 등과 같은 직접적인 이익과 결근률의 저하, 정착률의 상승, 노동재해 발생률의 감소, 일에 대한 의욕의 향상 등 간접적인 요인이 있다. 이에 대한 각종 연구자료 혹은 실례보고는 간접적인 요인에 의한 경제적 효과가 보다 지대함을 나타내고 있다.

기업에서의 건강증진운동은 기업적 차원의 문제이기는 하나 기업의 발달없이 국가의 진흥을 기대하기 어려우며 그 구성원 또한 국민임을 감안할 때 국가적 차원의 문제로서 취급되어야 할 과제이다

거듭 강조하거니와 우리가 살아가는데 있어 가장 중요한 문제는 건강을 유지하는 일이다. 아무리 우수하고 두뇌가 명석한 사람일지라도 건강이 따르지 않으면 복된 삶을 추구할 수 없다. 삶의 근간이 되는 건강의 유지와 증진은 생활의 여유와 보

람을 보장함은 물론, 맡은 일에 적극적이고 긍정적인 자세를 가능케 하며, 이러한 태도는 사회적, 국가적으로 바람직한 가치관과 관련을 갖게 된다.

3. 건강추구의 주체

"누가 건강을 지켜야 할 것인가?" "누가 삶을 살아가야 할 것인가?" 이는 매우 이질적인 질문이며 막연한 질문으로 비춰지지만, '누가' 라는 단어 다음에 '나의' 라는 말을 삽입하면 수월하게 같은 대답이 나오게 된다.

인간은 삶과 함께 건강관리가 자기 자신으로부터 출발해야 하며 건강에 대한 궁극적인 책임도 본인 스스로 져야한다. 그러므로 자신의 삶과 죽음에 직접 영향을 미치는 건강관리 방법을 터득해야 하며, 이를 매일의 생활 속에서 실천하여 건강을 지켜야 한다. 때로는 자신의 건강관리의 원리를 경험에 비추어 스스로 개발할 수도 있다. 물론 이러한 원리들 중에는 의학적 전문지식에 비추어 볼 때 불합리하고 비효과적인 것이 있을 수도 있다. 왜냐하면 의학적 원리만으로 설명되지 않는 건강관리의 방법적 원리가 있을 수 있기 때문이다.

그러나 건강을 관리하는 데에 특효약이나 비법이 있다고 생각하여 평상시에는 건강을 해치는 생활을 하면서 어떤 비법을 활용하면 건강이 좋아질 것이라고 착각하고 있는 행위는 이 경우와 다르다. 그러므로 건강 확보라고 하는 중요한 문제가 타율적인 지원활동의 건강관리에만 의존해서는 안되며, 더구나 어떤 비법에 의한 건강 증진의 기대는 큰 실수를 유발하는 지름길이 됨을 명심해야 한다. 약물에 의한 의학적 조치이든, 운동을 통한 체육학적 조치이든 전문가의 노력만으로는 인간의 건강을 보장하기에 부족하고 무엇보다도 스스로 자신의 건강을 지키려는 노력이 기본적으로 수반되어야 한다는 의견이 지배적이다.

김화중은 인간의 건강관리는 다음과 같이 구분하여 관리해야 한다고 했다.

첫째, '일상생활 건강관리' 로서 매일 살아가는 과정에서 먹고, 배설하고, 숨쉬고, 자고, 일하고, 쉬고, 운동하는 것 등을 건강하게 조치하는 것이다.

둘째, '성장발달관리' 로서 인간이 태어나서 죽을 때까지 각 성장 발달 단계에 맞춰 건강하게 성숙되어 가도록 조치하는 것이다.

셋째, '건강일탈관리' 로서 인간의 건강 상태가 정상 범위에서 벗어나 불건강 상태로 변화되는 초기부터 질병 상태를 거쳐 죽음에 이르는 순간까지 건강을 회복하도록 조치하는 것이다.

넷째, '불구불능의 재활관리' 로서 인간 건강이 정상 범위를 벗어나 회복이 불가능한 경우, 즉 불구불능 상태인 경우 그 상태에서도 건강한 생활을 할 수 있도록 조치하는 것이다.

건강 문제에 있어 인간은 자기의 건강관리 이외에도 감당해야 할 책임이 있다. 이는 협력자로서 다른 사람의 건강을 보호, 유지하고 증진해야 하는 책임이 바로 그것이다. 인간은 누구나 신체적, 정서적, 지적, 영적, 사회적으로 건강하고 안녕해야 할 권리가 있다. 그러므로 누구나 이를 위한 협력자의 태도가 필요한 것이다. 이러한 태도는 개인적이고 사회적인 행복을 위한 기본 요건이다. 건강이 곧 삶 그 자체이며, 건강관리 여부가 삶과 죽음을 결정하는 변수이기 때문이다.

건강관리의 주체에 있어 또 하나 대두되는 점은 타인의 건강에 누가, 어떻게 협력해야 하는가 하는 점이다. 현대사회에서 건강관리를 위한 방법은 세 영역으로 나누어져 있다. 첫째는 의료진이 주체가 되어 실시하는 '의학적 검진과 치료' 이며, 둘째는 영양전문가에 의한 '食生活 관리' , 그리고 세번째가 체육전문인이 주체가 되어 실시하는 '운동 처방' 에 의한 예방 의학적 측면에서의 건강관리이다. 이 세 영역은 상호보완해야 하는 밀접한 관계에 있으면서도, 한편으로는 서로 침범해서는 안되는 한계가 분명히 있다. 그럼에도 불구하고 우리 주변에는 협력 관계를 넘어 타 영역을 침범하면서 까지 자기의 영역을 확대시키려는 실상을 자주 볼 수 있다. 이러한 현상은 각자의 영역에 도움이 되지 않을 뿐 아니라 협조의 대상자에게 피해를 줄 수 있다. 건강의 협조자는 자기의 분야를 지키면서 타 분야와 조화를 이루는 태도를 유지해야 한다. 자기 영역에 대한 독단獨斷은 언제나 그 자체의 성장을 방해한다.

결론적으로 건강관리에는 비법이 없다. 하루 하루의 삶에서 이루어지는 수많은 결정과 행동을 본인 스스로 건강한 방향으로 수행하여 개인적인 건강을 유지하면서, 한편으로는 타인을 위한 협력자의 태도로서 사회적인 행복 추구에 동참하는 것이 가장 바람직스러운 건강관리법이 아닌가 한다.

4. 체육교육 및 체육학의 향후 과제

현대 체육은 몇 번의 변천과정을 겪었다. 19세기 중 · 후반부터 일기 시작한 예방 의학적 측면에서 '身體의 健康' 에 초점을 맞춘 체육의 출현을 시작으로, 20세기에 접어들어서는 '全人' 을 목표로 한 체육, 즉 'new physical education' 의 개념이 탄생되었다. 그후 1964년 東京올림픽대회를 고비로 체육은 교육의 영역과 함께 과학화의 요구, 즉 『학문화의 경향』이 심각하게 요구되기 시작했다. '체육학이 과연 독립된 학문academic discipline이 될 수 있을 것인가?' 라는 F. Henry의 한 마디는 많은 체육학자들에게 감동을 주었으며, 쇼킹한 뉴스거리가 아닐 수 없었다. 전문직profession만의 강조에서 오는 학문적 접근의 미흡함이 도출되기 시작하였던 것이다.

그러한 배경을 가진 『체육의 학문화』 경향은 생물학의 이론이 체육 현장에 뛰어들게 했으며, 심리학의 연구 결과가 경기 성적에 영향을 미치게 되었다. 또한 물리학의 이론이 수영,육상 선수들의 자세를 바꾸어 놓았다. 그 결과 100m 트랙경기의 기록이 10초 이내로 단축되었고, 42.195Km의 마라톤도 이제 2시간 정도면 달릴 수 있게 되었다.

그러나 최근 신과학주의를 토대로 체육에 대한 새로운 움직임이 일어나고 있다. 즉 19세기 중 · 후반의 체육 개념과 일치하는 '건강과 관련한 체육' 으로 초점을 전환해야 한다는 주장이 바로 그것이다. 그렇게 하지 않으면 체육이 무엇을 해야하는 분야인지에 대한 초점이 흐려져서 체육의 영역은 물론 체육인들이 설 자리를 잃게 될 것이라는 우려가 나오고 있는 것이다.

이는 다음 두 가지 측면에서 그 원인을 찾을 수 있다고 본다.

첫째는, 체육(교육)의 목표를 전인교육全人教育에 두었으나 신체의 발육발달과 운동기능의 향상 이외에는 설정된 목표에 가시적인 접근을 이루지 못했다는 점이다.

'全人' 이라는 말은 매우 모호한 말이다. 옛 그리스인들은 '心身의 調和' 로써 설명하고자 하였으며, 동양의 哲人들은 '知行合一' 이란 개념으로 설명하고자 하였고, 역사적으로 '智, 德, 體의 조화' 로 설명하고자 한 적도 있다. 그리고 현대의 교육자들은 인간에 관한 다양한 연구의 종합을 통하여 '全人' 이라는 개념을 설명하고자 한다.

전인교육을 목표로써 설정한 체육(교육)은 사회에서의 스포츠 활동을 학교로 유인하여 대상 범위를 확대시키고, 그로 인해 체육이 교과의 한 영역으로 자리를 잡는 데에는 기여하였으나, 목표의 비대화로 말미암아 체육교육의 초점이 차츰 흐려졌음은 물론, 과연 체육을 학교에서 교과로서 계속 채택하여야 할 것인가에 대한 당위성이 의심받기 시작한 것이다.

체육학에서의 매개물이나 대상이 신체활동physical activity 혹은 인간의 움직임human movement이라는 것에는 이론異論이 없을 것이다. 그러나 그 지향하는 바가 '원만한 인격형성의 인간 본위적 사고' 로서는 신과학운동의 시스템system적 혹은 우주의 전일적全一的 측면에서 보면 재고되어야 할 부분이 된 것이다.

둘째는, 체육의 학문화 경향은 체육의 과학화를 통한 스포츠 현장에서의 경기력 향상과 인류의 복지 증진에 다소 기여한 것은 사실이나, 타 학문의 종속 분야로 분류되어 그로 인한 학문의 정체성Identity에 위기가 도래되게 되었다는 점이다. 즉 체육학의 특성이 응용과학應用科學임에 의해 기초학문基礎學問의 명칭 앞에 체육, 스포츠의 용어를 접목시켜 사용하고 있음만 봐도 기초학문의 입장에서 보면 종속 학문으로밖에 비춰질 수 없으며, 실제로 모학문母學問의 발전이 없으면 체육학 분야의 발전이 어려운 것 또한 사실이다.

위에서 제시한 두 문제점은 현대 사회에 있어 체육 교육의 영역과 학문화 경향

모두 변화하지 않으면 안되는 상황이 되게 하였다.

지나치게 광범위한 목표 설정에 의해 가시적이지 못한 교육적 결과에만 매달려 있는 체육교육이나, 체육의 과학화라는 명분 하에 충분한 논의도 거치지 않은 채 하위 영역을 세분화하여 체육연구자 간에도 서로 무슨 연구를 하고 있는지 조차 알 수 없게 된 우愚를 범한 것이다. 희미하고 막연한 잡화상식 교육목표雜貨商式 敎育目標나 하위영역간에 소통조차되지 않는 학문적 접근 방식은 우선 교육 목표와 연구 내용에 대한 폭을 좁혀 정체성을 확보한 다음, 타 분야에서 공감할 수 있는 한 영역에 대해 종합적이며 심층적인 접근을 수행해야 할 것이다.

그러면 체육교육과 체육학은 향후 어디에 초점을 맞추어야 할 것인가?

체육교육과 체육학이 '인간의 움직임human movement'을 대상으로 함이 자명하다는 입장에서 볼 때 그를 통한 '건강의 추구健康의 追求' 만큼 선명하고 설득력 있는 영역이 없을 듯하다. 잡다한 교육 목표의 나열에서 벗어나 '건강'을 축으로 하는 체육교육, 그리고 인류 복지와 관련한 '건강'의 증진에 체육학이 초점을 맞출 때 만인에의 공감대 형성은 물론 가시적인 결과의 도출이 가능해 진다. 신체활동, 즉 운동이 예방 의학적 측면은 물론 부분적으로 치료 의학적 측면에서까지 건강에 도움을 줄 수 있다는 전제前提는 체육인 이외의 집단에서 더욱 강조하고 있는 실정임은 주지의 사실이다.

건강을 기축機軸으로 하고자 하는 체육학에서의 시도는 앞으로 추구해 나아가야 할 전인미답前人未踏의 부분이 아니라 체육학 연구의 각 분야에서 이미 부분적으로나마 진행중이라는 것을 인식해야 할 것이다. 이러한 진행은 최근의 체육학 연구가 점차 비만이나 질병의 치유, 또는 예방 의학적 측면인 개인적인 건강을 추구하고자 하는 연구물들이 점차 증가 추세에 있고, 환경적인 측면이 연구에서 고려되고 있다는 점 등이 이를 부분적으로나마 실증하고 있다.

참고문헌

구창모(1994) "청소년 복지와 생활체육", 생활체육학술세미나. 한국스포츠사회학회.

김동규(1992) "현대휴머니즘을 중심으로 한 체육 · 스포츠의 본질 및 목표설정에 관한 연구", 한국체육대학교 대학원 박사학위논문.

김상균(1990) 현대사회와 사회정책. 서울 : 서울대학교 출판부.

김홍명 외(1990) 인간의 철학적 이해. 서울 : 도서출판 나남.

김화중(1994) 대학생의 건강관리. 서울 : 서울대학교 출판부.

김홍수(1990) "신과학 운동과 체육학(3)", 제28회 하계학술발표회 한국체육학회.

생활체육지도자 연수원(1991) 생활체육지도자 연수교재.

이돈희(1991) 교육철학개론. 서울 : 교육과학사.

이종영(1993) "스포츠와 삶의 질", 스포츠사회학회 학술발표회. 한국스포츠사회학회.

이학래 외(1990) 21세기의 스포츠. 서울 : 보경문화사.

문제

6 스포츠론

1. 스포츠의 어원

최근 스포츠sport의 어원語源이 중세 로만스어에서 나왔다고 하는 학설이 대두되어 일반적으로 받아들여지고 있다. 그리고 스포츠는 라틴어의 disportare에서 유래한 것이 아니고, desportare에서 유래했다는 확증도 밝혀졌다. 이는 '운반한다', '들고 간다'는 의미이며, 다시 '기분전환'의 뜻인 불어 동사 deporter나 desporter로 변해 남성명사 desport가 만들어졌다. 그 후 11세기경에 영국으로 들어가서 disport로 변형되었으며, 16세기경에 sport라는 영어가 되었다. 이와 같이 성립된 sport란 용어는 영국으로부터 프랑스로 역수입됨과 동시에 19세기 이후 독일에서도 외래어로서 유행을 하게 되었다.

스포츠의 원래 뜻은 위에서 밝혔듯이 기분전환, 장난, 위로, 유희 등을 의미한다. 따라서 광범한 놀이 전체를 포함한다고 볼 수 있다. 그리고 영어의 sport란 용어에는 play와 마찬가지로 지적인 것과 신체운동적인 것이 포함되어 있었으나 시대와 함께 변화되었다. 즉 스포츠란 용어는 상당히 오래 전부터 야외에서의 즐거운 '신체운동身體運動'의 의미로 사용되어 왔으며, 이 어의語義가 점점 지배화 되어 오늘에 이르렀다. 스포츠의 구성요소 및 의미는 play, game, sport 등을 비교함에 의해 이해가 쉬워진다.

2. Play, Game, Sport의 관계

Play, Game, Sport의 개념은 공통점과 상이점을 동시에 소유하고 있다. 임번장은 이 세 요인의 개념과 특성을 다음과 같이 비교하고 있다.

'Play' 는 체육 분야에서 우리말로 놀이, 유희 등으로 이해되며, 그 의미는 소박하고 단순하며 미발달된 수준에 놓여 있는 인간의 기본활동이다. 그러므로 Play는 가장 원시적인 형태의 것으로서 Game과 Sport의 기초가 된다.

'Game' 은 우리말로서의 적당한 용어 선정이 어려워 통상적으로 게임으로 읽는다. 이는 Play가 발달해 좀 더 조직화되고 역할 분화가 이루어진 형태의 인간 활동이다. 즉 질서 개념이 뚜렷하지 못한 Play에 규칙을 적용시켜 조직화하고, 쾌락의 욕구 충족을 만족시키는 개별성의 속성을 소유한 Play에 경쟁의 요소를 도입하여 복수의 개념이 확립된 것이 Game이라 할 수 있다. 그러므로 Game은 Play가 Sport로 이어지는 중간단계의 교량적 역할을 맡고 있는 활동이며, Sport의 기초 단위가 된다.

한편, 'Sport' 는 Game이 더욱 조직화되고 역할의 분화가 다양하며, 다종의 규범과 다양한 형식적 규범을 소유한 형태의 표현활동으로서, 세 형태의 인간활동 중에서 가장 근래에 발달된 것이다. 이러한 Sport는 신체기량과 그 능력을 암시하는 측면이 강조되는 점에서 다른 두 유사 현상과 뚜렷이 구분된다. 즉 Play나 Game은 정신적, 그리고 확률적인 형태의 활동이 비교적 상당한 부분을 점유할 수 있으나, Sport에는 주로 신체적 활동을 위주로 하여 신체적 기량을 중심 과제로 행해지는 활동인 것이다.

허구성虛構性, 비생산성非生産性, 자유성自由性, 쾌락성快樂性 등의 Play 요소에 Game은 규칙성規則性과 경쟁성競爭性이 첨부되며, Sport는 이에 대근활동大筋活動이 동원되는 신체기량身體技倆이 기반이 된다.

3. 놀이, 스포츠의 분류와 체육과의 관계

1) J. Huizinga의 놀이하는 인간

왜 인간에게 일이 맞지 않는가에 대혜 가장 홍미로운 답은 아마도 1938년 네덜란드 역사학자인 J. Huizinga(하위징아, 1878-1945)가 발표한『호모 루덴스(Homo Ludens, 1938)』에서 찾아야 할 것이다. 이에 탁석산(2007)과 강신주(2011)가 주장한 Huizinga의 놀이이론을 요약 정리하여 소개하면 다음과 같다.

전통적으로 인간은 '호모 사피엔스Homo Sapiens', 즉 생각하는 인간으로 보거나, '호모 파베르Homo Faber', 즉 도구를 만드는 인간으로 여겨졌다. 그러나 Huizinga는 인간을 '호모 루덴스', 즉 놀이하는 인간으로 파악했다. '놀이하는 인간'에서 Huizinga는 인간의 본질을 '놀이'에서 찾았던 것이다. 인간의 본질을 '사유'나 '윤리'와 같은 무엇인가 묵직한 것으로 규정했던 전통과는 무척 이질적인 생각임에 분명하다. 그에 따르면 '노동'은 수단과 목적이 분리된 것이고, '놀이'는 수단과 목적이 결합되어 있는 것이다.

Huizinga는 문화 속의 놀이가 아니라 놀이로서 문화개념을 확립하여 시도했는데, 전쟁도 법률도 지식도 다 놀이에 속한다고 주장했다. 다시 말해서, 인간은 놀이하는 존재다. 즉 인간의 본성은 놀이하는데 있다. 따라서 본성을 거스르는 행위는 인간에게 피곤을 안겨줄 것이다. Huizinga의 놀이정의에 따르면 일이나 노동도 놀이가 될 수 있다. 왜냐하면 놀이의 본질은 재미와 자발성에 있으므로 일이나 노동에 재미와 자발성이 있다면 놀이에 속할 수 있기 때문이다.

Huizinga는 소중한 교훈을 준다. 지금 자신이 하고 있는 행동이 수단이면서 목적일 때 우리는 기쁨으로 충만한 현재를 살 수 있는 반면, 자신의 행동이 무엇인가를 위한 수단에 불과하다면 고단함으로 충만한 현재를 견디고 있다는 것이다. 여기서 중요한 것은 바로 '현재'가 두 가지 의미로, 혹은 두 가지 가치로 우리에게 다가올 수 있다는 점이다. 하나는 놀이에서 분명해지는 것처럼 그 자체로 향유되고 긍정되는 현재이고, 다른 하나는 노동의 경우처럼 미래를 위해 소비되어야 하고 견뎌야 하는 현재이다. 우리에게는 첫 번째 현재, 즉 긍정적인 현재가 필요하다. 오직 이런 현재로 충만한 삶만이 행복한 삶이기 때문이다.

Huizinga는 놀이가 노동이 아니라 놀이가 되기 위해서는 인간의 자유, 즉 자발적 행위가 전제되어야 한다고 강조한다. 놀이는 명령에 의해 이루어지는 순간 결코 놀이일 수가 없다. 그의 말대로 그것은 "놀이의 억지흉내" 이자, 그 자체로 노동이 되기 때문이다. 또 Huizinga의 놀이개념은 우리로 하여금 인간이 가진 창조성의 비밀을 짐작할 수 있게 한다. 그것은 노동보다는 놀이를 통해 인간은 놀라운 집중력과 새로운 창조성을 발휘할 수 있다는 사실이다. 따라서 Huizinga는 외부로부터 어떤 명령이나 의무가 이미 각인되었다면, 사람들은 충분히 즐거울 수 있는 일이라고 할지라도 결코 놀이로 경험하지 못한다고 지적한다. 불행한 것은 많은 사람들이 자신이 즐거워하는 것을 버리고, 주위의 평판이나 경제적 이득 때문에 노동의 길로 들어서고 있다는 점이다. 그들은 스스로 비범해질 수 있는 길을 버리고 평범한 길로 나아가고 있는 것이다. 비록 그렇다고 할지라도, 우리에게는 차선책이 존재한다. 그것은 자신의 일에서 놀이가 가진 즐거움과 창조성을 되찾으려는 노력을 게을리 하지 않는 것이다. 아이 때 경험했던 놀이의 즐거움을 되찾지 못한다면, 우리에게 행복한 삶은 그만큼 멀어질 수밖에 없다.

2) R. Caillois의 놀이 분류

R. Caillois(카유아, 1913-1978)는 철학, 사회학, 인류학 등을 두루 섭렵한 프랑스의 대표적인 사상가로서 『놀이와 인간(Les jeux et les hommes, 1958)』이라는 저서를 통해 놀이를 단순히 '놀다' 라는 개념을 넘어서 경쟁, 우연, 모의, 현기증이라는 4가지의 역할로 분류하였다. 즉 Caillois는 J. Huizinga가 구분했던 놀이 분류의 기본 범주인 경쟁과 모의 외에 우연과 현기증을 첨부하여 그의 '놀이론' 을 정립하였다. 그가 주장한 놀이의 요인별 특징을 보면 다음과 같다.

아곤Agon, 競爭 : 그리스어로 시합, 경기를 뜻함. 어느 일정 분야에서 자기 자신의 우월성을 나타내려는 욕구가 이의 원동력이며, 개인이나 집단으로 경기 또는 경쟁의 형태를 취한다. 승패가 명확하므로 이의를 제기하지 않도록 평등한 기회와 조건이 인위적으로 설정된다. 경쟁의 대상은 스피드, 지구력, 근력, 기억력, 기술, 정확성 등과 같은 능력적 자질, 즉 기능인데 일정 한계 내에서 자기 스스로 최고의 능력을 발휘함으로써 우열을 겨룬다. 따라서 승리에의 의욕은 공통된 규칙에 의해서 통제된다. 규칙에 따른 우열성의 증명은 끊임없는 노력, 적절한 훈련 및 강인한 의지를 전제로 한다. 능력본위와 만인평등의 현대사회는 어느 사회보다 Agon의 사회라고 할 수 있다.

알레아Alea, 偶然, 確率 : 라틴어로 주사위놀이를 의미하는 우연, 요행을 뜻함. 운(運)이나 우연(偶然)에 결과를 맡기는 확률적인 놀이로서 Agon과 마찬가지로 평등하고 공통적인 규칙에 의하나 Agon이 오로지 자신의 능력에 의존하여 승리를 추구하는데 반하여 Alea는 활동자의 능력을 부정하고 운수(運數)나 재수(財數)와 같은 우연성에 일체를 맡긴다. 결국 상대방을 이기기보다는 운명을 이기는 것이 문제이다. 보다 정확하게 말하면 운명만이 승리를 만들어내는 유일한 존재이며, 이때 승리란 상대가 있는 경우에는 승자가 패자보다 운으로부터 더 많은 혜택을 입었다는 것만을 의미한다.

미미크리Mimicry, 模倣, 擬態 : 영어로 모방, 흉내, 의태를 뜻함. 놀이는 모든 환상이라고 말할 수 없어도 적어도 약속에 의해 정해지고 몇 가지 점에서는 허구적인 하나의 닫혀진 세계를 일시적으로 받아들이는 것을 전제로 하고 있다. 여기서 말하는 놀이는 가공(架空)의 인물이 되어 그것에 어울리게 행동하는 것으로 성립된다. 즉 이는 모의, 모방 또는 가장(假裝)의 놀이로서 자신의 인격을 일시적으로 망각하고 위장(僞裝)해서 개별의 인격으로 화(化)함으로써 타인이 되어 느끼는 해방의 기쁨이 활동의 원동력이 된다. 그러나 진정 타인으로 전화(轉化)되는 것이 아니라 일시적으로 타인의 행세를 취하는 것이고, 그것을 믿고 인정해 주는 허구(虛構)의 상황이 규칙을 대신한다. 영화나 연극은 이의 전형적인 형태이다.

일링크스Ilinx, 眩氣症, 眩暈 : 그리스어로 소용돌이를 뜻함. 감각이나 지각의 안정을 파괴하고 의식상태를 혼란에 빠뜨려 어지러움이나 짜릿한 현기(眩氣)를 추구하는 놀이이다. 그네, 미끄럼, 맴돌기, 급속회전, 초고속의 추구 등에 의해 일시적으로 현실과 자신과의 관계를 통제하고 있는 지각이나 의식을 혼란시킴으로써 가벼운 공포를 즐기는 것이다. 어떠한 경우에도 이 놀이는 일거에 현실을 어리둥절하게 하는 일종의 경련(가슴졸임), 실신상태(흥분) 또는 크게 놀라는 상태(얼떨떨함)에 들어가는 것을 의미한다.

이상 4가지의 범주 중에서 Agon과 Ilinx가 스포츠의 범주에 적용될 수 있다. 스포츠의 범주에 Alea와 Mimicry의 요소가 발견된다하더라도 이를 스포츠 범주의 주구성성분으로 취급하기는 어렵다.

3) 스포츠 문화의 다양성

스포츠는 형성되고 발전되어 온 역사적 배경에 따라 문화적 성격이 다르다. 예를 들면 미국 스포츠는 합리주의, 영국의 스포츠는 경험론, 그리고 동양의 무도(武道)는 정신주의를 기반으로 성립되었다.

[표 6-1]은 스포츠의 규칙, 심판의 권위 등에 대해 미국과 영국의 다른 입장을 보여주고 있다. 즉 야구, 농구, 미식축구 등의 미국 스포츠는 선수교대와 심판에 대한 항의를 인정하지만, 테니스, 럭비풋볼 등의 영국 스포츠에서는 19세기 영국 상류계급의 생각이 반영되어 선수교대와 심판에의 항의를 인정하지 않고 있다. 그러나 시대의 변천에 따른 정치, 경제적 지배 관계의 변화는 영국 스포츠에서도 선수교대를 일부 인정하는 등 변화가 일어나고 있다.

[표 6-1] 미국 스포츠와 영국 스포츠의 성향 비교

국가 / 예	미 국	영 국
규칙의 성격	상세하고 예외 없음	대담하고 case by case
심판의 권위	규칙의 대표자	규칙의 결정자
심판에의 항의	인정	전혀 인정치 않음
선수교대	인정	불인정(최근에 인정케 되었음)
매너(manner)	매너보다 승패를 중시	매너중시
응원	화려	박수뿐

스포츠의 복장에 있어서도 영국과 미국의 입장은 다르다. 즉 테니스, 배드민턴, 크리켓 등과 같은 영국 스포츠는 화이트 스포츠white sport라 불려 흰색 의복의 전통이 있지만, 만약 이러한 종목들이 미국에서 유래되었다면 흰 볼을 쫓아다니는데 흰색 의복은 불합리하다고 생각하여 흰 볼이 잘 보이는 의복으로 출발하였을 것이다. 미국인의 눈에는 흰 볼이 흰색 의복에 의해 잘 보이지 않아 불합리하게 받아들여지겠지만 영국인의 눈에는 잔디에 비친 흰 볼이 아름답게 보일 뿐이다. 이는 크리켓과 야구의 의복 차이를 생각하면 이해가 쉬울 것이다. 스포츠의 의복은 의복의 차원을 넘어 스포츠의 기본 성격과 관계하고 있는 것이다. 이처럼 각각의 스포츠는 생성된 사회의 문화가 반영되어 있으며, 그러한 점에서 스포츠 문화는 매우 다양한 것이다.

스포츠 문화의 다양성과 관련하여 포스트 모더니즘post-modernism이 현대 체육에 미친 영향을 생각할 수 있다. 이는 국내는 물론 국외에서도 아직은 이슈의 대상으로 활발하게 논의되고 있지 않지만 현재 이론적이든 실제적이든 간에 영향을 받고 있음은 분명하기 때문에 본 란에서 개념적 차원에서나마 다루어 보고자 한다. 다음 내용은 신현군의 논단(한국체육학회보, 제63호, 1995, 12)을 요약한 것이다.

20세기 후반부에 등장하게된 포스트 모더니즘post-modernism(탈현대주의) 혹은 포스트 모던post-modern(탈현대)의 개념은 현재 우리의 문화, 사상, 정치, 예술, 문학, 사회과학, 교육 등에서 과거 지속적으로 유지되어 왔던 논리의 틀과 사고의 방법을 보수적 혹은 혁신적이라는 양대 틀 속에서 여과시키고 있다. 포스트 모더니즘은 비록 많은 사상적 논의와 쟁점이 있음에도 불구하고 후기 산업사회 혹은 정보사회로 일컫는 이 시대 우리 삶의 방법과 문화의 구도를 반영시켜 주는 하나의 시대 사조이다. 다시 말해서 향후 21세기에 있어서 우리의 문화, 학문, 사회현상을 지향하는 하나의 접근 시각이라고 볼 수 있다. 거의 4반세기를 지배하여 왔고 서양의 문화적 및 사상적 틀인 현대주의를 벗어난 20세기 후반부 이후의 시대적 정신을 총칭하는 용어라고 볼 수 있다.

포스트 모더니즘이 안고 있는 기본 이념은 현대주의에 대한 긍정과 부정을 동시적으로 수반하고 있음이다. 즉 그것은 근대화 혹은 합리화를 표방하고 있는 고정화된 현대성modernization에 대한 거부와 이탈 그리고 수용과 계승을 동시에 담고 있는 문화적 이념이자 틀인 것이다. 이러한 포스트 모더니즘의 이념은 스포츠에 어떠한 형태로든지 그 영향을 미치고 있다. 두 가지의 상반된 양상이 영향의 범주로서 포괄될 수 있다.

긍정적인 시각으로서 포스트 모더니즘은 기존의 현대 스포츠가 수반하고 있는 이념과 특성을 초월하여 보다 개방적이고 미래지향적인 스포츠의 가치와 구조의 장을 형성, 촉진하고 있다. 반면 부정적 시각으로서 포스트 모더니즘은 그것은 해체적이고 상대주의적인 경향으로 인하여 기존의 현대 스포츠의 구조와 가치를 방향성없이 떨어뜨릴 수 있다. 그러나 분명한 것은 현 시대의 스포츠 발전에 있어서 포스트 모던의 양상으로 나타날 수 있는 현상은 위의 두 현상이 동시다발적이라는 점이다.

이상 논의된 모더니즘과 포스트 모더니즘의 개념을 김용석, 이승환(2006)에 의하면 다음과 같이 요약 정리될 수 있다.

모더니즘은 합리적이고 이성적인 사고, 그리고 인간중심의 생각을 특징으로 한다. 데카르트R.Descartes(1596~1650)가 모더니즘 사조의 원조격이라고 볼 수 있다. 그리하여 서양 근대문명 자체가 바로 모더니즘의 구현이었다. 합리적인 과학이 모든 풍습과 미신을 대신했고, 인간은 자연의 지배자이자 세계의 중심으로 여겨졌다.

반면에 포스트 모더니즘은 모더니즘의 특징을 뒤로하고(post) 나타난 사조다. 포스터모더니즘은 모더니즘이 소홀히 했던 감성을 부활시켰다. 감성은 불합리한 것으로 제거해야 할 대상이 아니라, 오히려 이성보다 더 소중한 것이다. 포스트모더니즘은 인간중심으로 세상을 해석하는 것을 거부한다. 탈인간중심, 탈이성적 사고, 포스터모더니즘의 특징은 이 두 마디로 요약할 수 있다.

스포츠에 있어서 포스트 모더니즘의 영향은 다음과 같은 두 가지의 양상이 도래될 것으로 예측된다.

첫째, 외형적 형태 및 구조의 변화이다.

기존 스포츠의 형태 변경이 이루어지고 구조적인 면에서 스포츠의 수행 규정과 규칙이 변화된다. 또한 신종 경기의 출현, '환경관련 스포츠eco-sport' 와 '기술관련 스포츠techno-sport' 의 부각, 그리고 고도의 멀티 미디어와 위성 TV에서 간헐적으로 반영되는 전자 기술 의존 형태의 신체 게임 등이 바로 포스트 모던 양상으로서의 스포츠를 대변한다고 할 수 있다.

'환경관련 스포츠' 는 기존의 경쟁적 및 신체우위성, 전략성 및 상업성을 수반하는 현대 스포츠와는 달리 그것에의 참여는 자연적, 자발적, 놀이 형태의 행위 등의 특성을 내포하고 있다. 산악 자전거 경주mountain biking, 하이킹hiking, 오리엔티어링orienteering, 수상관련 스포츠 등이 바로 그러한 형태의 스포츠이다.

현대 스포츠와 과학문명과의 결합은 고도의 과학 기술들이 스포츠의 구조와 특별히 경기 수행력의 차원에서 기능적 우월성을 향상시키는데 지대한 역할을 하고 있다. 그러나 포스트 모더니즘의 시각에서 볼 때 '기술관련 스포츠' 는 스포츠 자체의 외형적 발전과 함께 전통적 스포츠의 가치체계를 흔들어 놓았다. 과학 기술과 스포츠의 결합은 인간의 스포츠 경험의 가치체계를 파괴시킬 위험성을 내포하고 있는 것이다. 과학 기술과 스포츠에의 결합은 스포츠 경기의 승부에 대한 예측을 보다 확실하게 해 줄 수 있다는 점에서 스포츠의 비예측성, 경쟁성에 대한 속성들을 감소시킬 수 있다. 보다 심각하게 예견되는 점은 아마 인간 행위에 대한 과학 기술의 대체화에 대한 위험성이다. 스포츠는 근본적으로 인간의 심신 활동의 통합적 잠재성에 대한 작용에 의해서 행해진다. 진보된 과학 기술들이 인간의 이러한 역할을 대체할 때 인간의 주체성은 대상화되고 만다. 스포츠 내에서 이루어지는 인간의 창의적, 예측불허적 및 우연적 행위들이 감소되기 때문이다.

둘째, 스포츠가 자체적으로 수반하고 있는 내재적 가치의 변화가 이루어진다.

이는 기존의 현대 스포츠에 대한 비판으로부터 야기되어지는 현상이다. 현대 스포츠의 고도의 상업성 및 전문성으로 인하여 비약적으로 발전되어온 '관람으로서의 스포츠sport as spectation' 가 '참가로서의 스포츠sport as participation' 로서 그 양상과 인식이 전환점을 의미한다. 이는 '엘리트 스포츠elite sport' 로 부터 '대중 스포츠sport for all' 로의 의식 전환을 의미하기도 한다.

20세기 후반의 제도화된 스포츠에 대한 비판의 초점은 현대 스포츠가 지향하는 극단적이고 무모한 경쟁들의 강조에 의한 '승리지상주의win at all cost' 라는 이데올로기의 추구와 계량화quantification의 가치 수용에 있어 왔다. 인간의 '신체성에 대한 타락과 부정' 이라고 까지 지적되는 현대 스포츠에서의 이러한 양상들은 포스트 모더니즘 시대에 있어서 스포츠의 가치체계에 대한 회복 운동으로 나타나고 있으며,

이는 포스트 모던의 특성을 반영하는 것이라 할 수 있다. 다시 말해서 스포츠를 포함한 우리 인간 경험의 가치는 우리 신체에의 복귀를 통하여 '재인간화됨re-humanization' 을 추구하는 것이라 할 수 있다.

4) 스포츠와 체육의 관계

체육전문인들은 스포츠와 체육과의 관계에 대해 필요 이상으로 많은 논의를 해 왔다고 보여진다. 체육학자들은 저서나 논문을 통하여 이 두 용어의 관계에 대한 차별성을 부각시키기 위해 노력해 왔으며, 교단에 선 체육교육자는 열강으로써 이러한 문제에 대해 예민하게 반응해 왔다.

그들이 주장하는 주요 내용의 공통점은 두 가지로 요약할 수 있다고 본다. 하나는 일반인은 물론 체육전문인들 조차 스포츠와 체육의 용어를 혼동해서 사용하고 있는 경우가 허다하다는 점이며, 다른 하나는 체육은 교육적 활동인 반면 스포츠는 놀이에서 출발한 교육과는 비교적 관계가 없는 활동이라는 점이다. 이 두 가지 점에 대해서는 어느 누구도 전면적으로 부정할 수 없다. 그 주장이 타당하기 때문이다. 그러나 체육전문인들은 이에 대한 강한 주장에만 급급하였다. 스포츠와 체육의 관계가 보다 긴밀하게 협조할 수 있도록 하는 노력이 상대적으로 부족하였던 것이다.

이와 병행하여 무척 자주 거론되어 온 또 하나의 주장이 있다. 다름 아닌 범위와 폭에 대한 논의이다. 어느 학자는 스포츠는 체육의 목표 달성을 위한 수단이므로 체육의 범위 내에서 스포츠가 성립된다고 주장하고, 또 다른 학자는 스포츠의 범위가 체육의 범주보다 훨씬 포괄적이기 때문에 스포츠 내에서 체육활동이 논의되어야 한다고 한다. 그러나 이러한 논의 또한 이제 중단되어야 할 것이다. 어느 영역이 넓고, 어느 영역이 어디에 포함된다는 극단적인 논리는 그 개념을 파악하는데 도움이 되지 않을 뿐 아니라 체육, 스포츠의 공조 체제가 필연적으로 요구되는 현대사회에서 체육 분야의 발달에 아무런 기여를 할 수 없다. 그러한 주장조차 타당성이 검증될 수 있는 차원이 아님은 물론이다.

체육은 인간의 신체활동을 매개체로 하는 교육적 행위이다. 반면 스포츠는 체육과 동일한 매개체, 즉 신체활동을 동원하지만 활동 그 자체에 목적이 있는 행위임이 분명하다. 그러나 사회의 급속한 발달은 이 둘의 관계에 대한 차별성을 부각시키기

보다는 공통분모를 찾는 노력과 공생공존의 협조 체제의 수립이 보다 강하게 요구된다고 본다. 체육 분야의 교육자가 스포츠 분야의 경기지도자를 배타적인 태도로 대하려 하거나, 스포츠 분야의 경기지도자가 체육 분야의 교육자를 탁상공론卓上空論이나 하는 샌님으로 여기는 분위기에서는 타 분야의 전문인에게 체육, 스포츠의 자리를 양보해야 할 위기에 처할 수 있다. 낳아준 부모가 다르고 성性이 다르더라도 서로 사랑하는 관계로서 공동의 목표를 향해 나아가는 부부夫婦의 관계와 같다고 볼 수 있는 것이 스포츠와 체육의 관계이다. 스포츠와 체육은 뿌리가 다르지만 같은 물을 먹고 공기를 마시면서 살아가야 하는 나무들이다.

4. 스포츠 휴머니티

스포츠는 유희성을 바탕으로 하면서 경쟁성이 부여된 신체활동이다. 다시 말해 스포츠는 유희성과 경쟁성의 조화가 요구되는 행위로서 어느 한 요소가 강하거나 약해지면 스포츠 본래의 의미가 퇴색되어 버린다. 최근의 스포츠 현장에는 유희성에 비해 경쟁성이 지나치게 강조되어 참가에 의한 즐거움보다는 승부에 보다 집착하는 장면이 자주 목격되곤 한다.

이러한 현상은 다음의 문제점들이 야기될 수 있다. 그 하나는 아마추어 스포츠는 위축되고 프로 스포츠가 상대적으로 번성하여 참가보다는 관람위주의 스포츠로 전락할 위험이 있다. 현대사회에서의 경제적 발전은 프로 스포츠가 번성하는 밑거름이 되었다. 사회의 복잡화에 의한 정신적 긴장을 운동경기장에서 스포츠 관람을 통해 적당히 해소할 수 있다면 정신건강적 측면에서 매우 유익하다고 볼 수 있다. 그러나 경쟁이 지나치게 강조되어 유희성이 위축되면 오히려 정신건강에 유해할 수 있다. 또한 강한 경쟁에의 욕구는 스포츠 활동에 직접 참가하기보다도 관람을 선호하게 되어 스포츠는 신체활동에의 참여에 의해 성립된다는 본래의 의미가 퇴색되어 버린다.

다음 문제점은 엘리트 스포츠만을 선호하여 일반인을 대상으로 하는 대중 스포츠가 위축되고, 학원 스포츠의 교육적 기반이 붕괴되어질 수 있다. 스포츠는 소수 엘리트 선수의 멋진 묘기도 값진 것이지만 일반 대중들이 참여하는 대중 스포츠sport for all의 영역도 매우 소중한 것이다. 이는 일반인을 관람위주의 스포츠에서 직접 참여하는 스포츠로 유도할 수 있기 때문이다. 그러나 스포츠 장면에서 경쟁을 강하게 요구하게 되면 일반인이 이루어내는 신체기량으로서는 욕구충족이 이루어질 수 없게 된다. 이러한 현상은 학원 스포츠에도 그대로 적용되어 학교당국 및 일반학생들은 스포츠에서의 만족도를 소수 운동선수들에게 의존해 버린다. 또한 학교당국 및 경영자 입장에서는 편법을 동원해서라도 대외경기에의 출전에서 우수한 성적을 거두려 한다. 이렇게 되면 학원 스포츠는 타락의 길을 걷게 되고 학생운동선수들은 희생자가 될 수밖에 없다.

이와 병행하여 또 하나 나타날 수 있는 우려의 현상은 소수 엘리트 스포츠에의 지나친 관심과 투자에 의해 일반학생의 체육교육이 상대적으로 위축되어 버린다는 점이다. Siedentop은 학교체육활동에의 이상적인 모델을 〈그림 6-1〉과 같이 제시하고 있다.

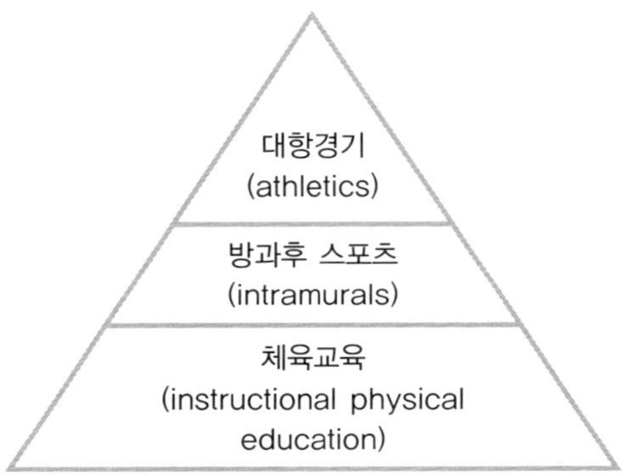

〈그림 6-1〉 학교체육의 전형적 모델

삼각형의 기저면은 수업으로서의 체육교육physical education을 나타내는 것이고, 가운데 부분은 방과후 스포츠활동intramural sport, 그리고 상층부분이 대외경기athletics, 즉 엘리트 스포츠를 의미하는 것이다. 이 모델에서 Siedentop이 의미하는 바는 체육교육이 학교체육의 기반이 되어야 하며, 소수 엘리트 선수 위주의 대항경기, 즉 엘리트스포츠는 체육교육이 충실하고 일반학생의 스포츠활동이 활성화되어 있을 때 정상적으로 운영될 수 있다는 것이다. 체육교육은 교육의 일 영역이므로 인고(忍苦)의 과정이 필연적이지만 스포츠는 놀이에서 출발한 행위이므로 즐거움을 바탕으로 한다는 차원에서 만족해야 한다. 엘리트 스포츠에의 지나친 관심과 과열 경쟁은 체육교육의 중요성을 망각케하는 조치가 될 수 있다.

T. Saeki는 현대사회의 변동을 3단계로 구분하여 산업화에 따른 가치관의 변화와 이에 따른 스포츠의 목표를 [표 6-2]와 같이 제시하고 있다. 즉 첫번째 단계인 산업화 이전의 후진사회에서는 삶의 방식과 수준을 생리적 차원에 두고 있으며, 스포츠의 목표 또한 건강을 위한 신체적성physical fitness의 육성이라는 신체적인 면에 국한되었다. 이는 동물적 차원에서 크게 벗어나지 못한 단계를 의미하는 것이다.

산업화로 접어든 두번째 단계(개발도상국, 중진국 등으로 불림)에서는 소유욕이 삶의 목표가 되어 사회적 욕구 수준이 증가된다. 스포츠의 목표 또한 사회적인 면에 관심이 고조되어 타인과의 경쟁competition이 가장 중요한 문제로 부각된다. 스포츠에의 목표가 승리를 추구하는 것이 되었다. 동물적인 저차원과 인간적인 고차원의 중간 단계, 즉 과도기적 차원으로 해석할 수 있을 것 같다.

[표 6-2] 사회변동에 따른 스포츠의 목표

단계	사회	삶의 방식	욕구 수준	스포츠의 목표
I	산업화 이전	to survive	생리적 수준	신체적인 면 : 신체적성(physical fitness)을 위한 스포츠
II	산업화 단계	to have	사회적 수준	사회적인 면 : 경쟁(competition)을 위한 스포츠
III	산업화 이후	to be	문화적 수준	문화적인 면 : 인간성(humanity)을 위한 스포츠

마지막 단계인 선진 사회에서의 삶의 방식은 많은 것을 소유하고 상대와 경쟁하여 이기겠다는 의식에서 보다 높은 단계의 차원으로 격상하게 된다. 즉 인생이 무엇인가라는 철학적 의문도 던지게 되고, 문화적 생활의 영위가 소유추구의 삶보다 얼마나 가치 있고 인간다운 삶인가를 느끼게 된다. 그리하여 스포츠의 목표도 건강추구나 경쟁에서 승리하겠다고 하는 하층욕구에서 타인과 나눈다는 상층욕구, 즉 휴머니티가 발현되는 것이다. 스포츠에서의 승리 추구를 위해 학생선수들에게 수업결손이라는 비교육적 행위를 자행한다든가 금전거래로 인간을 거래하는 행위가 자취를 감추게 된다. 스포츠 현장에서 발현되는 휴머니티의 출현이야말로 미래 사회가 추구해야 할 선진 스포츠의 목표인 것이다. 우리 한국 사회의 스포츠가 위 3단계 중 어느 단계에 와 있는가를 되돌아보게 하는 제안이라 하지 않을 수 없다.

5. 스포츠맨십

우리는 스포츠맨십sportsmanship이라는 용어를 매우 자주 사용한다. 운동경기장에서는 물론 일반사회에서의 인간관계에서도 신사도 정신gentlemanship과 동일한 의미로 별 부담없이 사용한다. 국제 스포츠 · 체육협의회ICSPE는 1964년 제18회 東京 올림픽을 계기로 스포츠의 정의 설정을 시도하였는데 그 내용은 다음과 같다. "스포츠는 유희의 성격을 지니고 자기 투쟁의 형식을 취하든지 혹은 타인과의 경쟁을 내포한 활동이다. 그리고 이러한 활동이 경쟁적으로 행해질 때는 반드시 스포츠맨십의 정신으로 행해져야 한다. 페어 플레이fair play가 없는 곳에 참다운 스포츠는 존재하지 않는다." 이는 스포츠 장면은 인간의 근원적 경향성original tendency의 정화 과정이므로 규칙 및 규정의 준수라는 준법적 해석 외에 스포츠맨십이라고 하는 도덕적 행위의 수반이 필수적임을 의미하는 것이다.

스포츠맨십이란 용어는 빈번한 사용에도 불구하고 그 의미를 구체적으로 설명해야 할 경우에는 당황하게 되는 게 우리의 현실이다. 이는 스포츠맨십의 의미 파악이 되지 않았다기보다는 그 구성 요인에 대한 개념 정립이 이루어져 있지 못하기 때문일 것이다. 스포츠맨십의 구성요인에 대해서도 매우 다양한 의견이 있다. 김홍수는 페어 플레이, 승리 후 겸손, 패배 후 인정 등을 스포츠맨십의 요인으로 예를 들면서 정직, 용기, 자기훈련, 희생 그리고 예절 등의 정신이 이를 뒷받침한다고 했다.

이 란에서는 공정성, 존경심, 최선, 승복의 4요인을 스포츠맨십의 구성요인으로 설정하여 다음과 같은 설명을 첨부하고자 한다.

첫째, 공정성公正性

스포츠에는 항상 상대가 있다. 그 상대와 경쟁을 하도록 되어 있는 것이 스포츠이다. 만약 규칙이나 규정이 어느 한 쪽에 유리하게 만들어져 있다면 그 경쟁은 아무런 의미가 없다. 그리고 공정하게 만들어진 규칙 하에서도 심판원이나 경기운영요원이 공정하게 경기를 진행시키지 않으면 이러한 행위는 스포츠를 파괴하는 행위라고 보지 않을 수 없다. 스포츠에서의 모든 법과 행위는 공정해야 하며 그러한 신념이 기반이 되어야 한다.

둘째, 존경심尊敬心

스포츠에서의 존경심은 스포츠를 성립시키는 구성원간에 최소한의 예의범절이 요구됨을 의미하는 것이다. 선수들 간에는 물론 심판, 경기운영요원, 관람자 등의 모든 인적 요원이 상대를 존중하는 정신 하에서 스포츠를 성립시키는 것이다. 상대를 주먹으로 치고 가진 물건을 훔치더라도 스포츠는 경기 규칙의 범위 내에서 이루어지는 행위이며, 존경심이라는 사상적 배경이 이를 뒷받침할 때 동물적 행동과 구분된다.

셋째, 최선最善

스포츠 장면에서의 최선은 상대를 존중하며 관람자에게 예의를 갖추는 요인으로 해석할 수 있다. 이는 상대의 경기력을 인정하는 태도이며, 자기 혹은 자기 팀의 경기 내용에 관심을 표하는 모든 사람들에게 감사의 마음을 전하는 가장 좋은 방법이다. 경기장에서 최선의 의향이 없는 선수나 팀은 경기 자체를 부정하는 태도이다.

넷째, 승복承服

공정하고 존경심이 강하며 최선을 다해 경기에 임했더라도 결과에 승복하지 않으면 위의 세 요인은 의미를 상실하게 된다. 승자勝者와 패자敗者가 동시에 존재하기 때문에 스포츠인 것이며, 결과에 대한 승복의 미덕美德은 스포츠의 꽃이다.

스포츠에 잘 훈련된 사람이 그렇지 못한 사람에 비해 가치 있는 삶을 살아갈 수 있다는 전제는 상대를 존경하고, 최선을 다하며, 어떠한 결과에도 승복하는 정신, 즉 스포츠맨십에 길들여져 있기 때문일 것이다.

6. 스포츠 미학

인간은 본능적으로 미美를 추구하고자 하는 욕구를 가지고 있다. 미에 대한 인간의 노력은 그림, 조각, 문학, 무용 등 여러가지 예술 형태로 표현되어 왔다. 미학은 이러한 문제와 관련이 있다. 즉 미학美學, aesthetics이란 예술과 관련된 미적 체험을 이론적으로 연구하는 철학의 한 분야로서 윤리학倫理學과 함께 가치론價値論, axiology에 속한다. 윤리학이 선善의 둔제를 다루는 반면, 미학은 미의 문제를 다루며, 어원적 의미는 aesthetica(감지할 수 있는 것), 즉 마음을 움직이게 하는 것을 연구하는 분야로서 18세기에 처음 학문으로 인정되어 200년 이상 발전하여 왔다.

이렇게 볼 때 예술은 미학의 대상이 되며 미학은 미를 연구하는 학문으로서 보편적으로 예술을 다룬다고 볼 수 있다. 그러므로 예술과 미학은 동의어는 아니지만 스포츠 영역에서는 편리상 예술과 미학을 큰 구분없이 사용하고 있다. 이러한 과정 속에서 체육학자들은 1970년대 이후 스포츠와 인간의 움직임과 관련된 미학적 문제를 논의하여 왔다. 일본에서는 경기자의 이상적 신체를 예술적 표현의 모델로 이용하는 신체미, 자신의 기량을 최고조로 발휘함으로써 느낄 수 있는 만족감속에 형성되는 스포츠 미, 그리고 무용을 통한 사상이나 감정을 표현함으로써 얻어지는 무용미 등을 통합적인 개념으로 보아 체육미학이라고 정의하여 스포츠 미학에 대한 연구영역을 구체화하였다.

이러한 점에서 볼 때 스포츠 미학은 철학에 근원을 두고 발전해 온 것으로서 특히 현상학과 인식론에 뿌리를 두고 있다. 그러므로 스포츠 미학은 지성적인 분석이나 이론적 서술만으로는 이해가 불가능하며, 체험의 깊은 의의를 발견하여 그것이 무엇인가를 이해하도록 해야 한다. 즉 스포츠 미학은 인간의 신체와 신체활동을 과학이 아닌 예술적 행위로서 탐구하기 때문에 예술적 행위와 같은 비지성적 행위에 내재된 의미를 밝히는 방법으로서 현상학적 기술 방법을 동원하고 있다. 또한 예술은 근본적으로 인식 혹은 진리의 문제와 깊은 관련성이 있으며, 이를 통하여 인간의 자각적, 사상적, 윤리적 세계가 확대되는 것이다. 따라서 예술의 기능은 근본적으로 인식적인 것이라고 할 수 있으며, 이러한 예술의 인식적 기능은 결국 스포츠 미학이 인식론적 바탕 위에서 존재할 수 있다는 결론으로 귀결시켜 준다.

스포츠의 미학적 특성을 언급하기 위해서는 스포츠와 예술이 갖는 특성을 비교하는 것이 필요하다. 다음은 스포츠와 예술의 공통적 특성을 비교한 것이다.

첫째, 스포츠와 예술은 외부의 강요가 아닌 자발적인 충동과 참여에 의해 이루어진다.

둘째, 스포츠와 예술은 시간과 공간이라는 구조에 의해 특징지워진다. 즉 축구의 전후반이나 야구의 9회전, 예술의 장, 단원, 막, 스포츠에서의 코트나 운동장, 예술의 무대, 캔버스, 콘서트 홀 등은 시간과 공간이라는 구조적 상징성을 갖는다.

셋째, 스포츠와 예술은 인간의 과욕망으로서 미를 추구하고자 하는 인간의 노력이 운동이나 무용과 같은 스포츠 형태로 나타나거나 음악이나 미술과 같은 예술의 형태로 나타난다.

넷째, 미를 추구하는 것은 인간의 근본적 욕망으로서 미의 추구 의욕이 음악, 미술과 같은 예술이나 신체를 미의 최고 규범으로 여겨 왔으며, 최근에는 스포츠 현장에서 신체활동에 의해 이루어지는 우아한 장면 그 자체를 예술로 보는 일상적 인식이 가능하게 되었다.

다섯째, 스포츠와 예술은 모두 여가시간을 활용하는 문화적 표현으로서 일시적으로 현실과 단절되어 일상생활을 잊어 버린 채 특별한 방법으로 자기자신을 인식하거나 자신을 표현한다.

현대사회에 있어 놀이에 기원을 둔 스포츠는 가장 중요한 문화활동 중의 하나로 인식되고 있다. 다른 어떠한 예술못지 않게 충분한 미적 요소들을 내포하고 있으며, 어느 예술분야에서도 경험할 수 없는 독특한 예술적 요소들을 갖추고 있다. 따라서 스포츠를 하나의 예술로 취급하는 것이 가능한 일이다. 오직 최선의 노력을 기울여 참여함으로써 우아함과 창조 공간을 만들고 경험할 때 스포츠의 예술성은 더욱 증대될 것이다.

스포츠 미학의 학문적 연구 체제는 그 자체가 매우 중요한 또 하나의 의미를 내포하고 있다. 그것은 스포츠와 체육학에 인간주의적이고 인간의 전체적인 면의 발달을 강조하는 새로운 학문적 방향성을 제시하고 있기 때문이다. 즉 체육학에 대한 개별과학적 연구는 체육교육에 있어 '신체활동을 통한 교육' 의 입장을 전면적으로 부정하고 있으며, 그러한 경향은 과학적 객관주의의 영향 아래서 체육의 학문적 정체성까지도 위협하고 있다. 이러한 시점에서 체육에 대한 미학적 접근은 예술이 함축하고 있는 체험과 의미의 중요성, 그리고 인식적이고 경험적인 것을 더욱 상위의 가치로 재생시켜 체육학의 학문적 정체성을 향상시킴과 아울러 인간의 종합적 적성을 배양하는 본래적 기능을 다하도록 하는 의의를 지니게 될 것이다. 즉 스포츠의 미학적 탐구는 인간의 사고력을 넓게 하고 시야를 확장시켜 전형적이고 경쟁적인 스포츠의 본질에 의해서 변질된 인간을 보호하는 노력의 일환이 될 수 있고, 이러한 점에서 스포츠는 참된 일상적 의미로서의 '미적' 이라고 여겨지는 체험의 근원이 될 수 있다.

참고문헌

강신주(2011) 철학이 필요한 시간, 서울 : 사계절.

김경자 역(1982) 小林信次, 무용미학. 서울 : 고려원.

김동규(1992) "스포츠 휴머니티의 목표와 실천과제", 한국체육학회지 제31권 제2호.

김영환(1985) "스포츠의 미적 가능성에 관한 연구", 체육과학 제5집, 한양대학교 스포츠과학연구소.

김영환 외(1987) 체육원리의 비교 연구. 서울 : 도서출판 금광.

김용석, 이승환(2006) 서양과 동양이 127일간 e-mail을 주고받다. 서울 : 휴머니스트.

김창룡(1986) "스포츠의 미학적 고찰", 서울대학교 대학원 석사학위논문.

김창룡(1989) "스포의 미학의 기초연구", 체육연구소논집 제10권, 서울대학교 체육연구소.

김창룡(1991) "스포츠의 미학적 개념 정립에 관한 연구", 서울대학교 대학원 박사학위논문.

김홍수(1995) 체육학의 구성원리. 서울 : 도서출판 대경.

백기수(1884) 미학. 서울 : 서울대학교 출판부.

신현군(1995) "포스트 모더니즘과 스포츠 : 현대 스포츠의 특성을 초월하여", 한국체 육 학회보 제63호.

예종이(1987) 체육원리 신강. 서울 : 형설출판사.

이진수 외 3인(1989) 체육, 스포츠 철학. 서울 : 교학연구사.

이진수 역(1995) Thomas, C. E., 스포츠 철학. 서울 : 교학연구사.

임번장(1979) "스포츠 및 그 유사개념의 정의와 분류에 관한 고찰", 서울대학교 사대논 총 제19집.

정웅근(1989) "메를로 뽕띠의 인식주체적 신체가 갖는 체육적 의의", 서울대학교 대학원 박사학위논문.

탁석산(2007) 철학을 읽어주는 남자. 서울 : 명진출판.

丹羽召力昭 (1986) スポーツと生活. 東京 : 朝倉書店.

Saeki, T. (1991) "Quality life and sport-humanity - sport for all in achieving the future Japanese society", Elsevier Science Publishers B. V.

Siedentop, Darly (1980) Physical education ; introductory analysis, 3rd, Dubuque, Iowa : Wm. C. Brown Company.

Siedentop, Darly (1990) Introduction to physical education, fitness, and sport, California : Mayfield Publishing Company.

문제

7 스포츠와 법

현대사회는 프로스포츠의 확대, 스포츠 인구의 증가, 스포츠에 대한 국민의식의 변화, 권익보호, 스포츠 사고의 증가 등과 관련하여 스포츠 현장에 법적인 문제가 점차 확대되고 있다. 법조계가 스포츠의 특수성을 인정하던 입장도 이제 기대할 수 없게 되었다. 그리하여 체육계에서는 이에 대한 장기적인 안목의 연구가 요망된다고 볼 수 있다. 미국의 대학을 비롯한 선진국의 경우, 체육 관련학과의 프로그램에 스포츠 철학과 함께 스포츠의 법적인 측면을 다룬 'Legal Aspect of Sports' 라는 과목이 필수과목으로 포함되어 있다.

고대로부터 인간사회에는 도덕, 종교, 관습 등과 같은 사회규범이 있었으나 사회가 발달하여 그 규모가 확대되고 개인의식과 사회의식이 높아짐에 따라 단순한 사회규범으로써 사회질서를 유지하기는 어렵게 되었다. 마찬가지로 스포츠에 있어서도 점차 고도화, 대중화되고 그 범위가 확대되어 전에는 예기치 못한 일들이 일어나고 있다. 이러한 문제에 대한 논의의 일환으로 이 장에서는 스포츠와 관련된 법의 제 문제들을 고찰하고자 한다.

---

* 이 장의 내용은 伊藤堯의 著書(1982) 「體育法學의 課題」, 손석정의 著書(1997) 「스포츠와 법」, Herrimam의 논문(1988) 「A social perspective in sport law」 등에서 발췌 요약하였음.

1. 스포츠 법

1) 스포츠 법의 개념과 분류

법률조항에 '스포츠 법' 이라고 명시된 것은 없다. 그러나 스포츠 법은 일반적으로 스포츠의 법 또는 스포츠에 관련된 법을 포괄하는 견해로서 입장에 따라 개념 해석에 차이가 있다. 협의의 개념에서 스포츠 법이란 스포츠의 규범적 요소, 즉 스포츠의 존재를 확립하고 스포츠세계의 질서를 유지하며 시행하는 스포츠 자체의 규범(경기규칙, 대회규정, 선수자격 등)과 스포츠의 존재나 그 시행을 위해 스포츠에 직접적으로 관련된 법규를 의미한다. 반면에 광의로서의 스포츠 법이란 협의의 개념뿐만 아니라 스포츠에 직·간접적으로 관련되는 각종 법, 즉 민사소송법, 국가배상법, 자연공원법 등 현대사회에서 법률화되어 있는 모든 법을 포함하는 법이라고 볼 수 있다.

스포츠 법은 성격에 따라 공익의 보호를 목적으로 하는 '스포츠공법' 과 사익의 보호를 목적으로 하는 '스포츠사법' 으로 구분할 수 있다. 스포츠공법은 법이 규율하는 관계가 불평등관계, 즉 권력복종의 수직관계를 규율하는 법, 스포츠 공공단체 상호간의 관계나 스포츠 공공단체와 개인간의 관계를 규율하는 법, 그리고 국민의 스포츠 생활관계를 규율하는 법 등을 의미한다. 반면 스포츠사법이란 법률관계가 평등·대등의 관계를 규율하는 법, 개인 상호간의 관계를 규율하는 법, 개인의 생활관계, 즉 계약이나 단체가입 등을 규율하는 법이다.

스포츠 법을 적용범위에 따라서 분류하면 스포츠 세계에서만 적용되는 스포츠 자체법, 사회 또는 국가 내에서 적용되는 스포츠국내법, 그리고 국제적인 차원에서 국가간에 적용되는 스포츠국제법으로 구분할 수 있다.

[표 7-1] 스포츠법의 분류

<table>
<tr><td rowspan="4">스포츠법</td><td colspan="2">스포츠자체법 : 대회규정, 선수자격, 경기규칙 등</td></tr>
<tr><td rowspan="2">스포츠
국내법</td><td>직접관계법 : 국민체육진흥법, 체육시설의 설치이용에 관한 법률 등</td></tr>
<tr><td>간접관계법 : 민사소송법, 교육법, 국가배상법, 건강법 등</td></tr>
<tr><td colspan="2">스포츠국제법 : IOC규정, sport for all 헌장 등</td></tr>
</table>

2) 스포츠 법의 특성

千葉正士(1993)는 스포츠 법의 특성을 스포츠에서 법의 불필요성, 스포츠와 법에서 추구하는 인간상의 차이, 법과 스포츠에서 인간관계의 차이, 스포츠 고유법의 존재, 스포츠 법의 상황적 특성으로서 국가법에 대한 문제제기 등을 제시하고 있다.

(1) 법이 불필요한 스포츠세계

스포츠에서 법의 불필요성이란 스포츠는 종교법이나 가족법처럼 국가법을 특별히 존중하는 고유의 문화적 가치가 있기 때문에 원칙적으로 법은 필요 없다고 보는 입장이다. 구미歐美에서는 스포츠관련 법규가 정착되어 있고, 우리나라에서도 스포츠관련 법규가 서서히 증가해 가는 추세이지만 스포츠법규는 대부분 스포츠를 향유하는 인간의 사회활동을 종교나 도덕, 가정 등의 경우와 같은 사회관습적 방침에 의해 보호하고 규제해야 하며, 스포츠정신과 스포츠규칙 그 자체를 간섭할 취지는 아니라는 것이다. 이는 스포츠법의 특성을 국가법의 관계에서 표현하는 것이다.

(2) 스포츠와 관련한 인간상의 두 유형

스포츠 문화에서 추구하는 인간상人間像은 법적인 인간상과 차이가 있다. 스포츠적 인간상을 법적인 인간상과 비교해 보면, '법적인 인간상' 은 스포츠를 통하여 건강을 유지하고 증진시키거나 인간적인 교류를 즐기는 형으로서 이는 평균인의 범위에 속한다고 볼 수 있다. 반면에 '스포츠적 인간상' 은 상대에게 고통을 주더라도 공격과 방어를 시도하거나(투쟁형식), 자기의 고통을 감수하고서라도 상대보다 뛰어나려 하고(경쟁형식), 목적달성을 위해서는 위험을 안고서라도 고도의 기술을 습득하려고 훈련하는 인간상이다. 따라서 스포츠적 인간상은 상대 혹은 자신에게 상해가 발생하거나 극단적인 경우에는 사망의 위험성이 있다는 것을 인지하고 있다. 그리고 그들은 그러한 상황이 자신에게 발생하더라도 스스로 책임을 지고 이를 감수하려 한다. 이러한 인간상의 행동력과 책임감은 법적 평균인의 능력 밖이다. 이는 국가법이 추구하는 인간상이 아닌 것이다.

(3) 스포츠 법과 관련한 인간관계의 두 유형

스포츠 법과 관련한 인간관계human relationship는 두 유형으로 접근할 수 있다. 하나는 스포츠 장면에서 선수는 경기력을 최대한 발휘하려 하고, 관중은 그 단계적 확대를 인지하면서 즐기는 것이므로 상대방이나 자신에게 어느 정도의 신체적 · 심리적 위해가 발생할 수 있다는 것을 선수는 물론 모든 관계자들이 알고 있는 경우이다. 이는 상호 자유 · 불가침이어야 하는 법상法上의 인간관계와는 차이가 있다.

또 다른 한 유형은 스포츠에서 기술을 향상시켜 시합에서 승리를 하기 위해서는 선수의 연습 · 훈련이 필연적이나 이를 안전하고 효과적으로 수행하기 위해서는 적절한 지도가 필요하다고 보는 입장이다. 이를 위한 지도와 교육은 가정, 학교 혹은 경찰, 군대 등에서 하는 경우와는 목적이 다르고, 각자 독립 · 평등한 법상法上의 인간관계와도 다른 것이다.

스포츠에서 인간관계의 이와 같은 특성에 대해 국가법은 정당행위 외에 자기책임, 사전동의, 신뢰관계 등의 법이론法理論으로서 인정하고 있다. 다만 이러한 법이론은 스포츠 이외의 인간관계에서도 적용되는 일반적인 것이기 때문에 스포츠의 특수한 인간관계를 정확하게 파악한 것은 아니며, 이를 위해서는 스포츠에서의 고유한 요인을 고려해야 할 것이다.

(4) 스포츠 고유법

스포츠 법이라고 할 경우 법률학에서는 스포츠에 관한 법규체계, 즉 스포츠국가법을 의미할 것이나 스포츠 행동을 실제로 규제하는 법은 국가법으로부터 독립된 스포츠 고유법固有法이 있다. 이는 모든 스포츠에 구비된 상세한 규칙으로서 그 시행과 실효성은 종교법에 비교할 만하다. 특히 인류사회는 국가법이 없더라도 최소한의 질서를 사회고유법으로 유지하는 것이 가능하나 스포츠에 있어서는 규칙이 없으면 스포츠 자체가 존립할 수 없다. 그러므로 사회법에 대한 스포츠규칙의 의의意義는 국가법 이상이라고 해도 좋을 것이다.

(5) 스포츠와 관련한 국가법의 새로운 과제

스포츠현상의 거대화로 인해 스포츠계에 큰 변화가 이루어지고 있으며, 그러한 현상은 국가법에도 새로운 과제를 안겨주고 있다. 구미 제국에서는 스포츠의 보급에 따른 프로화의 추진, 영리주의, 방송・매체의 개입, 상업화commercialism의 급속한 진행 등이 선수의 노동과 인권, 단체 규제나 탈세, 그리고 범죄 등의 문제를 야기시키고 있다. 그리하여 국가법은 간섭하지 않는다는 원칙을 고수하면서도 어느 정도의 규제에 나서지 않을 수 없게 되었다. 우리나라에서도 이러한 현상은 점차 예견되고 있다. 결과적으로 국가법이 관여할 수 있는 범위와 할 수 없는 범위가 현대의 체육계에 제시되는 스포츠 법의 상황적 특성이라고 할 수 있다.

3) 스포츠 법 연구의 의의

(1) 스포츠 권리의 법적 근거 제공

'모두를 위한 스포츠' '평생 스포츠'라는 표어 아래 많은 사람들이 즐기고 있는 스포츠는 각종 사회여건의 변화로 인해 이제 단순히 건강유지나 체력단련의 차원을 벗어나 인간의 사회적, 심리적, 생리적 욕구충족은 물론 삶의 질을 높이는 수단으로 인식되고 있다. 스포츠에 대한 이와 같은 사회의식의 급변은 남녀노소, 빈부에 관계없이 스포츠는 인간으로서 당연히 누려야 할 권리라고 주장할 수 있게 되었다. 즉 현대인에게는 스포츠를 즐길 수 있는 권리, 기본권으로서 스포츠권을 주장하는 것은 설득력을 갖게 한다.

---

* '스포츠 권리(sports rights)' 혹은 '스포츠권'은 스포츠에 참여하거나 향유할 수 있는 인간의 기본권리를 의미함.

모두를 위한 스포츠sport for all 헌장 제1조에 '모든 개인은 스포츠에 참가할 권리를 가진다.' 라고 명시되어 있고, 유엔교육과학문화기구UNESCO에서 제정한 체육 · 스포츠 국제헌정의 제1조에도 '체육 · 스포츠의 실천은 모든 사람의 기본적 권리' 라고 하여 스포츠권리를 명시하고 있다. 우리나라의 헌법에 있어서는 사상, 신앙, 학문, 예술, 언론 등의 정신문화는 인간에게 불가결하고 침범할 수 없는 국민의 권리로 보장해 오고 있으나 스포츠활동에 대해서는 이들 문화영역과 구별하여 인권으로 보지 않아 명문화되어 있지 않다. 이는 헌법제정 당시의 경제, 사회여건상 스포츠에 대한 인식이 부족하여 스포츠 대중화가 이루어지지 않은 상태이며, 신체운동을 천시하는 유교사상이 지배하였음에 의한 것으로 보여진다.

비록 명문화되지는 않았지만 우리나라 헌법에서도 행복추구권(제10조), 인간답게 생활을 할 권리(제34조) 등의 스포츠권을 인정할 만한 법적 근거는 찾을 수 있다. 제정된 법이라도 제대로 지켜지지 않거나 적용되지 않으면 그 법은 존재가치를 상실한다. 하물며 명문화되어 있지 않은 국민의 스포츠권리를 도출해내고 향유하기 위해서는 스포츠권리에 대해 뒷받침할 수 있는 자료가 필요할 것이다. 그러므로 국민의 스포츠권리를 확립하고 정당하게 행사할 수 있는 이론적 근거의 틀을 설정하기 위해서는 스포츠 법에 대한 연구가 요망되고 있다.

(2) 사회제도와의 유대관계 구축

현대사회의 스포츠는 단순히 그 자체로서 존재하는 것이 아니라 여러 사회제도와 밀접하게 관련되어 상호변화에 커다란 영향을 미치고 있다. 그러나 스포츠와 사회제도의 관계는 바람직한 관계로서만 유지되는 것이 아니므로 단순하게 접근할 문제는 아니다. 예를 들면 일부 대기업들이 스포츠 팀을 창설하면서 무차별 스카우트로 기존 질서를 흔들어 놓거나 선수를 돈벌이 도구로 여김으로써 인권유린이나 노동착취 문제가 발생하는 경우이다. 또한 경기력의 발달을 위해 황금 만능주의나 결과만을 중시하는 풍토에 의해 경기규칙에 위배되는 도구를 불법제작 사용하고, 금지약물을 교묘히 복용하여 스포츠 질서는 물론 인간의 생명까지도 파괴하려 하고 있다. 스포츠가 사회제도에 미치는 영향력이 확대될수록 스포츠와 각 제도간에는 각종 이해관계가 증가하게 되고, 이는 점차적으로 사회문제로까지 비약되어 이를 규제하는 각종 법이 제정되거나 공포될 것이다.

스포츠를 통제하거나 다른 제도와의 관계를 규정한 법을 역사적으로 보면, 394년 로마황제 Theodosius I세에 의해 이교도적 행사로 규정한 고대올림픽의 폐지령, 국방에 필요한 궁술 등의 훈련을 게을리한다고 하여 1365년 영국의 Edward III세를 비롯하여 Richard II세, Henry IV세의 축구 금지령, 1457년 James II세의 골프 금지령, 1819년 정치상의 문제로 인한 프러시아 국왕 Wilhelm III세의 체조협회 해체와 체조운동 금지령, 1948년 체육기금을 조성하기 위해 제정된 덴마크의 축구도박법 Football Act, 스포츠에서의 부패를 추방하기 위해 이스라엘에서 제정된 클링호퍼 Klinghofer법, 1979년 캐나다 퀘벡주에서 제정한 스포츠 안전에 관한 법, 국도에서의 사이클 행위를 규정한 벨기에의 고속도로법, 스포츠 진흥을 위해 제정한 한국의 국민체육진흥법, 올림픽이나 월드컵과 같이 국가적인 스포츠 행사의 성공적인 개최를 위해서 제정된 일부 특별법 등 각종 법령들을 들 수 있다. 이러한 법들은 스포츠를 권장하고 스포츠 발전을 지원하기 위한 진흥책으로서, 때로는 스포츠를 금지하거나 발전을 제한하는 억제책의 일환으로 공포되었다.

사회가 균형 있게 발전하기 위해서는 이해관계가 얽힌 각 제도간에 질서 있고 합리적인 관계가 구축되어야 한다. 이러한 합리적인 관계의 구축을 위한 제도상의 대표적인 장치로서 이를 규제하고 조정, 통제할 수 있는 법이 있다. 만약 스포츠에 관련된 정책을 입안하거나 관련법규를 제정할 때 관계자들이 스포츠에 대한 지식이 없거나 관련법에 관한 지식이 없으면 많은 시행착오를 범할 수 있다. 스포츠와 사회제도의 여러 문제까지 고려해서 세운 정책policy이나 계획planning 만이 스포츠의 발전을 보장할 수 있게 된다. 그러므로 이의 구축을 위해서는 스포츠에 관련된 각종 법의 연구가 필요한 것이다.

(3) 스포츠에 대한 인식변화에 대처

운동선수의 음주운전 사고나 프로선수의 폭행사건 등과 같은 행위나 상황이 사회의 안녕과 공공질서를 파괴하는 불법행위라면 사회적으로 법적 제재를 받게 된다. 하지만 스포츠경기 상황 중에 발생하는 사건이나 사고들은 법으로 처리하기에 어려움이 있다. 예를 들면 권투경기 중의 사망사건이나 야구경기에서의 타구에 의한 실명은 경기규칙game regulation에 위반하지 않는 한 법률적으로 정당행위로 인정되어 그에 대한 민사, 형사상의 책임이 없다. 그러나 과도한 승부욕이나 일시적인 감정에 의해 경기규칙을 위반하여 상대선수에게 심각한 상해를 입혔을 때에는 국가법을 적용하게 되는데, 이 때 규칙을 위반한 선수의 고의성 여부와 사고 발생 시 과실여부의 판단이 쉽지 않아서 법 적용에 어려움이 있게 된다.

스포츠는 특수한 인간관계에 기초한 특유의 문화로서 문화적 특수성을 지닌다. 스포츠는 본질적으로 자발적인 참여에 의해서 그리고 스포츠 활동 중에 발생할 수 있는 사고 등을 묵시적이지만 사전에 승낙한 상황에서 행해지고 있으나 스포츠 특성상 인간의 한계를 도전하거나 자기능력 이상을 발휘하기를 바라는 분위기, 타인과의 심한 몸싸움이나 투지 등에 의해 감정을 억제하지 못해 발생한 사건 등이 있어 이의 법적 판단이 어렵게 된다. 법조계에서는 스포츠의 특수성과 스포츠의 독특한 문화를 인정하는 추세이긴 하나 시대의 변화와 스포츠에 대한 의식변화에 의해 더 이상 법적인 특권이나 국가의 맹목적인 보호를 받는 치외법권적 존재는 될 수 없음을 인식하게 되었다.

1978년 영국의 고등법원은 경기장을 공공의 장소로 선언하여 경기장에서의 행동표준은 스포츠단체가 정한 규칙이 아니라 1936년 제정된 공공질서법을 따르도록 했으며, 1980년 미하원에서는 스포츠 폭력과 관련한 스포츠 폭력법Violence Act을 도입하기도 하였다. 또한 1922년 미국 최고법원에서는 야구는 사업이 아니고 스포츠이기 때문에 선수 보류조항은 독점 방지법 위반이 아니라고 판결하여 스포츠의 특수성을 인정하였으나 1890년 제정된 단체교섭이 주어지는 셔먼법Sherman Act을 근거로 구단주는 노동자 대다수가 선택한 연합과 협상을 해야 한다는 조건을 포함한 국가노동관계법The National Labor Relation Act을 1935년에 제정하였다.

최근에 보여주는 사례로서 유럽 사법재판소가 유럽연합 내 프로축구 선수들의 자유로운 이적을 제한하는 제도는 직업선택의 자유를 보장한 유럽법에 저촉되는 위법이라고 판결한 보스만 사건이 있다. 100년 이상 유지되어 왔던 유럽 축구계의 기존질서를 파괴하는 이 판결에 대해 유럽 축구연맹은 스포츠영역의 특수성을 들어 강력히 반발하였으나 유럽연합이 사법재판소의 결정에 따르지 않을 경우 법적 제재를 취하겠다고 통보함에 따라 이행하지 않을 수 없게 되었다. 또한 축구선수가 경기장에서 찬 볼이 관중석으로 들어가 축구 팬이 다쳤을 경우 유죄라는 판결도 있다. 위의 사례 외에도 스포츠에 관한 법적 문제는 지속적으로 증가할 추세이며, 사회에서 법에 관련된 특정문제의 해결을 위해 스포츠의 특수성만 강조하는 태도는 이제 더 이상 설득력을 갖지 못할 것이다. 그러므로 스포츠에 대한 인식변화에 대처할 수 있는 법적 지식이나 스포츠 법에 관한 연구는 필연적이라고 볼 수 있다.

(4) 스포츠관계자의 법적 권익보호

스포츠의 대중화, 고도화, 조직화, 상업화가 형성되어 가는 현실을 고려 할 때 스포츠에 관련된 법적 판단의 필요성과 그 중요성이 점차적으로 증가할 추세이다. 이의 예로서는 국민의 기본권리로서 당연히 요구될 수 있는 스포츠권리, 사용자의 입장에서 불이익의 소지를 안고 있는 스포츠단체 회원규정, 국가의 명예를 위해 훈련하다 불행한 사고를 당했거나 시합 중 상대방의 부주의로 인해 사망 또는 신체적·정신적 고통을 받았을 경우, 스포츠시설의 안전문제로 인한 사고 등의 손해배상이나 보상문제, 스포츠를 생계수단으로 하는 프로선수의 계약 관계나 각 팀의 관계가 얽혀 법의 판단이 요구되는 스카웃 문제, 운동선수의 불법적인 학사관리 문제, 흥행권이나 스포츠관련 상품판매 시 상표도용 문제, 일반토지의 50배에 해당하는 사치성 소비세 제정, 지역주민과의 갈등을 빚고 있는 골프장 건립과 같은 특정 종목의 발전을 저해하는 정책과 분규, 국가간의 스포츠분쟁 등이 있다.

스포츠관계자들은 최근 들어 스포츠 인구의 폭발적인 증가, 스포츠의 문화적 특수성에 대한 인식 변화, 일종의 사업으로 전락한 스포츠경기, 볼거리를 제공하기 위한 무분별한 취재경쟁 등은 사회여건에 의해 정당한 권리를 침해당할 소지가 많다. 그러므로 스포츠 관계자들은 정당한 권리행사를 하기 위한 기본적인 법지식을 갖추어야 한다. 그러나 그들은 어떤 이해관계나 분쟁해결을 위해 법의 판단을 선택하는 것은 최악의 감정대립을 표현하는 것으로 여기는 법에 대한 부정적이고 왜곡된 선입견이 있다. 그리고 그들은 보수적이고 집단 내의 인간관계에 있어서도 권위주의적이며 절대적인 위계질서의 영향에 의해 문제발생시 감정적이고 일시적인 방법으로 해결하려는 경향이 있다.

현대사회에 능동적으로 대응할 수 있는 스포츠 관계자가 되기 위해서는 법에 대한 긍정적인 사고전환을 통해 사회나 타인에게 해를 끼치는 불법행위의 방지뿐 아니라 불행한 스포츠사고가 발생하거나 법적 차원에서 해결되어야 할 문제가 야기될 때 자신의 권익을 보호하고 정당한 권리를 행사할 수 있는 법 활용 능력을 구비해야 할 것이다. 이를 위해서는 스포츠 법에 관한 인식을 제고시킬 수 있는 각종 법 적용 사례에 대한 학문적인 연구가 뒷받침되어야 한다.

4) 스포츠 법의 연구 영역

Dougherty(1994)는 스포츠 법의 주요 연구주제는 계약, 불법행위, 헌법, 그리고 일상 활동과정을 통하여 기본적인 법의 개념을 이해하고 적용해야 하는 체육 · 스포츠분야의 전문가들에게 초점을 맞추어야 한다고 하였다. 그리하여 스포츠 법에 관한 연구는 단순히 스포츠 분쟁이나 사고처리를 위한 수단이 아니라 스포츠계의 정당한 권익을 보호하고, 나아가서 스포츠 정신에 벗어난 불법행위, 스포츠조직이나 단체의 구성과 운영, 스포츠시설 · 설비 및 용구제작, 스포츠 시행과정에 관련되는 법적인 문제, 사회제도와 관련되어 발생하거나 발생이 예상될 수 있는 법 관련 사항의 해석이나 적용 등과 폭넓게 관련되어 있다고 볼 수 있다.

스포츠 법의 연구영역을 보면 스포츠자체법, 스포츠국내법 중 직접적인 관련법(스포츠관계법)과 간접적인 관련법(스포츠와 국가법), 그리고 기타 스포츠 법에 관련된 문화나 사회문제 영역으로 구분된다.

[표 7-2] 스포츠 법의 연구 영역

연구 영역	세 부 내 용
스포츠 자체법에 관련된 영역 및 판례연구	• 대회규정, 선수자격, 경기규칙의 법적 효력 • 프로경기단체 규약, 규정(선수단 관리규칙, 구단인가 규정, 경기심판규정,상벌규정 등) • 프로와 아마추어 자격심의
스포츠 관계법에 관한 영역 및 판례 연구	• 체육진흥법, 시행령, 시행규칙(국민체육심의위원회, 국민체육진흥기금에 관한 법률 및 관리운영에 관한 규정, 체육상 관계규정 등) • 체육시설의 설치/이용에 관한 법률 • 특별법('88올림픽, 아시아경기대회 지원법, 월드컵 유치 지원법) • 한국마사회법, 경륜/경정법 등 • 올림픽헌장, IOC규정, 국제경기연맹 규약 등
스포츠와 국가법에 관련된 영역 및 판례 연구	• 국민 기본권으로서의 스도츠권 • 사기, 승부조작, 뇌물수수, 탈세, 폭력, 마약복용 등 각종 스포츠 범죄 • 불법행위, 명예훼손, 초상권 침해 등에 의한 손해보상 • 고용계약 • 국민 기본권으로서의 스포츠권 • 스포츠단체 설립허가 • 독점, 스포츠소비자 보호법 등 • 국가배상법 • 특별흥행권, 방영권, 방송법 등 • 상표도용, 저작권 문제 • 부정 특례입학, 회원권, 세금부과, 협정서, 시설설립 허가, 제명무효확인 소송 • 가처분 신청, 행정처분 취소 등 각종 행정법 관련문제 • 스포츠시설 설비 또는 경기개최에 따른 환경보호문제 • 노동조합 설립, 부당 노동행위, 단체 협상권, 부당해고, 파업 등 각종 노동법 위반 사례 연구 • 각종 스포츠분쟁, 운동선수의 망명 등 국제법상의 문제
스포츠 사고에 관한 영역 및 판례 연구	• 스포츠 사고의 법률적 책임근거 및 형사, 민사, 행정법상의 책임(채무불이행, 불법행위, 사용자 책임, 공작물 하자, 공권력 행사, 영조물 하자 등) • 스포츠 사고의 보상 및 배상문제(경기자, 관객, 용구에 의한 사고, 시설에 의한 사고 등) • 피해 구제 제도(학교 안전공제회, 보험 등)
기타 스포츠법에 관련된 문화 및 사회영역 문제	• 운동선수의 법의식, 법태도 • 스포츠와 사회규범 • 스포츠와 범죄예방 등

2. 스포츠 범죄

일반적으로 스포츠분야에서 발생하는 범죄율이 타 집단보다 높다고 볼 수는 없으나 스포츠 스타들의 행동은 대중의 관심거리로 주목을 받으며, 특히 모방심리가 강한 청소년들의 우상偶像이 되기 때문에 이들의 반사회적, 반규범적인 행동은 사회의 큰 문제가 될 수 있다. 일반인과는 달리 운동선수의 행위는 사회적으로 파급효과가 크기 때문에 스포츠범죄는 간과할 수 없는 것이다. 스포츠에 관련된 범죄는 신체나 명예, 재산에 관한 범죄와 공공질서 범죄가 대부분을 차지하고 있다. 많은 범죄 중에서 스포츠의 입장에서 중시된다고 판단되는 몇몇 범죄를 살펴보면 다음과 같다.

1) 폭력 및 상해와 관련 법조항

신체접촉과 공격적인 행위가 허용되는 스포츠 특성상 가장 빈번하게 발생하는 사건은 과도한 투지나 승부욕 또는 순간적인 감정폭발, 지도자의 지시 등으로 인한 폭력이나 폭행을 들 수 있다.

Leonard(1988)는 폭력에 대한 개념을 두 유형으로 구분하고 있다.

첫째는 행위의 결과를 중시하는 입장으로서 타인에게 해나 상해를 입히는 행동으로 규정하는 것, 즉 행동적 정의behavioral definition로의 폭력이고, 둘째는 행위의 결과보다 의도에 초점을 두는 입장인 동기적 정의motivation definition로의 폭력으로서 계획적인 행위 자체도 폭력으로 보는 것이다. 민법에서는 결과만이 문제가 되고, 형법에서는 양자의 입장을 모두 수용하고 있다.

스포츠 상황에서 발생하는 폭력은 크게 합법적인 폭력인가 또는 비합법적인 폭력인가로 구분할 수 있다. 합법적 폭력은 경기특성 상 경기규칙에 폭력이 인정된 것이다. 예를 들면 권투경기나 태권도경기에서 상대방에 대한 가격행위는 당연한 것으로 오히려 가격을 하지 않으면 심판으로부터 주의를 받게된다. 또 럭비경기에서 상대에 대한 태클이나 야구에서 병살을 당하지 않으려고 주자가 행하는 위협적인 슬라이딩, 농구경기에서의 유리한 위치를 차지하기 위한 몸싸움 등을 들 수 있다.

이에 반해 비합법적인 폭력이란 규칙이 인정하지 않고 있는 정당화되지 않은 행위, 예를 들면 권투경기에서 상대를 발이나 팔꿈치로 가격하거나 태권도경기에서 정권으로 앞면을 가격하기, 야구경기에서의 고의적인 데드볼, 축구에서 불법적인 태클 등을 말한다. 합법적인 폭력은 법률상 정당행위로 간주되어 법적인 제재를 받지 않지만 비합법적인 폭력은 그 상해정도에 따라 국가나 각 경기단체에 의해 법적인 제재를 받을 수가 있다.

범죄행위에 대하여 형법에서는 원칙적으로 고의범을 처벌한다. 고의로 인한 행위인지 아닌지의 판단기준은 결과에 대한 인식의 유무에 있다. 즉 형벌의 대상이 되는 결과가 나타나기를 원하지 않더라도 발생하는 것을 예상하면서 그 행위로 인한 결과를 초래한 경우 고의범으로 처벌된다. 우리나라 형법상 고의 행위에 의한 상해 및 폭행에 관한 법 조항을 살펴보면 형법의 제257조 상해죄, 제258조 중상해죄, 제259조 상해치사죄, 제260조 폭행죄, 제261조 특수폭행, 제262조 폭행치사상죄, 그리고 폭력행위 처벌에 관한 법률(법률 제625호) 등이 있다.

스포츠에 관련된 국내의 불법 폭력행위의 사례를 보면 심판 판정에 대한 불만이나 일시적인 감정에 의하여 빚어지는 경우가 많다. 스포츠 외적 또는 직접적인 경기에 관련된 상황이 아닌 경우에서의 상해나 폭력행위는 당연히 불법이지만 직접적인 경기상황에서의 의도적인 폭력은 합법적인지 비합법적인지의 구별이 모호할 때가 많다. 일반적으로 법은 스포츠의 특수성을 인정하며, 판정의 어려움에 의해 스포츠에 대해서는 관대한 편이다.

Kuhlman(1975)은 법이 스포츠에 관대한 점에 대해 다음과 같은 4가지 이유를 들고 있다.

첫째, 하위집단의 구조에 대한 용인으로서 싸움은 흔히 일어나는 것이며, 용인된 방어는 법적제재가 불가능하다.

둘째, 가해자와 피해자가 또 다시 게임을 한다.

셋째, 벌금이나 형사입건 등의 유죄판결은 폭력의 방지책이 되지 못한다.

넷째, 법률적 권위는 비공식적으로 연맹에 주어져 있다는 묵시적인 동의가 있다.

그러나 현대사회에서는 스포츠를 스포츠의 특수성만을 인정하는 치외법권의 영역으로 간주하지 않는다. 스포츠는 폭력적인 요소로 구성되어 있거나 폭력적인 요소가 잠재해 있기 때문에 인간의 근원적 경향성을 만족시켜 대중에게 관심을 끄는 점만이 부각되어 있다. 그렇다고 이러한 요소가 과도하게 작용하여 타인에게 심각한 피해를 주거나 사회의 공공질서를 파괴하게 되면 스포츠가 갖는 사회적 가치가 상실되며, 나아가 스포츠 존재 가치의 기반이 무너지게 된다. 그러므로 스포츠관계자들은 범법행위가 발생하지 않도록 노력을 경주해야 한다.

2) 사기 및 승부조작과 관련 법조항

사기죄詐欺罪는 사람을 기망欺罔하여 재물을 교부 받거나, 재산상의 이득을 취득하거나, 제3자로 하여금 취득하게 하는 경우 성립되는 범죄이다. 형량은 10년 이하의 징역 또는 벌금, 자격정지를 병과할 수 있다. 기망이란 재산거래의 관계에서 지켜야 할 신의 성실의 의무를 져버리는 일체의 행위로서 사람으로 하여금 착오를 일으키게 하는 것이며, 기망 행위는 작위나 부작위 또는 명시적이거나 묵시적인 방법에 의한 경우도 포함된다. 여기에서 착오란 피기망자의 관념과 현실에 일치하지 않는 것으로서 적극적 착오錯誤와 소극적 부지不知가 있다.

스포츠를 대상으로 한 승부조작勝負操作도 남을 속여 이득을 취득하는 사기의 종류로 볼 수 있다. 최선을 다하여 정정당당하게 겨루어야 하는 스포츠의 기본정신을 무시한 채 서로의 이익을 위하여 단합하거나 뇌물 등의 이유로 승부를 조작하는 행위는 스포츠를 즐기고 사랑하는 팬들을 우롱하는 처사임이 틀림없다.

사기죄에 해당하는 법률조항에는 형법 제347조 사기, 제348조 준사기, 제349조 부당이득, 제351조 상습범, 제352조 미수범, 제353조 자격정지의 병과併科, 제354조 친족간의 범행, 동력 등이 있다. 근대 스포츠의 근간이고 축구의 발상지인 영국에서도 승부조작으로 인해 물의를 빚고 있으며, 프랑스에서는 유죄를 선언한 판례가 있다.

스포츠는 인간이 본래 지니고 있던 반사회적 근원적 경향성을 정화시켜준다는 정화설의 입장에서 사회정화적 기능이 있고, 그리하여 스포츠관련 범죄는 적다고 볼 수 있다. 또 스포츠가 지니고 있는 반사회적 요소가 스포츠활동을 통하여 학습되어 질 수 있는 사회학습설의 입장에서 보아도 스포츠에 관련된 사기죄나 승부조작은 많은 범죄 중 극히 일부분에 불과하기 때문에 스포츠 활동 자체가 사회에 직접적인 해가 된다고 할 수는 없다. 승부조작과 같은 범죄는 스포츠 특성의 하나인 승부의 결과를 알 수 없는 불확정성의 매력을 감소시켜 대중들과 멀어지는 결과를 초래할 소지가 있다. 그러므로 스포츠관계자들은 이러한 범법행위를 조장하거나 방관해서 안 될 것이다.

3) 마약류 범죄

(1) 마약복용과 관련 법조항

마약과의 전쟁을 선포할 만큼 사회의 심각한 문제점으로 지적되고 있는 마약중독은 반복적인 사용으로 인해 주기적 또는 만성적인 중독상태를 일으켜 개인과 사회에 해를 끼친다. 마약의 원인이 되는 약물로는 마리화나Marijuana(대마), 엘에스디Lysergic Acid Diethylamide, 헤토인Heroioin, 암페타민Amphetamine(히로뽕), 코카인Cocaine 등을 들 수 있으나 엄밀히 말해 알코올이나 니코틴도 이 범주에 속한다.

세계보건기구WTO에서 규정한 마약증상은 첫째, 약물을 계속 사용하려고 하며 어떠한 수단을 써서라도 약물을 얻으려는 강력한 욕망을 갖게 되고, 둘째, 용량을 계속 증가하려는 경향이 있으며, 셋째, 약물에 대한 정신적, 신체적 의존경향이 있고, 넷째, 개인뿐만 아니라 사회에도 해를 끼치는 것 등으로 규정하고 있다.

마약중독은 개인적 측면에서는 가정파괴로 인해 가족에게 버림받고, 각종 범죄를 저질러 스스로를 파괴시키거나 선천성 기형아를 낳을 가능성이 높으며, 사회적으로는 국민건강을 해치고 사회의 적응을 못하게 하여 근로의욕이나 건전한 경쟁의식을 잃게 만들어 사회발전의 장애요소가 되고 있다. 또한 마약은 폭력, 강도, 강간, 탈세 등의 범죄와 밀접하게 관련이 되어 있어서 대부분의 국가에서는 마약근절을 위해 마약의 투약, 제조, 운반, 공급 등을 범법행위로 규정하고 있다.

우리나라에도 마약의 상습적인 복용을 방지하기 위한 법률이 제정되어 있다. 이를 살펴보면 형법 제201조 아편흡식吸食 등 동同 장소 제공죄, 제205조 아편 등의 소지죄, 마약의 해독을 방지하기 위하여 그 사용을 정당한 의료용과 과학용에 국한하여 그 취급의 적정을 기하기 위한 마약법(법률 제440호, 1957)과 동 시행령(대통령령 제4327호, 1969), 그리고 향정신성 의약품의 관리를 적정히 함으로써 그 오용 또는 남용으로 인한 보건 위생상의 위해危害를 방지하여 국민보건 향상에 기여하기 위한 향정신성 의약품 관리법(법률 제3216호, 1979)과 동 시행령(대통령령 제9900호,1980), 동 시행규칙(보건사회부령 제654호, 1980) 또한 대마의 관리를 적정히 하여 그 유출을 방지하기 위한 대마관리법(법률 제2895호, 1976)과 동 시행령(대통령령 제8159호, 1976) 등이 있다.

우리나라의 경우 아직 사회에 만연되었다고 볼 수는 없으나 일부 특정계층의 대마초흡연, 히로뽕 등의 범죄행위가 발생하고 있고, 유해 화학물질 관리법에 위반되는 청소년의 본드나 부탄가스 흡입 등의 범죄행위가 점차 증가하는 추세여서 방심할 상황은 아니다. 운동선수들의 마약복용에 대해 Lefkowitz는 자기애自己愛적인 성향을 지니고 있기 때문에 마약을 복용한다고 하였다. 즉 마약의 복용은 감각적 복용으로서 약물은 일정기간 동안 감각을 극대화시키고 고양시켜 주는데 스포츠참여 역시 감각적 경험이기 때문에 이러한 이유에 의해 운동선수들은 마약을 경험하려는 경향에 빠져든다는 것이다. 현대사회의 스포츠계는 스포츠의 본질을 무시하고 승리를 위해서 수단과 방법을 가리지 않고 있다. 그리하여 승리주의에 집착하여 금지약물을 복용하는 사례가 증가하고 있는 추세여서 이의 예방이 특히 유의해야 할 향후과제이다.

[표 7-3] 마약의 종류

마약류	향정신성 의약품	각성제	메스암페타민(히로뽕), 암페타민류 등
		환각제	L.S.D. 페이요테. 사일로사이빈 등
		억제제(안정제)	바르비탈염제류 등
	마 약	천연마약	양귀비(앵속, 아편 알카로이드), 생아편, 몰핀, 코데인, 헤로인(반합성), 데바인 등
			코카나뭇잎(코카알카로이드), 코카인(Cocaine), 크랙(Crack) 등
		한외마약	코데솔, 코데, 코데잘, 코데원, 유코데, 후리코 등
		합성마약	페티딘계(Pethidine)
			메사돈계(Methadone)
			프로폭시펜 등
			(마약법 제2조 제1항 3호)
		반합성마약	헤로인, 하이드로폰, 옥시코돈 등
	대 마		대마초(마리화나)
			대마수지(해쉬쉬)
			대마수지(해쉬쉬 미네랄 오일)

※출처 : 전경수(1995). 마약범죄 수사론. 서울 : 월간 수사 연구소.

(2) 약물복용과 관련 법조항

경기력의 향상을 위하여 의도적으로 약물을 복용하거나 비정상적인 방법으로 사용하였을 경우 이를 도핑doping이라고 하며, 국제올림픽위원회IOC를 비롯한 각 경기단체에서는 약물검사를 통하여 이를 엄격히 금하고 있다. IOC의 약물검사는 올림픽 헌장 제29조의 규정과 부속 규칙인 의무통제 규정에 따라 수행된다. 제29조는 약물복용의 금지를 선언하고 올림픽 참가선수는 의무통제와 검사를 의무적으로 받아야 하며, 금지약물 복용자 및 관련자와 약물검사 거부자에 대하여 경기 참가를 배제하고 제재조치를 가한다는 선언과 함께 의무통제 규정을 올림픽헌장 부속규칙으로 인정하고 있다. IOC는 1962년 금지약물 복용선수에 대한 처벌 규정을 제정하고 1972년 뮌헨 올림픽부터 공식적인 약물검사를 실시하고 있다.

금지된 약물로는 흥분제Stimulant, 마약성 진통제Narcotic Analgesics, 근육강화제 Anabolic Steroide, 이뇨제Diurretic, 베타 차단제Beta-Blocker 등을 들고 있다.

●흥분제 : 암페타민Amphetamine, 메스암페타민Meth-amphetamine, 에페드린 Ephedrine 등이 가장 많이 사용되고 있다. 이 약물은 강한 중추신경계 흥분제이다. 이 약물을 복용하면 피로를 덜 느끼고 감각이 예민해지고 정신운동이 활발해져 경기력 향상에 도움이 되나 과용하면 과민성, 호전성 심장병 등의 심한 부작용이 나타난다.

●마약성 진통제 : 마약은 진통작용과 중추신경계 억제 효과가 있어 부상 중 시합에 참가하려는 선수나 긴장 제거용으로 이용한다. 마약의 사용은 상처를 악화시키고 과량복용시 무기력을 나타내고 초과량을 사용할 때는 혼수마비로 사망한다.

●근육강화제 : 단백동화 호르몬 또는 단백동화제인 스테로이드계 호르몬제가 주로 이용된다. 남성호르몬인 테스토스테론을 모체로 유도해서 만든 것으로 장기복용시 여드름, 대머리, 고환위축, 발기부진, 무정자증 등을 유발한다.

●이뇨제 : 주로 체중감량을 필요로 하는 체급경기에서 사용한다. 장기복용시 근마비와 무반사도 일으키며 순환계에는 저혈압, 부정맥, 심장마비를 유발하며, 중추신경계에는 정신활동이 저하되고 정신혼란과 행동의 둔화를 가져온다. 주로 타이지드Thiazide와 푸로세미드Furosemide가 사용된다.

●베타 차단제 : 교감신경계의 작용을 억제하여 심장 박동률과 박동량을 감소시키는 약으로서 주로 고혈압과 심장의 작용을 억제하기 때문에 안정을 요하는 기록경기(사격, 양궁 등)에서 사용된다. 심부전과 폐기종을 유발한다.

약물검사 대상선수는 IOC 의무분과위원회와 국제연맹, 그리고 조직위원회의 합의하에 지명된 선수에 대해 실시한다. 매 경기 후 또는 우승 순위가 결정된 직후에 관련 국제연맹 심판원은 규정에 따라 대상선수를 지목하고 대상선수는 한 시간 내에 경기장의 약물관리소에 출두하여 소변채취를 받아야 한다. 채취된 소변은 시료 후 24시간 이내에 분석하여 그 결과를 IOC 의무분과위원회에 보고하면 IOC 의무분과위원회는 IOC 집행위원회에 통보한 후 제재조치를 내린다. 약물복용선수에 대해서는 1회의 경우 2년 동안 출전정지, 2회의 경우 평생동안 출전을 금지시키는 중형을 내리고 있다.

중국에서는 자국 선수들이 약물복용으로 인해 국제적인 물의를 일으키자 1995년 8월 29일 전인민全人民대표자 회의에서 선수들에게 약물을 공급하는 사람은 지위 고하를 막론하고 형사처벌되는 것은 물론 금지약물을 복용한 사실이 드러난 선수는 최고 4년간 모든 대회의 출전을 금지한다는 체육문화법을 통과시키기도 하였다. 스포츠의 본질과 인간의 심신을 타락케 하는 약물복용에 대해서는 강력한 제재뿐만 아니라 재발되지 않도록 하는 예방책의 강구가 중요하다.

4) 성범죄와 관련 법조항

성범죄는 간통죄와 정조에 관한 죄로서 개인의 성적 자유를 침해하는 범죄이다. 간통죄는 부부간의 성적 성실의무에 반하여 다른 이성과 간음함으로써 성립하는 범죄이다. 배우자가 있는 자가 간통한 때에는 2년 이하의 징역에 처하고 그와 상간相姦한 자도 같다. 배우자란 법률상의 배우자만을 의미하므로 사실상의 부부는 이에 해당되지 않는다. 고소할 수 있는 기간은 간통을 인지한 날로부터 6개월 이내에 해야한다.

정조에 관한 죄는 강간죄强姦罪, 강제 추행죄, 간음죄 등으로 구분할 수 있다. 강간죄는 폭행 또는 협박으로 부녀자를 강간함으로써 성립된다. 부녀라 함은 처녀나 유부녀 또는 매춘부까지 포함된다. 준강간죄는 사람의 심신상실 또는 항거불능의 상태를 이용하여 간음하거나 13세 미만의 처녀를 간음함으로써 성립된다. 강간죄와 준강간죄의 형량은 3년 이상의 유기징역에 처한다. 강제 추행죄는 폭행 또는 협박으로 사람을 추행하는 범죄이고, 준강제 추행죄는 타인의 심신상실 또는 항거불능의 상태를 이용하여 추행하거나 13세 미만의 사람에게 추행한 경우에 성립한다. 추행이라 함은 성욕의 흥분자극 또는 만족을 목적으로 하는 행위로서 객관적으로 건전한 상식이 있는 일반인의 수치 혐오감을 느끼게 하는 일체의 행위를 말한다. 형량은 10년 이하의 징역이나 벌금에 처한다.

간음죄는 업무상 위력威力 등에 의한 간음죄와 혼인빙자 등에 의한 간음죄가 있다. 전자는 업무나 고용에 의하여 영향을 받을 수 있는 부녀를 간음함으로써 성립하는 죄이다. 예를 들면 감독이 대표선수에서 탈락 또는 주전선수에서 탈락시키겠다는 등의 위협을 하여 간음한 경우 이에 해당된다. 형량은 5년 이하의 징역 또는 벌금에 처한다. 후자는 혼인을 빙자하거나 기타 위계로서 음행의 상습이 없는 부녀를 기망欺罔하여 간음함으로써 성립한다. 형량은 2년 이하의 징역 또는 벌금에 처하게 된다. 성범죄의 대부분은 피해자의 고소가 있어야 성립하는 친고죄이다.

성범죄에 관한 법률 조항으로는 형법 제241조 간통죄와 제297조 강간죄, 제298조 강제 추행죄, 제299조 준강간 준강제 추행죄, 제301조 강간 등에 의한 치상죄, 제302조 미성년자 등에 대한 간음죄, 제303조 업무상 위력 등에 의한 간음죄, 제304조 혼인빙자 등에 의한 간음죄, 제305조 미성년자에 대한 간음과 추행죄, 특별법으로서 성폭력 범죄의 처벌 및 피해자 보호 등에 관한 법률(법률 제 4702호, 1994) 등이 있다.

성범죄에 대한 외국의 범죄 발생빈도는 높은 반면 우리나라 스포츠계에서는 비교적 드문 범죄유형이다. 그러나 신체노출이 빈번한 스포츠 세계에서의 성범죄 발생의 잠재적 요인은 크다고 볼 수 있다. 청소년기의 경험이 일생동안의 의식 및 태도에 큰 영향을 미칠 수 있기 때문에 혈기왕성하고 호기심이 많은 청소년에게는 성에 대한 본능적인 욕구나 호기심에 대해서 지도자들의 특별한 관심과 세심한 지도가 요구된다.

3. 스포츠 사고의 유형과 대책

1) 스포츠 사고와 보상

현대사회는 과학기술의 발달과 산업구조의 변화로 인해 높은 경제성장을 이루었다. 소득증대와 생활수준의 향상은 삶에 대한 질적 향상의 욕구를 증폭시켰고, 각종 스포츠 활동을 통하여 여가를 즐기려는 사회적 현상을 출현케 하였다. 그리하여 최근의 스포츠 활동은 대중적 활동으로 발전 · 보급되면서 매우 다양하고 고도화된 기술을 추구하는 양상으로 변모하여 가고 있다. 건강을 위한 생활체육 및 레저 스포츠에는 초등학생들로부터 대학생, 근로자, 가정주부, 그리고 80세 이상의 고령자까지 남녀노소를 막론하고 적극적으로 참여하고 있다. 또 학교 체육이나 엘리트 스포츠에 있어서는 더욱 빠르고 다양한 묘기를 창출해 내기 위하여 부단히 노력하고 있으며, 인간의 무한한 가능성에 대해 끊임없는 도전을 시도하고 있다.

이와 같은 풍요로운 국민생활의 이면에는 스포츠 사고라고 하는 다른 문제가 잠재되어 있어 사회문제로까지 비화되고 있다. 즉 스포츠는 유익한 활동인 반면 위험성이 항상 내포되어 있으므로 이의 극복에 유의해야 하는 것이다. 스포츠 장면에서의 사고발생은 스포츠 활동을 위축시켜 스포츠 본래의 뜻을 잃게 할 수 있다.

종래 우리나라의 국민적 권리의식은 스포츠 사고가 발생하면 자신의 과실, 불가항력적 사고라고 생각하고 자동차 사고나 그 외 손해배상청구損害賠償請求 사고와는 다르게 취급하여 왔다. 그러나 최근에는 스포츠 사고의 피해자들이 사고에 대해 법적 책임을 묻는 입장을 취하는 경향이 높아 가고 있다. 복지사회에 있어서 사고를 당한 사람은 당연히 법적인 보장을 받아야 하며, 이는 책임문제와는 별도로 선진국형 스포츠 진흥을 추구하는 이상 당연히 고려되어야 할 문제이다. 사고를 철저히 예방하려는 신념과 불가피적 사고에 대한 보상체계報償體系를 배려하지 않으면 미래사회에서의 스포츠 진흥은 기대하기 어렵게 된다.

2) 스포츠 사고에 대한 대책

체육 · 스포츠 현장에서 일어나는 사고는 사전에 예방하는 것이 가장 바람직한 일이지만 그렇지 못할 경우에는 사고가 발생한 후에 적절한 조치와 피해자에 대한 보상이 충분히 지급되도록 해야 한다. 특히 체육 · 스포츠 활동에서 발생하는 사고는 사망 · 폐질과 같은 중대사고로부터 흔히 발생하는 골절 · 염좌와 같은 경미한 상해까지 다양하게 일어난다. 그러나 일반적으로 중대사고는 빈번히 일어나지 않기 때문에 소홀히 다루어지기 쉽다. 그리고 스포츠 활동에서 흔히 발생하는 경미한 상해에 대해서는 그 원인을 검토하지 않고 간과해 버리는 경우가 많으며, 「부상負傷과 변상辨償은 자신의 책임」이라는 무책임한 생각을 하게 된다. 하지만 이러한 사소한 상해가 때에 따라서는 중대사고의 원인이 될 수 있다. 다시 말해서 중대사고가 발생하지 않았던 시설에서라도 돌연 중대사고가 발생할 수 있으므로 항상 사고에 대처하는 체제정비가 마련되어 있어야 한다. 불행하게도 중대사고가 발생하게 되었다면 심각한 분쟁은 피할 수 없는 사실이다. 그러나 사전에 중대사고에 대한 철저한 대책risk management을 마련하는 것은 매우 중요한 의미를 갖는다.

(1) 사고 방지대책

스포츠 사고는 스포츠 활동에 참가하는 모든 사람을 포함한 인적조건, 시설 · 설비 · 기구 등에 따른 물적 조건, 자연적 · 사회적 요인에 따른 환경적 조건 등이 복잡하게 연관되어 발생하게 된다. 즉 아무리 훌륭한 시설을 만들어 놓았어도 학습지도, 관리체제가 불완전하면 그것은 중대한 사고의 원인이 된다. 따라서 적절한 사고 방지대책을 세우기 위해서는 이러한 모든 여건을 종합적으로 고려하여 확정하는 것이 바람직하며, 특히 체육 · 스포츠 사고에 대한 판례判例를 검토하는 것이 중요하다. 왜냐하면 사고가 발생하게 되면 그에 대한 형사책임刑事責任을 묻게 되고, 또 손해배상청구損害賠償請求와 같은 민사소송民事訴訟도 제기되기 때문이다.

이와 같은 법적 책임을 둘러싼 분쟁은 결국 지도자에게 형벌이 가해지고 막대한 배상금 지불까지도 명命하여 진다. 물론 이러한 법적 책임法的 責任의 논쟁은 법률상의 수속, 즉 형사소송법 혹은 민사소송법에 의해 이루어지고 그 책임 소재도 분명히 밝혀진다. 그러므로 사고가 발생한 경우에는 책임확정의 근거가 되는 사실을 증거상 입증되도록 명확하게 해 둘 필요가 있다. 이러한 지식은 사고 판례의 분석을 통해서 사실로부터 주의의무注意義務의 구체적 기준을 이해하는 데에서 얻을 수 있는 것이다.

판례가 제시하는 주의의무는 이상론이 아니며, 현실적 주의의무의 내용으로 확정된다. 법의 적용은 법률가들에 의해서 확정되는 것이지만 주의의무의 구체적 내용은 재판과정에서 증인이 발언하고 전문가인 감정인으로부터 제출한 의견서가 된다. 그리고 판결은 법정에 제출된 전문가의 의견 및 원고 · 피고의 책임추구 입장과 항변으로서의 의견을 종합하여 최종적으로 재판관의 판단에 의해서 내려지게 되는 것이다. 따라서 판례에 나타난 사실에 대한 논쟁은 우리들에게 구체적인 지도원칙과 효율적인 사고 방지대책의 자료를 제시하여 주는 것이다.

판례는 법원의 재판부에 의해서 내려진 판결의 선례이다. 사고에 접했을 때 법적 책임을 추구하기 위해서는 법의 조문을 대전제로 하고, 사실을 소전제로 하여 법적 가치판단을 한다. 이러한 점에서 우선 사실을 증거에 의해서 확정하고, 그리고 법의 조문條文과 관련시키는 일이 이루어진다. 성문법을 중심으로 하는 우리나라에서는 법의 조문이 일반적 · 추상적이기 때문에 구체적 사실과 관련시키기 위해서는 「법의 해석」이 필요하고 이 해석이 법률학의 주요과제가 된다.「법의 해석」은 몇 번 반복하면 일정한 법칙이 생기는데 이 법칙이 법의 해석에 대한 법칙이 되고 법적 가치판단을 하는데 규범적 효력을 갖는 판례가 된다.

「판결문」은 주문과 이유에 의거하고 있다. 주문主文은 판결의 결론이며, 형사판례의 경우 「피고인은 무죄」 「피고인을 벌금○○○원에 처한다」라고 명하고, 민사판례의 경우 원고 승소판결은 「피고는 원고에게 금○○○원을 지불하라」, 패소판결은 「원고의 청구를 기각한다」 등으로 명한다. 이유는 판결의 기초가 된 증거 등에 의해 사실을 확인하고 법률해석에 의해서 주문에 도달하는 경로를 표시한 부분이다. 이유 가운데 형사판례는 우선 검찰관의 공소사실, 즉 기소장을 제시하고 이 기소에 따라서 결론에 도달할 때까지 사고 상황에 대한 주의의무를 중심으로 설명한다.

민사판례는 원고의 주장, 그것에 대한 피고의 항변으로부터 출발하고, 이 쌍방의 주장으로부터 재판부의 판단을 표시하며, 최후에 손해액 계산 근거와 주문에 기술한 금액의 기초를 표시한다. 사고판례에 있어서 원고의 주장은 「피고자(가해자)인 지도자가 사고방지를 위해 행해야 했던 주의의무의 내용을 구체적으로 지적하고, 만약 이 주의의무를 완전히 실행했더라면 사고는 일어나지 않았다」라고 주장한다. 이에 반하여 피고자인 지도자는 「지도 상의 과실이 없었다」라고 주장하고, 「스포츠의 불가피적인 위험에 의한 것이다. 혹은 피해자 자신의 과실이다」등으로 반론한다. 재판부는 이러한 원고의 주장, 피고의 반론을 한 항씩 대비시키면서 결론을 얻어내는 것이다.

체육 · 스포츠의 관계자가 사고 방지대책을 확정하기 위해 판례로 배우는 것은 바로 이 부분이라고 생각한다. 그러므로 스포츠 사고가 불가피적인 것이라고 할지라도 사고에 의한 피해자의 구제와 이 길로 인한 분쟁을 회피하기 위해서 최대한 사고를 방지하는 노력과 발생한 사고에 대한 적절한 처리가 이루어지도록 현재의 사회상황을 고려한 대책이 마련되는 것이 필요하다.

(2) 구급대책

학교스포츠 활동 중 돌발적인 사고가 발생한 경우 신속하고 적절한 구급처치가 이루어지기 위해서는 학교의 양호실과 같은 시설에서 양호교사나 간호사에 의해 구급처치를 받을 수 있고, 중대사고의 발생 시 긴급 연락이 가능한 대책이 마련되어 있어야 한다. 그리고 모든 체육 · 스포츠 지도자는 구급법의 지식과 기능을 익혀두어야 하며, 적절한 의료조건을 정비하고 또 전문의사와의 연락도 신속하게 이루어질 수 있도록 체제를 갖추어야 한다. 만약 사고의 원인이 불가피적 이유에 의한 것이라고 했을 때 지도자의 구급처치救急處置가 불완전하거나 전문의사와의 연락이 불완전하여 사태가 악화되었다면 이 경우 관리상의 책임을 피할 수 없다. 특히 위험성이 높은 스포츠 활동에 대해서는 미리 사고를 대비하여 구급체계가 최대한으로 배려되어 있어야 한다.

미국 의사회와 교육협회의 공동위원회Joint Committee of American Medical Association and National Education Association에서는 학교의 안전사고에 있어서 구급처치에 대해 다음과 같이 설명하고 있다.

● 학교의 구급처치에 대한 책임
- 바르게 치료 할 것.
- 학생의 부모에게 연락 할 것.
- 필요한 경우에 부모에게 치료를 알려 줄 것.

● 구급처치의 요령
- 모든 학교는 구급처치에 대한 서면 계획을 세울 것.
- 본 계획은 교사, 학부모, 병원, 기타 이 분야에 관심을 갖는 책임 있는 관계자의 조력을 받아 사고가 발생하기 전에 학교 당국이 세심한 주의를 기울여 만들 것(이는 학교가 지켜야 할 최초의 책임이다. 또한 서면에 의한 계획은 응급처치법, 의료수속, 학생의 귀가조치 및 부모에게 통지, 스탭staff의 책임,

이용할 시설 · 설비 · 용구 · 기타 긴급상황에 대처 할 일 등의 정보를 갖추어야 한다. 그리고 이와 같은 계획은 눈에 잘 띄는 곳에 게시해야 한다)

- 구급처치 방법은 가능한 한 많은 스탭에게 훈련시켜야 하며, 골절의 구급처치, 인공호흡, 지혈 및 쇼크 예방에 대한 특별한 연습을 시킬 것.

이상과 같이 구급처치 훈련을 받은 스탭이 많으면 많을수록 사고방지에 대한 비율은 높아진다. 현재 우리나라에서도 양호교사와 간호사의 직무에는 응급처치가 적절하게 행해지도록 하는 것이 책임으로 되어 있다. 따라서 체육 · 스포츠 지도자 또는 교사, 학교직원, 그리고 교사양성 기관에서는 구급처치와 응급처치 방법에 대한 지도가 의무적으로 이루어지도록 해야 한다.

(3) 보상대책

스포츠 사고는 발생하지 않도록 사전에 예방하는 것이 가장 바람직한 일이다. 그러나 사고 예방을 위해 최선의 노력을 다한다고 할지라도 스포츠의 본질적 위험은 피할 수가 없는 것이다. 만일 스포츠의 본질적 위험을 완전하게 회피한다면 그것은 스포츠 활동 그 자체가 소극적으로 다루어지기 때문에 스포츠의 본래 의미가 상실되고 만다. 그러므로 스포츠의 본질적 위험은 인간의 통상적인 주의력으로는 불가항력적이다. 즉 스포츠의 본질적 위험은 인간의 힘으로는 예견 불가능한 위험이고, 또 불가항력적 위험이기 때문에 참가하는 모든 사람들이 이 점을 인정하고 활동하는 이상 그 책임에 대해서는 누구에게도 추궁할 수 없는 불운한 사고로밖에 볼 수 없다.

그러나 현대사회가 인권존중, 복지국가를 지향하고 있는 터에 이러한 유형의 피해자에 대해서도 사회적으로 충분한 보상이 지급되도록 해야 한다는 것이 사회적 통념이다. 하지만 아직 우리나라에서는 이러한 유형의 사고 피해자에게 사회적으로 충분히 보상되도록 하는 법체계가 확립되어 있지 않은 실정이다. 때문에 사고에 대한 손실이 완전히 전보塡補되지 않으면 피해자는 그 책임을 확정하고 불법행위(民 750조)와 같은 법이론에 의해 손해보상청구를 하려고 한다. 보상이란 피해자 자신 혹은 사망 사고에 있어서 유족에게 피해된 손실에 대하여 전보하는 일이다.

체육 · 스포츠 사고가 자신의 중대한 과실이나 불가피적 위험에 따른 사고라고 하면 피해자 자신의 문제로서 자신이 해결해야 된다. 특히 위험한 스포츠에 참가하는 사람은 이러한 사고에 미리 대처하기 위하여 스스로 스포츠와 관련된 보험에 가입하는 일이 필요하다. 지도자도 이러한 보험을 검토하여 참가자들에게 유효 적절하게 가입하도록 적극적으로 권장하는 것이 바람직할 것이다. 스포츠 활동을 적극적으로 추진하기 위해서는 참가자에 대한 사고의 부담과 두려움을 적게 하고, 또 안심하고 활동할 수 있도록 해야 하며, 시설 설치자나 경기 주체자도 어떠한 사고가 발생할지라도 충분히 보상할 수 있도록 보험에 가입해 두는 대책이 필요하다.

사고가 지도자의 지도상 과실이나 시설 관리상 하자에 의해 발생하였다면 지도자나 시설 관리자는 불법행위에 의한 손해배상을 지불하지 않으면 안 된다. 다시 말해서 배상賠償에 대한 충분한 대책이 확립되어 있지 않으면 손해배상책임을 둘러싼 소송문제가 제기된다. 현재 우리나라에서는 각종 단체 및 학교, 그리고 체육 · 스포츠 지도자, 참가자들이 가입할 수 있는 생명보험, 상해보험, 학교안전공제회 등과 같은 보험의 상품이 시판되고 있다. 그러나 이들의 보험은 아직 미흡한 부분이 많다. 그러므로 스포츠 지도자 및 관리자들은 보험제도에 대한 취지를 파악하여 이해하고 있어야 한다.

참고문헌

고기환(1997) Sports 사고와 법률. 서울 : 보경문화사.

박선영(1997) 현대생활과 법. 서울: 동현출판사.

손석정(1996) 스포츠 사고의 법적 책임에 관한 연구, 제33회 한국체육 학술발표회.

손석정(1997) 스포츠와 법. 서울 : 태근문화사.

심재영(1993) 체육 · 스포츠사고의 법적 책임에 관한 연구, 한양대 박사학위논문.

연정열(1998) 법과 현대사회. 서울 : 학문사.

전경수(1995) 마약범죄 수사론. 서울 : 월간수사연구소.

정영석(1999) 현대사회와 법률. 서울 : 효성출판사.

伊藤堯(1982) 體育法學の課題. 東京 : 道和書院.

伊藤堯(1993) 提唱スポーツ基本法, 法律時報 4月 Vol. 65(5). 日本評論社.

森川貞夫(1993) スポーツ法學への期待. 法律時報 4月 Vol 65(5). 日本評論社.

千葉正士(1993) スポーツ法學の現狀と課題. 法律時報 4月 Vol 65(5). 日本評論社.

Doughrty, N. J.(1988) Sport, physical activity and law, Human Kinetics Publishers.

Herrmam, J. & Comm, J. H.(1988) Sport law : A social perspective, Journal of Sport and Social Issues Vol. 12(2).

Leonard, W. M.(1988) A sociological perspective of sport. Minnesota : Burges Publishing Company.

Sage, H. G.(1990) Power and ideology in American sport. Illinois : Human Kinetics.

문제

8 체육의 철학적 이해

1. 개요

체육이 철학이라는 분야와 관련을 맺게 된 것은 그리 오래된 일이 아니다. 왜냐하면 체육이 독립된 학문의 한 분야로 대두된 것부터가 얼마 되지 않았을 뿐만 아니라 체육학의 주된 관심이 자연과학적 접근에 한정되어 왔기 때문이다.

체육에 대한 철학적 접근이 어느 때부터 체계적으로 이루어지기 시작했느냐에 대해서는 정확하게 말할 수 없지만 미국철학회의 회원들로 구성된 스포츠 철학회 Philosophic Society for the Study of Sport의 발족이 1973년이며, 그와 관련된 전문학술지 Journal of the Philosophic Society for the Study of Sport의 출현이 1974년임을 감안하면 유아기는 벗어났다고 볼 수 있다.

체육에 대한 철학적인 기여가 미흡했음은 역사가 짧은 만큼 충분히 예상할 수 있지만 체육교육體育敎育과 체육학體育學에 있어 철학적 입장의 대두와 접목은 필연적이라고 볼 수 있다. 철학적 접근 없는 체육교육의 실천과 체육학의 연구는 선장 없는 항해와 다를 바 없기 때문이다.

2. 철학의 의미

Thales(B.C.624?~B.C.546?)에서 Jean Paul Sartre(1905~1980)에 이르는 2,500년의 서양철학은 시대별로 특색이 있다. 고대는 자연 중심주의 철학이며, 중세는 신 중심주의 철학, 그리고 근대는 인간 중심주의 철학이다. 현대는 근대 철학의 발전으로서 인간 중심주의의 특색이 강하다고 하겠다.

철학이 무엇이며, 철학은 우리 사회와 어떠한 관계를 가지는가에 대한 입장 또한 철학자의 수數 만큼이나 의견이 다양하다. 철학에 대한 각양각색의 목소리를 이 장에서 나열하고 싶은 생각은 없다. 왜냐하면 체육의 입장에서 철학적인 접근의 목적은 체육의 이해를 높이고 체육의 가치를 구현하며, 한편으로 체육이 나아가야 할 방향을 설정하는데 도움을 청하고자 하는 것이지, 철학을 위한 철학 혹은 철학을 위한 체육의 입장이 아니기 때문이다. 그러나 철학적 의미의 조명을 그러한 목적으로 한정시킨다 하더라도 철학의 대체적인 목소리를 종합해 보는 시도는 있어야 할 것 같다.

철학의 개념과 정의에 대한 목소리는 다양하지만 제 학자들의 공통성을 발견하는 데에는 큰 어려움이 없을 것 같다. 다음은 철학에 대한 여러 학자들의 공통된 의견을 요약한 내용들이다.

첫째, 철학philosophy이란 용어 자체가 가지고 있는 원 뜻은 「지혜의 사랑」이다.

철학이란 용어는 수학자이며 철학자인 Pythagoras(B.C.582?~B.C.497?)에 의해 처음으로 사용되었다. 철학의 어원은 희랍어인 philos(love : 사랑)와 sophia(wisdom : 지혜)의 복합어이며, 직역하면 「지혜의 사랑the love of knowledge or wisdom」이라고 풀이된다. 웹스트 사전에 의하면 이 말은 '인간과 우주에 존재하는 여러 가지 사실과 가치들을 찾아서 객관적으로 해석하고 평가하려는 욕망' 이라고 정의된다.

둘째, 철학은 인간의 깊은 사색의 산물이며, 인간의 반성적 자각의 체계다.

인간은 살아가면서 생각하고 생각하면서 살아간다. 인간이 사색하기를 포기하는 것은 인간임을 포기하는 것이나 다름없다. 이성理性의 능력을 가지고 옳게 사색하는 데에 인간의 높은 품위가 있고 고귀한 의미가 있다. 철학은 인간의 고차적인 이론적 반성과 자각의 체계다. 우리는 바로 살기 위해서 바로 사색해야 하기 때문이다. 반성(사고)하지 않는 삶은 살 가치가 없다는 Socrates의 언급은 바로 철학의 이러한 성격을 단적으로 보여 주는 말이다.

셋째, 철학의 정신은 비판의 정신이다.

철학은 선과 악, 진리와 허위, 옳고 그름, 정의, 자유 등에 관한 물음과 관련되어 있다. 옳은 것을 옳다고 하고 그른 것을 그르다고 준엄하게 갈라놓은 것이 비판이며 철학은 이를 토대로 진실과 허위, 진리와 비진리를 명백하게 갈라놓는다. 비판은 하나의 결단이다. 그리고 진리와 비진리를 준엄하게 갈라놓으려면 진리에 대한 성실성과 용기가 필요하다.

위에서 열거한 철학의 공통성과 함께 여러 문헌에서 자주 인용되고 있는 티터스 H. Titus가 분류한 철학의 형태를 보면 철학의 의미에 대한 또 다른 맛을 느끼게 될 것이다.

첫째, 철학은 우주에 대한 개인의 주체적이고 총체적인 관점이다.

둘째, 철학은 보편성 및 합리성을 추구하는 자세이다. 어떤 문제에 대하여 비평적인 사고를 갖는 것이다. 단순한 지식의 축적이 이해로 직결되는 것이 아닌 이상 이러한 회의적인 사고 방식은 진리를 위해 큰 도움을 준다.

셋째, 언어를 분석하고 단어와 개념을 분명히 하는 것이다. 이러한 언어분석학은 19세기 후반에 대단한 지지를 얻었다.

넷째, 부분을 종합하여 전체로 만들고자하는 시도이다. 과학자들이 이끌어 낸

갖가지 개별과학의 업적들을 철학을 통해 전체로 통합하는 것이다.

다섯째, 모든 문제의 해답에 대해 진리의 타당성을 제기하는 것이다.

예를 들어 Platon 때부터 지금까지 수많은 철학자들은 끊임없이 자아self와의 투쟁을 해왔다. 어떤 철학자들은 자아를 마음mind이라고 주장했고, 또 어떤 철학자들은 몸body이라고 주장했다. 이렇듯 철학은 비단 인생과 우주에 대한 연구일 뿐만 아니라, 어떤 문제이든 간에 의심과 회의를 갖고 진리를 위해 이성reason 및 논리적 사고를 끊임없이 추구하여 세계 현실의 본질과 실체를 연구하는 과정이라고 할 수 있다.

삶이란 무엇이며, 가치란 무엇인가. 조 계승해야 할 참다운 지식이란 무엇이며 그것은 어떠한 탐구과정을 거쳐 얻어지는 것인가? 철학은 이러한 근본적인 문제들을 연구 대상으로 하고 있다.

3. 철학의 대상과 문제

철학의 대상과 문제는 학자에 따라 구분하는 방식에 차이가 있으나 「존재 또는 실재의 문제」, 「지식 또는 인식의 문제」, 「실천 또는 가치의 문제」가 주된 관심이라는 데에 의견이 모아진다. 이러한 세 분류와 함께 「합리적이고 지적인 사고방식의 문제」가 대두될 수 있으며, 「실천 또는 가치의 문제」가 여러 영역으로 세분되기도 한다.

존재 또는 실재(實在)의 문제를 다루는 부문은 존재론(存在論) 또는 형이상학(形而上學)이며, 지식 또는 인식의 문제는 인식론(認識論) 또는 지식철학, 실천 또는 가치의 문제는 가치론(價値論) 또는 실천철학, 그리고 합리적이고 지적인 사고방식의 문제는 논리학(論理學)의 부문에서 다루어진다. 또한 가치론은 윤리학(倫理學), 미학(美學) 등을 포함하기도 하고 별개의 영역으로 나누기도 한다.

독일 신칸트학파 Wilhelm Windelband(빈델반트, 1848-1915)는 철학을 William Shakespeare의 4대 비극의 하나인 [리어 왕(King Lear)]의 주인공에 비유하여 '철학은

리어 왕이란 말인가'라고 했다. 이는 딸들에게 자기의 영토를 다 나누어주고 이리 저리 천대를 받으며 정착할 곳 없이 유랑하는 노인의 신세를 비유한 말이다. 왜냐하면 과거의 철학은 전 학문분야를 포함하는 의미를 지니고 있었기 때문에 철학자이면서 수학자이고, 철학자이면서 과학자 혹은 의사인 경우가 허다하였다. 현재에도 미국에서는 어느 학문 분야이든 간에 그 분야에서 최고의 학술능력을 갖춘 사람에게 철학박사(Ph.D.)의 학위를 수여하는 것은 바로 그러한 점에 기인하는 것이다.

그러나 오늘날에는 과학을 비롯한 모든 분야가 전문화되어 각기 떨어져 나가면서 철학은 타 분야에서 다룰 수 없는 순수한 철학의 영역만을 철학으로 보고 있다. Shakespeare의 Lear 왕과 같이 각 분야를 모두 분가시키고 철학의 영역만을 남겨 놓은 것이다. 그러한 영역이 바로 위에서 논의된 존재론, 인식론, 가치론, 논리학 등이다.

1) 존재론存在論, 형이상학形而上學

존재론은 '존재하다' 를 뜻하는 그리스어 einai의 현재분사인 on, ontos와 '이론' 을 뜻하는 logos의 합성어이다. 이는 특수한 범주로서의 존재가 아닌 '존재로서의 존재' 를 탐구하는 이론이다. 일반적으로 존재론이라는 말은 17세기가 되어서야 사용되기 시작했지만 그 원리는 이미 Aristoteles에서 등장한다. 그에 의하면 '존재로서의 존재를 다루는 과학이 존재하며' , 이 과학은 '존재의 어떤 부분을 잘라내어 그 성질을 연구하는' 개별과학과는 대립된다고 하였다. 그리하여 존재론은 존재의 본질을 탐구하는 과학, 즉 사물의 질서의 기초를 탐구하는 과학으로서 존재하는 것 가운데 근본적인 것은 무엇인가를 묻고 답하는 분야이다. 이러한 이유로 존재론은 형이상학과 동의어가 되었으며, 최상위의 과학, 보편적인 과학으로 여겨졌다.

형이상학metaphysics은 희랍어 meta(beyond : 초월해서)와 physics가 복합되어 이루어진 용어로서 '눈에 보이는 만물현상을 초월한다' 는 뜻으로, 다시 말하면 '만물의 실재는 무엇인가' 를 다루는 철학의 분야이다. 그러므로 형이상학이란 이 우주의 궁극적인 본질 혹은 실체substance, reality란 무엇인가를 파악하려는 철학적 노력이라고 할 수 있다. 이 세계에 변화하지 않고 그대로 있는 것은 하나도 없다. 그러나 이렇게 변화하는 세계를 가능하게 하는, 그리고 변화하는 세계 너머에 있는 변화하지 않는 존재 또는 실재는 무엇일까? 이것이 바로 형이상학이 가지고 있는 가장 중요한 질문이다. 즉 형이상학은 세상에 대한 논리적 설명을 하는 학문으로서 감각적으로 확인되지 않는 무엇인가를 다루는 학문이다.

스포츠와 관련한 존재론의 연구문제는 스포츠에서의 인과관계, 스포츠에서의 시간과 공간, 스포츠에서의 우연과 필연, 스포츠에서의 진화와 창조, 스포츠에서의 항구성과 변화성, 스포츠에서의 자아, 스포츠에서의 몸과 마음의 문제, 스포츠에서의 자유의 문제 등이다. 이를 좀더 구체적인 주제로 다루자면, 체육 · 스포츠의 필요충분 조건은 무엇인가? 놀이, 게임, 스포츠의 유사점과 차이점은 무엇인가? 스포츠와 놀이, 게임과 같은 유사한 인간활동을 어떻게 구분할 수 있는가? 스포츠의 참된 모습은 영원불변한 상태냐 아니면 변화 그 자체인가? 스포츠에는 목적이 있는가 없는가? 스포츠는 필연의 영역인가 자유의 영역인가? 스포츠세계에서 인간은 어떠한 방식으로 존재하는가? 스포츠활동에 참가하는 인간의 몸과 마음의 상태는 어떠한가? 스포츠에서 인간 움직임의 본질은 무엇인가? 등이 될 수 있다.

2) 인식론認識論

인식론은 '과학' 을 뜻하는 그리스어 episteme와 '담론' 을 뜻하는 logos의 합성어이다. 영미 철학계에서 사용하는 넓은 의미의 인식론은 인식의 일반적인 과정에 대한 분석과 연구를 의미한다. 인식론은 '지식이론theory of knowledge' 과 '인지학gnoseologie' 과 동의어이다. 프랑스 등에서 지칭하는 좁은 의미의 인식론은 '과학적 정신' 에 대한 분석, 과학이 사용하는 방법, 과학적 위기, 과학의 역사 등을 연구한다. 어떤 특정한 과학에 대한 철학적 연구(수학철학, 역사학철학, 생물학 철학 등)인 것이다. 인식은 그 자체로서 하나의 이론적이고 순수한 활동, 즉 실용성에 관계없이 지식에 대한 순수한 욕구를 만족시키려 하는 활동이다. 그리하여 인식을 행위와 구분하는 것이 일반적이다.

인식론은 적합한 연구방법에 대하여 지식이 생성되는 방식인 연구의 원칙에 대하여 묻는다. 인식론에는 여러 입장이 있지만, 결국 세 문제로 요약된다. 즉 진리란 무엇인가, 인식의 기원은 무엇인가, 인식이 타당하는 범위는 여하한가 등이다. 학문은 진리의 추구며 지식의 체계다. 진리란 무엇이며, 지식은 어떻게 성립하느냐를 규명하는 인식론은 학문의 기초를 다루는 것이라고 하겠다. Immanuel Kant가 인식론을 가리켜 '최초의 학' 이라고 한 소이所以가 여기에 있다.

스포츠와 관련한 인식론의 연구문제는 스포츠에 관계되는 지식의 한계, 스포츠 지식획득의 방법과 절차 및 구조, 스포츠에 관계되는 지식의 종류 등이다. 이의 구체적인 주제는 체육 · 스포츠와 관련된 앎의 영역이 존재하는가? 체육 · 스포츠와 관련된 지식은 어떠한 것인가? 체육 · 스포츠와 관련된 지식은 다른 지식과 어떻게 다른가? 체육 · 스포츠와 관련된 지식은 어떻게 획득되는가? 등이 될 수 있다.

3) 가치론價値論

가치에 대한 어원은 '잘 지내다' , '가치 있다' 를 뜻하는 라틴어 valere에 해당한다. 일상어로는 어떤 규범이나 이상을 따를 때, 특히 존경할 만한 인물, 사물, 행위의 질을 의미한다. 가치에 관한 물음은 우선 도덕과 과학의 기초에 관련된 물음의 핵심에 자리 잡는다.

따라서 가치론은 선과 악, 의義와 불의不義, 가치 있는 것과 없는 것, 미美와 추醜, 목적과 수단 등의 문제와 관련지어 그 근거와 판단기준, 그 과정 및 대상 등을 밝히려는 철학적 노력이다. 즉 '우리는 무엇을 해야하며' '어떻게 살아야 하느냐' '인생의 최고선最高善은 무엇이며' '인간의 생生에는 무슨 의미와 가치가 있는가' 등에 관한 문제를 탐구하는 영역을 가치론이라 칭한다.

윤리학倫理學과 미학美學이 이러한 노력의 대표적인 분야들이다. 윤리학은 인간의 개인적, 사회적 행위의 질質과 도덕성의 문제를 다룬다. 선한 인간, 좋은 사회, 훌륭한 삶과 본질, 그리고 기준을 밝히는 일을 하게 된다.즉 윤리학은 '좋음' 이란 무엇인가를 탐구하며, 인간에게 어떤 것이 좋고, 어떤 행위가 옳은지를 따진다. 스포츠맨십의 문제' '스포츠 장면에서의 약물 복용 문제' '인종차별 및 남녀차별 문제' 등이 스포츠와 체육현장에서 대두되는 윤리적 상황이라고 볼 수 있으며, 윤리학은 이러한 문제들을 연구하는 분야이다.

미학에서는 예술과 경험과 인간과 환경과 삶속에 있는 미의 본질과 기준의 탐구에 힘쓴다. 즉 자연과 예술에 있어서 미에 대한 준거準據기준을 결정하고 연구하는 영역이 미학이다. 건강하고 균형잡힌 신체를 미의 최고 규범으로 여긴 고대나 현대사회의 각 경기장에서 일어나는 현란한 기술과 움직임은 인간의 궁극적인 미적 체험aesthetic experience을 얻게 하며 이러한 영역이 스포츠와 체육현장과 관련된 미학이라고 볼 수 있다. 최근 스포츠 미학에 대한 관심이 증가하고 있다.

스포츠와 관련된 가치론의 연구는 스포츠윤리학, 스포츠미학, 스포츠사회철학 등으로 구분되어 다음과 같은 문제들이 논의되는데 우선 스포츠윤리학의 경우를 보면, 스포츠에서의 최고선, 스포츠에서의 도덕적 행위의 기준, 스포츠에서의 도덕적 행위의 동기, 스포츠에서의 경쟁과 기록, 스포츠에서의 폭력과 기만 등이 거론될 수 있다. 이의 구체적인 주제로는 스포츠맨십은 무엇인가? 스포츠맨십은 도덕적 행위 준거가 될 수 있는가? 만일 될 수 있다면 그 근거는 무엇인가? 스포츠맨십이 권고하고 금지하는 행위의 유형은 무엇인가? 스포츠에서 경쟁은 윤리와 어떠한 관계를 가지는가? 스포츠에서 경쟁은 윤리적으로 정당화될 수 있는가? 속임수에 대한 우리의 윤리적 자세는 무엇이어야 하는가? 스포츠에서 약물의 사용은 윤리적 측면에서 어떻게 이해될 수 있는가? 약물사용을 제재하는 것은 어떠한 윤리적 준거에서 성립될 수 있는가? 수행-증진 약물 또는 보양약물의 측정을 위한 스포츠에서의 약물검사 규정은 윤리적으로 어떻게 정당화되는가? 동물들은 어떠한 도덕적 근거에서 운동의 탁월성에 대한 추구와 관련되는가? 일정한 형태의 운동수행을 위하여 동물을 이용하는 것은 윤리적으로 정당화될 수 있는가? 스포츠상황에서 인간 주체는 다른 존재를 어떻게 대해야 하는가? 등이 될 스 있다.

스포츠미학이란 특수한 일련의 범주들(취향, 감각, 느낌, 즐거움, 쾌감 등)의 도움으로 스포츠의 세계를 해명하려고 시도한다.스포츠미학의 연구문제는 스포츠에서의 미학적 판단의 기준, 스포츠에서의 관조와 감동, 스포츠에서의 기교와 표현, 스포츠에서의 미학적 과정과 결과, 미학적 의도성과 스포츠 등이 될 수 있다.

스포츠사회철학이란 스포츠가 특정한 사회의 구조 내에서 일어나는 사회적 행위라는 사실을 전제하며, 그러한 행위를 탐구하는 작업을 주요 과제로 설정한다. 스포츠적 행위와 사회구조와의 상호작용적 관계를 해명하는 일은 스포츠사회철학의 포괄적인 주제이다.스포츠사회철학의 연구문제는 스포츠는 남성과 여성 모두에게 동등한 기회를 제공하는가? 만일, 스포츠에 성적 불평등이 존재한다면 그것은 어떠한 양상으로 나타나는가? 여성의 정체성이 어떻게 스포츠와 운동과 같은 신체적 활동 속에서 구성되고 해체되는가? 현대 스포츠가 남성의 신체성에 대한 미신을 형성하고, 신체적 활동의 남성적 성격을 부각시킴으로써 남성지배의 이데올로기를 강화하고 있는 현 시점에서 여성은 어떻게 동등한 기회를 획득할 수 있는가? 스포츠와 정치 이데올로기는 어떠한 관계를 가지고 있는가? 스포츠는 정치 이데올로기를 강화하는가 또는 해소되는가? 스포츠에는 어떠한 정치 이데올로기가 지배적인 양상으로 나타나는가? 스포츠에서의 정치 이데올로기를 어떻게 이해해야 하는가? 등이 될 수 있다.

4) 논리학論理學

논리학은 우리가 어떤 철학적 결론에 도달하였을 때 그 결론에 도달하기까지의 사고의 과정이 과연 타당한 것이었는가를 검토하는 여러 가지 규칙과 기준을 밝히려는 철학적 노력이라고 할 수 있다. 즉 어떤 추론이 올바른 추론인가를 비판적으로 연구하는 것이 논리학이 하는 일이다. 형이상학이 실재를 다루고, 인식론이 진리를 다루고, 가치론이 가치를 다룬다면, 그들에 관한 문제를 다루는 합리적이고 지적인 사고방식이 필연적으로 있을 것이며, 그 합리적이고 지적인 사고방식이 바로 논리학이다.

논리적 사고에는 크게 연역법演繹法과 귀납법歸納法이 있다. 연역법이란 보편적인 원리로부터 구체적인 사실에 대한 지식을 이끌어내려는 추리과정이고, 귀납법이란 개개의 구체적인 사실들에 대한 관찰을 통하여 어떤 보편적인 법칙이나 원리를 이끌어내는 추리의 과정이다.

체육교육자들은 교육의 목적 달성을 위하여 논리적이고 지적인 사고과정의 훈련이 필요하다. "중등학교 교육과정에 왜 체육이 포함되어야 합니까?"라는 질문이 있다면 이에 대해 체육교육에서 얻을 수 있는 이점利點과 체험의 과정을 명확하고 논리적으로 설명해 줄 수 있어야 할 것이다.

4. 체육 · 스포츠에서 철학은 왜?

체육 · 스포츠영역은 정과수업을 의미하는 '체육교육'과 놀이를 근간으로 하는 '스포츠'로 대별된다. 그리고 스포츠는 다시 소수 정예선수를 대상으로 하는 '엘리트스포츠'와 일반인을 대상으로 하는 '대중스포츠(생활체육)'로 구분된다. 이와 함께 학문적인 연구체로서 '체육학' '스포츠과학'이 1960년대 이후 본격화 되고 있다. 체육이 되었든 스포츠가 되었든, 또 체육학연구가 되었든 현대사회에서 이들은 우리의 일상생활과 밀접한 관계를 가지면서 깊숙이 침투되어 있다.

그러나 체육 · 스포츠의 지대한 발전에도 불구하고 최근에는 이들 영역과 관련된 문제점들이 자주 노정되고 있다. 즉 체육 · 스포츠의 현장이나 연구과정에 과학주의가 지나치게 개입되어 제반문제들을 분별없이 계량화시키고, 그 결과만으로 일방적인 결론을 도출하는 경우가 허다하다는 것이다. 이는 결과지상주의를 근간으로 한 물질만능사상과 스포츠세계에서의 승리지상주의를 만연시킬 수 있게 한다. 그리하여 체육교육은 신체활동이 선사하는 내재적 가치를 만끽하기보다는 기록에 의한 평가가 더욱 관심사로 대두될 수 있으며, 스포츠현장에서는 참여의 즐거움보다 동물싸움장과의 구분이 불가능한 경쟁의 장이 되고 마는 것이다. 그렇다면 이러한 문제점들은 어떻게 해소시킬 수 있을까?

동서양 구분할 것 없이 태초의 학문은 인문학이었다. 우리가 흔히 말하는 문文 · 사史 · 철哲이 바로 그러한 영역들이다 현대사회에서 무소불위의 권위를 자랑하고 있는 자연과학은 300만 년이라고 추정되는 인류의 역사에 있어서 17세기에, 사회과학은 19세기에 이르러서야 비로소 제 모습을 갖추기 시작했으며, 이때부터 기계론적, 환원주의적 세계관이 도래되었다. 자연현상과 사회현상에 대한 수리적 접근을 통하여 보다 선명하고 명확한 답을 찾으려 한 것이다. 이러한 시도는 막연하고 비일상적인 것에 보다 관심이 많았던 인문학의 약점을 보완하는데 큰 역할을 하게 되었다. 그리하여 과학만이 이 세상의 이치를 합리적으로 설명할 수 있다는 믿음이 성립된 것이다. 수천 년 이어온 태초의 학문인 인문학은 명맥조차 이어지기 어렵게 되었으며, 이러한 풍토는 체육 · 스포츠의 문제해결에 있어서도 그대로 도입되었다.

체육 · 스포츠현상에 대한 연구 또한 초창기 의료인들의 참여에 의해 자연과학으로부터 시작하여 차츰 사회과학으로 확대되어 갔다. 실험과 관찰을 근거로 하는 현대과학이 큰 성과를 가져오자 체육학연구에서도 실증적인 것을 높이 평가하게 되었고, 아무리 논리적으로 타당한 것이라 하더라도 경험적인 사실에 의하여 증명되지 못하면 시, 꿈 혹은 환상으로 취급하기에 이른 것이다. 그럼에도 불구하고 분명한 것은 경험이나 실증만을 강조하고 논리적 사색보다 감각적인 것에만 의존하게 되면 보이지 않는 세계나 관념은 배제되고 보이는 세계만을 중요시하게 되는 우를 범하게 된다는 사실이다. 즉 체육 · 스포츠의 세계에서 근본적이고 궁극적인 것을 찾는 형이상학적 노력이 가치를 잃게 되는 것이다. 따라서 이러한 문제점을 보완하기 위해서는 인간과 인류문화를 대상으로 삼는 영역, 즉 철학적 접근이 요구된다.

철학은 지식을 얻는데 목적이 있지 않고, 세상과 인간을 어떻게 사유하고 바라보아야 할 것인가를 깨달으려는데 있다. 철학은 사실에 관한 진리를 말하는 '지식의 학문' 이 아니라 사실의 지식과 그것에 관한 의미, 가치, 목적 등도 함께 고려하는 '지혜의 학문' 이라고 할 수 있다. 이는 철학은 '해답, 대답을 주기 위한 학문' 이기보다는, 질문을 던지는 방법을 가르치는 '영원한 물음의 학문' 임을 암시하고 있다. 과학이 예리한 분석력을 잠재력으로 한다면, 철학은 반성적 자각과 비판정신을 근간으로 흐트러진 문제들을 종합 · 정리하며 새로운 방향을 제시하는 통찰력이 있는 것이다. 따라서 체육 · 스포츠의 문제해결에 있어서도 철학은 올바른 길을 인도하는 길잡이 역할을 하게 된다. 체육 · 스포츠에서 철학을 찾는 이유가 바로 여기에 있다.

5. 주요 철학사조와 체육

철학사에 있어서 가장 큰 두 사상적 조류는 관념론觀念論과 실재론實在論을 들 수 있다. 최근에 와서는 실용주의實用主義와 실존주의實存主義도 하나의 조류를 형성하게 되었다. 관념론과 실재론을 전통철학이라고 한다면 실용주의와 실존주의는 현대 철학사조라고 말할 수 있다.

이 장에서는 위의 네 학파 외에 자연주의自然主義를 포함하여 다섯 유형의 철학사조에 대한 본질과 개요를 알아본 후 체육 및 스포츠와의 관계를 논의하고자 한다.

김창룡은 다섯유형의 철학사조哲學思潮를 다음과 같이 비교하고 있다.

[표 8-1] 전통적 철학사조의 비교

	자연주의	관념론	실재론	실용주의	실존주의
진리의 근원	자연	관념	과학적 실제	인간의 경험	인간의 실존
가장 중요한 것	개인	사람	물질세계	사회	개인
진리도달방법	자연의 법칙	추론과 직관	과학적 방법	변화경험	개인이 주체적 결정
정신의 중요성	전인을 위한 신체적, 정신적 균형	강조	추론과 과학적 방법의 이용	탐구,관찰 참가를 통한 학습	교과와 학습방법을 개인이 결정
신체의 중요성	최적의 학습 신체활동 긴요	정신과 동시게 발달	전인을 위해 강조	시회의 효과적 기능 다양한 활동	활동 선택 자유 창의력
교육과정의 핵	개인의 학습 준비	교사중심 시범 질적	교과 중심 계량적	아동중심 : 개인차 기초	개인중심 자아실현 기초
교사의 중요성	안재자와 조력자	모델과 거울	체계적인 사실 진술 학적 방법이용	동기유발자 문제해결 및 공동 학습자	자극자와 상담자
인성의 중요성	사회성의 발달중시	도덕적 정신적 가치 강조	생활적응 학습	사회성 발달 개인욕구 충족	자기책임 자인인식 학습
교 육	자연적 과정	자아발달	현실생활 적응	사회의 효용성	개인책임 수용지도

1) 자연주의自然主義 : naturalism

자연주의는 서양철학에서 가장 먼저 형성된 철학사상으로서 형이상학적 관점에서 보면 '모든 실재實在가 자연all reality is nature' 이라는 생각에 기반을 두고 있다. 따라서 자연주의자에 의하면 진정한 존재는 모두가 자연적인 것이며 자연 속에 있는 것이다. 자연 이외에는 아무것도 존재하지 않고, 또한 그것을 초월해서도, 아무것도 존재하지 않는다. 존재하는 모든 실재는 오직 자연의 물질 범위 안에서 존재한다는 것이다.

자연주의 사상의 창시자로는 Thales, Anaximander, Anaximenes, Democritus, Leucippus, Epicurus, Lucretius 등이 있다. Thales는 세상 만물이 '물' 로서 이루어졌다고 믿었으며, Anaximander는 '무한자無限者' , Anaximenes는 '공기' 로서 설명하려고 했다. 각 사람마다 주장하는 물질은 서로 달랐지만 어떠한 물질로서 만물을 설명하려고 했던 점, 또한 모두들 자연의 범위를 넘어선 어떠한 실체에 대해서는 이해해 보려고 하지 않은 점에서 공통점을 가지고 있다.

Democuritus와 Leucippus는 자연은 빈공간과 원자라는 두 가지 물질로 나눌 수 있다고 생각함으로써 실재를 원자론적 관점에서 설명하려 하였다. 또 Epicurus는 자연과 조화를 이루어 즐거운 삶을 살아가는 것을 찬양했는데 그의 원자론에 대한 생각은 Democritus의 견해와 비슷했다. Lucretius는 고대원자론자 중의 마지막 사람으로서 이들에 의하여 원자론으로서의 확고한 위치를 갖게 되었다.

●Jean Jacques Rousseau(1712~1778)

초기 자연주의 사상은 주로 자연의 물질적 근원을 밝히는 데에 치중하였다. 자연주의적 설명을 인간의 삶과 관련하여 설명하려는 노력을 체계적으로 전개한 대표적인 철학자는 Rousseau다. Rousseau는 18세기 프랑스의 위대한 작가이며 교육자로서 그의 사상은 대표적 저서인 민약론民約論 : social contract과 에밀Emile에 잘 반영되어 있다.

민약론에서는 '인간의 평등과 자유를 내세우는 민주주의 이론' 을 제창했으며,

에밀에서는 '사회의 간섭없이 자연 그대로 성장할 수 있도록 하는 소년의 교육' 을 주장했다. 특히 에밀은 교육과 체육부문에 많은 영향을 미친 교육소설로서 그가 분류한 다섯 단계의 교육 계획은 오늘날까지 상당한 시사점을 주고 있다.

Rousseau는 그 당시의 학교가 학생들을 너무 구속하고 자연적인 성장을 방해하며, 사회 역시 학생들의 내적 성격을 파괴시킨다는 점에 분개하여 학생 중심의 교육, 자아활동을 발견토록 하는 교육, 개성과 신체적인 건강을 도모하는 교육 등을 강력히 주장하였다.

에밀에서 나타난 Rousseau의 자연주의 체육관은 전 생애에 걸쳐 체육이 수행되어야 하지만 특히 어린 시절, 즉 유아기, 아동기 때에 자연 속에 맡겨 신체적 단련을 통한 강건한 신체를 일찍부터 몸에 지니게 하여야 함을 강조하였다. 그러므로 Rousseau의 체육사상은 '자연적 신체단련' '강건한 신체' '건전한 정신' 그리고 '도덕적 극기' 등으로 요약될 수 있다.

Rousseau는 그의 사상못지 않게 많은 추종자를 탄생시킨 인물로도 유명하며, 한편으로는 그의 사상이 유럽 뿐만 아니라 미국으로 건너가서 실용주의와 진보주의 교육이론의 밑거름이 되었다고 볼 수 있다. 그의 이론을 받아들이거나 발전시킨 유명한 이론가들은 J. B. Basedow, J. H. Pestaiozzi, J. F. Guts Muths, F. Frobel 등이 있다. 그들의 생각을 간략하게 살펴보면 다음과 같다.

● Johann Bernhard Basedow(1723~1790)

Rousseau의 사상에 영향을 받은 독일의 교육연구가로서, 1774년 뎃소우Dessau에 汎愛學校Philanthropinum를 설립하여 자신의 자연주의 교육사상을 실현하려 하였다. Basedow 역시 학습은 '어린이 중심' 이어야 하고, 어린이에게 가장 흥미를 주는 것으로 부터 시작해야 한다고 확신했다.

Basedow의 교육목적은 아동으로 하여금 공익公益에 봉사하는 인간애와 애국정신을 길러 행복한 시민생활을 영위하게 하는 것이었다. 이러한 교육목적을 달성하기 위한 방법으로서 '신체의 양호' '훈련' '교수' 의 3영역에 중점을 두었다.

● Johann Heinrich Pestalozzi(1746~1827)

스위스의 교육가로서 Pestalozzi는 훌륭한 교육이란 어린이의 본성을 이해하며, 어린이를 위한 지적, 신체적, 도덕적인 힘과 재능이 발달하도록 도와주려고 노력하는 것이라고 생각했다. 또한 그는 구체적인 삶의 내용에 중점을 둠은 물론 어린이가 사고하고 성장할 수 있는 환경의 조성에 역점을 두는 교육이어야 한다고 주장했다. 신체 운동과 스포츠, 그리고 경기 등은 건강과 레크리에이션의 견지에서 유익하다고 생각했으며, 교육과정에는 체육시간을 하루에 한 시간씩 할당해야 한다고 말했다.

● Johann Friedrich Guts Muths(1759~1839)

Guts Muths는 독일의 뛰어난 체육교사였으며, 1785년 C. G. Salzmann이 세운 슈네펜탈Schnepfenthal 교육연구소에서 50여년 동안 봉직했다. 이 기관은 범애학교를 모방했으며, 18세기의 모든 자연주의적 학교 중에서 가장 우수했다.

그는 교육과정을 생리학, 의학 등의 과학적 지식에 기초하여 마련했으며, 학생들의 발달과정을 개별적으로 기록하게 해서 그들의 성장을 도왔다. Rousseau와 마찬가지로 어린이들은 자연 그대로 성장할 수 있도록 해야 한다고 믿었으며 소녀들도 게임과 신체 훈련에 참가해야 하지만 그 활동이 과격한 것이 되어서는 안된다고 생각했다. Guts Muths는 50여년이라는 오랜 세월을 오직 체육교사로서 근대 체육에 바친 공헌에 의해 독일 체조의 할아버지, 독일 체육의 아버지, 현대 체육의 창시자 등으로 불리우고 있다.

● Friedrich Fröbel(1782~1852)

Frobel은 Rousseau나 Pestalozzi와 같이 자연주의 교육을 주장했으며, 근대적 아동교육의 창시자로서 유명하다. 그는 유아가 놀고 있을 때 가장 꾸밈없이 자기를 나타내고 있음을 알고 이러한 이론 밑에서 유치원을 고안했으며, 놀이에 의한 조직적 교육계획을 최초로 세상에 소개하였다.

Platon 이래 교육에 있어서 유희의 가치를 강조한 학자는 적지 않지만 그들의 대부분은 신체적, 보건적 관점에서 유희의 가치를 논하였던 것이다. 그런데 이들과는 달리 Fröbel은 교육적 입장, 특히 성격교육적 입장에서 유희의 중요성을 역설하였다.

■ 자연주의의 교육적 의의와 허점

〈의의〉

첫째, 교육자들에게 아동의 본성에 대한 이해의 필요성이 강조되어 교육의 과학화에 이바지했다.

둘째, 어린이의 자연적 성장 유형이 교육의 내용과 방법을 결정해야 한다는 신념이 대두되었다.

셋째, 경험을 통한 학습의 교육적 가치와 학습에 있어서의 흥미를 중시하였다.

〈허점〉

첫째, 인간 본성에 대한 지나친 낙관이 피교육자의 자유는 향상시켰지만, 교육에 반드시 필요한 최소한의 질서와 훈련조차 그르칠 우려가 있다.

둘째, 자연주의적 인식론의 한계, 즉 앎을 경험에만 축소시키는 것은 윤리적, 심미적 가치와 형이상학적 영역에 관한 많은 앎의 가능성을 배제한다.

셋째, 교육의 영원한 목표가 없다.

■ 자연주의와 체육

위에서 논의된 자연주의 철학사상의 의미와 교육에 미친 영향의 분석은 다음과 같은 내용으로 체육에 적용되고 해석될 수 있다고 본다.

첫째, 자연주의 교육에서는 건강, 체육, 레크리에이션의 중요성이 강조된다.

육체와 정신 사이에는 상호관계가 있기 때문에 체육이 중요하다고 믿으며, 레크레이션 또한 젊은이들이 환경의 구속으로부터 벗어나는데 기본이라고 믿는다. Guts Muths는 교육의 근본 목적이 지식을 얻는 것이 아니요, 건강한 사람을 만드는 것이라고 주장했다. 즉 신체활동에 의하여 집단구성원으로서의 역할을 배우고 높은 수준의 도덕성을 배양하며 바람직한 태도와 그들의 잠재력을 최대로 발전시킬 수 있다고 본다.

둘째, 자연주의 체육의 의의는 타고난 인간의 능력을 발전시키고 완성시키는 데 있다.

자연주의 교육은 자아훈련, 도덕성의 발달, 개성 그리고 신체적인 건강 등을 동시에 발달시키도록 해야한다. 그러므로 체육활동은 개인의 잠재력을 개발시켜 주는 근원으로서 참가자로 하여금 스스로 환경에 적응할 수 있도록 함이 중요하다. 즉 자아활동을 발견하며, 자신의 경험에 의해서 배우도록 격려해 주고 기쁨으로 많은 지식을 얻도록 도와주어야 한다.

셋째, 자연주의 체육의 내용은 학생의 흥미, 요구 등이 토대가 되어야 하며, 교육방법은 민주적이어야 한다.

교육 내용은 협동심이 강조되고 학생들의 감정이 존중되지만 격렬한 행위와 경쟁에 대해서는 반대한다. 교육 방법 또한 학생들의 자연적인 성장을 위하여 외부의 간섭없이 학생들의 요구와 충동에 따라서 이루어진다. 교사의 역할은 자연법칙에 따라 어린이들이 성장할 수 있도록 돕는 데 있으며, 교사는 학생들의 감독자가 아닌 친구이며, 협력자다.

2) 관념론觀念論 : idealism

관념론은 자연주의와 더불어 오랜 역사를 지닌 것으로 고대 그리스의 Socrates (B.C. 469~B.C. 399)와 Platon(B.C. 429?~B.C. 347)에서 그 기원을 찾을 수 있다. 관념론이라는 말은 17세기 말 G. W. Leibniz가 Epicuros를 유물론자materialist, Platon을 관념론자idealist라고 부른 데서부터 비롯된다.

관념론은 몇 가지 유형을 가지고 발전하였기 때문에 간단히 개념을 규정하기 어렵다. 그러나 J. D. Butler는 관념론의 계보를 Platon으로 부터 시작하여 헤브루인들의 종교적 전통, R. Descartes, B. Spinoza, G. W. Leibniz, G. Berkeley, I. Kant, G. W. F. Hegel을 거쳐서 현대 영 · 미의 관념론자들로 이어져 왔다고 설명하고 있다.

관념론은 우주를 형성하는 궁극적인 참된 실재, 즉 진실로 존재하는 것으로서 만물은 그것으로 인하여 성립되고 생성되며, 변화하는 그러한 궁극적인 실재란 마음心意 : mind이나 자아self 또는 정신spirit이라고 믿는 철학설을 가리킨다. 관념론의 시조라고 할 수 있는 Platon은 현실적 사물과 실재적 존재를 구별하고 후자를 이데아Idea*라고 하였다.

관념론자들은 절대정신, 절대가치, 절대정의와 그렇지 못한 것을 구별짓듯이, 인간의 몸과 마음도 구별짓는다. 그들은 마음mind과 관념idea의 능동성actuality을 믿는다. 인간의 몸은 마음에 비해 열등한 것이므로 마음이 몸을 지배할 수 있어야만 인간다운 인간이 될 수 있다고 본다. 따라서 교육은 인간의 마음과 영혼을 단련시키고 계발시켜 절대가치를 깨닫고 절대정도를 실현시키는 인격으로 키우는 데 힘쓰게 된다. 이성에 의한 사고와 판단이 중요시되며, 그 훈련을 위해서 절대 정신이 계시된 문헌들과 고전의 연구가 필요하다고 본 것이다.

■ 관념론의 교육적 의의와 허점

〈의의〉

첫째, 인생의 목적에 대한 진지한 성찰과 이상에 대한 경건한 추구 등 자기의 의식과 의지를 중시하였다.

둘째, 현실을 초월한 가치를 중심적으로 지향함으로써 자연주의의 한계를 극복하려 하였다.

셋째, 인간의 자력에 의한 노력을 중시하였다.

〈허점〉

첫째, 지나치게 유토피아적이며, 현실 세계를 긍정적으로 수용하는 태도가 모자란다.

---

* 희랍어의 'Eidos'나 'Idea'는 원래 '보는 대상' 또는 '보는 행위'를 뜻하는 말이었다. 말하자면 그것은 보는 대상, 보는 행위이기는 하지만 특별한 대상, 또 특별한 시력을 뜻하게 되었고, 그것이 영어의 'Form'이나 우리말의 '형식(形式)'으로 번역되었다. 즉 '불가시적인 실재(實在)'의 의미로서 사물의 '순수 본질(本質)'을 나타내는 말이다(이홍우, 1994 : 289-291).

둘째, 개성의 발로를 사회와의 절연상태에서 기하기 쉽다.

셋째, 유토피아적 이상주의가 일반적으로 가지고 있는 맹목적 정열과 독선적 심성을 편협되게 형성시킬 수 있는 위험성을 가지고 있다.

■ 관념론과 체육

위에서 논의된 관념론의 의미와 교육에 미친 영향의 분석은 다음과 같은 내용으로 체육에 적용되고 해석될 수 있다고 본다.

첫째, 관념론적 체육에 있어서는 신체적인 것보다 정신적이고 지적인 면을 우선하고 있다.

이는 관념론적 교육이 우주와 그 안에 있는 사물을 관념觀念, 정신精神, 그리고 영적靈的인 개념으로 해석하려는 경향이 있기 때문이다. 관념론자들은 체육활동이 학생들로 하여금 여러 가지 도덕적 가치를 발달시킬 수 있으며, 스포츠맨십, 용기, 개인의 창의력, 공정성, 그리고 예술적 심미안과 같은 높은 이념들을 얻을 수 있다고 생각하고 있다. 관념론에서 각 개인에게 체육 프로그램을 강조하는 이유는 바로 그러한 점에 있다.

둘째, 관념론적 체육지도자는 학생들의 본보기가 되어야 한다.

관념론에서는 교사가 매우 중요하다. 교사는 모든 문화의 대리자 혹은 전달자로서 중심 역할을 하고 있기 때문이다. 체육교사는 건전하고 활기찬 생을 삶으로써 학생들의 본보기가 되어야 한다. 또한 학생들이 자기 성취를 하도록 도와주며 엄격하면서도 다정해야 한다. 그리고 자신이 학생이 되어 참된 지식을 탐구하도록 노력해야 한다.

셋째, 관념론이 정신적인 면을 강조한다고 해서 육체적인 것에 대한 관심을 부정하는 것은 아니다.

관념론적 신학자로 알려진 Herman H. Horne은 관념론과 관련하여 "교육은 인간을 신체적 및 정신적으로 발달시켜 신에 가깝게 접근시키는 영원한 노력의 과정이다"라고 정의했다. 그에 의하면 체육은 신체가 정신에 끼치는 영향력으로 인해 교육에 매우 필요한 것이다.

관념론에서는 비록 교육적 가치의 서열에서 건강한 신체에 대한 가치를 최상으로 여기진 않지만 진, 선, 미와 같은 가치를 찾기 위해 신체활동에 의한 건강의 유지는 모든 것에 대해 가장 필수적이고 기본적인 가치이며, 모든 것을 풍부하게 해준다고 생각하여 중요시한 면이 있다.

3) 실재론實在論 : realism

실재론은 관념론과 마찬가지로 고대 그리스에서 그 기원을 찾을 수가 있다. 실재론의 바탕은 물질物質의 실재實在에 대한 하나의 믿음이다. 즉 우주는 환상이 아니라 실제적이고 구체적으로 존재한다는 것이다. 따라서 이 세계를 파악하고 이해하기 위해서는 절대정신에 접근함으로써가 아니라 이 물질세계를 관찰하여 그 법칙을 발견함으로써 가능하게 된다. 이것은 곧 인식의 대상이 인식작용의 의식이나 주관에서 독립하여 존재한다고 보며 그것에 대한 객관적 파악에 의해서만 참다운 인식이 성립한다는 이야기와 같다.

실재론자들은 물질계 혹은 자연계를 있는 그대로 받아들이며 인간과 경험을 통하여 물질계를 이해하게 된다. 그러므로 그들은 객관적 사물을 강조하며, 주관적인 생각을 멀리한다. 즉 과학적 연구의 절차와 적합한 방법의 사용을 강조하는 반면, 명상적이고 이론적이며 사색적인 방법의 도입을 멀리한다.

실재론자들은 사물의 실재에 대해서는 동의하지만 다른 여러 가지 측면에서 견해를 달리하고 있다. 즉 실재론은 일반적으로 합리적 실재론合理的 實在論과 자연自然 혹은 과학적 실재론科學的 實在論으로 나누고 다시 합리적 실재론은 Aristoteles로 대표되는 고전적 실재론古典的 實在論과 Thomas Aquinas로 대표되는 종교적 실재론宗教的 實在論으로 나뉜다.

Platon은 관념론의 창시자로 알려져 있지만 그의 사상 중에 보편적인 것이 개별적인 것보다 실제적이며 무한한 정신으로부터 독립해 있다는 신념은 실재론의 길을 터놓았다. Aristoteles(B.C. 384~B.C. 322)는 Platon보다 실재의 부분으로서 물질의 세계를 인정하려고 했으며 보편적인 것보다는 개별적인 것에 더 관심이 있었고, 자연계의 존재에 관한 개연성蓋然性보다는 자연계를 창조한 원인에 더 매혹됨으로써 세계를 기계적으로만 생각하지 않고 물질적으로도 생각하였다.

근대에 들어서 J. A. Commenius(1592~1670)는 종교적, 교육적 개혁을 일으키려고 노력함으로써 철학보다는 교육적 방법과 신학을 연구했던 사람으로 그의 교육에 관한 사상은 실재론에 관한 철학적 특성이 있었다.

J. Locke(1632~1704)도 대표적인 실재론자로 알려지고 있는데 그는 교육은 몸과 마음을 건전하게 발달시켜야 한다고 생각했으며 교육이 휴식과 레크레이션을 줄 수 있어야 한다는 Commenius의 사상에 찬성했다.

J. F. Herbart(1776~1841)는 우주를 설명함에 있어서 우주는 실재라고 부르는 실체實體나 혹은 고정된 법칙으로 구성되어 있고 모든 영혼까지도 실재로 간주된다고 주장하였다. 따라서 인간은 자기의 경험세계를 창조하기 위하여 이러한 실재들을 조화하여 재구성한다. 이러한 이론에 의하여 우주는 실재이며 철학은 실재론으로 구분된다. 20세기에 와서 실재론은 Thorndike, Watson, Skinner에 의하여 크게 발전했다.

실재론적 경향을 띤 교육관은 '교육이란 사물의 지각 능력을 기르는 것이고 자연의 법칙을 탐구하는 지적 능력을 성숙시키는 것' 이라는 주장으로 그 특징을 나타내고 있다. 그러므로 지식의 탐구에 필요한 기본적 도구와 기술을 익히고 학문과 예술의 기초적 원리에 익숙케 하여 결국에는 사물에 내재하는 법칙성과 예술성을 탐구하고 표현할 수 있도록 하는 것이다. 그들에 의하면, 교육의 사회적 기능은 인간의 역사를 통하여 전래되어 온 지식과 문화를 전달하는 것이다.

■ 실재론의 교육적 의의와 허점

〈의의〉

첫째, 합리적 사고의 기본적인 도구, 규범, 원리에 익숙해야 함을 강조하여 지적 교육의 중요성을 인식케 하였다.

둘째, 우주, 세계, 사회, 자아를 긍정적으로 이해시켜, 이것을 교육의 마당에 적극적으로 굴절시켰다.

셋째, 현실 생활에 필요한 지식을 중히 여겼다.

〈허점〉

첫째, 초자연주의나 불가지론적 견해에 준비가 없었고, 전통적 형이상학적 명제를 경시했다.

둘째, 실재론자의 인식론은 경험적 지식을 강조함으로써 창조적 이성의 기능이 역할을 못하게 하고 있다.

셋째, 도덕적 판단의 객관성을 거절함으로써 아는 것과 행함을 구별하고 인간 유기체에 거역하게 되었다.

■ 실재론과 체육

실재론의 의미와 교육에 미친 영향의 분석은 다음과 같은 내용으로 체육에 적용되고 해석될 수 있다고 본다.

교육에 있어서와 마찬가지로 체육에 있어서도 실재론은 인문주의적 실재론, 사회적 실재론, 감각적 실재론으로 분류되며, 세 단계의 실재론에 속하는 철학자들은 체육과의 세계에 대해서 견해를 다소 달리하고 있다.

인문주의적 실재론자들은 신체의 훈련과 단련을 생각했으나, 그들이 강조하는 주요 목적은 군사적인 것이었다. 그들은 체육을 운동, 경기, 훈련의 한 과정으로 인정한다기보다 군사상의 목적을 위한 기술과 용기와 민첩한 훈련으로 생각하는 경향이 강했다. 그러나 이러한 일들이 신체적인 데에 관심을 불러일으킨 것은 사실이다.

사회적 실재론자들은 몸과 마음과 정신적인 면에서 완전한 사람을 목표로 하는 교육을 주창했다. 그들이 지향하는 바는 신사로서 젊은이를 키워내는 것이었으므로 학생을 전인全人으로 발달시키고, 이것을 성취시키기 위한 교과과정이 요구되었으며, 이러한 결과 체육과 보건이 교육의 한 부분으로 포함되게 되었다.

감각적 실재론자들은 과학을 지식의 근본으로 하여, 자연의 질서와 그 진행에 따르는 방법을 믿고 지식을 모으고 이해하는데 있어 감각적 지각의 사용을 신뢰했다. 그러므로 그들은 감각기관의 훈련을 강조하지 않을 수 없고 이러한 경향이 신체에 대한 연구, 나아가서 체육에 많은 관심을 가지게 했음은 당연한 것이다.

위에서 논의된 실재론의 단계별 의미와 교육에 미친 영향의 분석은 다음과 같은 내용으로 체육과 관련될 수 있다고 본다.

첫째, 실재론자들은 신체적성이 지닌 본질적 가치를 강조한다.

훌륭한 신체를 소유한 사람이 사회에서 생산적인 삶을 할 수 있다고 보기 때문에 그들은 감각기관 및 신체적성의 훈련을 강조한다. 실재론의 체육 목적은 '신체의 교육' 과 밀접한 관계를 갖고 있으므로 신체적성은 여러 철학 학파 중 실재론의 철학에서 특히 강조하고 있다. 관념론에선 근력이나 지구력을 외적 가치로 여긴 반면, 실재론은 내적 가치로 생각한다. 그리고 실재론자들은 유희와 레크레이션 활동이 생활의 적응력 향상에 보탬이 된다고 보고 이의 참여에도 찬동한다.

둘째, 실재론자들은 체육활동이 사회생활에 대한 적응력과 바람직한 사회적 습관의 형성에 기여한다고 보고 장려한다.

실재론자들은 체육이 사회에 대한 적응력을 부여해 주는 학습 효과가 있다고 보고 체육활동과 학교간 대항경기 등을 권장한다. 그리고 실재론의 교육은 습관을 형성하는 데 기술이 중요하다는 것을 인정하여 지적, 도덕적 기술과 더불어 운동기술도 발달시키도록 한다. 현대 생활의 스트레스 해소 등 개인이 보다 행복한 생활을 영위하게 하는 데 운동 기술이 필요한 것이다. 학생들의 흥미와 관심을 충족시킬 수 있는 놀이 형태나 스포츠 활동을 제공하여 줌으로써 학생들의 바람직한 행동감정 및 사고력을 발달시키는 것이 실재론적 체육의 목적이다.

셋째, 실재론자들은 객관적 사실과 과학적 사고를 강조하기 때문에 체육 프로그램 및 지도는 과학적 지식에 근거하여 이루어지도록 한다.

이는 신체와 신체활동에 대한 과학적 탐구와 관심을 의미하며 체육 프로그램 및 교수, 평가 등에 있어서도 과학적 방법의 적용이 요구됨을 나타내는 것이다. 그러므로 실재론의 철학을 가진 교사는 학생들을 대하는 데 관념론의 교사에 비해 비인간적이라고 할 수 있다. 과학자처럼 객관적인 사고를 지닌다는 의미이다.

그리고 그들은 좀더 객관적이고 과학적이기 위해 감각 보조 기구들의 사용을 권유한다. 예를 들면 비디오, 슬라이드 등과 같은 시청각 기구들은 보다 효과적인 교육이 일어나게 하는 데 도움을 주는 기구들이다. 과학과 기술은 실재론적 체육교사에게 빼놓을 수 없는 역할을 한다.

■ Platon과 Aristoteles의 체육사상 비교

Platon과 Aristoteles의 체육사상 비교는 관념론과 실재론의 비교로 볼 수 있다. 왜냐하면 두 사람 모두 고대 그리스 사람이며 사제지간이기까지 하나 Platon은 관념론, Aristoteles는 실재론의 시조로서 철학적 입장의 차이가 분명하기 때문이다.

Platon은 사물에 대한 '기학학적 관점' 을 확대하여 영원하고 불변하는 이데아의 세계를 창출해 낸 반면, Aristoteles는 우주 자체를 생물학적인 거대한 하나의 유기체로 보고 실제로 눈에 나타난 현실의 세계에서 불변하는 변화의 원리를 찾아내려고 했다는 점에서 그렇다는 것이다.

Platon은 민족적 요소가 강하고 신화적 혹은 시적 표현을 즐겨 썼으며 직관이란 방법을 통하여 존재를 하나로 파악해 보려는 경향을 가지고 있었다. Aristoteles는 세계성을 강조하고 수식이 없는 산문체나 냉철한 논리적 분석을 좋아 했으며, 현상의 다양한 움직임에 더욱 큰 관심을 쏟고 있었다. 한 마디로 Platon은 관념적이고 종교적인 성향을 띠고 있는 반면, Aristoteles는 과학적이고 실증적인 기질을 철학에 반영하였다고 볼 수 있다.

이 란에서는 그러한 취지, 즉 관념론과 실재론의 의미 차이와 두 철학사상이 지닌 체육에 대한 입장을 분명히 하고자 趙明烈이 제시한 비교 내용을 소개하고자 한다.

첫째, Platon은 정신을 선善으로 인도하기 위한 수단으로 그의 종인 신체의 교육을 제창心身二元論하였고, Aristoteles는 개인을 최선의 상태로 인도하는 한 조건으로 신체의 선을 제기하여, 심신일원론心身一元論적 입장에서 체육의 효과를 제창하였다.

둘째, 인간의 이상을 Idea에서 구하려고 한 Platon은 지적 인간의 육성이나 사색하는 사람들을 전제로 하는 체육을 논하였으나, Aristoteles는 선을 여러 가지 다른 상태에서 다른 논리에 의하여 신체의 선을 가져올 수 있는 체육을 제창하였다.

셋째, Idea의 생활을 이상으로 하는 Platon의 이지理智가 육체를 초월한 것으로 생각하였으나, Aristoteles는 행복한 인간의 생활을 이상으로 하고, 선에 도달하는 활동으로 신체의 선을 중시하였다.

넷째, 이상국가의 건설을 목적으로 하는 Platon은 그 구성원으로서의 전사 계급에 대해 중점적인 체육을 제창하였으나, Aristoteles는 개인의 선을 가지고 국가의 선으로 하려는 생각을 주장하였고, 개인의 선을 단위로 하여 개인의 심신이 다 같이 선이 되는 상태를 희구하였다.

4) 실용주의實用主義 : pragmatism

프래그머티즘, 즉 실용주의는 원래 그리스어의 'pragma' 란 말에서 나온 것으로 이는 행위, 사실, 활동, 실천을 의미한다. 즉 실용주의는 어떠한 의미든지 그 목적의 결과로부터 나온다고 하는 철학적 학설이다. 그러므로 관념이나 지식의 본질, 기능을 구체적인 생활사실과 직접 관계 지우고 이론과 실천이 불가분의 관계임을 강조하며 인식작용은 실제적 활동에 환원한다. 또 인식의 가치는 그 실제상의 효과에 의하여 결정된다고 하여 결국 진리眞理와 실리實利를 등가적等價的으로 본다. 진리의 판단은 행동이라는 것이다.

실용주의는 미국의 토착적 철학으로서 Charles Sanders Peirce(1839~1914), William James(1842~1910), John Dewey(1859~1952)의 사상으로 대표된다. 그러나 그들은 각기 독특한 이론적 특색을 가지고 있다. Peirce는 주로 수학적, 논리학적 특징을 보이고 있으나, James는 심리학적, 종교적 특징을, 그리고 Dewey는 실험과학적, 생물학적 특징을 나타내고 있다.

1870년대 초에 Peirce는 「우리의 관념을 어떻게 명료화할 것인가?how to make our

ideas clear?」라는 논문에서 처음으로 'the pragmatic maxim' 이라는 표현을 썼다. Peirce는 관념의 의미는 행동의 결과에 의하여 실증되어야 한다. 즉 지식의 진실 여부는 그 지식이 유효한 결과를 가져올 것인가에 의하여 판정해야 한다.

James는 하버드 대학에서 Peirce와 함께 공부했고 개인적으로도 두터운 친분을 가져 왔으나 두 사람의 견해는 상당한 차이가 있다. 프래그머티즘이 여러 개념의 의미를 명확히 하는 방법론의 철학이며, 개념의 의미란 그것이 행동상에 야기시킨 결과라는 점에서 두 사람의 견해는 일치된다. 그러나Peirce는 추상적 지적 개념의 의미를 분석의 대상으로 삼고, 항상 합리적 행동을 염두에 두며, 일반적 결과를 강조하는데 반하여 James는 구체적이고 단일적이며, 특수적인 결과를 문제삼는다.

Peirce와 James의 방법론을 더 한층 구체적으로 인간의 전 생활과 직결시켜 실천에 옮긴 사람은 Dewey이다. 그는 명료화된 개념이나 증명된 진리는 인간의 지성생활에 도구의 역할을 한다고 본다. 그래서 Dewey의 프래그머티즘을 도구주의道具主義 : instrumentalism라고 한다. Dewey에 의하여 집대성된 프래그머티즘은 민주주의 이념과 결합하여 미국인의 대표적인 생활철학이 되었다.

R. W. Webster가 요약한 실용주의의 개념들을 살펴보면 다음과 같다.

첫째, 지식론이 실재론보다 더 중요하다. 물론 실재성의 의미에 따라서 좌우된다. Dewey의 생각에 의하면 실재성은 인간경험의 법칙들에 따라 성장하고, 변화하고, 발전하는 것이다.

둘째, 경험이 지식의 바탕이다.

셋째, 지식이란 사실들을 그저 모아놓은 것이 아니기 때문에 얻으려고 노력하지 않으면 안 된다.

넷째, 경험은 늘 변화하고 발전한다.

다섯째, 의미는 경험의 실제적 결과에서 비롯된다.

여섯째, 행위는 진리의 실험장이다.

일곱째, 한 경험은 또 다른 경험에 영향을 미친다.

여덟째, 행위의 과정을 앎의 과정보다 더 강조한다.

Dewey는 실용주의자들 중에서 철학적 이론을 교육의 이론과 동일시한 사람이다. 그는 교육에 의미를 주지 못하는 철학적 이론은 무의미한 것이라고까지 하였다. Dewey는 교육이란 미래 생활의 준비라고만 여기는 종래의 관념을 배격하고 그것은 생활 그 자체이며 그것을 초월한 어떤 목적도 없다고 하였다. 따라서 교육에서는 단순히 지식을 가르치고 전달하는 것보다 지식을 획득하고 적용하고 개선할 수 있는 능력을 길러주는 일에 보다 더 중점을 두어야 하게 된다. 인류의 발전과 진보란 인간의 지식과 경험이 이러한 계속적인 재구성continuous reconstruction에 의해서 이루어지는 것으로 본다.

■ 실용주의의 교육적 의의와 허점

〈의의〉

첫째, 경험의 모델을 실험 과정이라고 생각하는 점에 있어서 근대의 과학 방법을 실험실로부터 인간의 사회생활과 개인생활의 전 영역에 확대시켰다.

둘째, 개인과 객체의 상호작용에 의한 조화적 공존에 입각하여 낙천적 사회관을 낳아 민주주의 이념을 미국에 토착화시켰다.

셋째, 아동 중심, 경험 중심의 교육사상이 새로운 교육이론의 발전과 새교육 운동에 지대한 공헌을 했다.

〈허점〉

첫째, 가장 기본적인 지식을 철저히 가르치지 못했다.

둘째, 가치, 지식 중에는 영원불변하는 것도 분명히 있는데 그 점을 소홀히 했다.

셋째, 사회는 자신이 지니는 모순으로 인하여 급격히 퇴보, 전락할 수도 있는데 점진적으로 발전한다고 하는 지나친 낙관론 때문에 급격히 변화하는 사회에 교육이 능동적으로 대처할 수 있는 힘과 철학을 갖추지 못했다.

■ 실용주의와 체육

실용주의의 의미와 교육에 미친 영향의 분석은 다음과 같은 내용으로 체육에 적용되고 해석될 수 있다고 본다.

첫째, 실용주의적 체육사상의 목표는 인간의 정신과 신체, 그리고 영혼을 전체적으로 조화롭게 발달시키는 것이다.

실용주의적 해석에 따르면 체육이 나아가는 목표는 '신체를 위한for the physical'이라고 하지 않고, '신체를 통하여through the physical' 라고 하는 인간 경험의 개념으로 모든 인간을 정신적, 도덕적, 사회적 그리고 신체적으로 발달시키는 것이다.

실용주의자는 신체의 교육과 신체를 통한 교육간의 논쟁을 일축해 버리고 대신 Jesse F. Williams의 '최대로 살고 최고로 봉사해라' 라는 말을 교육의 목적으로 삼고 있다. 그들은 통합과 종합에 관심을 둔다. 이는 신체육新體育 : new physical education의 출현을 의미한다.

둘째, 체육에 대한 실용주의적 접근은 인간과 사회를 통합하는 과정이다.

실용주의는 사회적 효율성social efficiency의 발달을 강조하기 때문에 체육활동 또한 사회화 과정으로 이루어져야 한다고 보고 있다. 실용주의자는 언제나 사회적인 운동들을 강조한다. 그렇다고 모든 운동이 팀 스포츠여야 된다는 뜻은 아니다. 비록 단체운동이라 하더라도 운동장에서 매스게임을 연습하고 있는 수백명의 학생들이 사회적 활동을 한다고 볼 수 없다. 대신 육상경기 같은 개인적 운동이라 하더라도 하나의 육상 팀을 위한 노력으로 본다면 그것은 실용주의 교육 경험으로 간주되고 있다.

셋째, 실용주의적 체육 프로그램의 특성은 학습자의 요구와 흥미, 동기의 유발을 중시하며, 학습은 문제해결방법을 통하여 이루어진다.

실용주의적 체육 프로그램은 형식적이며 딱딱한 것들로부터 비형식적인 것들로의 전환을 요구한다. 그리고 지도자들은 학생들에게 학교 프로그램에 참여하도록 격려하되 주어진 문제에 대해서는 스스로 해결토록 하여 사고력의 증진을 도모한다. 실용주의자인 교사는 훈련에 학생들이 올바른 선택을 할 수 있도록 민주적 절차에 따라 안내해야 하며, 지시적이거나 명령적이 아니라 개인적이며 인간적이어야 한다.

5) 실존주의實存主義 : existentialism

제1차 세계대전 이후 S. Kierkegaard, F. Nietzsche, M. Heidegger, K. Jaspers, J. P. Sartre 등에 의해서 실존주의가 대두되어 철저히 인간을 문제로 삼는 사조思潮가 조성되었다. 실존주의는 실체의 근본적인 해석 원리가 인간의 주체성에 있다고 주장한다. 그러므로 실존주의의 가장 두드러진 특징은 개개인에 대한 깊은 이해이다. 실존주의는 인간 자신의 회복을 시도하려는 철학이다. 실존주의는 인간 자신만이 유일한 인격을 가진 모든 실체의 중심이다라는 명제를 갖고 시작한다.

鄭應根은 실존주의의 개념을 다음과 같이 요약하고 있다.

첫째, 실존주의는 '본질보다 실존existence이 우선이고 우위에 선다' *고 주장한다. 사실이 먼저 있고 뒤에 사람은 이를 해석하고 그에 의미를 부여한다.

둘째, 실존 가운데에서도 인간적 실존을 중요시한다. 인간이 모든 것의 기본이 되며 중심이 되는 것으로 본다.

셋째, 인간이 우주적 실체의 일부분이 아니기 때문에 그에게는 절대적인 자유가 있다. 사람은 자신 행동의 총화로써 자신의 행동에 대하여 책임져야 한다는 것을 특징으로 삼는다.

실존주의자들은 현대의 과학과 기계문명, 그리고 제도와 체제가 가하는 자유의 제약 조건을 비판하며, 개체 인간의 존재와 삶의 방식에 기본적인 관심을 둔 일종의

* 이는 Sartre가 한 말로서 '나' 라는 실존에 앞서 미리 정해져 있는 규범이나 가치 등 어떤 본질적인 것이 있어서 그것이 나에게 주어지는 것이 아니라, 그런 본질적인 것은 실존하는 개인이 그의 삶 속에서 스스로 발견 · 발명해야 한다는 것이다. 즉 인간은 스스로 만들어 가는 존재일 뿐 고정된 본질 따위가 없다는 입장이다.

문학 사조로서도 전개되고, 인간의 특성을 파괴하고 인간과 세계의 진정한 관계를 단절시키는 사회적 조건들에 대하여 강한 반발을 보이기도 한다. 인간이 자기상실의 위기에서 탈출하여 본래의 자기를 회복하려는 것이 실존주의가 지향하는 이념인 것이다.

실존주의 교육철학은 지적인 교육보다는 도덕교육 분야에 그리고 교과주의적인 교육방법보다는 인간주의적인 교육방법에 보다 많은 시사점을 주고 있음을 알 수 있다. 그리고 무엇보다도 교사의 사람됨과 그의 역할을 어느 교육철학적인 입장에서보다도 더욱 중요시하고 있다. 학생은 자신에 적합한 개인적 교육의 형태를 계속적으로 자유로이, 비형식적으로 그리고 창조적으로 선택해야 한다.

■ 실존주의의 교육적 의의와 허점

〈의의〉

첫째, 과학주의에 의하여 보편성을 인간의 규격화된 본질로 이해하려는 사상에 도전한다.

둘째, 제도적 교육의 경직성과 구속성을 비판하고 있다.

셋째, 현대사회의 비인간화 현상과 소외 현상에서 잃어버린 자유인의 모습을 회복시키려는 노력을 중시한다.

〈허점〉

첫째, 실존주의 철학자들은 교육에 대한 접근 자체가 미약했다. M. Buber(1878-1965)나 G. Marcel(1889-1973)은 교육에 대해 종종 언급하였고, K. Jaspers(1883-1969)는『대학의 이념』이라는 저서를 발간하였으며, J. P. Sartre(1905-1980)는 문학의 교육적 의의를 언급하긴 하였으나, 전통철학자들에 비하면 교육에 무관심하였다고 볼 수 있다.

둘째, 실존주의는 과장된 표현과 암시적 설명을 철학적 스타일로 삼고 있기 때문에 모순성, 모호성, 애매성, 이완성 등이 그들의 주장 속에 내축되어 있다.

셋째, 실존주의는 체계를 완전히 갖춘 철학이라 할 수 없는 만큼 교육에 대하여 조직된 원리나 규범을 제공하여 그 실천을 요구한다기보다는 정신과 태도가 교육에 주는 교훈이다.

■ 실존주의와 체육

실존주의의 의미와 교육에 미친 영향의 분석은 다음과 같은 내용으로 체육에 적용되고 해석될 수 있다고 본다.

첫째, 실존주의가 현대 체육사상에 미친 가장 큰 공헌은 인간의 신체를 객체 object가 아닌 주체subject로 보는 관점이다.

Maurice Merleau-Ponty(1908~1961)에 따르면 인간의 신체는 육체와 정신의 이원론적 차원에서의 대상이 아닌 의식이 구체화된 신체, 즉 의식신체conscious body 인 것이다. 즉 그의 신체관은 체육활동에 주체성을 가지고 참여함으로써 내적 체험을 탐구할 수 있다는 근거를 마련해 주고 있으며, 이를 통하여 인간의 신체가 현대의 과학적 탐구의 대상으로 전락함으로써 상실하게 되는 인간성, 즉 실존의 회복을 꾀할 수 있다는 측면에서 체육의 의의를 갖는다.

둘째, 실존주의적 체육의 목표는 신체적성이 아니라 경쟁과 협동을 강조하는 활동간에 균형을 이룬 종합적성total fitness이다.

실존주의 철학에 근거한 체육 프로그램은 학생들에게 충분한 선택의 기회를 줄 수 있도록 다양한 프로그램이 제공되어야 하며, 이미 교사에 의해 계획 결정된 프로그램은 용납되지 않는다. 그리고 실존주의자들은 일반교육목표 가운데에 정의적 영역情意的 領域(태도, 감상)을 강조하며 창의력의 함양을 중시하기 때문에 현대무용과 같은 창조적 예술활동이 프로그램에 포함되어야 한다고 믿는다.

셋째, 실존주의적 체육지도자는 정열적이어야 하지만 자기중심적이거나 사회체제나 세계관에 대한 편견이 없어야 한다.

체육교사나 코치는 가능한 한 자연스럽고 공평한 교육과정을 제공해야 하며 학생이 자유롭게 관찰하고 질의하도록 허용해야 한다. 학생은 기꺼이 주제를 토의하고 창조적 노력을 기울이도록 북돋아 주어야 한다. 실존주의적 체육 프로그램은 학생이 교사를 그대로 본떴다 하여 성공한 것으로 고려될 수 없다.

실존주의에 입각한 체육 학습의 최종 결과는 정확하고 아무런 결함이 없는 자활적 개인自活的 個人 : self-moving individual을 기르는 것과 개인 유기체 내면에 질서 정연한 정신을 기르도록 하는 것이 가장 중요하다.

다음은 김창룡이 그의 저서 『스포츠 철학』에서 밝힌 다섯 유형의 철학사조와 체육과의 관계를 나타낸 것이다.

[표 8-2] 다섯 유형의 철학사조가 체육에 미친 영향

철학사조	자연주의	관념론	실재론	실용주의	실존주의
목 표	전인의 발달	개성과 정신의 발달	현실생활 적응 훈련	바람직한 사회의 구성원	자아실현 주체적 존재
교 과	유희 : 자아 통제된 개인활동	최고로 중요	학습의 핵심	다양한 활동 학습	활도의 선택 개인활동
방법론	비형식적 문제 해결	강의, 질의/응답, 토의	현실세계, 단련 강의, 과제부여	문제해결	문제제기, 사고자극, 교사권장 행동자유
교사의 역할	안내자 : 자연교사	과정보다 더욱 중요	학습내용 선정	안내자	안내자
학생의 역할	개별화된 학습	종합적성 발달	전인발달	도덕적 자아학습 프로그램의 핵심	자아실현 프로그램의 핵심
평 가	개인 목표 성취에 기초하여	주관적, 질적	계량적, 과학적 수단이용	주관적, 자기평가	전통적인 의미를 중시 안 함
단 점	복잡한 세계에 비하여 교육이 너무 단조로움	변화반대 : 신체를 정신보다 2차적 발달	편협한 견해 : 모든것이 자연 법칙순응, 그렇지 않으면 잘못	고정목표 결여, 안정과 방향감의 문제	사회생활 준비 배제, 개인강조 과다

6. 철학의 현실참여와 스포츠사회철학

철학의 현실참여에 대한 논의는 어제 오늘의 이야기가 아니다. 철학사를 장식하여 온 가장 중요한 문제들 중의 하나는 이론과 실천에 관한 것이며, 나아가서 이 문제가 철학의 모든 여타의 문제들을 포괄한다고 까지 말할 수 있다. Max Horkheimer의 비판이론 역시 이론과 실천문제의 해결에 초점을 맞추고 있다. 이에 대해서는 '지적 논의의 정점이라는 자부심으로 무장된 철학이 잡다한 현실의 문제에까지 관여하는 것은 체신 머리가 없다' 는 닫힌 개념의 접근이 있는가 하면, '철학은 사회현실을 해석하기만 해서는 부족하며 개조하는 데까지 실천을 통해 작용해야 한다.' 고 본 Karl Heinrich Marx 입장의 열린 개념이 있다.

오늘날의 입장에서 볼 때 철학은 세세한 현실문제에 직접적으로 관여하는 것은 아니라 하더라도 정치, 경제, 사회, 문화는 물론 교육이나 체육이라고 하는 어떠한 영역과 결합하게 될 때에는 철학적 지식이 방향을 설정하는 매개 역할을 해야 할 것이다. Immanuel Kant가 "철학을 배우려 하지 말고, 철학함을 배우라." 라고 한 말은 철학사상을 암기하고 아는 것보다 그것을 나의 입장에서 음미하고 성찰함으로써 삶의 깊이를 더 해 가는 일이 중요하다는 의미이다. 이는 '반성적 자각' 과 '비판정신' 이 기반이 되는 철학적 태도의 구축을 강조한 말로서 궁극적으로는 철학의 현실참여와 연관된다고 볼 수 있다.

이러한 입장은 교육철학에 있어서도 다르지 않다. 교육학자 김승옥은 그의 논문 『교육철학과 교육실천』에서 "우리나라의 교육철학은 케케묵은 전래의 사상이나 수입된 외래이론을 둘러싼 관념적인 논의만을 되풀이 하는 자세에서 벗어나지 못하고 있다." 고 질타하면서 교육철학이 '교육현실' 과 실천을 바탕으로 하는 이론이 되어야 함을 피력하였다.

1997년 저자에 의해 발표된 『스포츠사회철학의 목표와 실천과제』라는 논문은 철학적 지식이 체육 · 스포츠현장에 투입되어야 함을 강조되었다. 체육철학의 연구들이 고고한 사상가의 이론을 되뇌이고, 상아탑 속에 갇혀 있을 게 아니라 체육 · 스포츠현장의 대중과 함께 호흡하면서 사회적 요청에 부응해야 한다고 주장한 것이다. 철학함이란 지혜의 사랑이므로 그것은 어디까지나 독단과 편견을 제거하여 실천화 이론의 합일을 꾀함으로써 현실을 개선하려는 의도를 지니지 않으면 안 되기 때문에, 이의 대안으로서 '스포츠사회철학' 연구를 제시하였다.

스포츠사회철학 연구는 현실참여를 우선적으로 요구하지만 사회과학적 지식을 수용한다는 또 하나의 특징이 있다. 철학의 심오한 통찰력에 예리한 분석력을 생명으로 하는 사회과학적 지식을 통합하게 되면 체육 · 스포츠의 제반 문제들이 보다 선명하게 조망되고, 미래가 설계될 수 있다고 본 것이다. 따라서 체육철학의 연구는 체육 · 스포츠현장의 문제들에 대한 변화에 참여하는 면모를 보여야 한다.

이러한 문제와 관련하여 조동일은 "인문학과 사회과학의 통합을 이루기 위해서는 인문학이 사회과학을 따르면서 배우고, 열심히 공부해 그 성과를 받아들이고 가능성을 자기 것으로 가로채야 한다."라고 주장하였다. 또 이진우는 "자연과학과의 비교와 대립을 통해 존립근거를 확보하는 인문학은 항상 스스로 자기 자신을 정당화해야 한다."라고 했다. 이는 잘 나가고 있는 학문인 과학이 인문학을 따르면서 배우려 할 의향이 없기 때문에 불리한 위치에 있는 인문학이 과학을 섭취해서 이를 극복해야 된다는 논리이다. 인문학의 의의는 과학과 합쳐져야 발현될 수 있는 것으로서 이를 전적으로 지지하는 입장인 스포츠사회철학은 그러한 점에 있어 의미가 크다고 볼 수 있다.

참고문헌

강대석(1991) 현대철학의 이해. 서울 : 한길사.

강유원(2002) 실존주의와 체육교육. 학교체육과학회지. 11(2).

교육부(2001) 고등학교 교육과정 해설.

권기헌(1999) 정보사회의 논리. 서울 : 나남출판.

권욱동(2002) 스포츠를 통한 몸의 주체성 회복. 움직임의 철학 : 한국체육철학회지. 10(1).

김대식 외 3인 역(1973) 체육철학. 서울 : 보신문화사.

김대식, 김영환, 신현군(1993) 체육철학. 서울 : 나남출판.

김동구(1988) 교육철학. 서울: 문음사.

김동규(1992) "현대 휴머니즘을 중심으로 한 체육 · 스포츠의 본질 및 목표설정에 관한 연구." 미간행 박사학위논문. 한국체육대학교 대학원.

김동규, 이정식(1997) "신체활동의 내재적 가치발현을 위한 과외스포츠 활동의 의의와 목표." 학교교육연구. 1(1).

김미숙(2000) "슈나이너의 교육예술론과 체육교육의 방향." 움직임의 철학 : 한국체육철학회지. 8(1).

김영환 외 5인(2002) 체육철학. 서울: 연세대학교 출판부.

김오중(1984) 세계체육사. 서울 : 고려대학교 출판부.

김정환(1982) 교육의 철학과 과제. 서울 : 교육과학사.

김종서 외 2인(1994) 최신 교육학개론. 서울 : 교육과학사.

김진수 외 3인(1989) 체육 · 스포츠 철학. 서울 : 교학연구사.

김창룡(1995) 스포츠 철학. 서울 : 대한미디어.

나재주(1996) "실존주의의 교육개념과 교사상의 구성." 미간행 석사학위논문. 경북대학교 교육대학원.

박찬희(1997) "스포츠 경험의 교육적 의미." 움직임의 철학 : 한국스포츠무용철학회지. 5(2).

백승균(1987) 실존철학과 현대. 대구 : 계명대학교출판부.

서배식(1999) 실존철학들의 같은 점과 다른 점. 서울: 문음사.

안병욱(1987) 현대사상. 서울 : 삼육출판사.

엄정식(1995) "인성교육과 현대적 상황." 철학과 현실. 1995(겨울).

예종이(1987) 체육원리 신강. 서울 : 형설출판사.

오정석(1994) " '체육적 앎' 에 관한 연구." 미간행 박사학위논문. 서울대학교 대학원.

유성건(2001) "실존주의 사상에 의한 체육교육." 미간행 석사학위논문. 경북대학교 교육대학원.

이돈희(1991) 교육철학개론. 서울 : 교육과학사.

이숱이(1997) "열린 교육의 가치에 대한 교육철학적 고찰." 미간행 석사학위논문. 경희대학교 교육대학원.

이진수(1995) 스포츠의 철학적 모색. 서울 : 교학출판사.

이학준(2000) "한국 스포츠 · 무용철학회의 걸어온 길과 가야할 길." 한국체육철학회 춘계학술대회.

이홍우(1994) 교육의 목적과 난점. 서울 : 교육과학사.

장성수(1994) "루소의 자연주의 체육관", 한국체육학회지. 33(2).

장 폴 사르트르 / 방 곤 역(1983) 실존주의는 휴머니즘이다. 서울 : 문예출판사.

장 폴 사르트르 / 왕사영 역(1993) 실존주의는 휴머니즘이다. 서울 : 청아출판사.

장숙재(2001) 체육과 학교 교육과정의 현장 적용 : 제7차 교육과정에 따른 수업 및 평가의 개선을 위한 교사 연수 교재. 대구광역시동부교육청.

장용규(1997) "서구의 합리주의적 교육관에 따른 체육의 한계와 새로운 방향탐색." 미간행 박사학위논문. 서울대학교 대학원.

정광복, 김재호(2002) "실존주의 철학에서 븐 신체본질에 관한 연구." 한국체육과학회지. 제11권(1).

정금선(1995) "실존주의의 본래성과 그 교육적 의의." 미간행 석사학위논문. 경북대학교 대학원.

정동호(1988) 니이체 연구. 서울 : 탐구당.

정범모(1991) "미래의 인간과 교육." 교육 난국의 해부. 서울 : 나남.

정범모(2001) 창의력은 기를 수 있는 것인가?. 대한사고개발학회 학술발표대회.

정응근(1984) "실존주의 철학과 체육", 서울대학교 체육연구소논집 5(1).

정재걸(2001) 만두모형의 교육관 – 한국의 전통교육. 서울 : 한국교육신문사.

조명렬(1984) 체육사상사개설. 서울 : 교학연구사.

조한무(1997) 포트폴리오 평가가 체육 수업에 미치는 효과. 미간행 박사학위논문. 한국체육대학교 대학원.

중앙일보(2003. 1. 9) 학부모 사교육 부담 덜기 처방.

중앙일보(2003. 4. 10) 중 · 고교 예체능 과도 점수 · 석차 폐지 추진.

차석기(1991) 교육사 교육철학. 서울 : 집문당.

황정규(1998) 학교학습과 교육평가. 서울: 교육과학사.

F. 짐머만 / 이기상 역(1987) 실존철학. 서울: 서광사.

Freeman, William H.(1977) Phisical Educaton in a changing Society. Boston : houghton milfflin Co.

Kretchmar, R. Scott(1994) Practical Philosophy of Sport. Human Kinetics.

문제

9 인간주의 체육 · 스포츠

1. 서 론

1) 연구의 필요성 및 목적

휴머니즘humanism이란 인간적인 모든 것을 의미하는 동시에, 인간이 인간으로서 당연히 갖추어야할 자질 혹은 인간을 인간답게 만드는 본성을 존중하고 옹호하며 실천하려는 인간 우위의 한 사상이다. 인간이 어떤 속박에 의해 자기 자신의 자연스런 본성을 억압당했을 때 그러한 속박에서 자신을 해방하려 한 운동이 휴머니즘의 시초였다. 이러한 인간성 존중 운동은 말할 것도 없이 처음에는 그리스에서 일어났으나, 무의식적인 것이었고 이를 의식적으로 자각하게 된 것은 로마 시대부터였다. 일반적으로 현대 사회를 가리켜서 '기계와 기술의 사회' 라고 한다. 이 기계와 기술의 발달에 의해 오늘날 우리가 풍요로운 문명의 산물을 향유하고 있는 것이 사

* 이 장은 저자의 박사학위 논문 「현대 휴머니즘을 중심으로 한 체육 · 스포츠의 본질 및 목표 설정에 관한 연구」(1992, 한국체육대학교) 중 제2장 '휴머니즘의 역사' 를 제외한 전체 내용임.

실이기는 하지만, 그 반면에 이로 인해 자신의 개성을 잃고 심지어는 인간 본성마저 상실하게 될 위험을 맞게 되었다.

이러한 예는 체육 · 스포츠 활동에서도 그리 어렵지 않게 발견된다. 인간성 부재나 훈련 중심주의, 승리 지상주의, 황금 만능주의 등의 문제는 모든 사람에게 새로운 힘과 의욕을 재충전시켜 줄 수 있는 체육 · 스포츠의 가치에 위기를 던져주고 있다. 그리고 체육학 연구에서 보여지는 세분화, 전문화 현상 또한 새로운 사실을 탐색한다는 점에서는 바람직한 일이기는 하지만, 지극히 복잡다단한 신체의 움직임을 부분 부분으로 쪼개고 그 각각을 객관적으로 관찰하여 인간의 전체생명활동 메커니즘을 학문적으로만 해석하려하는 경향이 있다. 이는 자칫, 과학이란 이름 아래 신체활동의 인간적인 의미를 간과할 위험성을 지니고 있는 것이다.

현대 사회의 체육 · 스포츠 현상은 체육교육, 스포츠 활동, 체육학연구 등 그 어느 곳에서나 여러 가지 복잡한 요인에 의해 얽혀있는 형편이다. 하지만 이들 모두는 공통적으로 인간을 인간답게 만드는 휴머니즘의 정신적 바탕 위에 섰을 때 인간이 좀 더 만족하게, 좀 더 건강하게 그리고 좀 더 풍요롭게 살아가게 할 수 있는 큰 힘을 갖게 해줄 수 있음으로서 체육 · 스포츠가 지닌 참가치를 높이게 된다. 인간은 모든 동물 중에서도 가장 복합적인 심신의 메커니즘을 가지고 있다. 인간이 인간답게 살기 위해서는 먼저 가장 인간답게 살 수 있는 인간 중심의 환경을 정착시키려는 노력이 필요하다.

기계적 학습방법으로 인한 인간성 상실, 과열경쟁에 따른 비인간화, 과학주의적 편향에 의한 체육의 경직화 등이 현대 체육 및 스포츠의 당면 문제라 할 때, 이를 해결하는 것이 휴머니즘적 체육의 근본 목표라 할 수 있으며, 이를 해결하기 위해서는 논리적으로 그 근거를 규명해야 한다는 것은 자명한 이치이다. 본 연구는 이러한 노력의 일환으로 '휴머니즘 사상' 중 특히, '현대 휴머니즘' 의 사상을 중심으로 위 문제의 해결에 대한 방안 모색의 논의에 초점을 두고자 한다.

본 연구에서 현대 휴머니즘의 중심 사상 중 하나로 선택한 실존주의는 "모든 다른 사람이 하는 것을 해야 하지만 어느 누구와도 닮아서는 안된다(H. S. Slusher, 1973 : 155)" 는 Sartre의 말에 그 본질적인 의미가 담겨져 있다.

1920년대의 어둡고, 불안하며, 절망적인 상황에서 일어난 철학운동으로서의 실존주의는 추상적 관념론에 반대하는 인간중심의 생의 철학이다. 실존주의 교육은 인문학을 통해 심리적 해방과 존재의 의미에 대한 이해를 추구함으로써 전인교육 내지는 도덕교육을 지향하는 경향이 있다(정응근, 1984 : 34).

다음으로 전통적인 철학에 도전하면서 새로이 대두된 실용주의pragmatism 또한 관념보다는 삶의 문화와 관련된다. 이는 주로 지식의 문제와 윤리적인 인간관계 및 사회문제에 많은 관심을 가지고 있다. 이것은 인간과 그의 행동을 중시하고, 그것을 중심으로 해서 세계의 현상을 해석하며, 인간목적과 인간행동을 철학의 출발점 및 귀착점으로 삼고 있다(박봉목, 1983 : 60).

또, 본 연구에서는 마르크스주의Marxism도 현대 휴머니즘의 한 영역으로 선정하였다. 인간은 노동을 통해 자연을 문화로 창조하여 새로운 세계를 이루어 냈으나, 인간은 오히려 역설적으로 자신이 만들어낸 환경에 사로잡히게 되었다.

따라서, 인간은 본래 창조적이고 자주적이어야 할 생의 의의를 잃어버리고 자기를 상실하여 공허를 느끼게 되었다. 이러한 인간의 자기소외를 지양하여 인간성을 회복하고자 나타난 것이 현대적 휴머니즘 성격을 띤 마르크스주의이다.

이상에서 예시한 것처럼 본 연구는 인간형성의 이상을 주체성에 둔 현대 휴머니즘 사상을 중심으로 살펴봄으로써 '인간성 부재의 체육' 을 '인간성 옹호의 체육' 으로 전환시킬 수 있는 근거를 마련해 보고자 하는 데에 궁극적인 목적을 두고 있다. 이러한 연구목적을 위하여 본 고는 다음과 같은 문제를 중요한 논의 내용으로 삼았다.

첫째, 휴머니즘의 형성 배경과 인간성에 관한 고찰.

둘째, 현대 휴머니즘을 근거로 한 체육 및 스포츠의 본질에 관한 고찰.

셋째, 현대 휴머니즘을 근거로 한 체육 및 스포츠의 목표 설정에 관한 고찰

2) 연구의 방법 및 내용

본 연구는 르네상스 이후에 등장하게 된 휴머니즘 사상이 체육 및 스포츠에 어떠한 의의를 가지며, 어떠한 철학적 형태로 상세화 되었는지를 문헌적으로 규명하기 위한 것이다. 연구의 내용을 구체적으로 추진함에 있어서 밝혀두어야 할 방법 및

주요 내용은 다음과 같다.

(1) 연구의 방법

① 휴머니즘의 시대별 구분 방법

일반적으로 역사가들은 선사 시대 이후의 역사를 구분할 때 그 시대의 사상과 문화의 발달, 정치적 통치체계, 경제의 발달 및 의식 수준 등에 따라 역사를 고대 사회, 중세 사회, 근대 사회, 그리고 현대 사회로 나누는 것이 통념화 된 학설이다. 인간은 이러한 시대 구분을 통하여 인간 자신의 과거와 현재의 모습을 논리적이고 체계적인 학문의 토대 위에서 정립하고 발달시켜 나왔던 것이다. 그러나 본 연구에서 탐구하고자 하는 인간학으로서의 휴머니즘이란 엄밀한 의미에서 중세 봉건제도와 기독교적 억압에 대한 저항 운동의 형태로 발생된 르네상스 이후의 인간 문제로서 그것은 다음 3가지로 구분하였다

ⅰ. 르네상스 휴머니즘

14C~15C 이탈리아를 중심으로 발생한 자유를 희구하는 하나의 정신으로서 불합리한 교회의 도그마와 부자유, 불평등한 중세 봉건제도의 비인간적인 중압에서 인간과 인간성을 해방하여 근대 사회로 통하는 넓은 길을 터놓았던 문예부흥 운동이다.

ⅱ. 근대 휴머니즘

18C~19C 독일을 중심으로 발달하였던 사상으로서 계몽사상의 추상적 주지주의와 기계적 세계관에 반항하고 고전적 교양의 존중과 인간적 개성의 이념을 강조하여 풍성한 근대 문화의 한 터전을 마련해 놓은 사상이다.

ⅲ. 현대 휴머니즘

인간소외의 극복과 주체성 회복을 강조하는 휴머니즘으로서 허위와 기만과 모순으로 가득찬 현대 문명의 악을 드러내고 인간애와 도덕적 자기 완성의 새복음을 부르짖는 세계의 양심 운동, 또는 침략적 전체주의의 야만적 전쟁에 항거하여 평화

의 사수와 문화의 옹호를 부르짖는 외로운 저항 운동이다.

② 체육 및 스포츠에 대한 현대 휴머니즘의 접근 방법

휴머니즘 사상과 운동은 역사적으로 여러 가지 방법, 형태, 내용을 가지고 전개되어 많은 술어로서 표현되고 있다. 즉 휴머니즘은 철학적으로, 윤리적으로, 교육적으로, 또 문화적으로 여러 가지 갈래와 변모를 가지고 다채로운 역사적 전개를 해온 셈이다. 이처럼 휴머니즘이 그 시대에 따라서 내용과 특색이 다른 이유는 휴머니즘의 중심 개념인 휴머니티humanity, 즉 인간성이란 말이 진실로 풍부한 내용과 여러 가지 빛깔을 가진 다의적 개념이기 때문이다. 따라서 본 연구에서는 이처럼 다양한 휴머니즘의 내용과 의미들 중에서 현대 휴머니즘을 연구의 중심주제로 정하였으며, 현대 휴머니즘의 구체적인 내용은 다음과 같이 한정하여 논술을 전개해 나가고자 한다.

ⅰ. 실존주의적 휴머니즘 : 인간의 주체성 회복과 자아의식, 자아실현을 추구하는 휴머니즘
ⅱ. John Dewey의 실용주의적 휴머니즘 : 자유와 지성을 바탕으로 인간행동과 인간목적을 철학의 출발점으로 하는 휴머니즘
ⅲ. 마르크스주의적 휴머니즘 : 인간소외의 극복과 전인적 교육을 위한 휴머니즘

③ 체육 및 스포츠에 대한 현대 휴머니즘적 접근 방법

본 연구에서는 현대 휴머니즘 사상의 체육관에 대해 직접적인 대응 관계의 모색보다는 적용 가능한 분야에 대한 함축적 유추와 간접적 추론에 의해 휴머니즘사상가들의 체육관에 대한 논지를 전개한다. 즉 하나의 현상, 특히 체육 및 스포츠에 대한 휴머니즘적 접근 방법은 현대 휴머니즘이라는 하나의 이데올로기로서 접근할 수 있는 역사, 철학 등의 인문학적 제 유형에 초점을 맞추고 이를 근거로 논술을 전개한다.

(2) 연구의 내용

본 연구에서는 다음과 같은 구체적인 내용을 고찰하고자 한다.

① 휴머니즘의 역사 및 현대 휴머니즘의 인간성 규명
② 체육에 대한 현대 휴머니즘적 본질 규명
③ 체육에 대한 현대 휴머니즘적 목표 설정
④ 스포츠에 대한 현대 휴머니즘적 본질 규명
⑤ 스포츠에 대한 현대 휴머니즘적 목표 설정

2. 현대 휴머니즘에 입각한 체육 및 스포츠의 본질

1) 체육 및 스포츠의 본질과 휴머니즘

(1) 체육의 휴머니즘적 특성과 내재성

인간 사회의 문화와 교양의 조화로운 발전을 이념으로 하면서 인간의 자아와 주체성의 본질을 이루고 있는 휴머니즘은 '인간적인 현실, 인간적인 자연을 추구하는 동시에, 인간으로서 당연히 갖추어야 할 품위와 존엄성, 인간의 이상을 추구하는 것' 이라 할 수 있다(안병욱, 1986). 따라서 휴머니즘은 개인의 가치와 존엄, 그리고 자유롭고 강렬한 개성의 표현을 요구하는 동시에 다각적인 인간, 보편적인 인간의 이념을 추구한다. 이러한 휴머니즘 정신은 체육적 현상 내에도 잠재되어 있으며, 따라서 체육의 본질 규명에서도 필연적으로 이루어져야 할 과제라고 본다.

① 이상적인 인간상의 추구

인류는 지금까지 신앙시대, 이성시대, 과학시대의 세 단계를 거쳐왔고, 현재 넷째 단계인 인간시대에 진입하고 있다. 즉 신화, 종교, 전통이 정신생활이 전부였던 수천 년의 신앙시대, 다음으로 문예부흥 이후 감성적인 모든 것을 배격하고 만사를 인간의 이성으로만 판단하려 했던 약 300년간의 이성시대, 다음에 산업혁명으로 시작된 약 200년 동안의 과학시대를 지내왔다.

그러나 이제 자연과학과 자본주의적 생산만이 인류의 생존과 번영에 대한 최종의 해답은 아니라는 인식과 더불어 인간 자체를 만사의 중핵에 놓고 생각하려는 태도가 확실히 현대사상의 중심적인 위치를 차지하기에 이르렀다(정범모, 1991 : 405). 그러므로 이러한 인간의 본질 자체에 대한 연구야말로 모든 인간 영역의 이해와 본질 규명에 초석이 된다고 볼 수 있다.

일반적으로 人間像이란 사람이 그 시대를 살아 나가는 데 있어서 하나의 방식이 될 수 있는 형태를 지칭하는 것으로서 즉 그 시대의 이상적 인간상을 의미하는 것이다. 인간 행동에는 반드시 어떠한 형태로든 그 사람 자신의 인간상이 표현된다. 체육은 항상 그러한 이상적 인간상을 목표로 설정하여 그것의 구체적 실현을 사명으로 하고 있다(오진구, 1989 : 61). 왜냐하면 체육 역시 교육의 한 영역으로서 전인적인 인간의 완성을 목표로 하는 교육이념과 근본적으로 다르지 않기 때문이다. 그러므로 이상적 인간, 즉 교육의 이상적인 목표를 구현하는 인간다운 인간 역시 체육활동의 근본적 목표가 된다 할 것이다.

체육활동에는 반드시 실천자의 가치의식이 내재하고 있으며 따라서 한 개인이 갖는 가치의식을 그 사람이 갖는 體育觀의 발로로 볼 수 있을 것이다. 이때 인간상과 같이 체육관도 그것을 구별하는 사람에 따라 각기 다른 형태로 나타날 수 있을 것이다. 하지만 체육관의 형태가 어떻든 간에 그 속에는 항상 그 사람의 인간상이 존재하고 있다. 따라서 체육을 영위하는 기초는 그 사람의 인간상에 바탕을 둔 것으로서 그 사람의 체육관이기도 하다(오진구, 1989 : 61). 이는 체육이 참가자에게 그 시대의 이상적 인간상을 구현할 수 있도록 해주는, 달리말해서 그 시대를 살아가는 이상적인 삶의 양식을 창조하는 것을 가능케 해 주는 수단이 될 수 있음을 의미한다. 즉 체육이란 단순한 육체적 행위가 아니라 궁극적으로 인간의 본질적 가치 및 존엄성, 숭고함을 추구해 나가는 휴머니즘적 인간 행위임을 뜻하는 것이라 할 수 있다.

② 자아인식과 자아실현

인간은 자신이 속한 연령층에만 제한적으로 허영된 기회를 다양하게 체험해 보아야한다. 자신의 가능성, 생활의 보람, 인생의 희로애락도 자기 나름대로 경험해 보아야 한다. 그러한 다양한 체험을 통해 자신에 대한 의식을 점차로 확립해나가야 한다. 그러므로 교육은 성인의 준비와 함께 자신의 존재, 자신의 의미, 자신의 위치에 대한 의의를 탐색하면서 자신의 자아정체성을 확립해야 하는 것이다(이성진, 1991 : 42).

현행 학교 교육이 피교육자의 자아정체성 탐색에 어떻게 기여하고 있든지 간에, 교육의 한 영역인 체육은 본질적으로 목표달성에서 오는 희열, 좌절에서 오는 고통, 즉 프로이드가 말하는 정체성의 본질인 사랑과 일Lieben und Aldeiten에 대한 준비를 가능케 하는 요소를 내포하고 있다. 체육활동은 인간의 자기 인식 충동에서 기인하는 것으로 그것의 정체는 합리적, 자기인식적, 그리고 지적인 흥미라 할 수 있다. 이것은 마지막에는 각 개인의 이성, 인간의 존엄성 및 인간 중심주의에 입각한 자아인식에 공헌하며, 또한 그것을 표현하는 활동이다. 그리고 체육은 의미 있는 신체활동을 통하여 신체에 대해서 객관적으로 배우게 하기보다는 주관적으로 신체를 인식하게 되므로, 인간존재의 인식과 충족에 공헌한다고 볼 수 있다. 그러므로 인간은 체육을 통해서 존엄하고 보편적인 인간으로서의 자아를 체험할 수 있는 것이다.

체육이 지닌 이러한 본질에 대한 규명은 체육의 목적을 원만한 정신형성이나 조화롭고 이상적인 인간형성과 같은 일상적 수준에 두는 것이 아니라 인간 스스로의 가치와 존엄성을 확립하면서 자기 인식과 자아를 실현해 나가는 휴머니즘 정신을 구현하는 것이 된다. 이는 체육의 목적이 곧 '人間(川村英男, 1959)임을 나타내는 것이다.

③ 주체성 확립과 인간소외의 극복

務台理作(1968 : 373-374)은 "역사적 과정의 진행 중에는 인간 각자의 주체성과 충실, 그것에 의한 윤리의 뒷받침이 있어야 한다. 주체성의 충실을 위해서는 당연히 '나'와 '너'의 문제가 대두되고 타인에 대한 모든 관계는 사회에 관계되는 자신의 주체성과 연관된다. 따라서 주체성 속에 타인에 대한 생존의 충실과 보증이 내포되어 있다"고 하였다. 이는 체육에 있어서의 주체성의 확립이란 문제에 많은 시사를 주고 있다. 즉 주체성이란 단순히 체육을 행하는 개인의 주관적 태도처럼 생각되지만, 실은 타인의 주체성에 대한 인정(충실)없이 자기의 충실은 있을 수 없다는 것이 된다. 주체성이란 것은 독자적인 것이라기 보다는 오히려 타인이나 대상물과의 '관계' 속에서 육성되는 것이다. 그러므로 체육활동의 참여자는 본인의 주체성 확립은 물론 상대의 주체성의 충실에도 공헌하게 된다. 협동, 팀웍, 조화, 희생 등이 바로 그러한 요소이다. 이러한 주체성의 확립에는 한편으로 사회의 평화라든가 인류평화 실현에의 가능성이라는 객관적 조건의 구비가 선결적으로 요구되기도 한다.

務台理作(1961 : 156)은 "인류의 행복은 주관적인 개인의 쾌락과는 전혀 다른 것이다. 인류의 행복은 전체적인 인간의 입장에 서서 이성에 매개되고, 공개성을 지니고, 인간소외부터의 인간회복을 목표로 하는 것에 의하여 넓게 사람과 사람을 결합시키는 것이다"라고 하였다. 이에 감성의 체육은 인류라는 공동체 의식의 앙양에 이어지는 원동력으로의 역할도 감당하여야 할 의무이자 권리를 지니게 된다. 한편 城塚 登(1972 : 194)은 "소외 극복의 제일보는 인간과 자연과의 구체적 교류를 회복하는 것에서 구해야 할 것이다. 그것이 바로 내가 〈자연에의 참가〉라고 외치는 소외이다. 이때 비로소 우리는 자기 소외를 가져오는 사회구조나 사회적 제 활동을 부정하는 주체를 확보할 수 있다"고 하였다. 이 중 〈자연에의 참가〉란 것은 TV 화면 속의 자연물을 보는 것과 같은 간접적 경험을 의미하는 것이 아니라 자연과의 직접적 관련을 의미한다. 이런 자연과의 직접적인 관련이 왜곡되어 있던 자연을 인간과의 조화로운 상태로 돌려준다고 하는 것이다.

확실히 인간성 소외의 극복의 원점은 자연에의 참가를 통한 인간의 내면적인 자연성에의 복귀이다. 이러한 점에서 보면 체육은 인간의 어떠한 것에도 구속되지 않는 자연의 요구를 감안하는 한, 인간 본래의 사회적 경험을 준비하고 풍부한 인간적 교섭을 갖는 교육이기 때문에 소외 극복을 위한 주체성 확립에도 충분히 공헌할 수 있는 잠재성이 있다고 본다(박홍식 역, 1986 : 126).

(2) 스포츠의 휴머니즘적 가능성

신체활동을 매체로 하는 교육, 즉 체육의 본질이 현대사회에서 인간이 직면하게 되는 비인간주의적 현상을 극복하고 이상적인 인간상을 추구하는 휴머니즘적 가능성을 내포하고 있음을 전장에서 고찰하였다. 이러한 인간주의적 특성은 다양한 대근활동으로서의 스포츠에서도 찾아 볼 수 있으며 그 근거는 체육과 같이 스포츠적 운동 기술적 측면과 정신 형성의 측면에서 발견할 수 있다.

이 장에서는 스포츠는 물론 스포츠의 발생 단계인 놀이play가 지니고 있는 휴머니즘적 가능성을 규명하는 것을 목적으로 삼는다.

① 스포츠의 휴머니즘적 의의

金子明友(1968 : 112)는 "스포츠에 있어서 기술적으로 완성되고 있거나 혹은 거의 완성에 가까운 운동경기에 있어서 그 개성이 명백하게 표현될 때야말로 기술의 개성화로서의 운동 양식을 볼 수가 있다. 이 경우 개성화에 참여하게 되는 것은 단순히 사지의 길이나 체중, 또는 근력, 조정력 등의 제 능력만이 아니라 그 사람의 결단력이나 세계관, 인간적 양심 등의 제 특성을 포함하는 인간을 먼저 의식하는 개인의 전체인 것이다"라고 하였다.

Hoch(1972 : 206-207)도 "스포츠는 전혀 다른 영역, 응축되고 자기 내포적이며 찰나적인 시간이 영원으로 변하는 지침이다"라고 하였으며, Slusher(1967 : 22)도 "스포츠는 인간 자체를 구성하며 그에 도전하는 힘들과의 일종의 신비적인 관계로 이끌어 간다. 스포츠 안에서 존재한다는 것은 자기 충족에 대한 추상화 이상의 것이다. 어떤 점에서 그것은 모든 세속적인 속박으로부터의 해방이다. 그것은 그 경험이 신성하다는 것을 느끼는 유쾌한 감정이다'라고 하였다. 이는 「신체는 정신의 반대가 아니라 오히려 서로 보완한다」는 르네상스 최초의 교육자 Vergerui의 사상(김창룡 외, 1989 : 28)과 일치하며 통일된 총체적인 인간의 가능성을 창조하는 관점이다. 한편 M. Novak(1976 : 11)는 놀이성, 정신적 자유 및 인간 존재에 있어서의 의미 추구가 스포츠와 깊은 유대가 있다는 자신의 믿음을 강조하는 데에서 그의 논의를 시작한다. 즉 그는 스포츠가 단순한 오락의 차원을 넘어서는 것이며, 스포츠와 연관된 감정 및 극적 요소는 단순한 카타르시스 혹은 소아적 도피주의로 치부되어서는 안된다고 주장하였다. 그리고 스포츠가 우리에게 주는 중요한 의미는 「인간의 궁극적 가능성에 관한 은유적 언명」이라는 것이다. 따라서 Novak는 스포츠가 삶에 있어서 드물게 진실한 것이며, 스포츠에는 초월성과 신화적 형식이 내재하여 종교적인 인간정신의 음악이 가지는 정교함을 구현한다고 본다. 이는 스포츠가 인간의 현실세계에 대한 보편성과 초월성을 동시에 함축하고 있음을 의미한다. 또한 스포츠가 인간으로 하여금 숭고한 종교적 인간주의에 입각하여 자신에 대한 궁극적 가능성을 추구하도록 하는 것임을 제시하고 있는 것이다.

② 놀이의 휴머니즘적 의의

스포츠의 근원적 요소인 인간의 놀이는 표면상 표출의 자유, 절정의 경험, 혹은 초월적 환상 이상의 것이 아주 많다(정홍익 외, 1988 : 48). Huizinga(1955 : 1)에 의하면 인간은 문화의 창조에 아주 중요한 비목적적인 활동에 자유롭게 참여하기 때문에 놀이는 자유롭다. 이러한 자유는 놀이를 세속적 현실로부터 자유로워지기 위해 인간이 스스로 규칙을 만들고 그에 자발적으로 복종한다는 사실은 인간의 초이성적 특징을 보여주는 좋은 표시이며, 문화생활에서 자유의 조건으로 질서가 필요하다는 귀중한 증거라고 보고 있다. 즉 우리가 자신을 더욱 더 세속적 삶에서 분리시키고, 우리가 동시에 만들어 낸 자기 표현적이고 비목적적인 질서에 복종하면 할수록 우리는 인간성 실현에 다가가게 된다. 또한 놀이가 가진 종교적 의식은 종교와 도덕적 권위에 대한 기초적 교훈을 줌으로써 개인적 욕구와 집단적 욕구사이의 모순을 해결하는데 도움을 주고, 놀이는 그러한 종교적 질서를 파악하고 이해할 수 있는 우리들의 능력의 원천이자 그 표현인 것이다(S. Lukes, 1965).

Huizinga(1955 : 34)는 놀이를 다른 무엇인가의 수단으로서가 아니고 그 자체를 위하여 행해지는 자기목적적인 활동이라고 하고, 놀이의 이같은 독립적인 성격이 인간의 생에 자유를 부여하는 것이라고 하였다. 그는 놀이를 '일상생활의 의무와 구속에서 해방된 활동' '물질적 이해를 수반하지 않는 활동' '시간적 공간적으로 한정된 영역에서의 활동' '고유의 질서를 지닌 활동' 으로 정의하고 이와 같은 놀이에서 인간의 문화가 발생되고, 육성되며 전개된다고 주장한다. 또 그는 놀이를 표현과 경쟁으로 나누고 경쟁적 놀이의 의미를 다음과 같이 언급하고 있다. 즉 경쟁적 형식이 지니는 동질성의 가장 적당한 증명은 항상 보다 높은 곳을 향하여 노력하는 인간성 그 자체 속에 잠재하고 있다. 예를 들면 그보다 높은 것이 현세적 명예와 탁월성이라 할 지라도, 또는 현세적인 것에 대결해서 승리하였다 할 지라도 그것은 관계없다. 인간이 이같은 노력을 현실화할 때의 생득적 기능이 놀이인 것이다.

이처럼 Huizinga는 놀이야말로 인간의 본질, 인간성의 탐구라고 정의하고 있는데 체육의 장에서는 현대사회에 있어서 인간성 소외의 탈피 및 주체성 회복을 위한 에너지의 원천으로서 놀이를 생각하고 있다. Caillois도 "놀이는 본능을 교육하고 풍부하게 하며 혼을 본능의 독에서 보호하는 것이다. 동시에 놀이는 본능이 문화의 스타일을 풍부하게 하고 안정시키는데 도움이 되도록 한다"고 하였다. 이는 놀이가 풍부한 이성 및 교양의 촉진에 기여하며, 인간이 지녀야 할 가치 및 고결성을 표현하는 매체임을 시사하는 정신, 즉 휴머니즘적 정신이 포함되어 있음을 의미하는 것이다.

2) 체육의 현대 휴머니즘적 본질

(1) 실존주의적 휴머니즘과 체육

① 실존주의적 휴머니즘

실존주의는 추상적 관념론에 반대하는 인간중심의 생의 철학이다(이진수 외, 1989 : 55). 이 사상은 서구사상을 이어온 주류의 하나인 헬레니즘의 부산물, 〈인간은 이성적이다〉라는 생각에 대해 전쟁의 와중에서 굶주림과 폐허, 죽음의 불행을 겪으면서 정말로 〈인간은 이성적 존재〉인가 라고 의심을 갖게 된다. 그리하여 진실로 인간의 실존이 무엇인가를 제기한다(김대식 외, 1984 : 54). 그러므로 실존주의는 인간이 자기초월에 의해서 불안과 절망을 탈출하려는 철학이요, 위기에서 인간이 본래의 자기를 다시 회복하려는 자기 회복의 철학이다(안병욱, 1987 : 238).

실존주의는 실존 가운데에서도 인간의 실존을 문제시하며, 인간이 모든 것의 기본이 되고 중심이 되는 것으로 보는(이진수 외, 1989 : 47) 휴머니즘사상과 같은 선상에 서게 되는 것이다. Sartre는 "실존주의는 휴머니즘이다"라고 한 명제는 바로 이에 근거하는 것이다. 실존을 통해 인간을 자기 상실의 위기에서 탈출케 하여 본래의 자기 회복을 지향케 하는 이념인 실존주의 철학사상의 대두는 현대인에게 커다란 의미를 던져준다.

② 실존주의적 휴머니즘과 교육

실존적 교육은 인간 개체가 갖는 존재와 각성, 공동체를 통한 자기발견을 통해서 이루어지는 자기완성에로 향하는 전 과정이며, 이것은 본래적, 인간적 교육이라고 할 수 있다(김영환 외, 1987 : 79). 그러나 현대사회에서 교육은 본질적 목적이 등한시되고, 유용성과 실제성이 배가하여 직업준비를 위한 수단화 경향이 짙어졌다. 각급 학교는 학문의 자기 목적을 실현하는 장소라기보다는 노동 시장의 요청에 부응하는 경향을 가지고 있다(신득렬, 1991 : 409).

이러한 교육 현실의 문제 해결을 위해서는 과학적, 합리적 교육의 중요성을 일방적으로 무시하지 않으면서도 본래적, 또 한편으로는 교육목적에로 접근할 수 있게 하는 교육철학의 정립이 필요하다 할 것이다. 즉 교육이 지향하는 이상과 실천에서 수반되는 현실과의 간극을 메우기 위해서는 인간이 주체성을 함양하고 자아를 실현할 수 있는 인간 교육, 즉 실존주의 교육에 그 초점이 맞추어져야 할 것이다.

실존주의가 사람의 자유를 주장하며 자유의지에 의한 실천과 그에 대한 전적인 책임을 요구하는 것이라면, 이에 부응하는 교육의 사명이 소홀해 질 수 없겠고 또한 원래의 교육관에 충격적인 변혁을 자극하지 않을 수 없다(이진수 외, 1989 : 48). 즉 실존주의의 철학에 의하면, 교육이란 인간의 영혼과 영혼이 맞부딪히며 개성적인 삶으로 서로서로 영향을 줄 때 이루어지는 인간의 영적, 도덕적 변화 그 자체를 말한다(김정환, 1980 : 166). 그러므로 실존적 교육은 학생들이 자신의 독립성 위에서 순간순간 결단을 내릴 것을 요청한다(신득렬, 1976 : 157-158). 김정환(1980)이 실존주의가 교육사조에 기여한 바를 개성의 존중과 교육학에서의 인간의 복권이라고 한 점도 교육에서의 인간소외를 극복하고 인간의 주체성을 회복하면서 타인의 그것도 인정하는 태도, 그리고 과학적 교육에서 나타나는 인간성 부재현상에서 탈출을 시도하려는 것이 실존주의의 교육사조이며, 이는 근본적으로 휴머니즘 교육이 추구하는 바와 일치하게 된다.

실존주의 교육에서 강조되는 또 한 측면은 자아인식, 자아실현의 문제이다. 실존주의 입장에서 보면 교육이란 인간으로 하여금 자기 자신이 되게 하는 데 있다고 할 수 있다. 실존주의가 인간의 본질을 보편적으로 정의하지 않고 가치를 규정하지 않으며 개개인의 자유와 더불어 책임을 중요시하는 것은 교육에 있어서의 목적을 외부적으로 규정하지 않는 현대 이론의 한 주류를 이룬다고 할 수 있다. 그 대표적인 예는 Broudy로서 그가 주창한 자아결정self - determination, 자아실현self - actualization, 자아통합self - integration에서 실존주의적 성격이 잘 나타나 있다. 이것은 자유, 책임선택과 같은 실존주의적 가치가 내포된 교육이념이라고 볼 수 있다. 이는 현대적 교육이론과도 잘 조화되는 측면이라고 하겠다(한명희, 1983 : 95-96)

실존주의 교육에 있어 교사의 역할은 학생의 자아실현self - realization을 도와주는 것이다. 교사는 학생의 견해를 비판하고, 도전할 수 있도록 격려해 줌으로써 학생에게 잠재된 독창력을 고무시켜 실수를 두려워하지 않도록 충고하며 다른 사람의 의견을 당연한 것처럼 받아들이거나 단순히 모방하는 것을 하지 않도록 충고한다(김대식 외, 1984 : 134-135). 이상의 논의를 종합하면, 실존주의 교육은 인간 개체가 갖는 존재와 각성, 공동체를 통한 자기발견을 통해서 이루어지는 자기완성에로 향하는 전 과정이며 이것은 본래적 · 인간적 교육이라고 할 수 있다.

③ 실존주의적 휴머니즘과 체육

실존주의는 인간을 단지 이성적인 존재로만이 아니라, 감정 및 의지, 그리고 지성을 가진 주체적이고도 현실적인 존재로 파악하는 경향이 있다. 인간의 본질을 추상적으로 정의하려는 것이 아니라 구체적인 체험을 통하여, 다시 말하면 실생활을 통하여 인간의 본질과 의미를 찾으려 한다는 것이다. 따라서 실존주의에서는 자기 인생의 문제가 중심적인 관심사가 되며, 인간은 현실적 주체로서 그러한 자신을 자각하며 살아야 한다는 것을 강조하고 있다(이진수 외, 1989 : 47). 그러므로 체육에 대한 실존주의적 철학 사상의 도입은 체육교육 현장에서 발생할 수 있는 인간소외 현상을 극복하고 주체성을 회복하는 데 적극적으로 기여할 수 있을 것이다. 아울러 이러한 사상의 도입은 체육교육을 통해 자아인식과 자아실현에 지대한 공헌을 할 수 있을 것이다. 따라서 본란에서는 실존주의 철학 사상과 체육과의 결합 가능성을 논하기 전에 그 선행조건으로서 우선 체육교육 현장에서 나타나는 인간소외의 현상들을 살펴보고자 한다.

ⅰ. 인간소외와 체육

현재의 체육교육 현장을 살펴보면 체육의 본래적인 목적과는 배치되는 현상이 존재하고 있음을 발견하게 된다. 체육의 과학화라는 명분 하에 피교육자의 신체적 특성을 무시한 채, 체력육성과 운동능력 향상을 강제한 후, 엄격한 테스트에 의해 능력을 수치별로 계층 지우는 체육수업은 인간소외 현상의 대표적인 경우라고 볼 수 있다. 즉 체육교육에서 객관적인 평가를 지나치게 강조한 나머지 개인적인 체력과 기능의 차이를 전적으로 무시하고 단지 점수화시키는 경향은 능률을 중시한다는 현대 체육의 명분 하에 지금까지 당연한 것으로 강조되어 왔다. 그런데 이러한 현상은 타율적인 강제나 구속 없이 각 개인이 자신의 기호와 신체적 특성에 맞추어 생활 속의 신체활동을 수행케하고자 하는, 즉 달리 말하자면 체육을 통해 자유로운 인간을 형성하고자 하는 체육의 전체적인 목적에 비추어 볼 때는 지극히 비극적인 현상이라 할 것이다. 기능숙달을 위한 연습과 체력 만들기 등의 경쟁화는 체육교육을 단순한 기능주의, 체력주의로만 치닫게 했을 뿐 아니라, 개인의 능력과 관심이 무시되었고 인간적 유대의 강화 기회 또한 기대하기 어렵게 된 것이다.

체육의 인간소외에 있어 또 하나의 문제는 현재의 체육이 지나치게 다양한 교육내용에 의해 '인간 형성이라는 교육본질' 을 왜곡시킨 점이다. 즉 오늘날의 학교는 사회가 요구하는 '다양한 인간' 형성이라는 교육목표를 수행하기 위하여 지나치게 다양화되었고 교육내용 또한 세분화되고 잡화상화 되었다. 이러한 학교교육의 다기능화는 체육교육에 있어서도 그대로 반영되고 있다. 체육의 목적이 신체단련과 정신건강, 운동기능 습득, 운동이나 스포츠에 대한 우호적 태도 확립, 집단행동의 훈련 등으로 다양하게 제시되고 있다. 여기서 체육활동에서 가장 중시되어야 할 항목인 즐거움과 기쁨은 학교체육의 다기능적 성격으로 인하여 희박하게 되는 현상을 초래하게 되었다.

체육교육에 있어 '일률적인 수단 가치의 추구' 는 인간소외와 관련된 또 하나의 문제이다. 교육의 수단적 가치만을 생각하는 풍토는 이제 그 본질적 가치를 추구하는 풍토로 성숙되어 가야하며(정범모, 1991 : 409), 그러한 점은 체육에 있어서도 마찬가지다. 즉 일률적인 수단 가치 추구는 그러한 목적 달성 자체만으로도 의문시될 뿐 더러 專心不在, 가치부재로 이어지기 쉽고, 심지어 성취부재에 까지 이어질 수 있다. 이런 상황이 사회학자, 심리학자들이 걱정하는 이른바 '소외' 의 현상인 것이다. 결국 수단주의는 인간소외를 낳게 하는 셈이며, 나아가 윤리부재로 이어질 수 있다(정범모, 1991 : 410).

체육교육에서 신체활동은 건강 증진이나 체력육성의 수단이기도 하지만 그 자체가 재미있고 멋있는 내재적 가치를 포함하고 있기도 한 것이다. 체육의 지나친 수단 가치 추구는 인간의 주체성 추구는 물론 신체활동 그 자체가 가지는 즐거움을 만끽할 기회조차도 박탈하게 되며, 자아실현의 실패를 유발할 수밖에 없게 된다. 따라서 교육 특히 체육교육에 있어서도 현대문명의 특징과 인간소외 현상을 장차 극복하고, 보다 격조 높은 인간 감각과 윤리의식을 함양하려 한다면 극심한 수단주의 풍토는 극복되어야만 한다.

ii. 체육에서 주체성 회복

인간성 회복과 인간존중을 추구하는 실존주의자들에게 신체는 중추적인 관심사가 된다. 그들에게 신체는 배타적인 물질적 목표가 아니라 영혼과 의식의 구체적인 표현이다. 신체는 세계에 대하여 접근할 수 있는 매체로서, 신체의 경험은 존재, 혹은 '나는 존재하기 때문에 내가 있다' 라는 데서 의식과 구체적으로 연결될 수 있다. 따라서 신체는 인간의 자기표현이 수단이며 세계를 탐구하는 수단이다(M. A. Sanborn, 1982 : 25).

Arnold(1979 : 179)는 "운동의 세계는 운동에의 참여자가 그의 사회 문화적 세계의 국면을 이해하는 세계이다. 그럼으로써 좀더 완전하게 자기 자신이나 자신의 실존적 상황을 발견하게 된다"고 하였다. 여기에서는 현실의 존재를 부정하는 것도, 제반 구속을 물리치고 변혁해서 현재를 뛰어넘는 것도 가능하다. 체육에서 실존주의적 인간관이 인간의 있는 그대로를 추구하려는 것은 어떤 의미에서는 인간으로서의 이러한 피할 수 없는 한계를 인간에게 자각시키기 위한 것이라고도 하겠다. 또한 현대 인간의 가능성으로는 근대 문명 속에 기계화되어 가는 인간으로부터 본래적인 인간성의 확립, 즉 주체성의 확립과 세계 또는 인류평화에의 공헌 등이 생각된다 하겠다(박홍식, 1986 : 87).

실존주의 철학에 입각한 체육프로그램이 어떤 운동이든지 간에 참가자 각 개인에게 판단과 성취감을 줄 수 있다면, 그 운동은 바람직한 것이라 할 수 있다. 실존주의적 이상을 강조하는 교육과정 중에서 창조적 무용이나 움직임 탐색movement exploration 및 놀이활동play activity 등을 특히 강조하고 있음도(김대식 외, 1984 : 136) 이에 근거하는 것이다. Zeigler(1975 : 183)도 실존주의 체육 프로그램의 최종 결론은 정확하고 아무런 결함이 없는 自活的 個人self-moving individuals을 기르는 것과 개인 유기체 내면에 질서 정연한 정신을 기르도록 하는 것을 중요시한다고 하였다.

이상에서 이 란이 논급한 인간소외의 극복, 주체성 회복의 문제는 현대 학교교육이 안고 있는 가장 큰 난제인데 실존주의의 철학사상이 그 해결의 방향을 인도할 수 있을 것이다. 즉 오늘날의 학교체육에서 나타난 체력 및 기술증강을 위한 획일적이고 강제적인 등급화, 목표의 과잉설정으로 인한 교육방법의 혼재 및 이에 따른 피교육자의 동기유발의 실패, 그리고 지나치게 획일적인 수단 가치 추구 등은 현대사회에서 다른 현상들과 마찬가지로 체육교육에서도 피교육자에게 소외현상을 유발시킬 수 있는 주요한 요인들이다. 이는 또한, 체육이 인간교육으로서의 기능을 다하지 못하게 방해하는 것들이다. 이러한 현실에 대한 대안으로 제시된 실존주의 철학을 바탕으로 한 체육활동은 개인을 강조한다. 따라서 여기에 참여하는 학생들에게는 다양한 체육프로그램이 제공되며, 각 개인은 자신의 프로그램을 스스로 결정할 수 있는 자유가 주어져 있으므로(W. H. Freeman, 1977 : 141) 무엇보다 먼저 체육의 가치를 인정하고 거기에 자발적으로 참여하게 된다.

이러한 체육활동에서 체육지도자는 정열적이어야 하고, 피교육자와 대화하는 상담자 내지 격려자가 되어야 하므로(이진수 외, 1989 : 55) 인간존중의 정신과 피교육자 스스로의 주체성이 확립된다고 볼 수 있다. 자유가 인간만이 가진 고유한 문제라고 한다면 프로그램의 자유로운 선택, 자발성을 강조하는 교수법, 그리고 자발적 참여의 유도는 피교육자에게 책임을 거부하면 자유도 사라진다는 명제를 직접 체험할 수 있게 할 것이다. 이것이 바로 실존주의적이며 휴머니즘적인 체육이다.

iii. 체육에서의 자아인식과 자아실현

실존주의자에게 있어서 인간에게만 유일한 것으로 간주되는 자아는 그의 욕구와 목표실현에 있어서 중심적 역할을 하는 것이다. 그러므로 인간은 자아인식과 자아의 실현을 위하여 지속적으로 노력하고 있다(A. H. Maslow, 1970).

20세기에 접어들면서 신체의 발육 발달 목표와 함께 인간의 정서적, 사회적 안녕은 체육지도자들의 중요한 목표가 되어 왔다. 이러한 목표의 달성을 위해서는 실존주의의 정신이 어느 때보다도 요구된다고 볼 수 있다. 즉 체육지도자의 임무 중 인간주의적인 목표가 체육 행위의 기본을 이룰 때, 자아인식의 정신은 개인의 경험에 의한 주관적인 인지로부터 파생된 능력으로서 매우 중요한 요인이 될 수 있다.

체육 프로그램과 신체활동의 형태는 신체적 수행능력과 함께 신체능력에 대한 인지를 발달시키는 계기를 제공한다. 그리고 이러한 인지는 신체적 자아, 혹은 신체능력의 자아에 대한 평가의 근거를 이루는 구성요소가 된다. 또한 자신의 능력에 대한 인지가 변하면 그 능력에 대한 자아인식도 변하게 되며, 신체능력이 매우 높게 평가되어 신체능력이 자아인식의 변화를 일으키면 다른 요인의 자기 평가에서도 변화를 일으키게 된다(D. R. Hellison, 1973 : 10).

비록 체육활동 이외에도 많은 프로그램이 개인의 자아인식에 대한 변화를 일으키지만 Hellison(1973 : 11)은 미국 사회에서 체육이 자아인식의 변화에 기여한다는 논의에서 특별히 숙고를 필요로 하는 3가지 이유를 다음과 같이 제시하고 있다.

첫째는, 전통적으로 신체적 용맹과 체력과 외모에 대한 가치를 높이 평가하였다. 성장단계에 있는 소년은 그의 개인적 가치체계에 있어 재능이나 한계가 어떠하더라도 신체적 능력을 간과할 수 없다.

둘째는, 신체에 대한 인지나 자아인지는 이론적 전개뿐만 아니라 실험적인 증거에 따라서 서로 동등하게 일치한다는 것이다. 이는 기본적으로 신체를 포함한 모든 활동은 자아인지에 영향을 준다는 의미이다.

셋째는, 체육은 고도로 가시적인 영향력이 있는 차원의 것이다.

이와 함께 Wenkert(1963 : 397-404)도 인간의 신체활동에의 참가를 설명하면서 신체활동은 세상에서의 존재에 대한 자기 의식적인 감정을 제공해 주고 주요 사실에 대한 영향력 있는 대안을 제공하고 강화시킨다고 하였다.

이상은 신체활동이 개인의 자아인식에 기여함을 논증한 것으로서 실존주의의 철학사상이 그러한 자아인식의 과정에 직접적으로 관련되어 있음을 시사한 것이다. 즉 인간은 자기가 전체와의 동일형만은 아닌 개별적인 존재임을 자각할 수 있을 때 스스로가 인간임을 느낀다. 그리고 교육의 인간화란 개인에게 집단적인 것만을 강요하는 것이 아니라 개인의 개체적, 개성적인 것을 인정하고 신장해 주는 상황을 말하는 것으로서(정범모, 1991 : 433) 체육교육에서의 인간화 또한 이와 같은 맥락이다.

실존주의적 체육교육은 인간의 자아인식과 더불어 자아실현의 문제와도 관련되어 있다. 즉 타고난 잠재적 가능성을 가장 넓게, 깊게, 높게 실현해 가는 인간을 '자아실현적' 인간(정범모, 1991 : 427)이라고 할 때, 교육목표는 자아실현인을 계발하는

데 있으며(김상호 역, 1986 : 40), 체육은 이러한 '인간됨'을 실현해 가는 교육이라고 볼 수 있다. 한 개인의 신체적 욕구나 안전을 위한 욕구가 충족되고, 또 애정 및 존경의 욕구가 충족될 때에만 자아실현이 하나의 목표로서 나타나게 되는데(김상호 외 역, 1985 : 59-60) 체육은 이러한 목적에 상응하는 교육이라고 볼 수 있는 것이다.

체육은 교육의 한 주요 영역으로서 피교육자에게 신체활동을 통하여 세계 안에 존재하는 많은 장애들과 대결케 함으로써 자기존재의 발견과 자기극복을 통한 자아실현의 기초를 다지게 만든다. 이는 사람의 정신을 해방함으로써 자아존재의 참된 의의를 깨닫게 하고 그로부터 출발하여 자신의 운명을 스스로 개척하는 능력의 정신 및 열정을 갖도록 해야 한다는 실존주의자들의 주장(이진수 외, 1989 : 46)이며, 이러한 정신이 바로 휴머니즘 정신인 것이다.

(2) John Dewey의 실용주의적 휴머니즘과 체육

① John Dewey의 실용주의적 휴머니즘

실용주의는 19C 말에 미국에 지대한 기여를 한 진취적 사상으로, 행동action, 연습practice, 혹은 실용적practical이라는 뜻을 가진 그리스어 pragma에서 유래되었다. 실용주의의 중심적 사상은 사고thinking보다 행동을 중요시하고 지식의 유용성을 강조하며, 사상적으로는 Kant로부터의 이탈을 지향한다(김대식 외, 1984 : 51). 즉 일반적으로 미국의 실용주의가 Kant의 실천이성에 뿌리박고 있으며, Peirce가 실용주의란 말을 만들어 내고, James가 실용주의의 도약을 꾀했다고 보아 왔으나, Dewey야말로 실용주의를 성장시키고 발달시킨 인물이라 할 것이다(김대식 외, 1984 : 11).

Dewey는 Hegel 연구를 그의 사상의 기초로 삼았는데, 첫째는 Hegel을 통하여 경험과 자연의 이원론을 부정하게 되었다(김태길 외, 1963 : 706). 그리고 Dewey는 인간의 경험을 자연 속에서 분리된 것으로 보지 않고, 경험은 개인적인 존재 영역이 아닌 연속적으로 진행하는 자연사건의 일부라고 보았다(이진수 외, 1989 : 178). 그러므로 실용주의적 휴머니즘은 인간의 사상과 지식을 인류의 발전을 위한 도구로서 생각하며 인간밖에 있는 외부의 세계, 자연의 세계와 인간의 창조적인 내면의 세계를 연결하는 하나의 수단이기도 하다. 그리고 이러한 실용주의적 휴머니즘은 인간과 자연과의 연결을 인간의 능력으로 할 수 있다는 근본적인 인간 신뢰에서 출발한다.

따라서 Dewey의 실용주의적 휴머니즘 사상은 경험론에서 출발하며, 구체적인 인간의 경험을 존중하고 사실의 세계를 존증한다.

또 실용주의는 개성을 존중하여 어떤 사상이나 가치는 사실을 얼마나 충실히 드러내고 있는가에 따라 그 진가가 결정된다고 보며, 경험과 자연을 인간의 복지에로 합치시키고 있는 휴머니즘이라 할 수 있다. Dewey의 자연은 감성과 이성 및 생산적 활동과 도덕을 망라하는 '전인적 자연' 으로서 균형 잡힌 전인의 자연을 이상으로 한다. 그러므로 Dewey 휴머니즘의 특징은 '전인주의적 휴머니즘' '인간 우위의 휴머니즘' 을 특징으로 하고 있다(구봉수, 1985 : 25-26).

② John Dewey의 실용주의적 휴머니즘과 교육

교육에 관한 Dewey의 이론은 매우 다양하며 방대하다. 그리고 실용주의라는 용어 자체가 휴머니즘적 성향을 지니고 있듯이 교육에 대한 실용주의적 입장에서 휴머니즘을 해석하는 문제, 또한 다각도에서의 접근이 요구된다고 볼 수 있다.

본 논문에서는 그의 중심 개념 '자유와 지성' '전인적 인간주의' 의 두 측면에서 교육의 본질을 논하고자 한다.

i. 자유와 지성

대부분의 인간주의자들이 중요하게 생각하는 것은 개인의 자율성, 자기결정의 능력 또는 자유의지 등이다. 그들은 선택의 자유가 인간만이 가지는 한 특성인 동시에 가장 중요한 것이라고 믿는다(김상호 외 역, 1985 : 51).

Dewey의 실용주의적 휴머니즘에 있어서도 자유는 지성의 문제와 함께 중심 개념을 이루고 있으며, 이 두 요인은 상호의존적 관계에 있다고 볼 수 있다. 즉 Dewey가 의도하는 사회의 개조는 민주사회의 건설로서 그 민주주의의 주요요소 중 하나가 '자유' 이다. 그는 "자유에 대한 사랑은 인간성의 구조에 본래 내재되어 있으며 이것이 우리 전통의 일부이다.(J. Dewey, 1939 : 5)" 라고 했다. Dewey의 경험을 휴머니즘이라고 하는 것도 Dewey가 경험을 자유로운 인간미 넘치는 가치에 관련짓고 있기 때문이다.

교육에 있어서도 Dewey가 강조하는 자유의 개념은 그대로 적용된다. Dewey는 민주주의가 이상으로 하는 인간존중의 정신을 함양하기 위하여 교육은 필요하다고 생각한다. 각 개인은 어떤 누구와도 대치될 수 없는 유일한 개성적 존재이고 가치 있는 존재임을 교육을 통해서 형성해 줄 것을 강조하고 있다. 그러므로 교육의 목적은 인간의 자유 능력을 확대하고 개인의 가능성(가소성)을 실현하는데 있다(구봉수, 1985 : 161).

또한 Dewey는 교육의 본질이 되고 있는 성장에서 자유를 찾고 있기 때문에 장래를 향하는 발전 속에서 자유를 찾고 있다. 그러므로 Dewey가 의미하는 자유는 기존으로 존재해 있는 것이 아니며, 자유는 인간의 주체적 행위 속에 있는 것이다. 이러한 행위로서 자유는 지성적 선견성과 풍부한 의미로서 창조성을 발휘케 되고 발전하게 되는 것이다. 지성은 습관에 의해 확정되나, 다른 한편으로 지성은 충동을 조정하여 습관을 개혁하고 조정하는 기능이 있다. 즉 지성은 습관과 충동의 마찰이나 또는 새로운 환경과의 부적응 상태에서 합리적 방향을 제시하는 기능이 있다는 것이다. 그리고 지성은 인간의 행동이 환경과 상호작용하는 경우에도 적응의 방향과 방법을 제시해 주는 길잡이가 되기도 하는 것이다(구봉수, 1985 : 159).

Dewey의 교육 프로그램은 매우 다양하지만 그 중심적 원리는 아동이 교육의 중심이라는 점이다. 즉 Dewey에 의해 제기된 교육 원리는 과목 위주보다는 학생 중심의 프로그램, 독재적 방법보다는 민주주의적 방법, 강요보다는 학생의 자연스러운 요구에 의한 동기유발, 그리고 주입식 교육보다는 문제위주의 교육이다. 또한 그는 교육은 사회적 테두리 안에서 실시하고 대신 학생의 요구, 관심, 능력 및 적응성을 중요시할 것을 주장하고 있다(김대식 외, 1984 : 113).

이와 같은 Dewey의 교육 내용은 휴머니즘을 기본으로 하는 진보주의 교육 운동으로서 미국의 실용주의적 교육 바로 그것이다. 시대의 흐름에 따라 Dewey의 이론이 교육의 지적 생산성이 부족하다는 비판을 받은 것도 사실이지만 형식적이고 훈장 중심주의적 전통교육에서 인간을 중심으로 하는 휴머니즘 교육에 큰 이바지를 한 것도 엄연한 사실이라 할 것이다.

ii. 전인적 인간주의 교육

실용주의 철학은 인간을 유기체로 보고 이와 자연과의 상호작용을 기본적인 철학적 입장으로 삼는다. 여기서 주위 환경은 사회적 요소이며, 누구든지 이 사회적 요소를 피할 수 없다. 성격, 개인성 및 성장 등 모두가 사회적 요소와 관련되어 있다(김대식 외, 1984 : 117). 그러므로 Dewey에 있어서는 개인의 문제와 사회의 문제를 분리해서 생각할 수 없다. 즉 Dewey는 개인과 사회는 분리되어 있는 것이 아니라 전체적으로 통합되어 있는 하나의 개념으로 보고 있다. Dewey의 실용주의 철학이 모든 분야에 있어 통합의 원칙을 지지하는 것은 경험을 중요시하기 때문이며, 이 Dewey의 통합 사상은 교육에 있어서도 물론 적용된다.

Dewey의 개인과 사회의 통합사상은 교육에 있어서 두 가지 측면을 강조하고 있다. 하나는 한 사회 안에 있는 개개인의 이해 관계를 존중하는 교육의 측면이고, 또 하나는 집단과 집단간의 교섭관계를 존중하는 교육의 측면이다. 즉 집단과 사회는 개인존중의 교육을, 그리고 집단간의 교섭과정에서 개인은 집단에 적응하는 교육을 중시해야 함을 의미한다(김대식 외, 1984 : 156-157). 즉 Dewey는 개인의 측면에서는 각 개인이 가지고 있는 잠재가능성을 실현시킬 수 있는 것을 파악하고 그것을 계발하는데, 다시 말하면 민주적 인간형성을 위하여 창조적 능력을 기르는데 교육을 목표로 삼았다(이진수 외.1989 : 184). 그러나 Dewey는 개인의 강조를 많이 한다. 그리고 개인을 위한 사회를 요청한다. 이는 민주주의를 신봉하는 Dewey의 사상적 소산으로서 Dewey의 교육이론이 휴머니즘에 기초하고 있음을 의미하는 것이다.

한편 Dewey는 인간의 본성론에 있어서도 욕구를 본능적 측면과 사회적 측면으로 구분했으며 이의 상호조화가 매우 중요하다고 했다. 그러므로 Dewey의 교육은 통합적 개념으로서의 교육인데, 이는 전인교육을 목적으로 하고 종합적성total fitness을 강조하게 된다. 즉 Dewey는 인간의 삶을 경험으로 보고 인간이 체험하는 모든 경험(비교육적인 경험도 포함)을 교육으로 규정한다. Dewey는 지 · 덕 · 체에 걸친 넓은 인간교육을 강조한다. 결국 Dewey는 전인교육을 목적으로 하고 있다(이진수 외, 1989 : 164).

③ John Dewey의 실용주의적 휴머니즘과 체육

ⅰ. 자유와 지성

실용주의 철학자에 의하면 체육의 목표나 목적은 인간과 자연 그리고 이들 양자의 상호작용을 토대로 해서 상정할 수 있다고 했다. 즉 학생의 명예, 이익, 혹은 이름, 성적에 강조점이 두어지기보다는 그의 흥미, 욕구 및 잠재성이 강조되어야 함에 목적을 두었다(김대식 외, 1984 : 113).

실용주의적 관점에서 볼 때 체육의 경험(M. A. Sanborn, 1982 : 30)은 첫째, 사회적 기준에 따라 적응 및 발달을 시키기 위한 경험, 둘째, 사회적 효율성을 증진시키기 위한 경험, 셋째, 사회적 효과와 개인적 안녕을 발달시키기 위한 경험, 넷째, 인생의 전문적 분야에서 개인의 잠재력을 계발시키기 위한 수단, 다섯째, 각 개인을 지적, 정서적 및 신체적으로 발달시키기 위한 방법으로 구분할 수 있다. 다섯 항목 중 네 번째, 다섯 번째 항목은 개인에 속하는 문제로서 휴머니즘적 영역으로 분류될 수 있으며, 그 중에서도 네 번째 항목은 자유와 지성, 다섯번째 항목은 전인적 인간주의와 관련된다. 첫째, 둘째, 셋째 항목은 개인의 영역 다음 단계인 사회적 영역과 관련된 문제들로서 궁극적으로는 휴머니즘과 관련된다고 볼 수 있지만 휴머니즘 그 자체의 영역에서는 다소 거리를 두게 된다. 이렇게 볼 때 실용주의적 휴머니즘에 있어서는 개인의 잠재력 개발이 무엇보다 중요하다고 볼 수 있다.

개인의 잠재력 개발을 위한 기초 개념은 자유와 지성이라 할 수 있다. 그러므로 실용주의적 체육 교육과정은 학생들의 요구와 흥미에 의해 결정된다(C. A. Bucher, 1975 : 36). 독단적이거나 전체적인 교육방법은 각 개인이 변화하고 적응할 수 있기 위해서 자유가 필요하다는 실용주의의 기본적 전제조건을 위반하는 것이다(김대식 외, 1984 : 118).

현행 학교 체육, 특히 한국의 학교 체육은 이러한 문제에 대하여 반성의 여지가 많다. 군사훈련과 체육교육의 구분이 불가능했던 교수방법, 혹은 스파르타식 교육이라는 이름 아래 학생의 흥미가 무시된 교수방법은 체육에 대한 동기유발에 실패하게 됨은 물론 인간교육의 차원에서도 비교육적인 방법이 아닐 수 없다. 인간주의자들은 모든 사람이 자신의 목표를 선택할 자유가 있고, 그러한 목표를 성취하기 위한 수단을 선택할 자유가 있다고 주장하는데(김상호 외 역, 1985 : 52) 이러한 입장이 실용주의적 휴머니즘의 근본이 된다.

실험주의적 교사는 실재론realism적 입장에서 권위를 가진 통제자도 아니고, 이상주의idealism적 입장에서 학생들의 모방이 대상이 되는 모델도 아니다. 그보다는 학습동기를 유발, 촉진시키는 사람motivator이다(이진수 외, 1989 : 191). 학교에 가는 것을 즐겁게 만들고 관리를 용이하게 하며, 학습을 쉽게 하는 것은 학생들이 자기들의 자연적인 충동을 신체적, 활동적 기회가 되도록 유도하는 기회로 만든다는 조건에 의해 가능하게 된다고 본다.

실용주의 철학에서는 체육 학습이 문제해결 방법problem solving을 통해 실시해야 하고, 그 방법을 통해 학생들에게 창의력을 발달시켜 줄 수 있다고 믿는다(W. H. Freeman, 1977 : 139). 교사의 시범을 모방하는 차원의 체육교육 방법, 학년별 혹은 초 · 중 · 고 · 대학의 종별 구분이 불분명한 실기 수업 및 그에 의거한 평가 내용은 문제해결 학습방법과는 상당히 거리가 있기 마련이다. 아동의 흥미와 동기 유발을 중요시하는 차원이 자유의 영역이라면, 문제해결 방법에 의한 창의력의 발달을 중시하는 차원은 지성의 영역으로 볼 수 있다.

체육과 함께 무용활동은 창의력을 발휘시킬 수 있는 교과이기 때문에 이를 중시하며, 문제해결학습을 중시하는 움직임 교육movement education또한 실용주의적 휴머니즘에서는 강조되는데, 그 이유는 자기 발견self-discovery학습의 가치가 인정되기 때문이다(C. A. Bucher, 1975 : 36). 체육학습 내용은 팀 스포츠, 무용, 레크레이션 활동 등이 중심이 되는데, 그 이유는 그와 같은 활동들은 학생의 흥미와 기본욕구를 충족시켜줄 수 있기 때문이다(E. F. Zeigler, 1973 : 91).

자유와 지성의 관점을 중시하는 실용주의의 프로그램은 반복적인 연습이나, 판에 박힌 운동계획표 같은 것은 환영하지 않는다. 대신 문제를 해결하고 도전에 응하며 새로운 환경에 대하여 적응할 수 있도록 도와주는 프로그램을 원한다(김대식 외, 1984 : 115).

실용주의 체육교육자는 체육이 다른 어떤 과목에 의해서도 얻을 수 없는 중요한 경험을 만들어 낸다는 점에 주목하고 있다. 사실 교과 과정 중 어떤 과목이 학생으로 하여금 Mckenzie의 조각 주제인 노력의 기쁨the joy of efforts에서 표현된 것처럼 멋있는 경험glorious experience을 느끼게 할 수 있단 말인가? 교사가 학생에게 운동하는 방법과 운동하는 것을 좋아하도록 가르치는 것은 인간주의적 경험의 잠재력을 향상시키는 것이다. 운동을 잘하는 사람들이 많은 사회와 운동을 중요하게 여기는 문화를 개발하는 것은 문명화되고 인간주의적인 미래사회의 건설에 이바지하는 것이다(강신복 외 역, 1991 : 204).

ii. 전인적 인간주의와 체육

체육이 '신체를 위한 교육' 이라는 견해를 지지하는 체육교육자들은 자신들의 견해를 정당화시키기 위하여 많은 노력을 했으며, 그 결과 운동이 인체조직에 미치는 효과와 장수, 체중조절, 심리적 균형 등에 대한 풍성하고 세밀한 정보가 쏟아져 나오게 되었다(川村英男 외, 1955 : 5). 그러나 신체의 정상적인 발육과 건강의 보호 증진에만 목적을 둔 '신체를 위한 교육' 의 개념은 점차로 신체활동의 영향은 단지 신체적인 면에만 국한되어지는 것이 아니고 심신의 생물학적 단일성에 근거를 둔다는, 즉 '교육의 일 영역an aspect of education' 으로서의 체육으로 그 개념이 변모하게 되었다. 이는 교육이 전인적 아동the whole child에 관심을 가져야 하며, 아동의 인지적 발달만이 아닌 신체적, 사회적, 정서적, 심미적, 도덕적 발달에도 함께 관심을 두어야 함을 주장하는 인간주의자들의 입장과(김상호 외 역, 1985 : 59) 같은 선상에 서게 되었음을 의미한다.

Dewey는 체육에 바로 이러한 운동이 일어나게 한 장본인이다. 즉 1900년대 미국사회의 진보주의 교육운동의 주역인 James, Hall, Thorndike 등과 함께 Dewey는 교육의 한 영역으로서의 체육을 주창한 Wood, Hetherington, Gulick 등에게 지대한 영향을 미친 것이다.

Dewey의 실용주의적 관점에서 전인적 인간주의 체육을 지지하는 많은 학자의 견해가 있다. Zeigler의 정의에 의하면 '넓은 의미로 체육은 경험에 의한 인간의 변화' 로서 단지 근력만을 기르는 것이 아니라, 사회에 적응할 수 있는 적성에 초점을 맞추어야 한다는 것이다. 따라서 실용주의자들은 신체적성이라는 협의의 목표보다는 광의의 종합적성에 관심을 갖는다. Wood(E. A. Rice, 1969 : 289)는 듀이의 체육관이 생리적, 심리적, 사회적으로 통합, 발달시키는 교육 과정을 중시한다고 보고 있다.

김대식 등(1984 : 120)도 실용주의자는 건강, 체육교육, 오락이 학교조직 가운데에서 일원화되는 것임을 강조한다. 왜냐하면 이런 것들은 근본적으로 서로 밀접한 연관을 맺고 있고, 또 이것들이 자기 내에서 통합이 되었을 경우 학생들의 욕구에 더욱 효과적으로 제공되어질 수 있다고 보고 있기 때문이다.

이진수 등(1989 : 190) 역시 심신의 조화로운 발달을 중시하는 것이 실용주의 체육이라고 보았다. 즉 실용주의자들은 체육이 단지 '신체적 교육Physical education' 만을 의미하는 개념이라는 점에 대해 반발하고 이러한 개념은 시급히 바뀌어야 한다고 보았다. 그 이유로는 그러한 개념이 인간의 몸과 마음이 분리되지 않고 조화를 이룬다는 그들의 신념에 위배되는 것이라는 점을 들었다.

이상을 종합하면 다음과 같다. Dewey의 실용주의적 휴머니즘의 입장에서 체육의 역할은 개인의 종합적 발달에, 다시 말하면 인간 움직임human movement을 통해 민주시민의 소양과 사회적 성장에 공헌해야 한다는 것이다. 따라서 Dewey를 포함한 실용주의자들은 체육의 목표를 종합적성total fitness의 발달에 두고 문제해결 학습, 학생중심 교과과정, 동기유발자로서의 교사, 자기평가self-evaluation 등에 관심을 가졌다(이진수 외, 1989 : 193-194). 종합적성은 인간이 모든 면에서 자아를 실현시킬 수 있는 이상적 상태를 의미하는데, 구체적으로는 신체적인 면과 동시에 지적, 사회적, 정서적, 정신적인 면에서 모두 건강해서 각 개인이 자신의 직무를 효율적으로 수행할 수 있는 힘과 기를 갖추었을 뿐만 아니라 생활을 즐길 수 있는 활력을 갖춘 상태를 뜻한다(B. R. Frost, 1975 : 320).

실용주의 철학에서의 체육 프로그램의 내용 중 '인생과 학교의 총체적 교과내용 total subject matter과 상응할 수 있는 종목' 은 전문화 및 세분화에 관한 실용주의자의 명확한 관점을 의미한다. 즉 실용주의 철학은 경험을 중요시하기 때문에 모든 분야에 있어서 통합의 원칙을 지지하며, 따라서 체육교육자는 좀 더 포괄적이고 풍부한 운동종목을 원함을 말한다(김대식 외, 1984 : 116).

체육을 신체의 문제에만 국한시키지 않고 정신적, 사회적, 도덕적, 정서적 등의 모든 영역으로 확산시킨 Dewey의 이러한 정신은 휴머니즘의 사상에 근거하는 것으로서 이것이 20C 체육의 방향 설정에 기여한 의의는 크다고 할 수 있겠다. 전인적 인간교육으로서의 체육은 20C의 체육 개념으로서 종합적성을 강조하는 실용주의적 휴머니즘에 근본을 두고 있으며, '육체와 인격이 하나의 통일체를 이룸으로써 결코 나누어 질 수 없다고 믿는 휴머니즘' (오세영 외, 1988 : 5) 바로 그 자체이다.

(3) 마르크스주의적 휴머니즘과 교육

① 마르크스주의적 휴머니즘

마르크스주의란 현대 과학문명의 산물로서 나타난 기계화, 그리고 상업화로 인한 인간소외 및 비인간화, 몰개성화, 수단화 등 인간 존엄성에 위기를 가져온 역기능적 국면에 대항해 휴머니즘적 가치를 추구하고자 하는 현대 철학 사조이다. 그러므로 마르크스주의는 철학사상의 중핵적 요소로 노동의 신성성을 크게 부각시키면서 자본주의 사회 체제를 맹렬히 비난했다.

자본주의 사회는 인간이 상품의 생산활동에 의해 규정되는 사회이다. 이러한 사회에서는 인간 역시 하나의 상품이 된다. Marx는 이를 두고 인간상품이란 표현을 썼다. 그 결과 인간은 자기의 노동생산물에 예속되는 임금노예로 전락한다. 이것이 곧 인간의 자기소외로서 자본주의 사회에서 인간이 비인간화되는 현상이 된다. 이러한 비인간적인 현상을 회복시켜 인간적인 사회를 이루고자 하는 것이 마르크스주의이다. 마르크스주의는 인간의 자기소외를 극복하게 하여 자기 자신의 인간성을 회복하게 하고자 한다. 그러므로 이는 기존의 그것과는 또 다른 하나의 휴머니즘이다. 마르크스주의는 완전한 자기회귀이며, 완성된 자연주의로서의 휴머니즘이고, 완성된 휴머니즘으로서의 자연주의이다(안병욱, 1986 : 246).

마르크스주의적 휴머니즘은 프롤레타리아 계급의 비인간적인 현실을 극복하기 위한 수단으로 계급투쟁을 설정하고, 진정으로 인간적인 사회는 노동자 계급의 혁명적 투쟁에 의해서만 가능한 것임을 강조했다. Marx의 사회주의는 인간적인 사회를 이상으로 설정하고 있으며, 이러한 인간적인 사회를 만들기 위한 조건으로서 우선 노동과 생산 관계에 초점을 맞추고 있다. 여기서 마르크스주의의 노동관을 기존의 경제적 범주가 아니라 인간적 범주, 도덕적 범주로 볼 수 있는 근거를 찾을 수 있다. 즉 마르크스주의의 휴머니즘은 결국 경제적 의미가 짙은 사회주의적 휴머니즘으로보다는 차라리 도덕적, 인도적 휴머니즘을 기저로 하고 있는 것이라 볼 수 있다(구봉수, 1986 : 22).

② 마르크스주의적 휴머니즘과 교육

마르크스주의에 기초를 둔 교육은 다음과 같은 일곱 가지 요인들이 상호 밀접한 연관을 맺고 있다(김성수 1987 : 226). 즉 비교육적 소외, 비교육적 사물화, 교육적 계몽, 교육적 커뮤니케이션, 교육의 재정립, 교육적 해방, 그리고 교육적 집단화의 개념이 그것이다. 이중에서 휴머니즘과 직접적 관련이 있는 것이 소외의 문제로서, 이것은 마르크스주의 철학의 핵심적 내용이며 마르크스주의 교육학에서도 가장 빈번히 취급되는 개념이다.

마르크스주의자에 의하면 본래 교육은 인간의 잠재능력을 신장시키는데 그 목적이 있는 것이지만, 자본주의 사회의 교육은 그와는 달리 인간을 위한 것이 아니라 인간 위에 군림하는 교육이라는 것이다. 그리하여 교육은 인간에게서 소외되어 있다는 것이다(구봉수, 1986 : 165). 마르크스주의자들은 자본주의 체제하의 교육이 학생들을 객관적이라는 명목 하에 점수를 통해 등급화 시킨다고 주장하였다. 또한 그들은 이러한 체제하에서는 교육이 일방적으로 학교에서 정한 교육과정에 의해 운영되며, 교사와 학생은 생산의 수단으로 간주되기 때문에 교육이 필연적으로 인간에게서 소외되어 있다는 지적을 면할 수 없다고 주장한다.

이에 반해 마르크스주의 교육의 관점은 소유로서의 지식을 극복하여 이러한 지식의 계급성을 타파하고 지식전달에서 새로운 변화를 일으킬 것을 기대하고 있다(구봉수, 1986 : 171). 즉 마르크스주의자들은 비교육적 소외에 반대되는 것이 마르크스주의 교육을 통한 교육적 계몽이라 보고, 무산대중 계급들은 인류의 계속적인 해방운동을 확실히 보증하기 위하여 자신들의 소외에 대해 계몽되어져야만 한다(김성수, 1987 : 227)고 주장하고 있다. 여기서 볼 수 있듯이 소외에 대한 적합한 교육은 참된 휴머니즘의 도입을 수반하는 것이다.

교육에서 휴머니즘과 관련된 또 한가지 중요한 점은 교육의 본래 목적이 전인적으로 인간을 발달시키고자 한다는 것이다. 즉 교육의 목적은 인간의 부분적인 발달보다는 인간의 본성과 잠재능력을 전면적으로 발달시키는 데에 있다. 그런데, 교육의 접근 방식에 있어서 마르크스주의는 Dewey의 실용주의와 매우 상이함을 알 수 있다. Dewey가 아동에게 중심을 두고 아동의 흥미와 동기유발 및 자유스러운 충동 등의 개발에 중점을 두는 방법의 교육인 반면에, 마르크스주의는 자본주의 체제에 바탕을 둔 현실을 부정하며 기존의 사회구조에 적극적으로 대항하는 과정을 가르치는 교육에 중점을 둔다고 볼 수 있다.

③ 마르크스주의적 휴머니즘과 체육

마르크스주의는 정치, 경제, 사회에 대한 많은 연구와 저서를 보유하고 있기는 하지만 교육, 특히 체육과 관련된 연구는 전혀 찾아볼 수 없다. 그러므로 체육에 대한 마르크스주의의 입장은 그것의 정치, 경제, 사회적 해석을 통해 이를 다시 유추 해석해서 적용하는 수밖에 없다. 그러므로 해석상에 다소의 오류와 논리적 비약이 있을 위험성을 배제할 수 없다. 하지만 모든 영역에 걸친 마르크스주의 사상은 근본적으로 휴머니즘 정신에서 출발하는 것이기 때문에, 특히 현대 휴머니즘적 입장에서의 그의 이론은 현대 체육에 시사하는 바가 크다고 볼 수 있다. 본 논문에서는 이를 '인간소외의 극복과 체육' '전인적 교육으로서의 체육' 의 두 영역으로 구분해서 논의하고자 한다.

ⅰ. 체육제도에서 인간소외의 극복

川村英男(1964 : 62-65)은 현대사회에 있어 인간소외 현상의 원인을 세 가지측면, 즉 기계문명의 발달, 사회 구조의 변화 등으로 구분해서 설명하고 있다. 현대사회는 더 이상 예전처럼 가족이나 근친, 혈연에 의해 결합된 사회의 성격이 유지될 수 없다. 대신 기계와 산업발달, 직업의 분화 등에 의해 인간 관계가 애정과 존경에 우선되는 것이 아니라 상호 이익을 보증하는 것에 의존하되, 이른바 인간소외의 힘에 의해 규제되고 있다고 볼 수 있다. 어떤 상황에 있어서 인간은 자연적으로 자기의 자유의지와 창조적 의욕을 발동시킬 수 있는 기회를 상실하지 않을 수 없다. 마르크스주의 휴머니즘은 이러한 인간상실이라는 현대적 상황에서 인간성 회복을 추구한다는 데에 특징이 있다. 즉 소외된 인간이 소외 이전의 인간 본질을 되찾는다는 의미에서 인간성 해방이라는 주제가 Marx의 주된 관심인 것이다(정병찬, 1981 : 56).

현대 사회에서 나타나는 이러한 인간소외 현상은 체육 교육현장에 있어서도 역시 빈번히 발생하고 있으며, 이러한 점에 대해서는 실존주의적 휴머니즘과 체육의 장에서 이미 논의한 바 있다. 즉 체육교육에서 평가의 객관화를 지나치게 강조한 나머지, 신체활동이 저항감을 일으키는 문제, 목적 다기능화로 흥미를 감소시키는 문제, 그리고 획일적인 수단가치의 추구로 신체활동이 가질 수 있는 내재적 가치를 음미하지 못하게 하는 문제 등이 바로 그것이다. 그러나 체육 현장에서 나타나는 인간소외의 문제는 비단 위의 세 문제에만 국한되는 것은 물론 아니다.

상술한 세 문제는 인간의 내면적인 소외와 관계가 깊은 것들로 마르크스주의 철학의 소외와는 조금 다른 성질의 것이다. 즉 실존주의 철학에서 말하는 인간소외의 극복이나 주체성 확립의 문제는 인간 스스로 주체가 되지못한 데서 나타나는 소외현상이다. 그러나 마르크스주의에서 말하는 인간소외의 극복과 주체성의 문제는 이와는 달리 인간의 외적 상황, 즉 사회적인 문제들과 연관을 가진 현상이다. 인간이 인간다운 생활을 영위하기 위해서는 내면적 주체성의 확립과 동시에 외면적 사회제도에서 발생하는 소외현상의 극복이 수행되어야 한다. 그러므로 마르크스주의적 휴머니즘에서 논하고자 하는 문제는 체육과 관련된 제도적 측면, 사회 구조적 측면, 주위물질로 부터 나타나는 소외의 문제이다. 따라서 이 란은 체육교육에서 획일적인 제도가 인간 본연의 이상을 실현시키는데 중대한 난제를 초래시킬 수 있다는 입장에 서서 논의를 진행하고자 한다.

Illich(Madan Sarup, 1978 : 137)는 오늘날 인간의 비인간화를 가져오게 된 가장 큰 이유가 '인간이 만든 온갖 사회제도의 결과' 때문이라고 본다. 즉 그에 의하면 오늘날의 사회제도와 그것을 이루는 구조는 무서운 힘을 가지고 있어서 인간의 성향뿐만 아니라 인간의 가능성에 대한 감각마저도 결정할 수 있다. 이에 따라서 본다면 체육교육에 있어서의 여러 가지 제도들도 근본적으로는 피교육자의 인간성과 잠재능력의 신장을 목적으로 삼고 있기는 하지만, 실제로는 국가에서 주도하는 제도는 획일적이어서 인간을 위한 교육이라기 보다는 인간 위에 군림하는 교육, 인간으로부터 소외된 교육이 될 수 있다는 점에 유의해야 한다. 욕구 및 그에 따르는 자발성에 기초한 자주적인 학습을 방해하는 결과를 초래케 한다. 또한 이는 개인의 개성 및 창의성의 발달을 저해하는 비민주적이고 비인간적인 교육현상을 초래하게 하고, 한편으로는 체육에 대한 우호적 태도를 내면화시키는 것을 방해하는 결과를 초래하게 된다.

이러한 문제와 관련한 마르크스주의적 관점은 주체인 인간과 객체인 현실간의 상호이해를 통한 '현실의 변화'를 가져올 것을 말하고 있다(구봉수, 1986 : 171). 즉 마르크스주의 교육이란 무산 대중계급들이 역사적 과업을 실현할 수 있게 해주는 교육의 체계적인 재정립에 그 출발점을 두고 있기 때문에 마르크스주의 교육자들은 혁명적 실천을 통해서 실현되는 교육을 특히 옹호하는 경향이 있다(김성수, 1987 : 224). 따라서 이들은 획일적인 통제와 제도를 수동적으로 받아들이기만 하는 오늘날의 학교 교육 때문에 피교육자들이 사회에 진출하여서 조차도 그 사회가 안고 있는 문제들이 저항하려 들지 않는 경향이 있음을 비판한다.

마르크스주의 교육자들은 비교육적 소외의 반대개념을 마르크스주의 교육을 통한 교육적 계몽이라 보는데, 이에 따르면 '계몽' 은 권위와 억압에 대하여 의문을 제기하기 시작함으로써 소외로 인한 미성숙alien-caused immaturity으로부터의 해방을 의미하고 있다(김성수, 1987 : 227). 그러므로 마르크스주의 교육자들은 인간을 소외시키는 획일적 체육 제도에서 벗어나 인간성의 '외면화' 를 용이하게 하는 다른 방법과 수단을 찾아야 하며, 그렇지 않고 체육교육에서 인간성이 인간의 '내적' 존재에 갇혀 있는 한에는 휴머니즘적 목표의 실현은 불가능하게 된다고 주장한다. 체육교육에서 인간의 주체성 확립이 획일적 제도화에 대항하는 구체적 행동으로 외면화될 때 인간소외 현상은 극복될 수 있는 것이다. 즉 체육교육에 대한 마르크스주의적 관점은 교육이 사회적 관계에 의해서 결정됨을 인정하기 때문에 획일적 제도에서 오는 인간소외의 현상을 거부하며, 인간 위에 군림하는 교육제도 또한 반대한다. 그리고 마르크스주의적 교육은 제도적 모순에 대한 인식의 변화를 요구하며, 또 학생들의 요구와 개성을 고려하지 않은 현실세계와 격리된 체육교육이 구체적 행동을 통해 외면화되어야 할 것을 주장한다.

ii. 전인적 교육으로서의 체육

Marx는 "인간의 전면적 발달, 전인적 실현"(E. Fromm, 1981 : 61. 28)을 원했다. 그는 인간의 본성 및 잠재능력을 전면적으로 발달시키는 것을 목적으로 삼았다(구봉수, 1986 : 179). 그가 자본주의 사회를 거부하고 사회주의 사회를 지향했던 이유도 자본주의 사회가 개인으로서 존재하는 반면에 사회주의 사회는 개인과 전체를 통합하고 강조하며, 또한 類的 존재로서 위치한다고 생각했기 때문이다. 이런 면에서 Marx는 인간이 갖는 어느 한 요인만을 중요시하기보다는 전면적인 발달을 강조하는 입장에 서 있었다고 볼 수 있다. 이러한 점은 특히 그의 노동에 관한 이론에서 두드러진다. 그는 노동이 인간과 자연을 연결하는 하나의 과정이 되며, 이 노동을 통해 인간이 자연적 인간(類的 본질)으로 된다고 보았다. 즉 인간의 노동을 통한 주체적 실천이란 인간의 육체적 제 능력과 정신적 제 능력이 대상인 자연과 결합해 이루어지는 하나의 형성과정을 의미하기 때문에 노동은 육체와 정신이 본질적으로 통일되는 것으로 간주된다(임한영, 1976 : 137). 마르크스주의에서 주장하는 노동은 인간능력의 실현과정을 의미하는 과정이고 자아의 인격표현인 교육의 개념(구봉수, 1986 : 175)이며, 인간의 전면적 발달과 전인적 실현과 관련된 개념인 것이다.

마르크스주의는 궁극적으로 다음의 3가지 이상들을 추구하는 것으로 보인다(김홍명, 1990 : 185).

첫째, 숭고한 의미에서의 참된 富의 추구로 인간의 창조적 재능을 완전하게 규명하는것

둘째, 과학적으로 구체화된 자연지배의 실천적 행위인 창조적인 노동과 전면적인 사회 창조를 통한 자유의 획득

셋째, 숭고한 차원의 정신문명, 즉 사람들의 형제애와 국가간의 국제적인 우호를 꽃피우게 하는 완전 평등과 참된 정의의 성취 등이다.

마르크스주의는 인간의 창조적 재능, 자유의 획득, 평등과 정의의 성취 등의 요인을 포함하는 이상주의를 목적으로 삼고 있는데, 이들의 조화로운 협응이 전인적 발달의 기본적인 전제가 된다. 그러나 이러한 요소들은 인간의 전면적이고 조화로운 발전을 이루기 위해 좀 더 구체적인 사회적 요구들을 전제로 삼는 데, 그러한 많은 요구들 중에는 ① 도덕의 전면적인 발전과 고도의 도덕적 교양, ② 전면적인 미적 발달과 고도의 미적 교양 및 예술적 교양, ③ 개인적인 지성, 정서. 의지의 전면적인 발전, 그리고 ④ 전면적인 신체발전과 수준 높은 체육 등을 포함하고 있다(김홍명, 1990 : 185).

도덕적 소양과 예술적 교양, 그리고 지성, 정서 등에 대한 요구는 마르크스주의 사상이 인간적, 도덕적 범주로서 사회주의적 휴머니즘보다는 도덕적, 인도적 휴머니즘을 근거로 하고 있음을 의미하고 있다. 또한 신체 활동 혹은 수준 높은 체육에 대한 욕구는 인간을 동물과 구별하게 하는 전제임과 동시에 호모파베르(기술적 인

간)를 선호하는 마르크스주의 사상의 한 단면을 나타내고 있다고 볼 수 있다. 그러므로 인간은 도덕적 완성과 예술적 교양을 갖추는 동시에 신체적 성숙이라는 사회적인 요구들도 갖추어야 한다.

그러나 마르크스주의가 주장하는 전면적으로 발달된 인간의 개념은 민주주의 교육에서 말하는 조화 있는 인격 발달의 개념을 포함하고 있기도 하지만, 한편으로는 기존의 부르주아 체제 전복을 위해 투쟁하게 하는 투사의 개념도 가지고 있다(구봉수, 1986 : 180). 그러므로 마르크스주의 체육관은 정신적, 육체적, 그리고 사회적으로 조화를 이룬 인간total fitness을 육성하는 '교육으로서의 체육physical education as education'도 인정하고 있지만, 한편으로는 체육과 관련된 제도와 정책, 그리고 기존의 제도적인 체육을 가능케 한 사회구조에 대항하는 적극적인 과정으로서의 체육을 강조하고 있기도 하다. 여기서 체육교육의 방법에 대한 접근은 Dewey가 강조하는 민주교육이나 자유의 개념 및 자연스러운 성장의 개념은 배제하고 있다고 볼 수 있다.

결론적으로, 체육에 대한 마르크스주의적 접근은 체육의 목적이나 이상에 있어서는 전인적인 발달을 추구하는 휴머니즘적 요소를 다분히 포함하고 있는 것으로 볼 수 있지만, 그 교육의 근본적인 측면에 있어서는 현실 세계의 이상형을 지향하는 것이 아니라 기존의 현실을 부정하고 사회주의적 사회의 건설을 위해 적극적인 변혁만을 도모하는 투쟁적 요소가 내재되어 있다고 볼 수 있다.

마르크스주의에 있어 필요한 것은 새로운 사회a new society와 이 사회 속에서 살고 있는 새로운 하나의 인간개체a new human being이다. 교육의 재정립 프로그램은 가정이나 학교에서만 순전히 수행될 수 있는 성질의 것이 아니다. 마르크스주의자들은 그것이 반드시 총체적인 교육a total education이어야 하며, 생의 모든 장면에서 일어나야만 한다고(김성수, 1987 : 224-225) 주장하고 있다.

3) 스포츠의 현대 휴머니즘적 본질

(1) 휴머니즘을 중심으로 하는 스포츠의 역사적 개관

고대 그리스 민족들은 개인의 탁월성과 진보적 변화, 환경에 대한 적응성을 강조하며 근대적 입장에서의 스포츠 활동을 숭상하였다. 또한 그들은 개인을 신체적,

정신적으로 완전한 인간으로 발전시키는 철학을 중요시 여겨 '건강한 신체에 건강한 정신' 이란 개념을 사람들에게 인식시켰다. 특히 그들은 신에 대한 봉사는 인간 정신 및 그를 보호하는 육체를 떠나서는 상상할 수조차 없고, 정신의 표현은 육체의 모태에서만 구할 수 있으며 육체의 조화적 발달이 곧 신에 대한 봉사라고 생각하여 정신의 수양과 아울러 육체의 단련이 필요하다고 하였다(서울대학교, 1975 : 85).

그리스인들은 인격화된 신들을 많이 가지고 있었는데, 그 신들의 우수한 힘, 탁월한 신체적 능력, 그리고 정신적 능력을 숭배함으로써 그들이 가진 소위 전인적 상을 추구함과 아울러 고대 헬레니즘 사상에서 유래되는 보편적인 인간의 이념을 추구하였다. 따라서 그들은 궁극적으로 지혜의 추구와 더불어 신체활동 및 정신에 대한 지식의 양면을 포괄하는 가장 우수하고 총체적인 인간을 만드는데 관심을 가졌다. 이러한 그리스인들의 정신은 범 그리스의 제전경기에서 함축적으로 승화, 발전되어 나타나는 바, 범 그리스의 제전경기는 신성한 종교적 의식에 입각하여 인간과 평화애호의 정신 등 인간의 본질적 존엄성을 구현해 나갔으며, 그러한 사상적 기반 위에서 인문 교양적 학문과 예술을 숭상해 나갔다. 그러한 의미에서 이 경기는 순수 아마추어리즘을 강조하는 대제전이었다.

비록 많은 도시국가들 간의 경쟁과 대결이 치열했음에도 불구하고 궁극적으로 민족적 동질성에 입각한 평화와 동포애, 인간애에 대한 애착이 그리스인들의 정신세계를 지배하고 있었다. 특히 스포츠는 이러한 그들의 정신을 표현하는 이상적인 매체의 기능을 담당함으로써 오늘 서구 정신문명의 근간을 형성하는 모태의 구실을 했다고도 할 수 있는 것이다. 그리고 그리스인들의 인간애 정신은 인류 역사와 더불어 면면히 이어져 오늘 날의 휴머니즘 정신의 사상적 배경이 되었다.

중세시대의 문화는 고전 고대 문화, 기독교 문화, 게르만 문화의 구성요소가 융합해서 이루어졌다. 그 중에서도 기독교가 지배적 권위를 차지하여 학문, 예술, 도덕, 풍속 등 일체가 기독교의 지배하에 있었다. 그리하여 기독교인들은 현실을 떠나 영혼불멸의 교리에 따라 영혼의 구원을 바랐고 내세의 행복을 위하여 현세의 모든 것을 무가치하게 생각하고, 육체 면을 경시하는 금욕주의를 행하여 승려 생활 같은 것을 최고 이념으로 여기게 되었다. 이처럼 세계를 지배한 기독교가 육체적인 것을 경시하는 한, 체육 및 스포츠의 발전은 기대할 수 없었다(양주철, 1966 : 219).

그러나 이러한 스포츠의 암흑기에도 불구하고 스포츠의 근원적인 형태인 놀이는 오히려 이 시대에 놀이로서의 본질적 가치를 더하여 갔다. 즉 놀이는 본질적으로 인간의 축제요 성스러운 경연활동으로서 그 시대의 종교적 제식행위나 경연행위와 그 사상적 물줄기를 같이하여 그 시대에 충만해 있었던 교회의 번영과 더불어 발전하고 있었다.

Huizinga(1955)는 중세 유럽사회에 대해 다소 낭만적인 애착을 가지고서 놀이에서 이상적이고 독특한 인간적 특징들을 사회적, 물질적인 조건들로부터 분리해 냈다. 즉 그는 중세사회에서는 놀이가 넘쳐 흘렀고, 여기서 인정된 고도의 놀이 형태들은 제식과 공동잔치의 정신으로 충만했다고 주장했다(정홍익 외, 1988 : 58). 이러한 지적은 중세사회에서 놀이의 제식적 의미와 편재성이 표면적으로도 오늘날의 산업사회보다 더 풍성하고 충족적인 것이어서 그 시대가 오늘날보다 더 행복한 때였음을 의미하는 것이다. 이처럼 이 시기의 놀이는 인간의 축제요, 성스러운 경연으로서 자기긍정 및 표현의 기회를 제공하였으며, 인간의 종교적 존엄성과 신성성을 구현하는 인간화의 행위였다. 따라서 그 시대에 소박받던 스포츠의 인간적 정신은 놀이를 통하여 대치됨으로써 휴머니즘 정신의 사상적 계보는 미흡하나마 그 맥을 이어나가게 되었던 것이다.

그 후 중세를 지배했던 기독교적 권위로부터의 탈피 및 농노, 농민에 근거한 중세 봉건질서의 해체에 따라 인간적 권위에 대한 지력이 회복되었고, 이에 맞춰 르네상스시대가 도래하였으며 이는 종교개혁 운동과 더불어 인간의 해방을 가져오게 했다. 이러한 역사적 배경 하에 체육 및 스포츠의 중요성은 재 천명되었고, 그 후 17 · 8세기에 이르러 국민체력증진상 체육 및 스포츠는 크게 발달하게 되었다. 그리하여 오랫동안 전개되었던 희랍의 번영시대의 인간 자유를 기저로 삼는 훌륭한 인생관과 인간주의적 사상에 대한 회구가 만연하게 되었다.

이와 같은 맥락에서 스포츠에 있어서 휴머니즘 정신은 인류역사상 그 본래의 사상적 싹을 만개하게 되었다. 그리하여 인류의 대제적인 근대올림픽 경기는 스포츠의 휴머니즘적 의미를 총괄적으로 함축하고 집대성한 인간의 이상향이 되었다. 여기서 근대 올림픽 경기가 추구하였던 이상은 크게 3가지 특징, 즉 제례적 신성성, 도덕성, 예술성으로 분리할 수 있다. 고대 올림픽이 지녔던 제사의식으로서의 원형은 문화인류학적으로 의식을 통하여 인간과 인간의 문화를 고양하고자 하는 양태를 띠고 오늘 날 평화, 평등, 우애라는 인류애적 신념체계로 전이되어 나타나고 있다(곽형기, 1985 : 408). 근대 올림픽 경기는 인간의 삶을 생체적, 사회적, 역동적이면서도 평화적인 예술의 차원에서 조화시키고, 고대 헬레니즘 문화가 추구하였던 자유롭고 창조적인 휴머니즘 정신을 범 인류적인 실천의지로 結晶시킨, 인간이 창궐한 가장 위대하고 조화 있는 문화통합의 실체로 부각되고 있다. 따라서 근대 올림픽 경기의 이념은 Coubertin의 이상주의적 세계관과 인간긍정에 토대를 둔 낙관주의, 그리고 인류의 평화적 발전이라는 확실한 목적 지향성 등 인류로서 가질 수 있는 세계인식을 통합, 수용한 실천적 이념으로서 모든 스포츠 방향성을 20세기적 시대와 사회적 조건에 맞추어 이상적으로 제시한 典型이라고 할 수 있다(곽형기, 1985 : 401).

Coubertin은 인간의 진정한 도덕심은 서로 존경하고 신뢰해서 상호간에 이해심을 넓히는데 있으며, 이를 근거로 해서 세계가 하나가 되는 스포츠 발상을 구상해야 한다고 했다. 또한 그는 현대 사회에서는 활발한 스포츠 경쟁을 통해서만 훌륭한 개성을 지닌 인간을 키워낼 수 있고, 스포츠 정신은 인간의 영혼과 정신을 아름답고 숭고하게 만든다고 역설하였다(이덕주, 1982 : 12).

평화는 살기 좋은 세계가 되었을 때 따라오는 산물이며, 살기 좋은 세계는 각 개인이 좋아져야만 달성할 수 있고, 개인이 잘 되려면 공평한 가운데에서 활발한 스포츠 경쟁을 거쳐야 한다. 그러므로 운동을 통해 전인적 교육뿐만 아니라 세계의 평화와 인류의 번영에 공헌하는 것이 위대한 스포츠이며 진정한 올림픽 정신이다. 이것은 좀 더 양심적이고 관대한 인간성을 개발하는 길과 통한다.

이처럼 올림픽은 완전한 인간을 만드는데 주력하는 만큼 교육적이고 사회적이며, 도덕적이고 양심적인 문제들에 관심을 갖는다. 그리하여 개인을 종합적으로 성장시켜 정신적이고 육체적인, 그리고 도덕적인 기능을 조화 있게 발전하도록 하여 완전한 인간을 만드는 것이 근대 올림픽의 휴머니즘적 철학관인 것이다.

(2) 실존주의적 휴머니즘과 스포츠

Slusher(1967 : 10)의 실존주의적 분석에 의하면 스포츠는 인간 철학의 기본이다. 그에 의하면 스포츠는 본래의 가치에 있어서 다른 어떠한 가치의 추가 없이도 이를 통해 인간이 자신을 의미 있는 존재로 만들 수 있는 수단이 된다. 그러한 결과를 또한 자기완성의 국면에 효과적으로 반영할 수 있다는 점에서 인생의 한 영역을 차지한다고 한다.

그리고 Weiss(1969 : 14)는 자신의 우월성에 대한 인간의 관심 및 자기완성을 위한 인간의 노력이 스포츠의 기본적 특징이 된다고 하였다. 즉 스포츠는 인간이 자신의 신체를 통해 성취 가능성을 확인하는 표현이며 증거가 된다는 것이다. 특히, 스포츠는 젊은이들에게 탁월함을 얻을 수 있는 방법과 다른 것에서 획득할 수 없는 성취감에 도달케하는 방법이며, 또 수행능력의 한계를 극복할 수 있는 방법을 제시해 주는 활동이라고 하였다. 스포츠에 대한 Slusher의 분석이 인간이 자신을 의미 있는 존재로 만듦에 의해 자기완성에 도달할 수 있음을 강조하였다면, Weiss의 분석은 스포츠를 통하여 인간이 성취가능성을 달성할 수 있음을 강조하였다고 볼 수 있다.

독일 실존철학자 Jaspers(D. A. Siedentop, 1972 : 200)도 스포츠가 현대사회의 특징인 과학기술화, 상업화, 자동화 속에서 인간이 자신의 실존을 표현할 수 있는 기회를 제공해 준다고 보았으며, 동시에 유희나 여가활동은 인간이 소외를 극복하고 개성을 나타낼 수 있게 하는 중요한 통로가 된다고 믿었다. 또한 Nietzsche(D. A. Siedentop, 1972 : 222)도 인간존재의 기초적 형태로서, 또는 삶의 표현으로서 유희를 중요시하였다.

이진수 등(1989 : 134)은 스포츠가 인간에게 자기발견의 기회를 제공해 주기도 하고 희비극, 불안, 좌절 등의 실존적 경험을 갖게해 주기도 하며, 때때로 인생에서 중요한 것이 승리가 아니라 최선의 노력임을 일깨워 줄 수도 있다고 하였다. 즉 스포츠는 인간에게 자기발견의 기회를 제공해 줄뿐만 아니라 활동상황에서 페어 플레이를 통하여 인생의 실존적 가치를 체험할 수 있게 하는 장의 역할도 할 수 있음을 의미하고 있다. 스포츠에서 페어 플레이의 가치는 결국 그것이 제공하는 본질적인 만족에 있다. 승부가 끝난 뒤에도 기록되지 않는 내면적인 체험이 중요할 것이다. 승리라는 외면적 결과보다는 경기 그 자체로서 가치 있는 일이며, 미적 관점에서 볼 때 객관적인 결과보다는 그것에 이르는 과정이 훨씬 더 의미를 가지는 것이다(이진수 외, 1989 : 153).

또한 유희활동도 실존주의적 입장에서는 크게 환영을 받고 있다. 실존주의자들은 스포츠 활동도 중요하지만 인간의 자아실현 수단 및 창의력의 개발수단으로서, 유희활동과 창의적 무용, 체조 등에 대한 가치를 높이 평가하고 있는 것이다. 그들에게 있어 유희는 기능적인 면에서 본다면 곧 개인의 자유와 해방을 의미하는 것이 된다. 이는 산을 정복할 때 스스로 저 산의 존재Being를 잡기 위해 산을 찾는다라는 의미와 상통하는 것이다. 그리고 실존주의자들은 유희를 자기표현의 가치 있는 수단으로 보고 있다. 스포츠를 포함한 유희활동에는 극복할 수 있는 실존existence이 내포되어 있고, 이 같은 존재는 곧 자신으로 투영될 수 있다고 실존주의자들은 믿는다(H. S. Slusher, 1963 : 155).

이상의 논술을 종합하면, 스포츠는 인간 행위에 기인하여 신체의 움직임을 통하여 자신을 찾고, 자신의 가능성을 실험하며, 또한 자기발견 및 표현의 기회를 갖는 인간적 성숙과 관련되어 있다. 그리고 스포츠에서의 인간적 행위, 즉 페어플레이는 각 개인에게 스포츠의 가치를 승화시켜 줄뿐만 아니라 휴머니즘 정신으로 연결시켜 주는 고리가 된다.

그러나 이러한 원칙들과는 달리 현대사회에서 스포츠활동이 스포츠의 본래적 의미에서 이탈하여 반 휴머니즘적 상황들을 연출하는 것을 자주 접하게 한다. 즉 현대 스포츠는 각 개인의 잠재적 능력 및 특성을 자연 상태로 발휘하게 함으로써 자아정체감 및 주체성 확립, 혹은 자아실현 기능을 이상적으로 추구하도록 만들기보다는, 고도의 경쟁적 산업체계의 특성과 같이 지나친 우월과 경쟁만을 강요함으로써 스포츠의 본래적 의미를 왜곡시키는 현상을 초래하고 있음을 볼 수 있다.

Felshin은 승리나 메달 같은 운동경기의 부산물에 대한 관심의 증가로 인해 더욱더 인간의 신체와 정신이 분리되게 된다고 주장한다. 약물 사용 혹은 훈련 팀의 선택, 전략 선택과 같이 경기 조건을 개선하거나 조절할 수 있는 다른 노력에 대한 믿음은 완전함perfection과 승리를 향한 스포츠의 본질을 경험하지 못하게 한다. 스포츠의 이런 구조는 비인간적인 성격을 가지고 있다(김대식 외, 1984 : 137). 즉 현대 스포츠는 지나친 경쟁적 가치 및 승리 지상주의를 강조함으로써 상대방에 대해 우호감보다는 적대감, 순수한 스포츠맨십보다는 배타주의적 태도, 그리고 과정보다는 결과를 우선적 가치로 생각케 만드는 현상을 초래시키고 있다.

그리고 스포츠의 고도화와 전문화는 스포츠의 수행결과에 대한 평가에서 특정한 개인, 즉 스타 플레이어나 우수 선수에게 지나치게 공적을 돌리게 함으로써 스포츠에 있어서 영웅주의 혹은 우상화의 현상이 나타나게 만들었다. 스포츠의 영웅주의나 개인의 우상화 현상은 경기력이 우수하지 못한 개인이나 팀에게는 필연적으로 소외감을 조성시키며, 그 결과 그들은 스포츠를 통한 즐거움이나 성취감 혹은 자유러움의 기회를 맛볼 수 없게 된다. 그리고 스포츠에서 우수한 경기수행자에 대한 지나친 환대 역시 비우수선수에게 소외감을 증폭시킬 수 있음은 물론 그들이 경기력 향상을 위하여 약물복용 등과 같은 비윤리적 행위도 저지를 수 있도록 한다.

스포츠라는 사회적 현상이 모든 성원들의 자연스러운 삶의 표현 방식이며, 숭고한 자아실현의 효과적인 매체인 동시에 인류의 보편적인 인간애 구현이라는 점을 전제할 때, 스포츠에 있어서 결과 및 수행능력에 대한 지나친 공적주의는 실존주의 사상과 배치되는 것이며, 휴머니즘 정신에서도 벗어나는 것이라 하지 않을 수 없다.

(3) John Dewey의 실용주의적 휴머니즘과 스포츠

대부분의 인간주의자들이 중시하는 개념은 인간 자신의 자율성, 자기결정의 능력 또는 자유의지이다. 그들은 선택의 자유가 인간만이 가질 수 있는 가장 독특한 것인 동시에 가장 중요한 것이라고 믿는다. 그들은 아동기의 외상적 경험이 무의식 세계에 내면화되어 있다. 외현적으로 나타나는 것을 통해서는 개인의 행동을 이해하기는 어렵다고 본다. 또한 그들은 개인의 행동이 통제할 수 없고, 인식조차도 할 수 없는 강력한 외적 힘에 의해서 결정되는 것도 아니라고 본다. 그들은 인간행동이 그보다는 자기자신의 선택에 의한 결과임을 주장한다.

자기결정의 능력은 자아규제self-regulation, 자아주장self-assertion, 자아실현self-actualization을 위한 능력의 밑바탕이 된다. 그리고 이러한 능력은 개인의 종합적성과 책임감, 주도성과 창조성, 이타심과 사랑 같은 관념들 및 정의, 도덕성, 시민정신의 관념들과 밀접히 관련된다. 이런 이유로 그들은 인간주의가 개인 자유의 보존과 신장에 많은 관심을 가지며, 인간적인 민주주의 사회에 부합되는 것으로 생각하는 경향이 있다(김상호 외 역, 1985 : 52-53).

인간주의자들의 이러한 기본 관념은 실용주의적 휴머니즘의 중심적인 사상적 토대로서 작용하며, 자유와 지성을 주창하는 실용주의의 대표적인 철학자 Dewey

의 체육관과 기본적으로 연결된다. Dewey의 체육관의 기조는 민주사회의 건설에 있는데, 그러한 민주주의의 요소 중 하나가 자유이다. 그는 "자유에 대한 사랑은 인간성의 구조에 본래 내재되어 있으며, 이것이 우리 전통의 일부이다(J. Dewey, 1939 : 5)"라고 하였다.

스포츠는 이러한 자유와 지성에 대한 최대한의 표현 기회이다. 그리고 이러한 기회와 함께 갖추어야 할 구체적 수단으로는 참가자의 흥미나 욕구, 그리고 잠재성 개발을 위한 창조성 등이 있다. 즉 스포츠는 참가자의 흥미, 욕구 등에 입각해 자유를 신장시키며, 그 결과 개인의 억압된 충동과 무의식적 갈등을 배출시키고 참가자 자신의 선택적 의지에 따라 자신을 창조적으로 표현함으로써 전인으로서의 인간성 구현에 절대적으로 기여하게 된다.

지성은 이러한 과정에서 초래될지도 모르는 습관과 충동간의 마찰이나 갈등, 환경 부적응 상태에 대한 합리적 방향성을 제시하는 기능을 하며, 전인적 의미로서의 자유에 대한 희구를 실행해 나가는데 필요한 실천적인 좌표를 설정해 주는 지침 역할을 수행하게 된다. 이는 스포츠가 본질적으로 인간의 심리 생리적인 각성과 자각, 그리고 분별적 환원능력을 일깨워주는 자극제로서의 역할을 수행하고 있기 때문에 가능한 것인데, 이러한 스포츠의 지성적 기능이 발달함에 따라서 인간주의적 맥락에서 인간의 자유신장은 상호 공존하는 한도 내에서 최대로 고무되고 실현될 수 있을 것이다.

실용주의적 관점에서의 개인의 스포츠 참여는 그의 사회적 효용성을 배양시켜 나가는 과정이라 할 수 있다. 여기서 참된 개인으로서의 인간성 구현은 스포츠에 내재되어 있는 사회적 가치 및 규범과 역할 등을 개인에게 내면화시킴으로써 가능하게 된다. 개인적 측면에서 본다면 그는 사회적으로 승인된 자아의 상을 확립하고 사회적 공동체 의식 속에서 자신의 존재 의미를 발견함으로써 인간주의적 사회화의 목표에 접근할 수 있다. 사회적 측면으로 본다면 개인적 측면의 발전을 사회나 공동체에 투영시키고 환원시킴으로써 개인과 사회와 국가를 한데 묶는 인간애의 정신을 모색할 수 있는 것이다. 스포츠의 사회화 가치는 바로 이러한 기능을 의미하는 것이다.

스포츠에서 장차 사회적으로 활용될 수 있는 자아발견에 대한 지식, 혹은 성장 생성의 힘을 가진 스포츠 지식의 형태를 추구하지 않고 현실적 필요성에만 연연하는 제도 및 그에 기초한 지도 형태만을 추구하고 그것을 사회적으로 통용시키는 것은 스포츠의 윤리성, 도덕성, 그리고 휴머니즘 정신을 근본적인 데서부터 무시하는 것이 된다.

자유와 지성의 한 표현 활동인 스포츠에 대한 이 같은 부정적 현상은 오늘날의 권위주의적 행동양식에서 발견될 수 있다. 즉 스포츠에 있어서의 권위주의는 실용주의적 휴머니즘에 있어서의 자유와 지성의 관념과 대비되는 것으로서, 참가자의 흥미나 욕구 및 자발성, 그리고 잠재성과 창조적 표현활동 등과 같은 모든 실용주의적 목적과 목표에 위배되는 현상을 초래하게 한다. 스포츠 현장에서 발견되는 권위주의는 지시와 명령으로만 일관되어 강제성을 띄는 동시에 융통성이 없다. 이러한 획일성은 실천과정의 기술적인 방법에까지 간섭하는 형태를 띤다. 이러한 간섭형태는 스포츠 제도에 대한 정부나 공공기관, 즉 상부로부터의 일방적 지시에서부터 시작된다. 이러한 간섭은 결국 많은 업무수행량과 그에 반비례하는 질적 저하, 상호간의 의견교환의 제한, 내적 불만 조성과 공동체 의식의 결여, 의존중심으로 참가자가 자신의 개성을 발휘하지 못하게 하는 부정적 결과를 초래하게 만든다.

실용주의적 휴머니즘에 근거한 스포츠의 본질을 논할 때 자유 및 지성의 문제와 함께 사회적 수준과 맥락을 자주 언급하게 되는 경향이 있다. 즉 실용주의적 인간주의자들은 개성, 자아고양, 자아실현, 자아개념 등을 강조한다. 그러면서도 그들은 이에 못지 않게 개인의 사회적 관계에도 관심을 갖고 있는데, 인간의 이러한 도덕적인 완전 가능성과 사회화의 경향성의 개념은 인간주의 입장의 기초를 이룬다. 그들에 의하면 인간은 자신의 생존욕구 뿐만 아니라 애정 및 승인의 욕구, 친애 및 존경의 욕구를 만족시키기 위해서도 다른 사람에게 의존하는 사회적 존재라는 뜻이다. 또한 그들은 개인이 자신의 잠재적 능력의 개발을 위해서는 다른 사람들과 접촉하려는 욕구가 중요함을 강조한다. 그 이유는 개인이 이런 사회적 관계를 통해서만 그 사회 내에서 자신을 완성할 수 있기 때문이다. 따라서 자아를 강조한다고 해서 자아라는 용어가 이기심이나 반사회적이고 불건전한 뜻을 가진 자기중심을 의미하는 것은 아니다. 오히려 인간주의자들이 이상적으로 생각하는 자아실현은 개인이 타인들과 동일한 감정을 경험하며 타인들에게 강한 애정을 가지고 진정으로 그들을 돕고자 하는 자세에 있는 것이다. 그들은 인간이 선천적으로 관용, 협동, 이타심과 같은 덕성을 가지고 있다고 가정한다. 인간은 그러한 덕성에 의해 스스로를 충족시키게 되며, 이로 인해 그의 자아에 대한 개념은 확장되어 그의 가족이나 동료, 지역사회, 그리고 결국에는 모든 인간을 포용하게 된다는 것이다.

실용주의가 행동과 그 결과로서의 신체활동의 모든 결과를 권장한다 할지라도, 그 행한다는 것은 대체로 사회의 선을 유지해 나가는 범위 내에서만 중요한 의미를 지닌 것이 된다. 즉 실용주의는 사회관계나 상호 의사소통에 역점을 둔다는 것이다. 그러므로 본질적으로 개인적인 성격을 띄며 개인적으로 행해지는 스포츠는 실용주의적 측면에서는 자연히 높이 평가될 수 없는 것이다(이진수 외, 1989 : 28).

(4) 마르크스주의적 휴머니즘과 스포츠

현대 사회에 있어 스포츠가 갖는 인간소외의 현상들은 '실존주의적 휴머니즘과 스포츠'의 장에서 논의하였었다. 즉 지나친 경쟁으로 인해 스포츠 본래의 의미를 왜곡시키는 문제, 승리지상주의에 의하여 상대에게 적대감을 갖게 만드는 문제, 스포츠맨십보다는 배타주의적 태도의 양산, 그리고 스포츠 스타의 우상화 현상 등이 바로 그것이다. 그러나 스포츠에서 인간소외의 현상은 인간의 내면적인 문제뿐만 아니라 제도와 체제에서 오는 문제들이 복합적으로 얽혀있다. 마르크스주의적 휴머니즘은 바로 그러한 문제들과 연관을 맺고 있다.

초기의 스포츠는 종종 종교적 제의나 축제와 밀접히 관련되어 있었으며, 이는 또한 계급과 신분에 기초한 참여기준에 의해 특수한 계층에게만 참여가 제한되었다. 형식적 조직과 역할적 문화의 정도는 낮았으며, 일반적으로 스포츠 경험의 의미에 대한 질적 평가를 지향하였다. 그러나 이와는 달리 현대의 스포츠는 세속적, 실력주의적인 면을 중시하는 쪽으로 변화되었고, 고도의 합리성을 지닌 관료적 조직에 예속되었으며, 그 결과 스포츠 행위의 의미에 대해서도 더욱 더 기록수립적이고 양적인 평가를 지향하는 경향을 띄게 되었다(정홍익 외, 1988 : 71).

스포츠에서 이러한 사태는 우려할 만한 것으로 여기서 개성이라든지 인간성은 공허한 개념에 지나지 않게 된다. 즉 인간을 이러한 거대한 체제의 숲속에서는 기계적 작업과 규격화된 사상 및 행동에 빨려 들어가서 자신을 상실하고 단지 스포츠 체제의 단순한 한 부분이 되고마는 상태에 놓이게 된다.

마르크스주의자들은 스포츠가 대체로 지배계급의 성원들에 의해 통제되고 있고 지배계급의 사회적 접촉을 위한 영역으로 존재하고 있으며, 그리고 자본주의적 보상체계를 정당화하는 정치적 사회화의 영역이 될 수 있느냐 하는 점에 기초해 이해하고 있다. 이 입장에서 보면 스포츠는 겉으로는 일단 위계질서에 대한 업적주의적 기준을 세운 다음, 숙련에 기초한 성공을 미화시키고 상업주의를 찬양하며, 그리고 경기 기록표에 대해 끊임없이 비난함으로써 사회진보에 대한 잘못된 관념을 조장한다는 것이다. 따라서 스포츠는 소외된 사람들에게 극복의 그릇된 개념 및 보상의 그릇된 기능을 제공하는 것으로 상정된다는 것이다(정홍익, 1988 : 330).

마르크스주의에서 역사는 계급투쟁의 역사 바로 그것이다(下津屋俊夫, 1970 : 26). 그러므로 마르크스주의는 스포츠에서도 역시 기존의 것에 대한 비판 및 사회적 구원의 해방을 제시하고 있다. 즉 인간이 환경에 의해서 형성된다면, 이 환경은 인간적으로 형성되어져야 한다고 보고 있는 것이다. 인간 소외가 자본주의 스포츠 체제의 본질에 의해서 생긴 사회문제라면, 그 해결은 그 체제를 폐기하고 더 나은 것으로 대체하는 데 있다고 보고 있다.

마르크스주의는 스포츠에서 발생하는 계급차별을 없애고 인간을 해방시키기 위한 투쟁을 과감히 요구한다고 볼 수 있다. 유희의 특성을 포함하고 있는 스포츠는 오늘날 고도로 계산된 승패를 겨루는 활동을 의미하는 것으로 여겨지고 있지만, 그 어원을 살펴보면 disportare로 오락, 위안, 희열을 주다, 또는 자신을 즐겁게 하다, 유쾌하게 걸어나가다 등을 의미하고 있다. 그러므로 스포츠에 있어서의 노력은 노동의 노력과 동일하게 외부적, 강제적인 것이 아니라 내부로부터의 자유로운 활동에 의한 것이다.

스포츠에서 인간소외 현상은 자본주의 스포츠 체계가 갖는 근본적인 문제와 함께 스포츠 제도의 운영 및 실행단계에서도 흔히 발견할 수 있다. 즉 우수한 경기력만을 목표로 삼은 나머지 학원 스포츠에서 학생 경기자의 학업결손이 당연시되는 현상, 그로 인해 학생 경기자가 학교 생활 및 일반 학생들로 부터 소외당하는 문제, 아마추어 스포츠에서조차 물질거래가 난무하는 현상, 그리고 향락적 스포츠의 침투로 서민이 위화감을 느끼게 되는 문제 등은 현대사회에서 스포츠가 안고 있는 인간소외의 현상과 직접, 간접적으로 관련을 맺고 있다.

이러한 현상의 결과로 스포츠 활동의 참여자는 기계적, 업적주의적, 상업주의적 특성에 의하여 자신의 자유의지 및 창조적 의욕을 발동시킬 수 있는 기회를 상실하지 않을 수 없다. 이것은 인간의 본성을 잃어버리는 것이 되고 만다.

Marx는 인류의 역사를 '착취' 라는 사실로 설명하고자 했다(下津屋俊夫, 1970 : 26). 여기서 '착취' 란 의미는 불로소득 또는 노동에 비례하지 않는 대소득을 의미하는 것이다. 스포츠에서 소수의 우수경기자에 대한 지나친 물량공세는 일종의 착취행위의 일부로 비춰질 수 있으며, 향락적 스포츠의 유행 역시 착취행위의 결과라고 해석될 수 있다. 따라서 엘리트 스포티즘의 결론은 항상 인간구원이 아니라 인간소외로 귀착될 수밖에 없다(김용옥, 1990 : 128). 스포츠에서 인간 가치가 개인의 개성 및 특성이 아니라 보수와 수입에 의해 결정되는 현상은 스포츠 본래의 의미와 거리가 먼 것은 물론 인간이 주체성을 상실하게 되는 문제와 관련될 수 있다. 오늘날 스포츠의 문제점은 자본주의의 '생산관계' 에 내재한 계급지배에 있다기보다는 개인의 표현성과 자발성이 도구적 이성 및 기술적 합리성의 비인간적 '힘' 에 예속되는 것에 있는 것처럼 보인다(정홍익 외, 1988 : 69).

스포츠에서 또 하나의 불평등적 소외현상으로서 거론될 수 있는 것은 인류 역사와 인간 생존 양식에 하나의 중대한 오점으로 불리어 질 수 있는 인종차별의 현상이다. 불행하게도 스포츠는 인종적인 고정관념이 너무나 오랫동안 만연해 왔던 분야이다(강신복 외 역, 1991 : 212). 신 앞에, 그리고 인간이 만든 법 앞에 모든 인간은 평등하여야 한다. 그럼에도 불구하고 흑 · 백 문제를 보면 이러한 관점은 존중되지 않고 있다. 숭고한 존엄성을 지닌 한 개인으로서 흑인은 주체적 자아이기보다는 차라리 존재 그 자체가 무시된 하나의 소유물로서 백인에 의해 지배되고, 그리고 백인을 위해 존재하며, 그리고 백인 자체를 위해 만들어진 피조물로만 가치를 가지고 존재해온 것이다. 이러한 현상은 인간의, 인간에 대한 휴머니즘 정신을 가장 강조하고 역사적, 사회적, 도덕적, 철학적 및 윤리적 관점에서 이를 주장해 온 오늘날에 있어서조차도 계속되고 있다. 백인의 흑인에 대한, 혹은 유색인종에 대한 편견과 차별은 아직도 지속적으로 존재하고 있는 것이다.

이러한 현상은 스포츠에서도 그대로 반영되었는데, Mcpherson(1976 : 90)에 의하면 Robinson이 인종차별 정책에 대해 제재운동을 벌인 1940년도까지도 흑인선수들은 스포츠 경기에 대부분 모습을 나타내지 못하였고 각 대회의 연맹들도 이들에 대한 참가자체를 거부하였다고 한다. 이러한 인종 차별 현상은 새로운 현대 휴머니즘 정신이 싹트는 오늘날에도 지속적으로 유지되었다. 그 중 대표적인 것으로 흑인에 대한 인종 차별적 현상은 ① 위치 배분의 차별, ② 운동 능력의 차별, ③ 보수의 차별과 권위주의 행사라는 3가지 형태에서 찾아질 수 있다.

위치배분에 있어서의 차별현상은 Edward(1973 : 213)의 이른바 'staking(편파 편중성)' 이란 용어로 설명되는데, 이는 대학이나 프로 스포츠에서 발생되는 차별의 한 형태로 한 팀에서 선수의 위치를 선정함에 있어서 소수 인종, 특히 흑인 선수들은 외야에 많이 배치되는가 하면 백인은 내야나 피처로 많이 기용되고, 미식축구에서는 흑인이 주로 후위에, 백인은 쿼터백이나 센터 등 중요한 위치에 두루 기용되고 있는 형태에서 그와 같은 불평등한 소외현상을 발견할 수 있다. 그리고 운동능력의 차별형태는, 흑인은 백인과 같은 능력수준을 가지고 있는 것만으로는 경기에 출전할 수 없고, 오히려 백인들보다 더 우수해야만 주요 경기에 출전할 수 있다는 점에서 찾아 볼 수 있다.

이러한 차별형태를 일컬어 Yetman과 Eitzen(1978 : 236)은 "같은 능력에 대한 기회의 불공평" 이라고 하였다. 이러한 위치 배분과 차별 및 운동능력의 차별적 현상과 짝지어서 그에 대한 보수의 차별과 권위주의 행사는 자연 당연시되는 경향이 있다. 즉 흑인은 백인보다 수행요구량이 적기 때문에 좀 더 적은 보수를 받고, 또 흑, 백인 이 동일한 수행능력을 가졌을 지라도 흑인은 적은 보수를 지불 받기 때문에 백인에 비해 상대적으로 낮은 대우와 권위를 받고 있다고 할 수 있다.

스포츠의 이러한 문제에 대해 마르크스주의자들이 직접적으로 언급한 바는 없지만, '인간소외의 극복과 주체성회복' 이 마르크스주의적 휴머니즘의 근간이며 소수 엘리트 위주가 아닌 대중적 교육이 그들이 주장하는 바라고 할 때, 이의 해결은 현대 휴머니즘이 갖는 인간성 회복의 정신과 일맥상통한다고 해석할 수 있을 것이다. 마르크스주의적 휴머니즘은 현대사회가 인간성을 압박하여 위기에 몰아넣고 있다는 현실에 대한 인식에서 생겨난 것으로 이러한 문제에 대하여 과감히 투쟁할 것을 요구하고 있다. 마르크스주의는 그의 인식론에서 인간화를 향한 통합을 강조할 뿐 만 아니라 그의 노동과 소외론에서도 인간적 성장을 실현하는 노동, 物化에서 벗어나기 위한 인간회복을 강조하고 있다. 이러한 인간중심의 사상을 Marx의 휴머니즘이라고 부른다(구봉수, 1986 : 25).

3. 현대 휴머니즘에 입각한 체육 및 스포츠의 목표

1) 현대 휴머니즘에 입각한 체육의 목표

체육의 목표는 그것이 추구하는 이상적인 목적을 좀더 효과적으로 실현할 수 있도록 구체화시킨 것으로서, 그에 대해서는 많은 학자들의 의견이 다양하게 제시되고 있다. 예종이의 경우(1987 : 49)는 체육의 목표를 ① 신체적 발달physical development, ② 운동 및 동작의 발달motor and movement development ③ 인지적 발달cognitive development, 그리고 ④ 사회적 발달social development 등 4가지로 나누어 제시하고 있다. 이는 미국의 체육학자 Bucher(1987 : 32-39)의 목표분류 방식을 따르고 있다. 한편 고홍환 등(1981 : 29-42)은 1980년 Rosentswieg이 제시한 10개 항의 체육목표에 근거하여 국내 체육관계자를 대상으로 체육목표의 순위설정에 대해 조사했다. 그는 이 조사에서 체육목표의 순위가 ① 신체의 발달 및 체력 육성, ② 운동 및 스포츠 기술 발달, ③ 지적인 발달, ④ 사회적 발달, ⑤ 자신의 표현 및 자아실현 등의 순으로 보고하고 있다.

위의 결과들은 체육의 목표 설정에 대한 입장이 모두 비슷한 견해라는 것을 의미한다. 따라서 이러한 입장들은 체육이 구체적으로 추구하고자 하는 목표들인 동시에 보편적으로 받아들일 수 있는 입장임에는 틀림이 없을 것이다.

그러나 체육이 단순한 하나의 사회적인 활동에만 그치는 것이 아니라 교육의 한 분야라는 점을 고려할 때에는 좀더 종합적이고 인간 지향적인 견해가 주어져야 할 것이다. 체육이 신체적, 운동 기술적, 그리고 지적, 정서적 발달에 기여한다 할지라도, 인간성의 수양과 관계없는 체육, 인간의 주체성 확립을 보장할 수 없는 체육, 도덕적 함양에 초점을 맞추지 못하는 체육이 된다면, 교육의 궁극적인 목적에 현저히 미달되고 마는 것이다. 이러한 점에 대하여 이광섭(1988 : 6)도 "이미 학교의 체육현장에는 체육의 주요 목표로서 신체 강건론, 조화적 심신 발달론, 전인화론, 욕구 충족론 등 개별화된 여러 가지 요소들이 오랜 세월을 통하여 깊이 뿌리내리고 있는 실정이나 이러한 요소들이 과연 신체운동이라는 중핵적 지도내용으로 무리없이 포용되고 용해될 수 있는 것이냐라는 문제는 쟁점이 될 수 있는 소지가 없지 않다"고 진술하고 있다.

본 연구는 현재까지 보편적으로 통용되어 온 체육의 목표가 좀더 충실히 보완되어야 한다는 입장에서 출발했으며, 그 보완은 현재의 시대적 상황으로 봐서 인간성의 회복을 부르짖는 휴머니즘적 목표가 삽입될 때만 가능하다고 보는 입장이다. 즉 비인간적이고, 비도덕적이며, 인간소외적인 현상의 극복은 현대사회 내에서 다른 분야들이 하고 있는 것과 마찬가지로 체육의 장에서도 역시 극복되어야 할 과제이며, 이의 해결을 위해서 현대 휴머니즘 사상을 체육의 목표에 도입코자 하는 것이다. 체육에서 현대 휴머니즘 사상, 즉 실존주의적 휴머니즘, 실용주의적 휴머니즘, 마르크스주의적 휴머니즘의 도입은 현대 체육이 안고 있는 비인간적 요소들을 극복하고 인간이 주체가 되는 신체활동이 가능할 수 있는 근거를 마련해 주게 될 것이다.

(1) 실존주의적 휴머니즘의 체육목표

실존주의적 교육목표는 단순히 지적 교육만을 의미하는 것이 아니라 전인적 교육을 의미하는 것이다. 그것도 단순한 도덕적 차원에만 그치는 것이 아니라 윤리적 수준에까지 관심을 갖는 인격교육이라고 할 수 있다. 즉 실존주의적 관심이 인간 존재의 허무주의적이며 비극적 상황의 문제들을 인정함으로써 그것을 초극하는데 있다면, 교육의 궁극적 관심도 이러한 초극의 문제에 있어야 만할 것이다. 교육의 실존적 현상학적 접근은 인간 존재를 단지 대상화하는 자연과학적 방법의 병폐에서 벗어나서 인간 존재와 인식의 심층적 구조에 관심을 둠으로써 교육학 자체를 인간화하는 데 크게 기여하고 있는 것이다(한명희, 1983 : 96-97). 따라서 실존적 교육은 자기 존재를 상대와의 관계 속에서 자각하고 스스로 책임을 지며, 자유로운 선택과 의지적 결정에 의해 자기를 표현함을 뜻하는 것이라 하겠다.

Jaspers는 현대가 인간 중심의 시대임에도 불구하고 사람이 자기의 진정한 모습을 발견하지 못하였다고 하여 실존의 발견을 주창하였다(김계숙, 1980 : 248). 현대의 인간은 자신이 만든 고도의 기계문명 속에서 거꾸로 자신이 기계의 노예로 전락하고 말았다. 인간은 기계의 부속 내지 소도품으로 전락했으며, 자신의 존재 가치를 상실해 버렸다. 인간 역시 물질적 대상이 되었고 경제적 수단으로 전락해 버렸다. 이러한 상황 속에서 현대인은 정신적 위기에 빠졌다. 이러한 속에서 실존주의적 철학이 대두되었으며, 이들 철학자들은 잃어버린 인간 본연의 모습을 찾기 위해 실존철학을 주장했다. 따라서 이와 같은 인간소외의 위기 상황에서 인간성 회복을 꾀하는 것이 바로 실존주의적 휴머니즘의 체육관이다.

현대 사회에서 이러한 심각한 인간성 소외를 극복하기 위해서 선행되어야 할 것은 소외되고 있으면서도 정작 그것을 모르는 인간의 의식을 변화시키고 자연과의 구체적 교류를 회복시키는 것, 즉 "자연에 참가시키는 것" 이다. 특히 이런 자연과의 직접적인 관련은 왜곡되어있던 인간 속의 자연(감각이나 감정, 욕구 등)을 자연의 일부로 돌려주며, 이것을 또 인간을 인간다운 상태로 돌려주는 것이 된다. 확실히 인간소외의 극복의 원점은 자연에의 참가를 통한 내면성에의 복귀이다. 이러한 점에서 본다면, 체육은 인간의 어떤 것에도 구속되지 않는 자연의 요구를 감안한다는 점에서 인간의 본래적인 사회적 경험을 좀 더 충실하게 준비하고 있는 교육이다. 또한 이것은 풍부한 인간적 교섭을 갖는 교육이기 때문에 소외극복을 위한 주체성 확립에도 충분히 공헌할 수 있는 가능성이 있다고 보여지는 것이다(박홍식, 1896 : 126). 이러한 맥락에 입각해서 실존주의적 휴머니즘의 체육의 목표는 다음과 같이 설정할 수 있다고 본다.

① 체육활동에 대한 자발적인 참여를 통하여 개인의 주체성을 함양한다.

체육활동의 참여에 있어서 전제되어야 할 사항은 무엇보다도 개인의 흥미유발, 자발적 의지에 기초한 참여의식 및 그 제반 형태이다. 이를 위해서는 개인이 스스로 평가하고 결정한 지식과 태도에 기초해서 선택한 활동에 자발적으로 참여케 하는 것이 무엇보다도 중요하다. 그러므로 체육프로그램은 우선 참가자에게 충분한 선택의 기회를 주어야 한다. 기본적으로 실존주의 철학은 개인을 강조하므로 체육활동에 참여하는 학생들에 따라 다양한 프로그램이 주어져야하기 때문이다. 또 각 개인은 자신의 프로그램을 스스로 결정할 수 있는 자유가 있으므로 그 자체로서 고정되거나 변동되지 않는 것은 허용하지 않으며, 이미 교사들에 의해서 계획, 결정된 프로그램도 용납하지 않는다(Freeman, 1977 : 144). 스스로의 흥미와 관심, 그리고 열정없이 지도자의 일방적인 요구나 기계적인 관행에 의지함으로써 개인의 활발한 의식 작용을 동반하지 못한 채 수행되는 체육활동은 참된 자아로서의 개인의 실존을 불가능케 하는 것일 뿐 아니라 인간의 소외현상을 유발시키는 시발점이 될 수 있다.

활발한 자아의 존재의식 작용에 의한 자발적인 체육활동은 참된 개인상과 자아의 상을 형성함은 물론이며, 인간소외를 극복하는 데에 필요한 주체성을 함양하는 데 결정적인 기능을 수행하는 것으로 볼 수 있다. 여기에서 중요한 것은 실존이 자기중심적인 존재의식에 국한되지 않고 역사적, 사회적 조건과 호응하여 이것들을 포용하려는 주체적 노력과 결부될 때에만 참된 가치를 지닐 수 있다는 점이다. 주체성 확립이란 것은 이러한 상대적이고 객관적인 상황 및 조건들을 받아들이는 내면의 주관적 태도와 결합하는 지점에서 출발해야만 한다.

따라서 주체성이란 일면 지극히 개인적인 것으로 생각할 수 있으나, 한편으로는 상대적인 측면도 있어 타인이나 대상물과의 관계 속에서 형성되는 측면도 무시할 수 없다. 이 말은 곧 타인의 주체성의 충실 없이는 자신의 주체성의 충실도 기할 수 없으며, 여기서 자신의 주체성의 충실은 타인에게도 전이된다는 것이다. 그러므로 체육에 대한 자발적인 참여의식을 통한 개인의 주체성 함양은 타인과의 우호적인 협동과 이타심을 더해줄 뿐아니라, 바람직한 인간주의적 태도를 형성하게 하여 오늘날의 체육의 현상에서 대두되는 비인간적, 몰 인간적 소외현상을 타개할 수 있는 이상적인 요소로 작용할 수 있다. 따라서 이러한 점은 현재의 체육이 부정적 현상을 극복하고 치유하는 대안으로 제시된 실존주의적 휴머니즘의 체육목표에서 제일의적인 요소로 거론할 수 있다.

② 건강한 신체와 체력을 형성하여 자아의식과 자아실현에 도달한다.

인간의 신체활동을 매개로 하는 체육의 개념은 지적, 정서적, 사회적인 발달의 측면에서 파악되는 것이 일반화된 현상이다. 하지만 이러한 실제적 목적을 구현하면서도, 이보다 좀 더 높은 차원에서 파악된 체육은 결국 인간의 건강 및 복지 추구라는 인류의 궁극적인 문제와 직접적으로 결부되어 있다고 할 수 있다. 그리하여 체육은 오늘 날 인간의 노화를 방지하여 수명을 연장하고 퇴행성 조건을 유발시키는 질병 및 비만 등을 방지하며, 이를 생활화하여 위기에 대처할 수 있는 신체적 적응력을 향상시키는 기능을 수행하게 하는 데에 관심을 두고 있다. 이러한 건강교육으로서의 체육의 본질적 가치가 구현될 때 그 바탕 위에서 개인의 불건전한 긴장 및 갈등이 해소되며 격정을 순화시킴으로써 건강한 정신과 안정된 정서를 함유할 수 있게 된다. 이러한 과정 속에서 지적, 정서적, 사회적 가치 등 체육이 지닌 제반 파생적 효과가 증진되게 된다.

따라서 체육은 이러한 외관상으로는 부차적인 것으로 보이는 기능을 통하여 인간의 본래적 존재의식과 실존적 정체감 및 자아인식을 확고히 정립할 수 있으며, 건강한 신체의 상 위에서 개인적으로나 사회적으로 유능한 기능과 역할을 수행하여 사회나 국가에서 인정받고 가치 있는 성원으로서 자아를 실현하게 된다.

Osterhoudt에 의하면 체육활동은 인간의 자아인식에 대한 충동에서 기인하는 것으로서 합리적, 자기인식적, 그리고 지적인 흥미에 의해서 자극을 받는다. 그리고 그것은 마지막에는 각 개인의 이성과 인간의 존엄성 및 인간중심주의에 입각한 자기 인식에 공헌하게 된다. 그러므로 현재와 장래의 사회생활에서 충분히 부딪히게 되는 제반 장애를 이겨낼 수 있는 강건한 신체와 체력의 필요성, 사회나 인류의 평화에 공헌할 수 있는 활동의 필요성을 체육지도의 과정 중에 역설하는 것이 중요하다. 여기서 학습자는 인간형성의 한 과정인 건강한 체력육성에 몰두하게 되고, 그 과정에서 실제적 체험을 거듭함으로써 인간적으로 순화되어 전인적인 인간형성의 가능성이 열리게 되는 것이다.

③ 건전한 여가활동을 제공하여 도덕 및 윤리적 정신을 고취시킨다.

인문주의 측면에 있어서 인간중심 사상의 배경을 형성하는 기본적 전제는 우선 도덕 및 윤리적 정신의 내면화 문제이다. 인간의 도덕 및 윤리적 정신은 개인의 내면적이고 자연스런 심성 및 교양을 의미하는 것으로서 그것은 타인에 대한 존중심과 이타심, 그리고 양심과 정의로움을 추구하여 법질서에 대한 개념을 확고히 하며 자기 자신에 대한 엄숙한 통제 및 인도주의적인 가치체계를 함축할 것을 의미하기 때문이다. 따라서 인간성 및 휴머니즘적 가치를 구현하기 위하여 도달해야 할 일상적인 목표는 양심과 교양 및 정의로움에 근거를 둔 도덕과 윤리적 정신의 구현이다. 이를 효과적으로 달성케 하기 위한 매체 중의 하나로서 체육은 그 본질적 의미에 있어서 정신적이고도 육체적이며, 개별적이고도 사회적인 성격을 골고루 함양한 인격체의 도야를 구현하고자 한다. 체육은 이러한 목표를 일련의 선택된 신체활동을 매개로 해서 달성하고자 하는 교육적 노력의 일환이라고 할 수 있다.

정신교육만을 중시하고 신체교육을 경시하던 심신 이원론이 교육의 기초적 이론으로 채용되던 시대와는 달리 전인적 발달을 교육의 목표로 삼아야 한다는 새로운 입장이 서게 되자 체육이 교육분야에서 차지하는 위상은 점차로 높아지게 되었다. 체육이란 신체활동을 통하여 이루어지는 인간교육으로서 신체활동 자체가 목적이 되는 것이 아니라, 도덕 및 윤리적 인간의 형성을 그 상위의 목표로 설정하고 있음으로서 최근에 와서야 새로이 그 가치를 평가받게 된 것이다. 그러므로 여기에서 인간적인 교육이라는 개념은 단지 정신적, 육체적인 면에서만이 아니라 사회적으로도 이상적 인간상의 구현을 의미하는 것이다. 이는 결국 인 · 예 · 지 · 신 · 충 · 효 등과 같은 궁극적인 도덕적, 윤리적 자질들을 완성케하는데 목적을 두며 이를 통하여 인간주의적 가치의 앙양이라는 인류 공통의 목표에 합치될 수 있는 것이라 하겠다.

특히 실존주의적 입장에서 이러한 체육 활동 중에서도 인문, 교양적 목표를 달성하는 데에 가장 효과적인 것으로 생각하는 것은 유희활동으로서의 건전한 여가활동이다. 오늘날의 교육현실은 지나치리 만큼 다양한 목표를 추구하며, 또 한편으로는 그것을 불가능케 할만큼 입시위주에 치중하고 있다는 점에서 상호 모순되는데, 이 점은 체육의 장에서도 예외는 아니다. 개인의 기록이나 점수에 우선적 가치를 부여한 나머지 지나친 경쟁을 유발시켰고, 이것은 체육교육의 현장에서 인간소외의 현상을 불러왔다. 이러한 현실에서 건전한 여가활동은 여러 부정적, 역기능적 현상의 발생을 방지 혹은 무효화시킬 수 있는 것으로서, 이를 통하여 인간의 내면에 바람직한 인성과 도덕성을 함양할 수 있을 것이다.

(2) John Dewey의 실용주의적 휴머니즘과 체육 목표

Dewey의 실용주의적 휴머니즘 입장에서의 체육 목표는 다음과 같이 설정할 수 있다.

① 다양한 체육활동을 통해 자율적 능력과 지성을 함양케하여 자발적 인격체를 형성케 한다.

일반적으로 실용주의자들이 주장하는 체육의 목표나 목적은 인간과 자연, 그리고 이들 양자의 상호작용에 의해 상정되어질 수 있다고 한다. 즉 실용주의적 휴머니즘은 학생의 명예나 이익, 이름, 그리고 성적과 같은 외면적인 측면보다는 그의 흥미, 욕구 및 잠재성과 같은 내면적이고 심리적인 측면이 강조되어야 한다는 것에 체육의 목적을 두고 있다(김대식 외, 1984 : 113). 그 중에서도 학습자의 잠재성은 실용주의자들이 추구하는 본질적 목표를 가장 함축적으로 표현하는 개념으로서 가치 지향적이고 미래 지향적인 입장에서 교육의 본래적 기능과 역할을 단적으로 규정하는 정의적 용어이다.

체육의 목적과 목표가 개인의 잠재력 신장에 주어질 때 교육방법은 자연히 과목위주의 프로그램보다는 학생중심의 프로그램, 일방통행적인 교수법보다는 민주적인 교수법, 강요보다는 학생의 자연스러운 요구에 의한 동기유발, 그리고 주입식 교육보다는 문제해결 위주의 형태가 된다. 따라서 잠재성이야말로 실용주의자의 교육 원리와 방법 등 모든 것을 함축적으로 제시해 주는 개념이 된다. 이러한 실용주의적 휴머니즘의 체육관에 잠재성이란 개념은 자유와 지성이란 개념으로 대신할 수 있다. 왜냐하면 개인의 잠재성 개발을 위한 기초개념이 자유와 지성이기 때문이다.

실용주의적 휴머니즘의 체육관에서 개인의 자유는 인간의 본래적 자아로서, 그리고 숭고한 주체로서의 인간의 본래적 특성인데, 이는 어느 것에도 구속받지 않는 자연으로서의 권리를 나타내는 동시에 자유의지에 기초하는 개인의 정체의식의 한 형태라고 할 수 있다. 그리고 지성은 이러한 인간 자유가 어떠한 충동이나 마찰, 그리고 갈등과 같은 불협화음 없이 달성될 수 있도록 합리적으로 기능하는 인간의 분별작용으로 이해할 수 있다. 따라서 개인의 무한한 잠재성을 개발하기 위한 기초개념인 자유와 지성이 보장되고 함양될 때, 학습자는 자아결정 능력과 자아평가 능력 등을 기르게 되고 이를 주체적으로 사용함에 의해 자기 자신을 발견하게 된다. 이러한 전제하에서 인간은 자신의 '인간적 의미'를 체험하고 인간주의의 본질적 의미에 대한 이해와 접근을 시도해 나갈 수 있다. 따라서 체육은 무한한 잠재적 능력을 개발하기 위한 수단으로서 개인의 자율적 능력과 지성을 함양케 함으로써 자활적, 자생적 인격체로서의 존재의식을 고취하게 하며 동시에 역량 있는 인간으로서의 자신의 가치를 추구하게 한다.

② 체육을 통해 종합적성을 배양케 하여 인문 교양적 생활인을 육성한다.

실용주의자들은 체육이 '신체의 교육'이라는 관념에 대하여 반발하고 이러한 관념이 시급히 바뀌어져야 한다고 보고 있다. 그 이유는 이러한 관념이 인간의 몸과 마음은 분리되지 않고 조화를 이룬다라는 그들의 신념에 위배되기 때문이다(이진수 외, 1989 : 190). 따라서 실용주의자들은 신체적성physical fitness이라는 협의의 개념보다는 종합적성total fitness의 광의의 개념으로 이를 해석하고 있다.

종합적성이란 인간이 모든 면에서 자아실현을 성취할 수 있는 이상적 상태를 의미하는데, 구체적으로는 신체적인 면과 동시에 정신적인 면에서 건강해서, 각 개인이 자신의 직무를 효율적으로 수행할 수 있도록 힘과 기를 갖추고 있을 뿐만 아니라 생활을 즐길 수 있는 활력을 갖춘 상태를 뜻한다(Frost, 1975 : 320). 따라서 실용주의적 휴머니즘의 입장에서 볼 때, 체육은 신체활동을 어떤 표준화된 기준이나 측정에 의해 수단화하기보다는 지적으로, 사회적으로, 정서적으로 합리화된 전인적 인간으로 인문, 교양적 성품을 함양케 하는 것이 된다. 또한 체육은 이를 통해 인간이 비인간적 현상과 비윤리적이고 반도덕적인 유혹, 그리고 이념적 타락 등을 극복할 수 있게 하고 대처할 수 있게 하여 흔들림 없는 생활인으로 만드는 것을 주목적으로 삼아야 한다.

③ 활발한 신체활동 경험을 인간적인 교육의 경험으로 승화, 발전시킨다.

실용주의는 신체에 대한 근본적인 해석의 원칙을 인간경험에 두고 있다. 따라서 실용주의자들은 어떠한 기준도 인간 경험의 밖에서는 얻을 수 없으며, 인간 경험이 우리가 가질 수 있는 유일하게 가능성을 가진 척도라고 한다(Frost, 1957 : 84). 이러한 관점에서 볼 때 체육활동은 그대로 실제 생활의 한 단면에 속하기 때문에 인간에게 이상적인 경험을 제공한다.

따라서 실용주의 체육교육자는 체육교육이 다른 어떤 과목에서도 얻을 수 없는 그러한 중요한 경험을 만들어 내는 점에 주목하고 있다. 그들은 교육의 참된 목적이 비교적 광범위한 체육활동의 경험에 참가함으로써 최대로 살고 최대로 봉사할 수 있게 만들어야 한다고 보고 있다(김대식 외, 1984 : 113). 체육은 다양한 신체활동 경험을 인간의 삶 그 자체에 반영하고, 이를 의미 있는 지침으로 활용함으로써 피교육자는 체육교육이 지닌 전인적인 교육의 본래적 기능을 다할 수 있게 된다. 또한 그는 인생과 학교의 전체 주기와 관심에 상응할 수 있는 포괄적인 체육교육을 추구함으로써 그것을 인간을 위한 진정한 체육이라는 목표에 합치시킬 수 있다. 이는 곧, 체육의 목표가 이상적 인간상의 추구라고 보았을 때 이러한 교육적 활동 목표를 가장 효율적으로 달성하는데 필요한 매체는 인간의 경험이고, 그러한 경험에 의거해 인간교육을 해 나갈 때 체육 특히 실용주의적 휴머니즘의 체육은 그 목표를 가장 이상적으로 추구하는 방법이 될 것이다.

(3) 마르크스주의적 휴머니즘과 체육 목표

현대사회는 고도로 발달된 기술문명을 토대로 해서 인생의 질을 풍요롭고 편리하게 가꾸어 왔다. 이러한 과정에서 인간은 모든 생활방식을 과학의 힘을 빌어 지극히 단순화시킴으로써 인간의, 인간에 의한, 인간을 위한 휴먼 테크놀로지의 이상을 추구하게 되었다. 그러한 과학적 방법에 의한 생산력의 비약적 발전은 시간이 흐름에 따라 오히려 인간이 기계에 예속되게 되었고, 자신의 자유의지와 창조적 정신을 상실케 되어 결국 인간소외의 파행적 국면에 이르게 된 것을 의미한다.

여기에서 주목해야 할 점은 현대사회에서 나타나는 이러한 인간의 기계화, 도구화 현상을 예방하고 치유할 수 있는 방법이 무엇이겠느냐 하는 것이다. 그것은 오로지 인간이 자연에의 참가를 통하여 참된 자유정신과 자유의지, 그리고 개성을 신장하려는 노력에만 달려있다고 할 수 있다고 하겠는데, 이러한 노력은 교육적으로 승화되어야 하며 체육교육 또한 이러한 역할의 일익을 담당하여야 할 것이다.

그러나 오늘날의 체육교육은 현실적으로 이러한 상황 속에서 파생되는 역기능적 현상을 예방하거나, 치유시키는 역할을 담당하지 못하고 있다. 그러한 난점은 원칙적으로는 체육교육 자체가 안고 있는 내면적인 문제점과 함께 외면적으로는 사회제도적인 문제에 근거를 두고 있는 것이다.

마르크스주의적 휴머니즘은 체육의 이러한 문제점들에 관심을 가지며, 체육의 목표 또한 그러한 문제점들의 해결책을 제시하는 데에 있는 것이다. 이와 관련하여 마르크스주의적 휴머니즘의 입장에서 체육의 목표는 다음과 같이 설정할 수 있다고 본다.

① 다양한 체육활동을 통해 인간의 기계적 병리현상을 극복하고 자연인으로서의 본질을 추구한다.

사회적으로 보아 과학과 기계에 의한 편의가 인간에게 항상 부정적이고 유해한 결과로 작용하여 인간성을 침해하는 것은 결코 아니다. 하지만 기계적 행동과 사고양식에서는 우호적인 인간관계가 단절되고, 윤리 및 도덕적 건강성을 기대할 수 없고 공동체 의식과 혈연 의식이 무시되고 기계적인 인간이 형성되는 것이 일반적이다. 이에 대한 구체적 증거는 혈연중심의 전통사회와 근대 산업사회를 비교해 보면 명확히 드러낸다.

이러한 인간성 부재는 인간의 자율적 의지에 기초한 자연에의 참가로서 가능하다. 자연에의 참가란 어떠한 외적 구속이나 간섭, 혹은 침해가 없는 순수이성의 자연에 대한 신체적, 정신적, 정서적 몰입인 것이다. 체육이 자연에의 참가에 동참할 수 있음은 그 본질이 놀이 지향적 순수성, 공리성, 도덕성, 인간애의 정신 등 인간성 구현에 필요한 정신문화의 원형을 함축하고 있기 때문이다.

현대문명 속에 신음하는 인간에게 교육적, 교정적 목표 하에 적절한 체육활동의 제공은 신체의 불균형한 구조와 신체적 무기력 그리고 부조화의 현상을 타개할 수 있게 해준다. 또한 건전한 체육활동은 개인에게 참된 자유인으로서 자신의 자율성과 창의성, 그리고 잠재적 역량을 마음껏 배양케 함으로써 건전한 정신세계를 구축하게 함과 동시에 기계의 속박에서 벗어나 순수 자연인으로서의 삶의 의의를 찾게 할 것이다.

② 획일적 체육제도에 의한 인간소외를 극복하고, 인간성의 외면화를 위한 대치수단을 강구한다.

사회가 비대해지고 복잡해짐에 따라 이를 효율적으로 통제하고 조정하는 행정관료의 고도의 능력이 어느 때 보다 요구되고 있다. 왜냐하면 원활한 행정기능을 통하여 사회 속의 각 조직과 단체, 그리고 대중들은 자신이 맡은 일에서 고유한 목표들을 무리없이 소화해 낼 수 있기 때문이다.

그러나 잘못 조정된 사회제도는 조직 및 구성원에게 효율성을 제공하기보다는 개인의 자율성을 침해하고 획일적 통제만을 강요한다. 이러한 현상들은 많은 체육제도에서 발견할 수 있다. 즉 관료화, 통제화, 획일화에 기초한 체육행정이 그것으로 이러한 현상들은 체육교육에서 능률성과 유연성을 박탈하고 학습자의 다양한 욕구에 따른 자발성과 자주성의 학습을 방해하며, 개인의 창의성과 개성의 발달을 저해하는 구실을 하고 있다.

체육에 있어 인간성의 내면에 갇혀있는 상황에서는 인간의 주체성을 강조하는 휴머니즘적 이상실현이 불가능하게 된다. 인간성이 인간의 구체적 행동을 통해 외면화될 때만이 획일적 제도에 의한 인간소외가 극복될 수 있다.

이상 논의한 바를 요약하면 다음과 같다.

체육의 현대 휴머니즘적 목표는 교육의 한 영역으로서 체육교육의 장에서 발생하는 비인간화의 문제를 극복하고 체육이 전인적 인격형성을 도모하는 수단으로서의 진정한 역할을 다할 수 있도록 인간주의적 노력을 추구하는 것이다. 즉 실존주의적 휴머니즘에서는 인간소외를 극복하고 주체성을 함양하여 자유인식과 자아실현의 추구, Dewey의 실용주의적 휴머니즘에서는 인간의 종합적성의 육성과 자유와 지성적 능력의 함양, 그리고 마르크스주의적 휴머니즘에서는 기계적 병리현상과 소외현상을 극복하고 인간성을 회복하여 전인으로서의 인간화에 역점을 두고 있다. 이러한 핵심적 목표를 근간으로 하여 이를 휴머니즘적 이상 실현의 구체적 노력을 교육적 맥락 하에서 추구하고자 하는 것이 바로 현대 휴머니즘적 체육의 목표이다.

2) 현대 휴머니즘에 입각한 스포츠의 목표

(1) 실존주의적 휴머니즘과 스포츠의 목표

실존주의적 휴머니즘 입장에서의 스포츠는 인간이 창의적이며 자발적으로 스포츠에 참가를 하게끔 하여 자신의 소외를 극복하게 하고 주체성을 함양하게 한다는 점을 중시하고 있다. Slusher(1967 : 10)는 스포츠가 바로 이러한 점에서 인간철학의 기본점이 된다고 하였다. 이러한 면에서 볼 때, 오늘날의 스포츠는 현대인이 주체성의 상실로 인해 갖게 되는 정치적 무관심과 니힐리즘을 예방케 하고 실존적 저항력을 길러 주어 자기 중심의 폐쇄된 존재의식에 매몰되지 않도록 도와주는데 중점을 두고 있다 하겠다. 또한 스포츠는 사회 · 역사적 조건과 연계되어 인간이 객관적 현실을 과학적으로 포착하기 위한 주체적 노력을 할 수 있게 함으로써 현대사회에서 상실된 인간의 주체성 회복과 이를 통한 자아실현의 기회포착을 돕는 역할을 수행하는 것이라고 할 수 있다.

하지만, 이러한 순기능적인 측면에도 불구하고, 현대 사회의 스포츠는 그러한 본질적 의미 및 가치가 퇴색되고 왜곡되어져 병리적이고 부정적인 소외현상이 많은 방면에서 만연되고 있음을 발견할 수 있다. 따라서 이러한 인간소외 현상을 예방하고 극복하기 위해서 스포츠는 자신이 지향하는 실존적 철학의 방향을 현대적 맥락에서 새롭게 재조정하고 정립하여야만 할 것이다. 그러한 구체적인 방향은 다음과 같이 설정할 수 있을 것이다.

① 스포츠를 인간과 평화애호의 주체적 자각활동으로 발전하게 한다.

스포츠가 그 본질적 특성으로 인간존중의 이념을 구현하고 인류와 사회의 평화를 조성하는 데 일익을 담당한다는 것은 지극히 일반화된 관념이라 할 수 있다. 서구적인 기원에서 살펴본다면, 스포츠는 고대 그리스 시대의 제의의 일부행사로 치러진 경기에서 기원해서 발전되어 왔다고 할 수 있다. 그러므로 이를 전범으로 삼고 있는 오늘날의 스포츠도 역시 그와 같은 종교적 인간애와 평화애호의 정신을 구현하고 있으며, 앞으로도 그를 구현해 나가야 할 것임은 두말할 나위 없다. 그런데, 이러한 스포츠의 휴머니즘적 정신을 최대한으로 구현하고 신장시키기 위해서는 먼저 현대인들이 안고 있는 패배주의, 가치관의 혼란과 무감각, 도미노 현상 등 정신적 고독감과 소외현상을 극복시켜야 한다. 또한, 인간과 사회에 대한 긍정 및 인간애의 기초를 둔 개인의 주체적 자각활동이 수반될 수 있도록 노력을 기울여야만 한다. 즉 실존주의자들이 주장하는 개인의 주체성 확립이란 문제를 단순히 개인의 고독과 소외라는 개인적 차원에만 한정할 것이 아니라, 좀 더 거시적인 수준인 인류의 진정한 사랑과 우호 정신에 대한 소외의 입장이라는 점에서 파악하여야만 한다. 스포츠는 바로 이러한 바를 추구하고자 노력을 경주해야 하며, 그러한 바탕에서만이 개인의 진정한 주체의식이 함양될 수가 있는 것이다.

진정한 의미의 실존적 관심이란, 개인을 중시하는 실존주의의 기본적 입장을 인류애와 평화애호의 정신으로 광범위하게 발전시킨 것으로 이 경우 원래의 그것보다 그 의미가 가치를 더하게 된다. 즉 실존이 인간 중심적 휴머니즘 정신의 철학적 배경이라 할 수 있다면, 실존철학이 근간으로 삼고 있는 개인적 단위로서의 실존적 주체성은 스포츠의 휴머니즘적 원형으로 발전할 수는 없다는 점이다. 외견상 스포츠라는 하나의 사회적 현상에 불과한 것이 오늘날 숭고한 인간정신의 함양이라는 입장에서 조명되어지는 이유도 바로 여기에 있는 것이라고 할 것이다.

② 스포츠의 내재적 특성을 통해 실존적 자아로서의 인간을 실현한다.

지금까지, 일반적으로 스포츠의 놀이적 특성 때문에 그에 참가한 개인들은 스포츠를 창의성에 의한 성취감과 자아인식의 중요한 수단으로 인지하는 경향이 있어왔다. 즉 인간은 놀이로서의 스포츠 활동에 몰입함으로써 자신의 주체적 의지에 입각한 특정한 실존적 인식을 경험할 수 있고 이 때문에 자아정체감을 체득할 수 있게 된다. 이러한 점에서 볼 때, 스포츠는 효과적인 매체로 평가되어 진다.

또한, 인간은 활발한 대근활동으로서의 스포츠경쟁에 참가함으로써 인간과 자연에 비추어 자신에 대한 객관적 평가 및 성찰의 기회를 마련할 수가 있고, 또 그를 통해 자신의 주체적 실천의지를 정립할 수 있는 것이다. 따라서 스포츠는 자신의 내재적 가치를 참가자의 행위를 통해 의식 속에 직접적으로 전달함으로써 참가자가 실존적 자아인식과 주체적 정체감을 형성하게 만든다. 이러한 순간에 인간은 비로소 자신과 자연에 대한 성취의식 및 자아 실현의 인간적 경험을 하게 되는 것이다.

이로써 볼 때, 스포츠의 실존주의적 휴머니즘이 취해야 할 인간화의 방향은 다음과 같은 것이라 할 수 있다. 즉 인간이 스포츠 활동에 자율성과 창의성을 가지고 주체적으로 참가하게 만듦으로써 그의 내면에서 발생하는 소외현상을 예방케 하는 것이다. 그리하여 현대인이 현대 과학사회에서 필연적으로 직면하게 되는 고독감, 가치관의 무질서와 같은 비인간화의 현실 등에 대해 이를 조화롭게 극복할 수 있도록 실존적 인간을 형성하는 데 기여하기 위한 끊임없는 노력을 기울여야 한다.

③ 스포츠 정신 및 그의 윤리적 강령에 구체화된 타인 존중과 사랑의 정신을 보편적 인간애의 정신으로 승화하게 한다.

일반적으로 스포츠인들의 공통적 특성 중의 하나로서 다른 분야에서 찾아볼 수 없는 두드러진 현상은 그들이 타인과 고도의 대립적, 경쟁적 관계 속에 있으면서도 공명정대한 원리에 입각하여 상대방에 대한 존중과 이타주의 정신을 가지고 있다는 사실이다. 오늘날 고도로 경쟁적이고 성취 지향적이며 이기주의적인 산업 자본주의 하에서 발전된 스포츠는 이러한 사회의 가치체계를 직접적으로 반영하고 전달하는 하나의 사회적인 현상이 되고 있다. 즉 스포츠는 일면 지나친 경쟁으로 인해 역기능적 현상을 초래하기도 하지만, 한편으로는 많은 점에 있어서 순기능적 현상을 가져오고 있음도 또한 인정하지 않을 수 없다. 격렬한 신체접촉 과정을 통한 인간적인 교감, 그리고 그것을 통한 결과로서 승자의 겸허함과 패자에 대한 존중, 인간성 수양 등의 효과는 스포츠가 긍적적인 인간성 구현의 가능성을 본질적으로 함축하고 있음을 시사해주는 대목이라 할 것이다.

인간에 대한 휴머니즘적 접근을 위한 제일보는 인간성에 대한 애정과 신뢰, 그리고 그에 대한 존중에서부터 시작된다. 이는 인간성에 대한 역사적, 인식적, 철학적 토대 하에서 살펴보아도 부정될 수 없는 철칙으로서, 스포츠가 인간주의적 맥락에서 추구되고 논의되는 것은 이러한 인간성의 제반특성 및 그것의 실현 가능성을 추구하기 때문이라 할 것이다.

이러한 정신을 구체화한 스포츠의 윤리 강령이란 그러한 제반 특성 및 가능성을 구현하고자 하는 실천적 의지를 명시한 것으로서 스포츠 인간화의 실제적 단계가 된다 할 것이다. 따라서 스포츠가 휴머니즘적 실천과제를 효율적으로 수행하기 위해서는 그 과정에서 발현되는 타인에 대한 애정과 신뢰, 그리고 존중이라는 개별적 인간애의 맥락에서 한 차원 승화된 보편적 인간애의 정신으로 끌어올리려는 실천적 의지가 요구된다 하겠다.

(2) John Dewey의 실용주의적 휴머니즘과 스포츠의 목표

인간주의자들의 주장에 따르면, 스포츠는 다음의 근거에 의해서 휴머니즘 사상을 발현시킬 수 있는 주요 매체가 될 수 있다고 한다. 즉 인간은 스포츠에 의해 주체적 존재로서 자율성과 자기결정 능력을 갖게 되고, 자신의 자유의지를 최대로 존중받을 수 있게 된다는 것이다. 또한 이러한 제 과정을 통해서 존엄한 존재로서 자신을 구별할 수 있는 지성을 갖출 수 있게 된다는 것이다.

이러한 사고는 실용주의적 휴머니즘의 사상과 철학적 배경에 일치하는 것이 된다. 스포츠는 일차적으로는 개인의 자유 보존과 신장에 관심을 가진다. 따라서 스포츠는 참가자가 자신의 흥미 및 욕구 등에 입각해 자신의 자유를 신장케 함으로써 그의 잠재의식 내에 억압된 충동과 갈등을 배출하게 하고, 또 선택적 의지에 의해 자신을 창조적으로 표현케 함으로써 전 일체로서의 인간 구현에 절대적으로 기여하게 되는 것이다. 그러므로 인간의 지성은 전인적인 인간상을 구현하는 과정에서 일어날 수 있는 관습이나 충동사이에서 빚어지는 마찰이나 갈등을 해소하고, 또 환경 부적응 상태를 적응상태로 바꾸어 놓을 수 있는 합리적 방향을 제시하는 실천적 좌표로 가능하다고 볼 수 있을 것이다. 따라서 스포츠를 통해 함양된 분별적 환원능력으로 인해 인간은 양식과 덕성을 골고루 갖춘 사회적 존재로 성장하게 되는 것이다.

스포츠를 통해 함양된 인간의 자유의지와 지적 능력은 개인의 자율성, 자기표현 등과 같은 자아실현의 밑바탕으로 작용한다. 이러한 능력은 결국 실용주의 철학자들이 주장하는 개인의 종합적성 함양과 합치되는 것이다. 따라서 실용주의적 입장에서 스포츠를 통해 인간의 휴머니즘적인 이상을 실현한다는 것은 기본적으로는 인간의 자유 및 지성을 신장시킨다는 것이라고 할 수 있으며, 더 나아가서는 이를 통해 전인적 인간상을 구현하는 것이라고 단정지을 수 있을 것이다. 이들 이상을 구체적으로 살펴보면 다음과 같다.

① 인간주의적 입장에서 스포츠 리버럴리즘의 이상을 실현한다.

스포츠는 근원적으로 인간과 자연에 내재하는 모든 세속적인 속박으로부터의 해방을 의미한다. 또 스포츠는 여타의 인간영역과도 전혀 다른 어떤 영역, 즉 좀 더 자유로운 영역에 속하는 것으로 인간에게 신성함을 느끼게 해 줄 수 있는 힘을 가지고 있다. 이는 스포츠가 행위표출을 통해 자유에 대한 절정감 및 세속적 현실로부터의 자유감을 느끼게 함으로써 순수한 인간성 실현에 도달케하려는 노력 그 자체이기 때문이다.

이러한 인간화의 과제와 연결된 스포츠관을 스포츠 리버럴리즘이라고 한다. 하지만, 그러한 이상과는 달리 오늘날의 현실은 스포츠가 가진 인간적 자유실현의 의지가 심하게 훼손되어 있는 실정이라 하겠다. 즉 그것이 오늘날 국가 및 국제간의 정치적 관계에서 작용하는 순기능적 측면도 무시할 순 없지만, 그보다는 차라리 스포츠를 일종의 정치적 도구화하여 정치 권력간의 이해관계를 조절하는 수단으로 전락함으로써 자신의 본질적 의미를 회복할 수 없게 되었다. 뿐만 아니라 스포츠의 경제적 수단화와 지나친 상업화, 신체를 하나의 도구 내지 기계로 간주하는 경향, 조작적 일탈행위 등은 스포츠 활동이 가진 고유의 흥미와 욕구, 자유성을 박탈하고 오염시키는 경향을 초래하고 있다.

따라서, 스포츠 리버럴리즘은 오늘날 스포츠의 장에서 발생하는 제반 억압과 구속에 대한 하나의 정신적 저항으로서, 다시 말해서 스포츠 휴머니즘 운동의 신사조로서 중대한 의미를 지니는 것이다. 이는 고래로 부터 전승되어진 스포츠의 본질적 의미를 재생시키고자 하는 스포츠 부흥운동이라 할 수 있을 것이며, 이는 일종의 문예부흥운동에 비견될 수 있을 것이다. 즉 중세기의 문예부흥운동이 당시 횡행하였던 국가의 정치적, 종교적 억압과 구속에 대해 반발하면서 고대 헬레니즘 문화에서 중시되었던 인간의 종교적 신성함과 전인적 인간상에 대한 재발견을 위해서 주창되었듯이, 현대의 스포츠 리버럴리즘은 오늘날 사회의 제반 영역에서 초래되는 부정적 현상들을 스포츠를 통해 극복할 수 있게 하고, 동시에 스포츠가 지닌 자유 의지에서 출발하여 자율적이고 창의적인 인간화의 활동을 통해 고대 희랍인들이 희구하던 전인적 인간상을 재생시키고자 하는 휴머니즘 운동인 것이다. 이러한 정신은 오늘날의 실용주의적 휴머니즘 정신과 그대로 부합되는 것으로서 이를 통하여 스포츠가 지향하는 이상이 효율적으로 실현될 수 있을 것이다.

② 스포츠를 통해 함양된 종합적성을 인간성 회복 내지 인간구원의 총체적 적성으로 발전하게 한다.

실용주의자들은 개인을 스포츠에 참여시킴으로써 그의 종합적성을 발달시키고 이를 통해 민주시민의 소양을 함양시켜 사회적 성장에 대해 공헌하게 할 것을 강조하고 있다. 여기서 말하는 종합적성이란 인간이 모든 면에서 자아를 실현시킬 수 있는 이상적 상태를 의미하는 데, 구체적으로는 신체적인 면과 동시에 정신적인 면에서 건강하여 각 개인이 자신의 직무를 효율적으로 수행할 수 있도록 힘과 기를 갖추었을 뿐만 아니라 생활을 즐길 수 있는 활력을 갖춘 상태를 뜻한다(R. B. Frost, 1975 : 320).

이러한 인간의 조화로운 발달은 개인이 자신의 생존에 필요한 구체적 능력을 소유하고 있음과 더불어 사회적으로 용인 받을 수 있는 높은 도덕적 품성과 정서적 안정감을 지니고 있다는 것을 뜻한다. 하지만, 이러한 종합적성이 좀 더 높은 수준에서 가치 있고 의미 있는 산물인 것으로 인정받기 위해서는 오늘날 스포츠 세계가 직면하고 있는 인간적인 문제의 해결에 도움을 줄 수 있는 어떤 중대한 변화요인으로 작용할 수 있어야 할 것이다. 즉 종합적성이란 것이 한 개인이 사회적 삶을 살아가는데 요구되는 제반영역에서의 유능한 자질 및 활력을 갖춘 상태를 의미하는 것이라면, 이것은 개인적 차원에서는 스포츠 참여에 따른 최상의 이상과 목표로서 인정받을 수 있겠지만, 좀 더 거시적인 차원, 즉 휴머니즘의 실현이라는 문제와 결부될 때에는 이것이 오늘날의 스포츠 현장에서 목격하게 되는 반휴머니즘의 현상을 타개하는데 있어서 어떤 결정적인 역할을 할 수 있는가 하는 것이 인정의 관건이 된다 할 것이다. 바로 이것이야말로 스포츠 휴머니즘이 추구하는 전인적 종합적성이라고 할 수 있다.

따라서, 실용주의적 입장에만 한정시킨다면 스포츠는 참가자가 종합적성을 갖추는 것을 최고의 이상으로 삼지만, 실용주의적 휴머니즘의 입장으로 확대시켜서 본다면 스포츠는 현대사회가 절실히 요구하는 인간성 회복, 혹은 인간구원의 종합적 적성을 함양시키는 방향으로 발전할 수 있도록 그 이념을 재정립하여야 한다고 본다.

(3) 마르크스주의적 휴머니즘과 스포츠의 목표

마르크스주의는 자기상실, 자기소외에 빠진 인간들을 원래의 상태로 복귀시키고자 대두된 사상적 · 실천적 흐름이다. 즉 마르크스주의는 인륜의 회복, 인간성 회복, 자기소외에 빠진 인간의 자아 회복이며, 인간의 자기 자신의 잃어버린 본성에로의 복귀를 중시하는 사조라 할 것이다. 그러므로 이는 자기 상실을 경험한 인간이 자기 회복을 주장하는 하나의 휴머니즘이다. 마르크스주의는 완전한 자기회귀요, 완성된 자연주의로서의 휴머니즘이고, 완성된 휴머니즘으로서 자연주의이다(안병욱, 1986 : 246). 인간의 비인간화 현상을 치유하고 극복하기 위한 수단으로 대두된 마르크스주의적 스포츠의 이상은 앞서 고찰한 스포츠의 실존주의 휴머니즘과 같은 맥락서 논의되어질 수 있다.

그러나 마르크스주의자들은 인간소외의 근본적 원인을 실존주의자들이 인간 내적인 문제에 있다고 본 반면, 인간 외적인 문제에 있다고 파악한다. 즉 그들은 그 원인이 기계적 획일성 · 관료성으로 인한 자유와 창의성의 상실, 지나친 상업화와 상품화, 스포츠의 향략화, 그리고 스포츠의 불평등적 향유현상에 있다고 파악하였다. 따라서 그들은 기본적으로는 이러한 원인에서 야기되는 인간 소외를 극복하고 참다운 인간화의 방향을 모색한다는 전제를 깔고 비인간화의 요소들을 예방하고 치유할 수 있는 스포츠의 목표를 다음과 같이 제시하고 있다.

① 스포츠를 자율적 · 창의적으로 체계화함으로써 인간화의 이상실현을 위한 자각능력을 함양한다.

오늘날 스포츠계가 안고 있는 인간소외의 문제는 근본적으로 스포츠 제도의 운영 및 실행단계에서 요구되는 업적위주의 기계적 관료성에 기인한다. 즉 스포츠는 자본주의 사회에서 강조되는 능률중심 · 결과 중심적 이해관계와 불가분으로 연루되고, 그 결과 업적위주의 평가를 중시하는 제도에 구속되게 되는 것이 필연적인 과정이라 할 것이다. 여기서 순수하고도 자연스런 의미의 스포츠에 참가하는 행위는 방해되며, 단지 기계화 · 수단화된 스포츠 하에서는 승리와 기록향상만이 스포츠 행위의 최우선적인 관심사가 되고, 인간은 그를 위한 도구일 뿐 인간존중의 정신은 철저히 배제되어 진다.

이는 자본주의 사회의 구조적 모순에서 연유한 것이다. 자본주의 사회는 표면적으로는 스포츠가 개인으로 하여금 자신의 자율성과 창의성에 입각하여 잠재적 능력과 흥미, 욕구를 자유스럽게 배출하도록 함으로써 인간적 경험을 이루어 나가는 것임을 표방하고 또 그렇게 하도록 하고 있다. 하지만, 실제로는 자본주의 사회가 지향하는 결과 중심적 가치체계가 스포츠에도 그대로 반영되어 실제 제도와 그것의 실행단계에서는 조직사회가 추구하는 성공 · 업적의 강조에 의하여 구속되고 억압되어짐으로써 스포츠의 그러한 가치는 여지없이 실종되고 만다. 국가나 공공조직에 의해 일방적으로 입안되고 행해지는 스포츠 제도에 참여하는 개인은 그것의 정책적 당위성에 대한 선전으로 인해 그것의 부조리한 성격을 아무런 저항없이 그대로 받아들이기 쉽기 때문에 무엇보다도 그를 비판하고 선택할 수 있는 능력을 배양해 주는 것이 필요하다.

따라서 이러한 현상을 극복하기 위한 마르크스주의의 실천적 과제는 무엇보다도 스포츠 제도의 운영 몇 실천과정에서 나타나는 기계적인 관료성을 배제하고, 그것이 본래 지닌 자율적, 창의적 함의를 최대로 구현함으로써 휴머니즘적 이상실현을 위한 자주적인 자각능력을 개인에게 길러 주어야 한다. 물론 이에 앞서, 스포츠 정책을 입안하고 시행하는 과정에서 발생할 수 있는 제도상의 경직성과 관료성을 타파해야 한다는 사실은 재고의 여지가 없는 우선적 과제임은 물론이다.

② 스포츠의 내재적 가치를 통해 높은 가치의식과 공리심을 배양한다.

스포츠에서 볼 수 있는 또 다른 인간소외 현상은 스포츠의 상품화 및 향락화 현상에서 기인하는 것이다. 지나친 스포츠의 상품화 혹은 그에 대한 물량공세는 인간을 업적과 성취만을 강조하는 경향으로 이끌게 하기 쉽고, 그 결과 인간가치는 단순한 상품가치로 전락하고 만다. 이는 필연적으로 존엄한 인간의 주체성 상실을 가져오게 하며, 물질적 풍요와 그에 반비례하는 정신적 빈곤이라는 결과를 초래해 상대적 소외감 및 열등감을 조장하기 쉽다. 이때에 인간은 특정집단이 요구하는 목표에 의거하여 자신의 신체를 봉사해야 함으로써 자신의 순수한 자유의지와 창조적 의욕을 상실하게 되고 결국에는 자신마저도 상실하게 되는 결과를 빚게 되는 것이다. 또한 스포츠의 향락화는 계층간에의 위화감을 조성함으로써 사회적 소외현상을 더욱 자극하게 되어 순수 아마추어리즘의 윤리적 타락을 초래하게 하기도 한다.

스포츠에서 소수의 우수 경기자에 대한 지나친 물량공세 및 스포츠의 향락화는 마르크스주의자들의 입장에서 보면 불로소득, 또는 노동에 비례하지 않는 대소득으로 일종의 '착취행위' 로 해석되는데, 이러한 착취로 인하여 인간은 자신의 인간적 특질을 상실하게 된다. 따라서 이러한 병리적 현상을 극복하기 위해서 스포츠는 자신이 추구하는 순수 아마추어리즘의 내재적 가치를 고양시킬 필요가 있다. 스포츠는 또한 노동은 신성하다는 의식에 기초하여 이해관계에 유혹됨이 없는 높은 가치의식을 인간에게 배양케 하고 소수 우수경기자의 다수에 대한 착취와 힘없는 다수의 사회적 소외를 배제할 수 있는 공리적 양심을 배양하도록 노력하여야 한다.

③ 스포츠를 인류애와 만인평등의 지고한 정신문화의 원형으로 발전하게 한다.

스포츠의 문화인류학적 측면은 인간과 그의 문화를 고양시키고자 하는 기본적 의도에서 드러나고 있는데, 이것은 오늘날 세계의 평화와 평등, 그리고 우애라는 인류애적 신념체계로 전이되어 나타나고 있다. 스포츠는 인간상호간의 지순한 사랑과 평등주의의 이념 속에 인간학적 의미를 함축하고 있으며, 이는 어떠한 신분이나 계층, 지위, 성, 종교, 인종간의 대립이나 편견이 배제된 인류 보편적 평등의 원칙을 시사하고 있다. 그 중 스포츠에 있어서 가장 심각한 불평등적 소외현상으로 거론할 수 있는 것은 인종차별 현상으로서 이는 인간에 대한 휴머니즘 정신의 대의를 실현함에 있어서 가장 오래된 장애가 아닐 수 없다. 따라서 마르크스주의적 입장에서 볼 때 스포츠는 인간의 정신세계에 잔재하는 오랜 부정적 습관과 편견, 그리고 제도상의 관료성에 기인하는 불평등과 구속, 억압을 일소하고 인류평화와 평등주의의 스포츠 이념을 지고한 정신문화의 원형으로 발전시켜야 할 것이다.

이상 논의한 바를 요약하면 다음과 같다.

스포츠의 목표는 각 철학사상에 따라 구체적 실천방향이 전술한 체육의 목표와 그 기본입장을 같이하고 있음을 알 수 있다. 즉 현대 휴머니즘적 체육 및 스포츠의 목표는 각 철학 사조가 고유의 입장과 고유의 색깔을 지니고 있어 그에 따라 구체적 실천방향이 유사하게 설정될 수 있으며, 단지 체육의 목표가 인간활동에 대한 계획적이고 의도적인 변화를 교육적으로 모색하는 것이라면, 스포츠의 목표는 인간의 자연활동이자 사회 문화적 현상인 스포츠에서 나타나는 비인간화의 문제를 극복하기 위한 노력이라고 할 수 있다. 따라서 스포츠의 현대 휴머니즘적 목표는 교육체계

이외의 사회 및 국가의 제도와 법질서, 인종과 이념 등의 거시적인 차원에서 인간에 대한 사랑과 인류애, 그리고 인류평화와 평등주의의 이념을 추구하는 형태를 띠고 있다.

4. 요약 및 결론

본 연구는 체육 및 스포츠의 장에서 발생하는 부정적이고 비윤리적이며 비인간적인 현실을 개혁함에 있어서 체육 및 스포츠가 가진 본질적 기능과 가치를 최대한으로 발휘하여 궁극적인 목표를 달성하게 할 수 있는 이상적인 방향을 설정케하는데 주안점을 두었다. 특히 이러한 방향설정은 체육 및 스포츠의 일반목적에 그치는 것이 아니라, 현대인이 일상 생활에서 항상 부딪치게 되는 비인간적인 현실을 개선하고 더 나아가서는 그것을 예방하기 위해서 요구되는 인간주의적 관점에서, 즉 현대 휴머니즘의 정신적 바탕 하에서 그 실천방향이 설정되고 수행되어야 한다. 따라서 본고는 이러한 맥락에서 체육 및 스포츠의 방향을 설정하여 현실의 개선을 모색하고자 하는데 관심을 두며, 더 나아가서는 이러한 현상을 치유하는 것을 궁극적인 목적으로 삼고 있다.

1) 현대 휴머니즘의 사상적 배경

본 연구가 기반으로 삼고 있는 현대 휴머니즘은 그 내용상 실존주의, John Dewey의 실용주의, 그리고 마르크스주의로 대별될 수 있다.

(1) 실존주의적 휴머니즘

실존주의적 휴머니즘은 현대사회에서 과학 기술의 발달로 인해 인간이 무의식중에 기계적 과정의 일부가 되고 마는 인간소외 현상을 비판하고, 그 대안으로서 인간이 자기초월을 통해 불안과 절망으로부터 탈출케하려는 철학이요, 위기에 선 인간이 본래의 자기를 다시 회복하게 하려는 인간 회복의 철학이라 할 수 있다. 실존을 통해 자기 상실의 위기에서 탈출케 함으로써 인간의 본래의 자기를 회복하고자 하는 실존주의 사조의 대두는 이성 중심으로 치우친 현대인에게 자신을 성찰케 해 줄 수 있다는 점에서 큰 의미를 던져주는 것이라 할 수 있다.

(2) John Dewey의 실용주의적 휴머니즘

Dewey의 실용주의적 휴머니즘은 경험론에서 출발하여 인간의 구체적인 경험을 중시하고, 사실의 세계를 존중한다. Dewey의 자연은 감성과 이성, 생산 활동과 정신적 활동을 망라하는 전인적 자연으로서 이러한 자연관에 근거한 실용주의적 휴머니즘은 균형 잡힌 전인적 자신을 이상으로 삼는다. 그러므로 Dewey의 실용주의적 휴머니즘의 특징은 전인주의적 휴머니즘, 인간우위의 휴머니즘이라고 할 수 있다.

(3) 마르크스주의적 휴머니즘

마르크스주의적 휴머니즘은 자본주의의 발전과 그에 의거한 과학기술의 발달 및 기계화, 상업화가 진정되고, 그 과정에서 발생되는 제반의 인간 소외현상, 즉 개인의 몰 개성화, 인간의 도구화 및 물상화 현상 등 인간의 존엄성에 심각한 위협을 가하는 역기능적 국면을 지양하여 휴머니즘적 가치를 추구하고자 하는 실천적인 철학사조이다.

2) 현대 휴머니즘을 기반으로 한 체육의 본질

현대 휴머니즘의 중심 사상은 그 본질적인 면에서 체육 및 스포츠의 특성과 가치에 그대로 부합됨을 발견할 수 있다. 즉 체육활동은 단순한 육체적 행위로서만 그치는 것이 아니라, 인간의 준엄함, 숭고함 등과 같은 본질적 가치에 바탕을 둔 이상적인 인간상을 구현해 나가는 휴머니즘적인 행위라 할 수 있다. 따라서 체육활동은 스스로 자신의 가치와 존엄성을 확립하는 동시에 자아인식과 자아실현을 수행해 나간다는 점에서 본질적으로 휴머니즘 정신에 기초하고 있는 행위라 할 것이다.

(1) 실존주의적 휴머니즘과 체육의 본질

체육활동은 인간으로 하여금 현대문명의 속성상 필연적으로 발생할 수밖에 없는 인간소외를 극복케하고 좀 더 완전하게 자신이 처한 실존적 상황을 발견케 하여 기계화되어 가는 자신으로부터 벗어나 본래적인 자아의 확립, 즉 주체성을 확립하게 한다. 또한 체육활동은 인간에게 자신의 신체활동을 통해 세계 내에 존재하는 많은 장애들과 대결케 함으로써 자기존재에 대한 인식과 자기극복을 통한 자아실현을 이룰 수 있는 기초를 다지게 한다.

실존주의적 휴머니즘에서 보는 기존 체육교육의 문제점은 다음과 같다.

첫째, 현재의 체육교육은 객관적인 평가를 지나치게 강조한 나머지 이를 획일적으로 점수화함으로써 체육활동의 창의성을 저해하고 그 결과 자유로운 인간 형성을 방해하는 결과를 초래한다.

둘째, 교육의 내용이 현장에서 소화될 수 없을 정도로 지나치게 다양화, 세분화되어 가장 중요시되어야 할 신체활동의 즐거움과 기쁨을 박탈하는 결과를 초래하게 한다.

셋째, 건강증진, 체력육성과 같이 일률적으로 도구적인 가치만을 추구하게 함으로써 인간이 자신의 주체성에 대해 파악할 기회는 물론, 신체활동의 즐거움을 만끽할 기회마저도 박탈하는 결과를 초래하게 한다.

(2) John Dewey의 실용주의적 휴머니즘과 체육의 본질

체육활동은 학생들의 흥미나 욕구를 충족시켜 줌으로 인해 그들의 자유와 지성을 최대로 신장시켜줄 수 있으며, 신체적인 면과 동시에 지적, 사회적, 정신적인 면에서 모두 건강함을 유지하게 해 줄 수 있다. 그 결과 각 개인은 전인적인 인간으로 형성되어 기본적으로는 자신의 맡은 바 직분을 충실히 이행할 수 있고, 더 나아가서는 사회의 한 건강한 구성원으로서 존재하게 되는 것이다.

실용주의적 휴머니즘에서 제기하고 있는 체육교육의 문제점은 다음과 같다.

첫째, 현재의 체육교육은 학생의 흥미와 욕구를 무시하고 왜곡하여 학생에게 자의적인 프로그램만을 수행케 함으로써 그들의 자유와 지성이 신장되는 것을 방해하는 결과를 초래하게 하고 있다.

둘째, 현재의 체육교육은 오로지 신체를 위한 교육만을 강조함으로써 심신의 조화를 이룬 발달을 지향하는 원래의 목표에 위배되고, 그 결과 전인으로서 형성되기 위해 필요한 종합적성의 함양을 무시하는 결과를 초래하게 하고 있다.

(3) 마르크스주의적 휴머니즘과 체육의 본질

이 사조는 인간을 소외시키는 획일적 체육 제도를 폐기하고 인간화를 용이하게 하는 다른 적극적 방법을 찾음으로써 인간소외를 극복케하고 전인적 교육을 가능토록 하고자 한다. 마르크스주의적 휴머니즘에서 파악한 체육교육의 문제점은 다음과 같다. 체육교육의 목적과 내용, 시간 수, 시설 등은 법에 의해 획일적으로 규정되기 때문에 교육은 유연성을 박탈당하고 학습자는 자신의 다양한 욕구 및 자발적인 학습을 방해받아 결과적으로 체육교육이 인간을 비인간화하는 결과를 초래하게 하고 있다는 것이다.

이상 현대 휴머니즘을 기반으로 한 체육의 본질을 종합하면, 현대 과학문명에 억눌린 인간에게 자신의 내면적, 외면적 소외로부터 인간성을 회복케하는 데에 있다. 그것은 구체적으로 인간이 자신의 자발적 흥미와 요구에 기초해 자유와 지성을 발달시키게 함으로써 전인적 인간형성을 도모하며 더 나아가서 참된 주체로서의 자아를 인식케 하고 자아를 실현케 함으로써 궁극적으로는 인간화의 목표를 실현하는 데 기반을 둔다할 것이다.

3) 현대 휴머니즘을 기반으로 한 스포츠의 본질

스포츠는 단순한 오락의 차원을 넘어선, 즉 궁극적 가능성에 관한 은유적 표현으로서, 풍부한 인성 함양 및 교양 습득에 기여하며 고결한 인간가치를 표현하는 일종의 휴머니즘적 행위라 할 수 있다.

(1) 실존주의적 휴머니즘과 스포츠의 본질

스포츠는 기본적으로 인간행위에 바탕을 두고 있으며, 이를 통해 자신의 가능성을 실험하고 또 자기를 발견하며 표현하는 기회를 갖는다는 점에서 인간적 성숙과 밀접하게 관련되어 있다고 볼 수 있다. 스포츠에서의 이상적 행위, 즉 페어플레이는 각 개인에게 스포츠의 가치를 고양시켜주며, 또 이를 휴머니즘 정신으로 연결시켜 주는 고리가 된다.

실존주의적 휴머니즘에서 파악한 현대 스포츠의 문제점은 다음과 같다.

현대 스포츠는 지나친 경쟁과 승리만을 강조함으로써 영육의 조화로운 발달이라는 스포츠의 본질적 의미를 왜곡시키고 반대로 적대감, 배타주의적 태도만을 조장시켰으며, 과정보다는 결과만을 중시하게 만들었다.

(2) John Dewey의 실용주의적 휴머니즘과 스포츠의 본질

스포츠는 자유와 지성을 바탕으로 한 최대한의 자기표현 기회이다. 즉 스포츠는 참가자의 흥미, 욕구 등에 기인해 그의 자유를 진작시키며, 그 결과 개인은 억압된 무의식적 충동과 갈등을 배출시키고 선택적 의지에 의해 자신을 창조적으로 표현하게 된다. 이 과정에서 스포츠는 전인으로서의 인간성 구현에 기여하게 되는 것이다. 또한 스포츠는 사회적 효율성을 배가시켜 주는 훌륭한 매체가 된다.

실용주의적 휴머니즘에서 파악한 현대 스포츠의 문제점은 다음과 같다.

스포츠의 권위주의는 자유와 지성의 개념과 반대되는 것으로 지시와 명령으로 일관하여 강제성을 띠는 동시에 융통성을 상실하여 참가자의 잠재성과 능력이 창조적으로 표현되는 것을 방해하는 결과를 초래케 한다.

(3) 마르크스주의적 휴머니즘과 스포츠의 본질

마르크스주의적 휴머니즘은 스포츠에서 발생하는 인간의 차별화를 없애고 인간을 제도의 구속에서 해방시키기 위한 투쟁을 과감히 요구한다. 그리고 이 사조는 스포츠에 있어서의 노력은 노동의 그것과 동일하게 강제적인 것이 아니라 자기 내부로부터의 자유로운 의지에 의한 것이어야 함을 강조하고 있다.

마르크스주의적 휴머니즘에서 파악한 현대 스포츠의 문제점은 다음과 같다.

운동선수의 학업결손과 그로 인한 일반학생들로 부터의 소외, 인종적 차별, 막대한 금품수수 현상, 스포츠의 사치화 및 향락화 등이 그들이 지적한 현대 스포츠의 문제점으로 이것은 인간소외를 일으키는 원인으로 작용한다.

이상 현대 휴머니즘을 기반으로 한 스포츠의 본질을 종합해 보면, 스포츠는 인간의 자유의지와 지성에 기초한 신체활동을 통해 인간이 자신을 새롭게 인식하게 하며, 창조적인 주체로서 활동케 함으로써 전인으로서의 인간성 구현에 기여한다. 또한 스포츠는 인간중심 사상에 입각하여 인간화의 실현에 장애가 되는 계급적 차별을 타파하고, 강제적 구속으로부터 인간을 해방시켜 진실한 의미의 휴머니즘 정신을 추구하고자 노력한다.

4) 현대 휴머니즘을 기반으로 한 체육의 목표

체육교육이 직면하고 있는 비인간적인 현상을 극복하여 휴머니즘 정신의 구현으로 승화된 체육의 인문주의적 목표를 설정해 보면 다음과 같다.

(1) 실존주의적 휴머니즘의 체육 목표

① 체육활동에 자발적으로 참여하여 개인의 주체성을 함양한다.
② 건강한 신체와 체력을 형성하여 자아인식과 자아실현에 도달한다.
③ 건전한 여가활동을 제공하여 개인의 도덕 및 윤리적 정신을 고취하게 한다.

(2) John Dewey의 실용주의적 휴머니즘과 체육 목표

① 다양한 체육활동을 통해 자율적 능력과 지성을 함양하여 자생적 인격체를 형성한다.
② 체육을 통해 종합적성을 배양하여 인문주의적 생활인을 육성한다.
③ 활발한 신체활동의 경험을 인간교육의 경험으로 승화, 발전하게 한다.

(3) 마르크스주의적 휴머니즘과 체육 목표

① 다양한 체육활동을 통해 인간의 기계적 병리현상을 극복하고 자연인으로서

의 본질을 추구한다.

② 획일적 체육 제도에 의한 인간소외를 극복하고 인간성을 표현하기 위한 대치 수단을 강구한다.

(4) 현대 휴머니즘을 기반으로 한 체육의 종합 목표

각 철학 사조에 따라 체육의 목표를 세분화한다는 것은 체육교육의 방향 설정 및 실제 운영에 심각한 혼란을 가져올 우려가 있으므로, 각 체육 목표를 통합적으로 수용해서 정리해 보면 다음과 같다.

① 건전한 심신을 연마하여 인간과 자연에 대한 소외현상을 극복하고 주체성을 함양한다.

② 체육활동을 통해 자율적 능력과 지성을 연마하여 종합적성을 함양하고 도덕 및 윤리적 정신을 경험한다.

③ 체육활동을 통해 현대 기계문명 속에서 부딪치게 되는 획일적인 제도적 구속과 억압에 의한 소외를 극복하고 자생적 능력을 크게 한다.

지금까지의 체육의 일반적인 목표가 학습자를 단순히 훈육하고 지도함으로써 단순한 생활인으로 양성하는 데 있는 것임에 반해, 현대 휴머니즘적 체육 목표는 현대 체육이 직면하고 있는 인간성 상실의 위기를 극복케 하여 인간성을 회복시키고 윤리적, 도덕적 정신을 함양시키는데 있다.

5) 현대 휴머니즘을 기반으로 한 스포츠의 목표

(1) 실존주의적 휴머니즘과 스포츠의 목표

① 스포츠를 인간과 평화 애호의 주체적 자각활동으로 발전하게 한다.

② 스포츠의 내재적 특성을 통해 실존적 자아로서의 인간을 실현한다.

③ 스포츠 정신 및 그의 윤리적 강령에 구체화된 타인 존중과 사랑의 정신을 보편적 인간애의 정신으로 승화하게 한다.

(2) John Dewey의 실용주의적 휴머니즘과 스포츠의 목표

① 인간주의적 입장에서 스포츠 리버럴리즘의 이상을 실현한다.

② 스포츠를 통해 함양된 종합적성을 인간성 회복 내지 인간구원의 총체적 정성으로 발전하게 한다.

(3) 마르크스주의적 휴머니즘과 스포츠의 목표

① 스포츠를 자율적, 창의적으로 체계화함으로써 인간화의 이상 실현을 위한 자각능력을 함양한다.

② 스포츠의 내재적 가치를 통해 높은 가치의식과 공리심을 배양한다.

③ 스포츠를 인류애와 만인 평등의 지고한 정신 문화의 원형으로 발전하게 한다.

이상 논술된 스포츠의 목표를 종합하여 현대 휴머니즘에 근거한 스포츠의 목표를 설정하면 다음과 같다.

i. 스포츠를 인간의 주체적 의지에 입각한 자각활동으로 승화하게 한다.

ii. 스포츠를 통하여 인간적 자유와 지성을 갖춘 사회적 존재로서의 이상을 실현한다.

iii. 스포츠를 인류 평화와 평등주의의 이념으로 발전하게 한다.

참고문헌

강신복, 손천택 역(1991) Siedentop, Daryl. 체육교수이론. 서울 : 보경문화사.

고홍환 외 2인(1981) “체육목표의 순위결정에 관한 고찰.” 한국체육학회지 제 20권 제 1호.

곽형기(1985) “근대 올림픽의 본질 해석에 관한 소고”, 동덕여대 논총 15집. 동덕여자대학교.

구봉수(1985) “죤 듀이의 인간관과 칼 맑스의 인간관의 비교 연구”, 한양대학교 대학원 박사학위논문.

김계숙(1980) 현대철학 사조. 서울 : 일각조.

김대식, 김영환(1984) 체육철학. 서울 : 나남출판사.

김상호 외 역(1985) Kolesnik, Waltar B. 인간주의 교육과 행동주의 교육. 서울 : 문음사.
김성수(1987) "맑스주의 교육사상에 대한 고찰", 교육철학 제 5집. 한국교육철학회.
김영환 회 5인(1987) 체육원리의 비교연구. 서울 : 금광.
김용옥(1990) 태권도 철학의 구성원리. 서울 : 통나무.
김인회(1986) 교육사 교육철학 강의. 서울 : 문음사.
김정환(1980) 교육의 철학과 과제. 서울 : 박영사.
김창룡 외 3인 역(1989) Kleinman Seymour. 동 · 서 체육사상의 만남. 서울 : 보경문화사.
김태길 외 2인 역(1963) Lamprecht, S. P. 철학사. 서울 : 을유문화사.
김홍명 해설(1990) Fedoseyev, P. N. 인간의 철학적 이해. 서울 : 새날.
박봉목(1983) 교육과 철학. 서울 : 문음사.
박홍식 역(1986) 阿部忍. 체육의 철학적 탐구. 서울 : 성신여자대학교 출판부.
방곤 역(1975) Sartre, J. P. 실존주의는 휴머니즘이다. 서울 : 문예출판사.
백승대(1990) "르네상스 휴머니즘의 사회사상" 르네상스 휴머니즘의 현대적 의의. 영남대학교 인문과학연구소. 영남대학교 출판부.
서울대학교(1975) 대학체육. 서울 : 서울대학교 출판부.
신득렬(1976) "Jaspers에 있어서 실존과 교육." 성균관대학교 대학원 박사학위 논문.
안병욱(1986) 휴머니즘. 서울 : 삼육출판사.
______(1987) 현대사상. 서울 : 삼육출판사.
양원달 역(1968) Sartre, J. P. 존재와 무. 서울 : 을유문화사.
양주철(1966) "근대 올림픽의 이상과 현실 : 발달과정을 중심으로." 전주교육대 논문집. 1.
예종이(1987) 체육원리신강. 서울 : 형성출판사.
오세영 외 6인(1988) 휴머니즘 연구. 서울대학교 출판부.
오진구(1989) 체육철학. 서울 : 보경문화사.
이광섭(1988) "목표 변천에 따른 체육교육의 미래 전망." 학교체육. 한국학교체육연구회.
이덕주(1982) 올림픽 시리즈 1. 정사편, 한국방송사업단.
이성진(1991) "학습 결원과 성격장애." 교육 난국의 해부. 서울 : 나남.
이진수 외 3인(1989) 체육. 스포츠 철학. 서울 : 교학연구사.
이천희(1987) "근대 민족주의 사상 형성기의 체육. 스포츠 저널리즘 연구." 고려대학교 대학원 박사학위 논문.
임한영(1971) "Pragmatism과 진보주의 교육철학." 한국교육학회. 서울 : 박영사.
______(1976) 교육사상의 비교연구. 서울 : 배영사.

장상호 역(1986) Patterson, C. H. 인간주의 교육. 서울 : 박영사.

정범모(1991) "미래의 인간과 교육." 교육 난국의 해부. 서울 : 나남.

정병찬(1981) "마르크스 사상에 반영된 교육관 비판." 서울대학교 대학원 석사 학위 논문.

정웅근(1984) "실존주의 철학과 체육." 서울대학교 체육연구소 논집 제5권 제1호.

______(1989) "메를로 퐁띠의 인식주체적 신체가 갖는 체육적 의의." 서울대학교 대학원 박사학위 논문.

정홍익, 임현진(1988) 현대 자본주의와 스포츠. 서울 : 도서출판 나남.

진교훈 역(1979) Landman, M. 철학적 인간학. 서울 : 경문사.

한명희(1983) 교육철학. 서울 : 배영사.

金子明友(1968) 運動技術論 (序說 運動學: 保健 體育 大系 9). 東京 : 大修館書店.

川村英男(1959) 體育原理. 東京 : 體育の科學社.

下津屋後未(1970) 現代哲學的 體育學. 東京 : 奏流社.

城塚登(1972) 新人問主義の哲學. 東京 : 日本放送出版協會.

務臺理作(1961) 現代のヒュ-スム. 東京 : 岩波書店.

______(1968) 現代における 人間の問題 (岩波講座哲學 III: 人間の哲學). 東京 : 岩波書店.

良知力, 池田優三 譯(1970). Marcuse, Herbert. 初期 マルクス 硏究. 東京 : 岩波文庫.

Arnold, P. J.(1979) Meaning in Movement, Sport & Physical Education. London : Heinman Education Books Ltd.

Bernstein, R. J.(1960) John Dewey on Experience, Nature and Freedom. New York : Washington Square Press.

Bottomore, T. B.(1975) Marx, K. Economic and Philosophical Manuscripts. New York : Frederick Ungar Publishing Co.

Brameld, T.(1955) Philosophy of Education in Cultural Perspective. New York : The Dryden Press.

Bucher, Charles. A.(1975) Foundation of Physical Education. St. Louis : The C. V. Mosby Co.

Bucher, Charles. A., Thaxton. Nolan. A.(1987) Physical Education and Sport. St. Louis : The C. V. Mosby Co.

Cassirer, Ernst.(1948) The Renaissance of Man. Chicago : University of Chicago Press.

Dewey, John.(1916) Democracy and Education. New York : The Macmillan Co.

______(1930) Human Nature and Conduct. New York : Modern Library.

______(1938) Essays : Experimental Logic. New York : Heary Holt and Co.

______(1939) Freedom and Culture. New York : Putnam's Sons.

______(1967) "Outlines of a Critical Theory of Ethics." The Early Works Vol.III. Southern Illinois Univ. Press.

______(1969) "Seneuous Impulse" in The Early Works No.2. Southern Illinois Univ. Press.

Edward, Harry.(1973) Sociology of Sport. Homewood II. : Dorsey Press.

Freeman, William. H.(1977) Physical Education in a Changing Society. Boston : Houghton Milfflin Co.

Fromm, Erich.(1981) Marx's Concept of Man. New York : Fredrick Ungar Publishing Co.

Frost, Reufen. B.(1975) Physical Education: Foundation, Practices Principles. Reading Mass Addison - Wesley Publishing Co.

Carin, Eugenio.(1974) Der italienische Humanismus. Bern : A. Francke A. G. Verlag.

Heidegger, M.(1927) Sein und Zeit. Tubingen.

Hellison, Donald. R.(1973) Humanistic Physical Education. New Jersey : Prentice - Hall, Inc.

Hoch, Paul(1972) Rip off the Big Game : The Exploitation of Sports by the Power Elite. New York : Anchor Books.

Huizinga, J.(1955) Homo Ludens. Boston : Beacon Press.

Jaspers, K.(1932) Die Geistige Situation Unseles Zeit. Berlin.

Jaspers, K.(1973) Philosophie II. Vierte Aufage. Berlin.

Kneller, G. F.(1971) Introduction to the Philosophy of Education, New York : Wiley & Sons. Inc.

Landmann, M.(1962) De Homine. Freiburg / Munchen: Alber.

Lukes, Steven(1965) "Political Ritual and Social Integration." Essays in Social Theory : Durkheim. The Elementary Forms of Religious Life. New York : The Free Press.

Maslow, Abraham H.(1970) Motivation and Personality, 2nd ed. New York : Harper & Row, Publishers.

Mcpherson, Barry D.(1976) "Minority Group Involvement in Sport : The Black Athlete." Sport Sociology, ed. A. Yiannakis et al. (Dubuque, lowa : Kendall / Hunt).

Novak, Mlchael.(1976) The Joy of Sports : End Zones, Bases, Baskets, Balls, and the Consecration of the American Spirit. New: Basic Books.

Rice, Emmett A.(1969) A Brief History of Physical Education. New York : John Wiley and Sons.

Sanborn, Marion Alice, Harman, Betty G. (1982) Issues in Physical Education (3rd ed.). Philadelphia : Lea & Febiger.

Sarup, Madan.(1978) Marxism and Education. London : Routledge & Kegan Paul.

Seidentop, Darly A.(1972) Physical Education : Introductory Analysis. Dubuque Wm. C.Brown Co.

Slusher, Howard S.(1963) "Existentialism and Physical Education." The Physical Educator, Vol. 20. 4. Dec.

______(1967) Man, Sport and Existence : A Critical Analysis. Philadelphia : Lea and Febiger.

______(1978) Philosophical Foundation for Physical, Health, Recreation Education, Champaign, Illinois : Stipes publishing Co.

Weiss, P.(1969) Sport - A Philosophic Inquiry. London : Southern Illinois Univ. Press.

Wenkart, S.(1963) The Meaning of Sports for Contemporary Man. J. of Existential Psychiatry III.

Yetman, N. R., Eitzen, D. S.(1978) Black American in Sports : "Unequal Opportunity for Equal Ability." Civil Rights Digest. S.

Zeigler, E. F.(1975) The Educational Philosophy of Existentialism : "Implication for Physical, Health, and Recreation Education." Zeigher ed., Personalizing Physical Education and Sport Philosophy. Champaign III : Stipes Publishing Co.

문제

10 체육학의 제 영역

〈문제 1〉에서 논의된 바와 같이 체육원리는 철학과 과학으로 구성되어 있다. 철학은 체육, 혹은 체육학이 나아가야 할 방향을 설정하며, 과학은 방법과 관련된 제반 문제들을 취급한다. 체육이 독립된 학문 분야로서 자리를 잡아감에 따라 하위영역sub-field으로서 스포츠철학, 스포츠사, 운동생리학, 생체역학, 스포츠심리학, 스포츠사회학 등의 6영역이 설정되었으며, 1980년대에 접어들어 D. Siedentop은 운동학습을 스포츠심리학에서 분리하여 7영역으로 하위영역을 늘였다.

이와 같은 하위영역 역시 철학과 과학으로 나누어진다. 스포츠철학, 스포츠사의 영역이 철학에 속하는 분야라면, 운동생리학, 생체역학, 스포츠심리학, 스포츠사회학, 운동학습 등은 과학에 포함된다. 최근 과학의 분야를 더욱 세분하려는 경향이 있으나 위의 5영역이 핵심이며, 세분되더라도 5영역과 직간접적으로 깊은 관계에 있다고 볼 수 있다.

철학의 영역에 대해서는 「문제 7」에서 비교적 상세히 다루어 졌으므로 이 장에서는 과학의 영역에 한하여 소개하고자 한다. 체육원리라는 분야가 원래 전공교과라기 보다는 개론적 성향을 지향하는 지침서의 역할이 주된 임무이므로 과학의 5영역에 대한 논의 역시 그러한 입장에서 조명되었다. 그 내용은 각 분야의 특징과 지향하는 목표, 학문적 위치, 그리고 연구와 관련된 내용 및 쟁점들이 개설적으로 취급되었다.

이는 체육학도가 전공을 선택하려 할 때 길잡이 역할을 하려는 의도이며, 일반인에게는 체육과학 혹은 스포츠과학의 분야를 소개하려는데 그 목적이 있다. 5영역 중 생체역학, 스포츠심리학, 운동학습 등의 3영역은 D. Siedentop이 1990년에 저술한 『Introduction to Physical Education, Fitness, and Sport』의 내용이 주로 인용되었다. 이 장에서 사용된 체육과학이란 용어는 스포츠과학이 포함된 광범위한 영역을 지칭하는 것으로 받아들이기 바란다.

1. 운동생리학

1) 운동생리학의 학문적 성격

운동생리학exercise physiology은 해부학 및 생리학으로부터 유래된 학문이다. 해부학은 유기체의 구조 혹은 형태학을 연구하는 분야이다. 이에 비해 생리학은 생체生體를 연구하는 한 분야로서 생체의 여러 구조structure와 기능function에 관한 학문으로서 그중 우리 몸이 나타내는 여러 가지 현상을 연구하고 각 기관의 기능과 또 여러 가지 기능을 결정짓는 조건condition을 연구하는 것을 인체생리학이라고 한다. 이와 관련하여 운동생리학은 운동이라는 자극stress에 반응response하여 일어나는 기능적인 변화와 규칙적이고 반복적인 훈련의 결과로 나타나는 적응현상을 다루는 학문이다. 운동생리학의 연구를 통해 예측하지 않았던 환경이나 자극에 대해 위험을 느끼지 않고 항상성을 유지해 나갈 수 있는 준비를 갖추려는데 필요한 지식을 얻고 실행하게 된다. 즉 일시적 혹은 지속적인 운동을 통해서 신체에 나타나는 조직과 기능의 변화를 묘사 설명하고, 운동에 의해 신체에 일어나는 반응과 적응을 발달시키는 과정을 연구하는 분야가 운동생리학이다.

운동에 의하여 인체가 어떻게 반응하며, 이와 같은 반응이 어떻게 일어나고 운동이 간헐적이거나 지속적으로 반복될 경우에 인체에서 일어나는 반응은 무엇이며, 또한 이러한 반응은 어떠한 기전mechanism에 의해서 일어나는가? 그리고 운동에 의한 인체의 반응과 적응현상 등을 향상시키기 위해서는 어떻게 해야 할 것인가 등이 운동생리학에서 다루어야 할 주 연구 목적이라고 할 수 있다. 운동의 결과로서 나타나는 변화의 기전을 설명함으로써 운동선수에서부터 병약자에 이르기까지 많은 사람들의 신체적인 능력을 증가시키는 적정한 운동 프로그램을 개발하는데 이 분야의 목적이 있다. 결론적으로 운동생리학은 운동의 결과로서 나타나는 변화의 기전을 설명함으로써 운동선수들로부터 일반인에 이르기까지 신체적인 능력의 증가뿐만 아니라 적절한 운동 프로그램을 개발하는 데 도움을 주는 학문으로서 운동이라는 자극에 반응하여 일어나는 기능적인 변화와 규칙적이고 반복적인 훈련의 결과로 나타나는 적응현상을 다루는 학문으로 정의된다.

2) 운동생리학의 출현

체계적인 학문으로서 생리학의 발전은 1927년 하버드 피로 연구소에서 시작되었지만 최초의 시작은 고대 시대에서부터 찾아볼 수 있다. 운동생리학은 19세기 말과 20세기 초에 유럽의 의사들과 생물학자들이 운동과 고지altitude에서 생체의 반응을 연구함으로써 태동되었다. 특히, 근수축 기전에 관한 내용은 Mosso(1846~1910)의 대표적인 연구이론이며, August Krogh(1913)는 운동시 근모세혈관의 해부학적 연구와 산소(O_2)의 전달기전에 관한 연구공로로 운동생리학자로서는 최초로 노벨상을 받았다.

미국 운동생리학의 시초는 유럽에서부터 시작되었다고 볼 수 있다. 운동생리학의 아버지라고 불리우는 영국의 A. V. Hill과 덴마크의 August Krogh, 그리고 독일의 Otto Meyerhof는 근과 근의 운동에 관한 연구로 노벨상을 받았다. 산소부채(O_2 debt)에 관한 연구로 잘 알려져 있는 Hill은 1924년에 최고 한계의 수행에 관한 설명으로서 최대산소섭취량(maximal oxygen uptake : VO_2 max)의 개념을 소개하였으며, Meyerhof 는 피로fatigue를 유발시키는 요인 중의 하나로서 젖산lactate 생성을 유도하는 당의 대사작용에 관한 연구 등을 보고 하였다. 20세기 초 덴마크에서는 August Krogh가 운동과 환경에 따른 생리학적 반응에 대한 폭넓은 연구를 실시하였다. 특히, 그는 모세혈관순환capillary circulation에 관한 연구로 노벨상을 수상하였으며, 정밀한 가스분석기와 밸런스 측정기 등을 고안하여 운동생리학 연구에서 실험에 이용할 수 있는 상당한 기구들을 제작하였다. 오늘날 코펜하겐에 있는 August Krogh 연구소는 운동생리학을 연구하기 위한 기관 중 하나로서 이의 중추적인 역할을 하고 있다.

미국에서 운동생리학 역사의 시발점은 하버드 피로연구소Harvard Fatigue Laboratory이다. 생화학자인 Henderson에 의해서 설립되었고, D. B. Dill에 의해서 감독되어진 이 실험실에서 훈련된 과학자의 대부분은 1950년대 및 60년대에 걸쳐 운동생리학 분야의 세계적인 학자들로 활동하였다. 하버드 피로연구소에서 주로 다루었던 주제들로는 대사작용, 환경생리, 임상생리, 노화, 혈액, 영양, 건강체력 등의 운동과 환경생리학의 연구가 근간을 이루었다. 이 실험실은 1920년대 후반에서 1947년에 이르기까지 운동생리학의 메카로서 현재 활동하고 있는 대부분 세계적 운동생리학자들의 뿌리를 추적해보면 하버드 피로실험실에 근거를 두고 있다.

운동생리학에 관한 중요한 연구자료의 출판은 대부분 1930~1980년대에 이루어졌다. 1940년대에 Christensen은 스웨덴 왕립체육대학 운동생리학 교수실장으로 취임하여 Astrand와 Saltin을 육성하여 운동생리학의 발판을 다졌다. 잘 알려진 사실로서 Astrand는 Christensen의 지도아래 성, 연령별 최대 O_2 섭취능력에 관한 연구의 학위논문으로 1952년에 박사학위를 받았다. 또한 미국 일리노이대학의 Cureton은 일반인의 기초체력physical fitness에 관한 연구와 그 적용을 개발하여 매우 획기적인 성과를 거두었으며, 기초체력의 요소 중 심폐지구력cardiovascular endurance이 운동작업대사에 가장 중요한 요건이라는 것을 강조하여 심폐기능과 근수축력의 병합이 인간의 힘을 나타내는 심벌임을 제시하였다. 또한 1950년대에 Astrand가 실시한 성연령별 VO_2 max 연구는 유기적 작업능력에 관한 연구의 기반이 되었다.

1960년대에 들어서서 Cooper는 신체적성 프로그램의 개발과 적용, 특히 심폐기능 적성력을 기르는 방법으로 12분 달리기 운동법을 강조하고, 새로운 용어인 에어로빅스aerobics란 말을 만들어 현재 널리 보급 사용되고 있다. Hettinger는 정적 근수축 훈련isometric muscular training의 새로운 운동법을 연구하였으며, Thistle은 사이벡스cybex에 의한 등속성 근수축훈련법isokinetic muscular training을 연구하여 근력증강법에 획기적인 발전을 도모하였다.

1960년대 후반과 1970년대에 Saltin, Karlsson이 중심 되어 세계 최초의 근생검筋生檢을 운동생리학 연구에 도입했다. Gollnick과 Costill 등이 스웨덴에 유학하여 근생검의 기법을 습득하고 미국에서 이 연구의 선구자가 되었다. 특히 Gollnick에 의해 백근白筋, white muscle은 속근 섬유速筋 纖維, F. T. fiber이며, 적근赤筋, red muscle은 지근 섬유持筋 纖維, S. T. fiber 임을 침근생검법biopsy needle technique에 의해 발견하여 운동생리학에 있어 근특성 연구에 획기적인 기원을 세웠다. 이를 계승시킨 사람이 Costill이었으며, 이외에도 Saltin, Hultman, Rowell, Hermansen, MacDougall, Ivy 등이 침근생검법에 의한 근육의 생화학적 기전을 연구하여 두드러진 공헌을 하였다.

1976년 몬트리올 올림픽에서는 소련, 독일 등에서 암페타민amphetamines과 스테로이드steroids의 도핑doping, 글리코겐 로딩glycogen loading의 활용으로 메달 획득에 성공했으나, 도핑의 피해는 많은 문제점을 남겨 운동생리학 분야에서 금기로 통제하고 있다. 1970년 후반과 1980년대 초에는 운동강도의 생리적, 또는 심리적 적용, 즉 VO_2 max와 무산소성 역치anaerobic threshold, 환기성 역치ventilation threshold, 젖산역치lactate threshold와 혈중젖산onset of blood lactate accumulation : OBLA 등에 많은 연구가 이루어져 왔고, 심리 생리적 적용에 Borgs의 주관적 강도(R.P.E)의 스켈의 적용연구는 일반인의 운동처방에 많이 활용되고 있다.

1980년대 중후반에는 운동이 내분비계에 미치는 영향에 관한 연구가 활발히 진행되어 호르몬이 운동에 미치는 기전에 관한 연구로 Barreca, Ivy, Marchetti, Hakkinen, Cumming 등이 있으며, 호르몬 중 어느 호르몬이 쉽게 적용될 수 있는가에 대한 생리적 지표를 등장시킬 수 있도록 하는 연구가 이루어져야 할 것이다. 1982년에는 국제스포츠의학회FIMS의 창립으로 운동생리학을 많은 세계 석학들이 연구할 수 있는 이정표가 만들어 졌다. 그러나 이 기관은 대부분 의학자들에 의해 국한되었고 그 내용도 의학적 연구물이 주종을 이루었다. 1990년을 전후하여 노화방지를 위한 생체기전에 관한 연구로서 단백질과 호르몬이 조직의 생화학적 대사기전에 미치는 영향과 운동과 면역과의 관계에 대한 연구가 이루어지고 있다.

3) 한국 운동생리학의 발전

유럽과 미국의 운동생리학 역사는 19세기 말부터 20세기 초를 거치면 발전을 시작하였다. 반면에 국내 운동생리학의 역사는 결코 길지 않지만 체육학의 중심학문으로서 그동안 꾸준한 발전을 거듭해 왔다. 1946년 서울대학교의 개교와 동시에 체육학과가 개설되면서 체육학 연구가 시작되었으며, 1947년에 처음으로 생리학 강의가 시작되어 체육과에서 생리학이라는 학문이 운동과 접목하기 시작하였다. 1953년 학문의 교류와 연구발전의 중심체 역할을 담당하는 한국체육학회가 창립되었으며, 1955년 초 학회가 발행한 『체육』지가 최초로 간행된 이래 현재까지 매년 2회씩 정기적으로 간행되어오고 있다. 뿐만 아니라 한국체육학회가 주관하는 국제학술세미나, 한국체육학회 학술발표회 등을 통하여 많은 논문이 발표되었다.

경제성장과 더불어 체육에 많은 관심과 이목이 집중되기 시작한 1980년에는 체육의 근대화와 과학화의 시발점이라고 할 수 있는 스포츠과학연구소가 설립되었다. 이후 스포츠 과학화와 엘리트 스포츠의 산실로 자리 잡으면서 우리나라 체육발전에 크게 이바지하였으며, '86아시안게임과 '88서울올림픽을 기점으로 우수선수 발굴, 과학적 트레이닝 방법을 통해 체육과학화에 이바지 하였다. 1980년까지 대부분의 연구가 경기력 향상에 대한 논문이었으나 1990년 이후에는 고혈압, 고지혈증, 당뇨병, 골다공증 및 임상영양학적인 측면의 연구가 활발히 이루어졌다. 또한 이때에는 대학병원을 중심으로 건강의학센터나 운동처방센터 등이 설립되어 건강증진 및 예방에 대한 사회적 욕구를 수용하게 되었다. 이와 같은 건강에 대한 사회적 요구로 1982년에는 대한스포츠임상의학회가 창립되었으며, 1984년도에 대한스포츠의학회로 재창립하였다. 1988년에는 한국운동과학회가 설립되었고, '88올림픽 이후에 전국의 많은 대학에서 자체적으로 연구소를 설립하고 체육과학화의 붐을 조성하여 체육과학의 대중화에 많은 기여를 하였다.

4) 건강체력

운동생리학은 신체적성physical fitness과 컨디셔닝conditioning 분야와 긴밀한 관계에 있다. 운동생리학의 응용분야라고 볼 수 있는 신체적성은 신체활동을 통하여 일상생활의 수준을 향상시키려는 준비과정이며, 컨디셔닝은 각종 운동수행의 발달, 즉 경기력의 향상을 도모하는 체력의 훈련과정이다. 따라서 운동생리학을 통해서 얻어진 지식이 신체적성이나 컨디셔닝에 적용된다. 그러므로 신체적성과 컨디셔닝 분야는 운동생리학에서 얻어진 지식과 원리를 효율적으로 적용시켜 최대의 효과를 얻으려고 한다.

신체적성의 개념은 학자에 따라 다소 입장을 달리하나 '심장계 기능의 향상' 이라는 공통된 핵심요소가 있다. 즉 '신체적성은 심장계통의 기능을 최대한으로 발달시켜 심장질환에서 자신을 보호하여 건강을 유지하는 것이다' 라고 보는 입장이 가장 대표적인 개념이다. 이러한 입장은 정기적이고 규칙적인 운동을 통해서 심장기능이 최고도에 도달된 상태가 되도록 하는데 초점이 맞추어 진다.

이와는 범위설정에서 다소 차이가 있는 주장이 있는데, 이는 신체적성이 신체의 전 기관을 담당해야 한다고 보는 입장이다. 심장계 외에 호흡계, 근육계, 골격계에도 관심을 둔다. 이러한 입장에 의하면 신체적성은 운동을 통해 근력, 지구력, 유연성, 스피드 등의 요인 모두를 최고도로 끌어올리려 한다. 어느 입장이든 간에 가장 설득력 있는 신체적성의 정의는 '일생을 통해 당면한 매일의 작업량을 이상적으로 수행하고 여가를 선용할 수 있는 능력' 이라고 보는 입장이다.

운동생리학과 관련된 또 하나의 영역인 컨디셔닝은 운동선수가 자신이 전공하고 있는 종목에서 우수선수가 되기 위하여 신체적 능력을 향상시키는 훈련과정을 의미한다. 그러나 컨디셔닝은 체력에 관한 훈련이므로 운동기술의 학습과는 거리가 멀다고 볼 수 있다.

5) 운동생리학의 메커니즘

운동의 결과로서 일어나는 신체기능의 변화과정을 알려고 하면 그 반응의 기초를 이루는 메커니즘, 즉 기능변화의 기초가 되는 신체적 및 화학적 법칙에 대해 가능한 한 많은 것을 이해해야 한다. 운동시 반응의 기초를 이루는 메커니즘의 이해는 반응의 발생과정을 자세히 파악하여 그 반응이 보다 적절히 예측되고 보다 적절하게 통제되어 운동의 효율성을 향상시킬 수 있는 가능성이 높아진다.

한 예로서 지구성 운동(조깅, 사이클링, 수영 등)이 관상동맥질환의 예방에 미치는 영향을 알아본다고 하자. 연구결과 규칙적으로 운동을 실시하는 집단이 신체활동을 거의 하지 않는 집단에 비해 위험성이 낮다는 결론을 얻었다. 규칙적인 운동에 의한 신체기능의 변화는 보호적이어서 조기심장병에 걸릴 위험성이 감소한다는 것이다. 이에 대해 많은 사람들은 '이러한 보호적인 효과가 어떻게 발생하는가' 하는 의문을 가질 수 있다. 바꾸어 말하면 매일 3마일의 조깅을 하면 관상동맥질환에 보다 저항력을 가질 수 있음은 무엇 때문인가라는 의문이다.

많은 학자들은 운동이 심장의 혈액공급을 원활히 하는데 직접적인 효과가 있다고 확신하며, 운동은 지방의 감소, 정맥의 응혈지연 등과 관련하여 이로운 것이라고 믿고 있다. 그러므로 운동이 심장에서 보호적 효과의 기초를 이루는 메커니즘을 알고 그 결과로서 운동의 종류와 양을 정확하게 규정하여 운동 프로그램의 효과를 극대화시킨다면 보다 효율적으로 관상동맥의 위험성을 줄일 수 있게 된다.

이와 동시에 화학적 기능부전을 정확히 찾아내어 적절한 식이요법, 약물치료, 외과적 및 방사능적 치료법에 의해서 심장병의 예방책이 취해질 수도 있다. 반응이 어떻게 작용하는지를 이해함으로써 예측, 예방, 처방이 보다 용이한 것은 아니지만 의학의 역사를 보면 그러한 이해로 말미암아 의학이 학문으로서 어떻게 발전되어 왔는지를 알 수 있다. 이와 같은 현상으로서 운동생리학에 대한 메커니즘의 이해는 심장병 환자의 운동처방이나 신체적성 프로그램 및 세계 수준급의 선수선발에 중요한 도움이 되고 있다.

운동시 발생하는 심박수의 반응에 대한 이해가 마치 자동차가 가속기를 밟아서 속도가 증가된다는 식으로 이해되어서는 안 된다. 운동시 심박수의 반응을 정확하게 이해한다는 것은 반응을 일으키는 자극이 어디(뇌, 활동근, 관절, 심장 등)에서 비롯되는지를 이해하고 있으며, 또한 최초의 운동자극과 심박수의 증가 사이에 있는 신경과 호르몬의 관계도 이해한다는 것으로 볼 수 있다. 그러므로 운동생리학은 '왜' 라는 질문보다는 오히려 '어떻게' 라는 질문에 대해서 생각하는 것이 보다 타당할 것이다.

6) 운동생리학의 연구과제와 영역

운동은 인체의 항상성恒常性, homeostasis을 자극한다. 항상성이란 인체 내의 항정상태steady state의 유지를 의미한다. 인체의 세포가 안정을 유지하려면 세포 주위의 항상성이 유지되어야 한다. 세포의 주위란 세포의 화학성분, 삼투압, 수소이온농도, 온도 등을 의미한다. 이 중 어떤 요인이라도 정상에서 벗어날 경우, 세포는 기능을 정상적으로 발휘할 수 없게 된다. 항상성의 원리란 생리학의 기본이라고 할 수 있다. 생체의 생존과 건강은 바로 이 항상성을 유지하고 부활하는데 있다. 그러므로 운동에 의하여 항상성이 어떻게 유지, 또는 무너지며 부활하는가, 그리고 다양한 기관계의 기능이 어떻게 반응하고 적응하는가를 알아보는 것이 운동생리학의 연구과제이다.

인체생리학은 인체에 나타나는 생명현상의 메커니즘을 연구하고, 각 기관의 기능과 또 여러 가지 기능을 결정짓는 조건을 연구하는 분야이다. 이와 관련하는 운동생리학은 학문적으로 독립된 성격을 갖고 있지 못하며, 물리학, 화학, 생물학, 조직학, 병리학, 전자공학 등의 기초과학에 의존하는 의타적인 학문이다. 그러므로 운동생리학은 이론을 실제에 적용시켜야만 되는 응용과학의 한 부분이라고 할 수 있다.

생리학은 해부학에 비해 그 연륜이 짧은 학문이며, 그 자체로서의 독립적인 학문의 영역을 갖지 못하는 분야라고 할 수 있다. 예를 들면, 인체의 기본 구성단위인 세포를 비롯하여, 인체의 성장과 유전, 생식 등을 이해하기 위해서는 생물학biology의 지식이 필요하며, 심장·혈관의 기능, 호흡시의 가스교환, 분압, 물질이동 등을 이해하기 위해서는 화학chemistry의 지식이 필요하다.

이밖에도 생리학의 발전에는 병리학pathology, 심리학psychology, 정신분석psychoanalogy의 공헌이 크며, 근래 생물의 생산기능을 인공적으로 변혁시키는 생명공학biotechnology, 즉 유전자공학gene technology의 발달 또한 생리학에 끼친 힘이 크다고 할 수 있다. 이러한 학문을 기초로 하여 발달된 생리학, 즉 physiology의 어원은 라틴어에서 전래된 것으로, physio는 자연nature을, logy는 학문science이라는 뜻이 있다. 생리학 분야 중에서 특히 인체를 연구대상으로 하여 그 구조와 기능을 알고, 신체운동과 관련된 물리적 화학적인 생체기능의 변화를 분석, 규명해 적응

adaptation시키는 학문을 운동생리학exercise physiology이라고 한다. 제2차 세계대전 후 스포츠를 통한 국위선양이 세계적인 사조가 되면서 운동생리학의 연구는 활발해졌으며, 이제는 하나의 독립된 학문으로서 체계를 이루어 경기력 향상은 물론, 스포츠과학화의 근간이 되는 학문으로서 그 영역을 확고히 하고 있다.

더욱 최근에 스포츠의 발달과 더불어 스포츠생리학의 관심이 높아지고 있다. 스포츠생리학은 운동선수들의 트레이닝 및 경기력 향상을 위해서 운동생리학의 개념을 적용하는 것이다. 즉 스포츠생리학은 운동생리학으로부터 생겨난 것이다. 운동영양학은 영양학적 이론을 실제 스포츠현장에 적용한 것이고, 트레이닝 방법론은 체력의 계획적인 강화훈련을 통하여 운동수행능력을 향상시키기 위한 수단으로 활용되고 있다. 또한 80년대 이후 각광받고 있는 운동처방이라는 학문은 각종 성인병과 생활양태와의 관계, 성인병 질환자들의 운동요법을 통한 재활프로그램 등이 주된 내용이며, 스포츠의학은 의학적 지식과 생리학적 지식의 접목을 통하여 스포츠현장에서 일어나는 여러 가지 문제들을 넓은 영역의 시각에서 다루고 있다.

우리가 신체활동을 하는데 필수적인 에너지energy를 얻는 화학반응인 신진대사metabolism라는 입장에서 생명현상을 보면, 동화작용anabolism과 이화작용catabolism으로 구분할 수 있다. 인간의 경우에 동화작용은 주로 음식물의 섭취에 의한 에너지의 획득 및 축적이며, 이화작용은 주로 운동에 의한 에너지의 방출을 이용한 것이다. 따라서 운동생리학은 주로 이화작용에 참가하는 계통의 기전을 연구하는 과학이라고 할 수 있다.

운동생리학의 영역은 생리학의 발전과 더불어 그 영역 또한 광범위하게 연구되어져 왔으며, 인간의 신체기능과 작업능률 향상 및 과학화에 크게 기여하고 있다. 즉 운동생리학의 영역은 근신경 기능neuromuscular function, 호흡순환 기능cardiorespiratory function, 내분비 기능endocrinous function, 신체훈련physical training, 환경조건environmental condition, 영양과 체중조절nutrition & body weight control, 특수보조물special ergogenics 등으로 분류된다. 세부적 연구 영역의 예는 다음과 같다.

① 근수축의 생화학적 연구

② 근수축의 EMG 검사연구

③ 근수축과 에너지 물질에 관한 연구
④ 전자현미경에 의한 근섬유질 조사연구
⑤ 산소부족량oxygen deficit에 관한 연그
⑥ 운동과 심박수heart rate ; HR에 관한 연구
⑦ 최대산소섭취량VO_2 max에 관한 연구
⑧ 근의 흥분성에 관한 크로낵시에 관한 연구
⑨ 신경촉진neural facilitaion에 관한 연구
⑩ 근작업 성적과 혈액량에 관한 연구
⑪ 근지구력과 트레이닝에 의한 혈액량 변화연구
⑫ 혈액량과 근에 산소섭취량과의 관계연구
⑬ 운동자극이 골화에 미치는 연구
⑭ 운동충격과 골장해에 관한 연구
⑮ 작업강도와 말초혈관압에 관한 연구
⑯ 운동경기와 도핑dopping에 관한 연구
⑰ 근작업 성적과 호르몬 관계에 관한 연구
⑱ 유 · 무산소성 역치에 관한 연구
⑲ 운동과 면역immune에 관한 연구
⑳ 운동과 노화에 관한 연구

7) 운동생리학 연구의 최근 동향

운동생리학의 연구는 눈부신 발전을 거듭해오고 있다. 그 중에서도 운동대사에 관계되는 영역에서는 다양한 연구물이 속출해 왔으며, 인간작업수행의 능력을 극대화하고 신체적성을 배양하는데 필요한 지식과 기술이 발전되어 왔다.

운동에 소비되는 칼로리, 운동의 효율 및 운동을 지속하는데 사용되는 연료와 관련이 있는 문제들이 제기되고 있으며, 호흡기능을 결정하는 전통적인 방법과 더불어 최근에는 근육 표본(생검)이나 핵자기공명P-NMR을 이용하거나 광학 및 전자현미경법, 효소학, 방사성 트레이서tracer 등은 운동에 따른 대사반응을 이해하는데

공헌하고 있다. 이와 같은 측면에서 개개인의 신체활동에 사용할 수 있는 최적의 트레이닝 기술방법을 개발하기 위한 지속적인 연구가 진행 중에 있다.

최근에 오하이오 데이톤에 있는 라이트 스테이트 대학의 J. S. Petrofsky와 그의 동료들은 자신들이 개발한 컴퓨터 조종장치에 의해서 하반신 불구자나 사지마비자들이 자신의 근력을 사용하여 운동을 할 수 있게 하였다. 즉 정상적인 근육과 마찬가지로 컴퓨터로 조절되는 전기자극기를 사용하여 마비된 근육에 반복적인 부하를 준 결과, 근력과 근지구력이 놀랍게도 향상되었다. 결론적으로 수년간 마비된 어떤 근육들도 트레이닝으로 인하여 정상적인 근력으로 회복될 수 있음을 시사하였으며, 중요한 것은 '운동생화학' 이라는 용어의 탄생이다. 비록 이 용어의 사용이 오래되지는 않았지만 임상적으로나 생화학적 기술로서 거의 확립되어 있으며, 운동과 트레이닝이 근육에 미치는 영향이나 화학이나 조직학에 관해서 가치 있는 자세한 정보들을 제공하고 있다.

최근 운동생리학에서 발전된 2개의 새로운 분야는 심장재활의rehabilitation과 운동생화학이다. 심장재활의학은 심장혈관에 이상이 있는 사람을 재활시키거나 심장혈관 장애를 방지하기 위한 작업과 심장혈관의 기능을 측정하는 것이다. 심장재활의학은 운동생리학의 중요한 임상분야가 되었다. 운동생화학은 근육세포의 종류에 따라 운동현상을 조사할 수 있는 근생검muscle biopsy 바늘이 개발됨으로써 중요한 분야가 되었다. 운동과 관련된 연구에 대한 이러한 세포학적인 접근은 심장혈관계 운동생리학의 전통적인 분야에 중요한 경쟁자가 되었다.

1990년도 이후에는 건강증진 및 심폐재활 지도자들의 요구에 부응하기 위하여 다양한 전문영역들이 생겨났으며, 운동생리학 및 체력과 재활에 적용하는 영역의 확대로 보다 세부적인 연구영역을 설정하여 연구하게 되었다. 연구활동의 이러한 현상은 전문화된 운동생리학자들이 연구자금을 쉽게 받을 수 있고, 연구결과에 대한 논문도 일관성을 유지할 수 있다. 따라서 개개의 실험실에서는 근신경생리, 심장재활, 뼈에 대한 운동의 역할 등 세부적인 연구영역을 설정하여 연구하였다. 한편으로는 이러한 세부영역의 구분으로 생리학적 접근을 운동, 환경 및 영양적 요소에 따라 다르게 반응하는 응용연구보다 기초연구에 중점을 두는 현상으로 나타났다.

더욱이 현재 운동의 역할이 전 국민의 질병을 예방하는 역학적epidemiology 차원에서 세포 생물학으로 영역을 옮겨가고 있는 것을 예측할 수 있다. 따라서 우리는 운동생리학과 관련된 이론들이 후속 과학자들의 의문과 새로운 발견에 도움이 되었으면 한다.

스칸디나비아 지역과 북미지역에 있어서의 운동생리학의 발전수준은 어떤 분야에서는 의학계와 일반생리학계를 오히려 능가하여 주도하고 있으며, 미래의 운동생리학 연구는 인간의 노화방지에 단백질과 호르몬이 조직의 생화학적 대사기전에 미치는 심도 있는 연구가 성공될 수 있을 것으로 시사된다. 또한 2000년대의 운동생리학 분야는 최첨단의 과학기재에 힘입어 더욱 발전할 것이지만, 인간이 태어나서 성장하고 결국은 죽음에 이른다는 인간의 숙명을 과연 해결할 수 있을지는 의문이다. 그러나 운동과 노화exercise and aging 분야가 하나의 각광받는 연구분야가 될 것임은 틀림없다.

2. 생체역학

1) 생체역학의 학문적 성격

생체역학biomechanics적 분석은 미래 엘리트 스포츠계를 짊어지고 나갈 최첨단 분석기법이다. 즉 비디오로 녹화한 운동선수의 실기동작performance을 컴퓨터로 세분하고 수학적으로 분석한 후 그 결과들을 각 선수의 신체특성에 기초하여 이미 모델화된 컴퓨터 시뮬레이션과 비교하면 그 선수가 구사한 기술의 결점을 찾아내고 장점을 향상시킬 수 있다. 이러한 작업이 생체역학적 분석의 한 단면이다.

스포츠, 신체적성, 그리고 체육학자들은 신체가 어떻게 움직이고, 또 어떻게 하면 보다 효율적인 동작을 수행할 수 있는가에 대한 관심을 항상 가져왔다. 이러한 목적은 던지기나 점프와 같이 기초적인 운동기술을 학생에게 가르치는 것과 같은 간단한 것일 수도 있고, 허들 선수의 기록향상을 위해 코치가 기술의 개발을 시도하는 것과 같이 복잡한 것일 수도 있다. 이외에도 웨이트 트레이너가 리프팅lifting 기술을 시범보이는 것과 같이 부상예방을 위한 것일 수도 있다. 즉 생체역학은 신체적성, 재활치료, 기구(장비)설계, 운동처방, 상해예방, 기본적 운동교육, 그리고 스포츠 경기력 향상 등 다양한 분야에 걸쳐 중요한 역할을 담당하고 있다.

생체역학 분야는 점차 중요한 스포츠과학의 한 영역으로 형성되어 다양한 분야의 과학자들이 관심을 쏟고 있으며, 스포츠, 신체적성, 그리고 체육교육에 실용적 응용들이 많이 이루어지고 있다. 그러므로 이에 관여하는 전문인들은 신체구조가 어떻게 이루어졌고, 또 어떻게 움직임이 일어나며, 그 움직임의 효과를 증대시키기 위해서는 어떤 원리를 이용해야 하는가에 대해 상당한 수준의 지식을 가지고 있어야 한다. 즉 근육계가 신체의 뼈骨 구조를 어떻게 움직이는가에 대해 연구하는 학문 분야이므로 생체역학에서는 물리학의 기본원리를 응용하여 신체를 하나의 역학적 구조물에 비유하여 연구하는 방법이 동원된다.

간혹 생체역학적 분석은 새로운 기술을 습득한 운동선수 자신의 독자적인 이해와 설명으로 이루어지기도 한다. 가장 좋은 예로 1960년대 중반 Dick Fosbury에 의해 대중화된 높이뛰기 스타일을 들 수 있다. 그는 1968년 멕시코 올림픽에서 금메달을 획득했는데 이때 그의 높이뛰기 스타일은 flop 스타일로 변화된 상태였다. 그후 10년 동안 실질적으로 전 세계 모든 높이뛰기 선수들은 roll 스타일에서 flop 스타일로 바꾸었다. 이후 생체역학자들은 이 새로운 스타일이 어떻게 해서 보다 효율적인가에 대한 설명을 제공하였다.

이와는 반대로 생체역학이 기술의 변화를 선도한 경우가 있다. 1960년대와 1970년대에 있었던 수영의 변화를 들 수 있다. 이 기간동안 생체역학자들은 엘리트급 코치들과 공동으로 자유형 영법을 연구한 결과 drag force를 기초로 해 추진력을 얻는 전통적인 영법이 lift force를 기초로 하여 추진력을 얻는 영법에 비해 생체역학적으로 비효율적이라는 것을 밝혔다. 수영에서 이 혁명을 주도한 대표적인 인물은 Indiana대학의 수영코치이자 저명한 체육교육가인 James Councilman이었다. 그후 10년 동안 실질적으로 세계의 모든 수영코치들은 이 새로운 영법을 익혀 선수들에게 가르침으로써 기술의 변화를 가져왔다. 이는 운동선수의 기술개발에 의해 경기력의 변화가 시도되어 학문으로 형성 되었다기보다는 오히려 과학적 연구가 경기력의 변화를 선도한 예라고 볼 수 있다.

아래의 질문들은 생체역학자와 이 분야에 관심 있는 학자들이 해결해야 하거나 해결하고자 하는 내용이다.

- 골프 스윙시 각 근육에서 발생하는 근력은 어떻게 집약되어 파워를 발생시키는가?
- 재활치료 목적을 위한 관절의 유연성은 어떻게 증가할 수 있나?
- 엘리트 배구선수들이 사용하는 스파이크 동작의 형태는 어떠한가?
- 장거리 달리기에서 발의 부상을 예방할 수 있는 신발은 개발될 수 있는가?
- 테니스 라켓은 조정력control의 향상을 위해 어떻게 변화되어야 하나?
- 어떤 타격기법이 단 타자에게 유리하고, 어떤 타격기법이 장타자를 위해 유리한가?
- 아동발달사적 측면에서 던지기 시 이용되는 근육은 어떻게 변화하는가?

위와 같은 질문에 대한 대답들은 전통적으로 경험과 검정되지 않는 가정假定, 그리고 믿음에 대부분 의존되어 왔다. 이들 질문에 대한 과학적인 답변은 오직 그 문제를 조직적으로 검정하고 연구할 수 있게 하는 과학적 방법론의 발달로부터 구할 수 있다. 과학적으로 얻어진 답변들은 스포츠, 신체적성 또는 체육에 대한 주요 정보로 처리되어 지도자나 운동선수, 그리고 이를 필요로 하는 전문가들에게 판단의 기초로 제공되게 된다.

2) 학문분야로서 생체역학의 정의

생체역학은 인간행동을 연구하는 학문이다. 다시 말해서 근육들이 신체의 뼈 구조bony structure를 어떻게 움직이는가를 연구하는 학문이 생체역학인 것이다. 인간의 몸은 수많은 뼈로 구성되어있는데 그 뼈들은 관절에 의해 연결되어 있고, 또 근육과 건에 의해 움직이고 지지되고 있다. 인간이 수행 가능한 행동은 관절을 구성하고 있는 뼈 구조물을 가동하는 근육들과 그 관절들의 특성에 의해 결정되어 진다. 예를 들어 무릎관절은 굴곡flexion과 신전extension운동에 적합한 반면 어깨는 회전운동에 적합하다.

인간의 움직임을 이해하기 위해서는 우선 관절의 다양한 움직임과 관절의 뼈 구조물을 움직이는 근육의 이완과 수축에 대한 완벽한 이해가 있어야 한다. 그러므로 생체역학은 전통적으로 관절의 움직임과 그 움직임을 야기하는 근육에 대한 이해를 중요하게 여긴다. 이와 같은 지식은 운동처방과 같은 전문직에서는 기본적인 것으로서 어깨관절에 손상을 입은 환자의 경우 어깨관절의 전 활동범위를 회복시키기 위해서는 등급(차별)화 된 재활운동을 제공하는 것이 그 한 예다. 생체역학의 연구는 주로 해부학적 영역에서 관절군關節群이나 관절에 의해 구성되어지고 관절 움직임의 형태에 따라 세부적으로 나누어진다. 주요 관절군으로는 발, 발목, 무릎, 엉덩이, 그리고 골반대, 척추, 팔꿈치, 팔목, 견갑대 등을 포함하고 있다. 각 관절의 가능한 움직임은 관절의 성질과 이를 둘러싼 근육들의 위치에 의해 결정되어진다. 관절의 가능한 움직임을 살펴보면 외전abduction과 내전adduction(신체의 정중선으로부터 멀어지는 움직임과 정중선으로 향하는 움직임), 신전flexion과 굴곡extension, 회내pronation와 회외supination, 내반inversion과 외반eversion, 내측회전과 외측회전medial and lateral rotation, 그리고 거상elevation과 강하depression 등이 있다. 인간행동의 연구를 위한 이러한 접근은 흔히 해부학적 운동학이라 일컬어진다.

생체역학은 흔히 역학적 운동학이라 일컬어지는데 이는 물리학적 관점으로부터 인간행동을 연구하기 때문이다. 역학이란 내부와 외부의 힘이 정적 또는 동적인 물체의 움직임에 어떻게 영향을 미치는가를 연구하는 물리학의 한 분야이다. 그러므로 생체역학은 인간의 행동을 역학적 관점에서 해석하는데 이는 곧 신체는 여러 절(어깨, 팔, 팔목 등)로 나뉘어져 있고, 또 이것들은 관절에 의해 연결되어 근력과 외부에서 작용하는 힘에 의해 움직여진다는 것이다. 한 예로 골프 스윙의 경우 거의 100여개의 다른 힘들이 13개의 신체분절에 작용하고 있음을 볼 수 있다. 그러므로 생체역학은 첨단연구 분야로 발전되어 왔으며, 이에 상응하는 첨단장비의 필요성은 두말할 필요가 없다.

[표 10-1] 생체역학적 분석에 사용되는 주요 변인들

Motion
Linear displacement, velocity, acceleration
Angular displacement, velocity, acceleration
Free-falling objects
Path of projectiles-parabolic, curvilinear

Force
Weight and mass
Newton's laws of motion(inertia, acceleration, reation)
Gravity
Friction
Momentum, transfer, conservation
Leverage
Moment of inertia

Work and Energy
Work
Power
Potential, kinetic, and rotational energy

Aerodynamics
Projection angle
Flight velocity
Spin
Air resistance, wind, air dencity, shape of projectile

Landing and Striking
Angle of incidence and rebound
Shape of Striking surface
Elasticity, rebound, and dissipation of force
Surface friction and resiliency

Hydrodynamics
Buoyancy
Surface area for propulsive force
Water resistance

Source: Adapted from Singer, et al., 1976, p.225.

생체역학자들은 물리학의 원리들이 어떻게 인간행동과 수행에 영향을 미치는가를 연구한다. 만일 피검자가 테니스 라켓이나 창 같은 기구를 사용하거나 또는 축구공 같은 물체를 차거나 받는 경우엔 그 기구와 물체 또한 생체역학적 분석의 일부가 된다. [표 10-1]은 스포츠 기술분석에 직접적으로 연관되는 주요 물리학의 원리들에 대한 목록이다.

생체역학 분야는 스포츠과학의 기본동향을 대표하는 것으로서 스포츠과학의 결정체라고도 할 수 있다. 이 분야는 그 자체로서도 중요하지만 스포츠와 건강관련 문제의 통합적인 연구를 시도하기 위한 타 스포츠과학 분야의 연구자들에 의해서도 이용률이 증가하는 추세이다.

3) 생체역학의 발달

생체역학은 해부학, 생리학, 그리고 체육측정과 함께 체육교육의 전통적인 과학의 한 분야이다. 이들 교과목들은 건강, 신체적성, 레크리에이션, 그리고 모든 스포츠 전문분야들이 체육교육 산하에서 교육될 당시 체육교육가의 과학적 훈련을 위한 주요 전공과목이었다. 역사적으로 생체역학은 움직임에 영향을 미치는 역학적 요인과 해부학적, 그리고 구조적 쟁점에 많은 관심을 가졌었다.

전문 연구분야로서의 생체역학은 체육교육의 하위 학문분야의 하나로 발전되어 왔는데, 1960년대 중반에 시작하여 그 이후 국제적 연구분야로 발전하였다. 제1회 국제생체역학 세미나는 1967년 스위스에서 개최되었으며, 그후 1969년 네덜란드, 1971년 로마, 1973년 미국 펜실바니아 주립대학에서 개최되었다. 이때부터 의학, 공학, 스포츠, 운동에 관련된 연구지研究紙에서 생체역학적 연구에 관한 논문이 나타나기 시작했다. 1960년대 후반부터 1970년대에 걸쳐 이 분야의 성장은 매우 빨랐다. 미국생체역학회와 국제생체역학회가 창립되었고, 또 새로운 생체역학 저널이 발간되기 시작했다. 이 기간 동안 수권의 생체역학의 기초 교과서를 비롯해서 전문 생체역학 서적도 출간되었다. 가장 초창기에 출간되었고 가장 영향력을 끼친 두권의 책으로는 Counsilman(1968)의 『Science of swimming』과 Dyson(1964)의 『The mechanics of athletics』를 들 수 있다.

1980년대에 들어서는 스포츠 생체역학 분야를 뒷받침하기 위한 전문기관의 형성을 위해 많은 연구와 개발이 뒤따랐다. 국제스포츠생체역학회는 1982년에 설립되었다. 물리학에 관련된 연구원이나 학자들, 그리고 많은 아마추어 선수자신들이 그들의 물리학적 지식들을 스포츠에 응용하는데 관심을 보이기 시작했다. 또 많은 논문들이 미국 물리학 저널 같은 유력한 학술지에 개재되기 시작했다. 생체역학의 분야는 아예 스포츠 생체역학이라고 칭하는 경우가 점점 빈번해지고 있다. 앞으로도 스포츠 생체역학은 이 분야를 선도할 연구와 응용활동이 활발하리라 기대된다.

4) 생체역학의 범위

생체역학은 태동하는 여러 스포츠과학 분야 중에서 확고히 정착된 분야이다. 과거 수년 동안 스포츠와 신체적성에 대한 대중들의 폭발적인 관심은 생체역학자들의 임무에 많은 관심을 쏟게 하였다. 비록 기술 그 자체가 항상 가르침에 있어 주요한 역할을 해 왔지만 최근에 와서 전문인이나 비전문인 할 것 없이 기술의 역학적 측면에 대해 많은 관심을 기울이게 되었고, 연기동작performance의 향상과 해석에 사용되는 물리적 원리가 어떻게 응용되는가를 배우게 되었다.

기구(장비)의 개선 또한 점진적으로 진행되어 왔는데 대부분의 경우 생체역학의 보다 나은 이해와 밀접하게 관련이 되어 있다. 장대높이뛰기의 경우 장대가 더 많은 추진력thrust을 낼수록 더 높이 뛸 수 있으며, 이때 선수자신도 그 새로운 장대의 역학적 요구에 부합되는 기술습득을 시도하게 된다. 또 테니스 선수의 경우에는 보다 큰 라켓을 사용함으로써 경기를 유리하게 이끌 수(컨트롤할 수) 있고, 장거리 달리기선수는 보다 용이하게 설계된 신발을 사용함으로써 부상을 예방할 수 있다.

생체역학적 연구는 여러 방법에 의해 수행되고 있다. 고속 사진촬영기법은 생체역학적 연구방법의 발전에 중요한 도구가 되어 왔다. 이는 표준 무비카메라가 초당 18프레임frame의 영상을 녹화할 수 있는데 반해 특별히 고안된 고속카메라는 초당 수천 프레임의 영상녹화가 가능하기 때문이다. 따라서 매우 상세한 분석이 필요한 순간적 동작의 경우 고속으로 녹화된 영상을 느리게 재생함으로써 이를 가능케 한다.

최근에는 비디오카메라 시스템에 관한 기술의 급속한 발전으로 종전에 사용하던 무비카메라 대신 비디오카메라시스템camcoder의 사용을 선호하는 경향이 있다. 이는 무비카메라의 경우 비디오카메라에 비해 고속촬영은 가능하지만 다량의 필름구입, 장시간의 인화, 그리고 고가의 인화비 등 경제적, 시간적 소모가 비디오 시스템에 비해 훨씬 크기 때문이다. 반면 비디오카메라 시스템의 경우 저렴한 가격의 테이프를 사용하여 녹화 즉시 영상분석이 가능하다는 이점이 있다. 최근에는 비디오테이프조차 필요 없는 디지털 비디오카메라가 개발되어 상용화된 단계이다. 현재 비디오카메라를 이용한 상업화된 대표적 동작분석 시스템으로는 美 Peaks사와 Ariel사, 비솔Visol사에서 발매하는 2차원(2D)과 3차원(3D) 영상동작분석 패키지가 있다. 2차원 분석의 경우 1대의 비디오카메라면 가능하지만 3차원 분석의 경우에는 2대 이상의 카메라가 필요하다. 이 시스템은 일반 비디오카메라를 사용할 경우 초당 60프레임의 영상을 분석할 수 있다. 보다 빠른 동작의 분석을 위한 초당 120프레임의 고속 비디오카메라 시스템도 발매되고 있다.

이들 시스템을 이용한 개략적인 동작분석 과정을 살펴보면, 우선 피검자의 연기동작을 비디오카메라로 녹화한 다음 컴퓨터의 마우스를 이용, 모니터에 정지화면으로 나타날 때 프레임의 피검자 동작 각각에 나타나는 주요관절들 하나하나에 점digitizing을 찍는다. 이 작업을 연기동작(예 : 1초가 소요된 동작의 경우 60프레임) 전반에 걸쳐 실시한 후 여기서 출력된 데이터를 동작분석컴퓨터 프로그램 패키지에 입력하면 순간동작 시 주요관절의 각도, 각 속도, 선 속도, 각 가속도 등 다양한 물리학적 데이터를 구할 수 있다. 이들 데이터를 이용하면 수학적 모델링이 가능해지는데 특히 3차원 모델링의 경우 일반적인 방법으로는 관찰할 수 없는 다양한 각도에서의 연기동작분석이 가능하다. 최근에는 비디오녹화 시 피검자의 주요관절에 광光반사 테이프를 붙여 반사광의 차이를 이용한 자동 디지타이징digitizing 시스템이 개발되기도 했다. 그리고 노르딕 스키나 육상의 3단 뛰기 등 일련의 연기동작이 긴 경우 사용할 수 있는 녹화방법으로 Panning(카메라를 일정한 속도로 돌리는) 기법이 개발되어 있다.

달리기, 걷기, 그리고 기계체조의 착지자세 등 여러 가지의 연기동작 시 발생하는 지면 반사력의 측정을 위해 force platform이란 장비가 이용되고 있다. 이 기계를 이용하면 극히 짧은 시간에 발생하는 발의 미세한 움직임이나 운동 작용점의 변화 등 다양한 데이터를 구할 수 있다. 근육의 미세한 전위차를 기록하는 기술인 근전도검사(EMG) 또한 선호하는 연구방법 중의 하나이다. 그 충격량들은 그래프나 다른 여러 가지 방식들로 바뀌어 근육기능의 분석과 비교를 가능케 한다. 이와 같은 정보들은 다각도로 이용할 수 있는데 한 예로 선수들이 어떤 동작을 연기할 경우 이를 근전도 검사법으로 살펴보면 그만의 독특한 리듬이 나타나는데 이 EMG 패턴의 비교를 통해 선수들의 슬럼프 유무를 확인할 수 있다.

컴퓨터 시대의 도래는 많은 스포츠과학에 영향을 미쳤지만 스포츠 생체역학만큼 영향을 받은 분야는 없다. 이제 선수들의 연기동작들은 비디오로 녹화되고 그들의 동작들은 컴퓨터 프로그램에 의해 분석된다. 이들 컴퓨터 분석에는 많은 방법이 있는데 그중 선수의 신체적 특성을 바탕으로 해서 만든 정밀한 수학적 모델과 선수의 실제 연기동작의 비교를 들 수 있다. 이 비교를 통해 선수의 결점을 찾아 연기동작의 향상에 이용할 수 있다.

수학적 모형제작(모델링)은 생체역학 분야에서 점차 중요한 역할을 담당하고 있다. Vernon(1980)은 장대높이뛰기 선수의 속력(스피드)과 신장, 점프의 타이밍, 근(육)반사력, 장대에 관한 기하학과 재질의 단단함, 그리고 최적 연기동작의 예상을 위한 도약시의 여러 변인 등 다양한 변수를 사용한 수학적 모형을 개발하였다. 이 연구는 또 새로운 실험용 장대 개발에도 일익을 담당하였다. 이러한 첨단기술에 의한 양量적 생체역학적 분석은 이 연구분야를 지배하게 되었고, 이들 방법은 엘리트 운동선수들의 훈련 보조도구로서 흔히 사용하게 되었다. 그러나 일반 코치나 교사들은 질質적 생체역학적 분석에 더 많은 의존을 하였는데, 이는 그 자체만으로도 학생이나 선수들의 연기동작 향상에 필요한 도움을 얻을 수 있기 때문이다. 체육관에서나 운동장에서의 일정하고 정확한 생체역학적 분석의 적용은 코치나 체육교사가 앞으로 이루어야 할 중요한 과정이다. 만일 이 과정이 완성되어진다면 이 분야는 소위 Hoffman(1977)이 제창한 교육학적 운동학에 접근해야만 할 것이다. 다시 말해서 연습도중 발생하는 스포츠기술 연기동작의 흔한 실수나 핵심요인의 숙지를 강조하는 생체역학적 접근을 말한다. 교사나 코치들은 스포츠기술 연기동작 시 일어나는 핵심요인을 발견할 수 있어야 하고, 항상 발생하는 실수를 감지할 수 있어야 한다. 그리고 예리하고 적절한 피드백을 선수에게 보여주어야 한다.

비록 스포츠 생체역학이 그 동안 매우 중요한 스포츠과학의 하나로 발전하였지만 생체역학적 지식의 응용에 있어 스포츠 생체역학 분야만이 중요하다는 뜻은 아니다. 일반인을 위한 운동처방, 직업에 관련된 처방, 체육교육에로의 응용, 그리고 재활의학과 같은 분야에서 생체역학에서 비롯되는 새로운 지식들을 직접적으로 이용하고 있다.

생체역학의 하위영역들은 밝은 미래를 가지고 있다. 그것은 이 분야가 스포츠, 신체적성, 그리고 체육교육에 중요한 정보를 제공할 뿐만 아니라 의학, 재활, 아동발달, 노인학과 같은 다양한 영역에 기여할 수 있는 잠재력이 있기 때문이다. 스포츠장비(기구) 분야 또한 생체역학의 주도하에 끊임없는 발전을 기대한다.

5) 생체역학자의 역할

생체역학자들은 비록 민간분야, 특히 장비(기구)산업에서의 고용가능성이 증가하고 있지만 주로 대학에서 학자로서 활동하고 있다. 학문적 세계 중에서도 체육교육과나 스포츠과학연구소 등에서 주로 활동을 하고 있다. 다른 분야와 마찬가지로 생체역학자들도 가르치고, 연구하고, 또 여러 분야에 필요한 자문역할을 담당하고 있다. 대부분의 연구들은 고도로 이론적이어서 직접적으로 실용될 가능성이 없는 경우가 많으나 일부의 연구는 스포츠나 신체적성에 연관된 실용적인 문제의 해결을 위해 직접적인 해답을 찾으려는 노력을 기울이기도 한다. 따라서 이 분야는 상당히 기술 집약적이어서 생체역학 실험실의 설립을 위해서는 많은 재원을 필요로 한다.

민간분야에서 활동하는 생체역학자들은 흔히 제품개발에 따르는 디자인, 검사, 평가 등 실질적인 문제해결에 관련하고 있다. 일부의 나라에서는 국가대표 팀이나 국립훈련센터에서 활동하는 스포츠 생체역학자들을 볼 수 있는데 이 경우엔 대부분이 엘리트 선수들의 기록 및 연기동작 향상에 기여하고 있다.

6) 생체역학자의 자격 요건

생체역학 분야에서의 전문가 양성은 전적으로 대학원과정의 훈련이 대부분이다. 이 분야에서 학사학위를 수여하는 경우는 없고, 연구활동의 시작이라 할 수 있는 석사학위과정은 대부분의 대학에 개설되어 있고, 이 분야의 주요 훈련과정이라 할 수 있는 박사학위과정은 국내 일부 대학에서 실시되고 있다. 이 분야에 입문하는 대부분의 사람들은 체육교육이나 스포츠과학을 전공한 학사학위 소지자들인데 간혹 학부과정에서 물리학을 전공한 사람도 있다. 생체역학 전공의 대학원과정은 전형적으로 공학, 물리, 그리고 이와 관련된 과학분야의 부수적인 교과과정을 이수해야만 하고 실험실과 장비사용 기술의 체득, 연구방법론과 통계학의 광범위한 준비, 그리고 스포츠과학 분야와 관련된 다소의 경험을 필요로 한다. 특히 미래의 주요 기술로 부각되고 있는 많은 변수(인)들을 기초로 하여 구성하는 가상연기동작 프로파일의 개발과 같은 수학적 모형화(모델링) 분야에서는 높은 수학적 지식이 요구되기도 한다.

7) 생체역학에서의 쟁점

생체역학에서의 주요 쟁점은 다른 스포츠과학의 그것들과 유사하다. 양적 분석과 질적 분석에 기인한 관련 분야의 논쟁은 끊임없이 일어나고 있다. 이들 논쟁에 대한 의문은 고조되고 있지만 많은 전문가들은 학부과정은 '스포츠에 의한 스포츠 sport by sport' 를 기초한 질적인 기술들을 강조하는 것이라야 한다고 믿고 있다. 일부 사람들은 많은 스포츠에 응용할 수 있는 교수원리teaching principle를 선호하기도 한다. 그러나 또 다른 일부분의 사람들은 여전히 양적 기술을 교육의 시작으로서 선호하고 있는데 이것은 이 분야에서 이 접근방식이 대부분의 연구방식이기 때문이다.

위에서 설명한 바와 같이 이 분야는 스포츠와 체육교육 이외의 다양한 분야에서도 적용할 수 있는 유용한 연구와 정보창출에 공헌하였다. 그러므로 생체역학은 종종 스포츠나 체육교육에 전혀 관련이 없는 분야에서 연구활동에 필요한 자금을 받고 있다. 이러한 현상은 바람직한 것일 수도 있지만 생체역학이 스포츠와 체육교육과의 이질성을 더욱 심화시키는 위험을 초래할 수도 있다.

3. 스포츠심리학

운동경기에 따르는 신화나 미신은 거의 심리적 문제와 관련된다. 어떤 선수는 시합에 임할 때 수염을 절대로 깎지 않는다. 어떤 코치는 경기시 항상 같은 티셔츠만 입는다. 스포츠 중계를 하는 아나운서와 해설자들은 경기력의 변화를 흔히 심리적 요인 탓으로 돌리곤 한다. 심리적 요인과 관련하여 어느 팀이 상승세 혹은 하향세를 겪게 될 것이라며 그 변화들에 대해 말들이 많다. 또한 코치들은 경기에 앞선 기자회견에서 자기 팀을 정신적으로 구장시키고 있는 중이라고 말하기도 한다. 따라서 스포츠심리학sports psychology은 열광적인 스포츠 팬들의 호기심을 가장 쉽게 불러일으킬 수 있는 스포츠과학의 하나라고 볼 수 있다.

위에서 언급된 것과 같은 유형의 미신적 행위들이 여전히 많다는 사실은 스포츠 경쟁에 존재하는 심리적 요인에 대해 아는 것이 거의 없다는 가장 좋은 증거가 될 수 있다. 비록 스포츠심리학이 1970년대 이후 활발한 연구 활동을 보여 왔고, 코치와 선수를 직접적으로 도우는 임상 분야에서도 큰 진보를 이루어 왔지만, 그 성과는 일반 대중들 사이에 잘 알려져 있지 않다. 그 이유는 아마 스포츠심리학자들이 가지고 있는 의문점들이 스포츠 팬들의 관심거리이기도 한 때문인 듯하다.

- 경기 전 격려의 말pep talks이 선수 또는 팀의 정신 무장에 도움을 주는가?
- 경기 전 숨막히는 현상이 심리적인 문제인가?
- 어떤 선수들은 무엇 때문에 매우 위험한 스포츠에만 참가하는가?
- 레슬링 선수와 테니스 선수는 서로 다른 인성을 가지고 있는가?
- 경기에서 오는 스트레스를 선수들은 어떻게 대처할 수 있는가?
- 매우 공격적이고 거친 선수들은 원래 그렇게 타고나는가?

체육 · 스포츠 분야에서 일하는 전문인들은 물론 일반인들까지 이러한 의문들에 대해 오랫동안 관심을 가져온 것이 사실이다. 대부분의 코치와 선수들은 경기를 수행하는데 심리적 요소들이 신체적 요소들만큼이나 때로는 그 이상으로 중요하다고 오랫동안 믿어 왔다. 따라서 1960년대에 체육과 스포츠가 하나의 학문으로 등장하면서, 스포츠심리학이 발전하게 되었고 또한 가장 인기있고 중요한 전공의 하나로 성장했다는 것은 그리 놀라운 일이 아니다.

1) 스포츠심리학의 영역

심리학이란 넓은 의미에서 인간 행동의 연구이다. 심리학의 주요 초점은 늘 행동을 야기시키는 정신적 요소들에 두어졌다. 스포츠심리학이란 스포츠 현장에서 일어나는 이슈와 문제점에 대해 심리학의 원리를 적용시키는 분야이다. 그러나 이러한 정의는 너무 광범위해서 영역의 한계를 구분하는데 도움이 되지 못한다. 스포츠심리학은 크게 두 영역으로 나누어져 있는데, 하나는 학문적 연구이고, 다른 하나는 임상practice이다.스포츠심리학은 대부분 연구 분야에 치우쳐져 있다. 연구 영역의 가장 두드러진 목표는 스포츠 현장, 특히 경기력에 관련된 심리적 요소들을 밝혀내는 것이다. 따라서 연구자들은 선수나 팀의 경기력에 영향을 미치는 신경심리적, 생체물리적, 심리사회적, 그리고 인성적 변인들에 깊은 관심을 가지고 있다. 연구를 하는 대부분의 스포츠심리학자들은 대학의 심리학과, 체육학과 혹은 운동과학exercise science과의 교수들이다.

최근에는 임상clinical practice에 종사하는 스포츠심리학자의 수가 증가하고 있다. 임상 스포츠심리학자들은 선수의 기량을 향상시키기 위해, 또는 선수의 정신건강을 증진시키기 위해 심리치료를 주 임무로 하고 있다. 미국의 경우, 현재 많은 프로 스포츠 팀들이 스포츠심리학자를 팀의 일원으로 고용하고 있다. 한 예로 미국의 육상경기 국가대표 팀은 국제대회에 출전할 때 코치, 트레이너, 의사는 물론 스포츠심리학자를 대동한다. 한국의 실정은 아직 그러하지 못하지만 가까운 장래에 위와 같은 현상은 동일하게 나타날 수 있음을 예측할 수 있다. 임상 스포츠심리학자들은 스포츠심리학은 물론 때로는 임상심리학이나 상담심리학과 같은 분야에서 훈련을 받은 사람들도 있다.

스포츠심리학에서의 연구 영역과 임상 영역은 서로 정보를 주면서 협력해야 한다. 연구 영역은 스포츠 현장에서 선수들이 왜 특정한 행동을 보이는가에 대해 관심을 가지고 있으며, 임상 영역은 선수들이 보다 효과적인 방법으로 경기력을 향상시킬 수 있도록 도와주는 데 관심을 가지고 있다. 이 두 영역이 생산적으로 서로 협력을 하고 있음에는 의심의 여지가 없지만 두 영역간에는 다소 긴장된 관계로서 그들의 협력이 기대한 만큼 항상 생산적이지 않은 것 또한 사실이다.

2) 스포츠심리학의 성장

스포츠심리학은 스포츠 과학에서 선도적 위치에 있는 운동생리학과 생체역학에 비해 비교적 최근에 등장한 분야이다. 1960년대 초에 설립된 국제스포츠심리학회

International Society of Sport Psychology는 이 분야에서 가장 오래된 회합이다. 스포츠심리학의 초기 역사는 운동학습motor learning의 역사와 밀접하게 관련되어 있는데, 그 이유는 심리학을 전공한 사람은 두 영역을 모두 이해하고 연구에 임할 수 있었기 때문이다. 유럽에서는 두 영역이 여전히 매우 밀접히 연관되어 있으나 미국의 경우에는 분리되어 각각의 전공 분야로 발전되어 왔다.

스포츠심리학은 1965년 로마에서 개최된 제1회 국제스포츠심리International Congress of Sport Psychology에서 탄생되었다고 할 수 있다. 3년 후 제2차 국제스포츠심리학회가 미국 워싱턴에서 개최되었고, 47개국 1,400명의 회원이 확보되었다. 1968년의 올림픽경기는 멕시코 시에서 열렸으나 당시 멕시코의 국내 정치문제와 시민 항쟁으로 인해 제2차 국제스포츠심리학회가 미국에서 개최되었어야만 했다. 그 모임을 조직화하기 위해 새로운 기구가 하나 형성되었는데 그것이 바로 North American Society for the Psychology of Sport and Physical Activity(NASPSPA)이다. 이 조직은 여전히 운동학습과 스포츠심리학 두 분야를 연결시키고 있다.

NASPSPA의 형성은 북아메리카에서 스포츠심리학의 제1세대가 탄생되었음을 의미한다. 이 분야의 발전에 공헌한 대부분의 전문가들은 체육 분야의 박사학위 소지자였으나, 심리학 및 운동 수행(경기력)에 특별히 관심을 가지고 있었다. 이들 중 대다수는 자신들의 박사학위 과정의 일환으로 심리학 수업들을 택해 왔다. 이들이 바로 미국 대학에서 스포츠심리학을 가르치고 그후 스포츠심리학 분야의 석 · 박사 과정을 창설한 세대들이다.

1970년대에 체육학이 하나의 학문으로 미국 대학들에서 현저하게 두각을 나타내고 있을 때 스포츠심리학 또한 매우 발전되었다. 스포츠심리학과 관련된 전공과목이 탄생되었으며, 연구 프로그램 또한 개발되었다. 대학원생들은 스포츠심리학을 전공으로 하여 학위논문을 쓰기 시작했다. 학부 학생들도 새로 등장한 스포츠심리학 분야를 접할 기회를 가졌다. 비록 대학원생들이 심리학과에서 많은 교과목을 선택했다 하더라도 1970년대 스포츠심리학의 발달은 거의 체육학과 내에서 이루어졌다.

1980년대에 들어서는 스포츠심리학이 체육분야에서 계속 발전되었을 뿐만 아니라 일반심리학자들로 부터도 관심을 끌게 되어 매우 유명해졌다. Feltz는 1987년 미국의 경우, 체육학과 대학원과정에서 스포츠심리학을 전공할 수 있는 대학이 33개에 이른다고 밝혔다. 스포츠심리학 프로그램의 최근 경향은 첫째, 스포츠심리학 고유의 논제 및 관심분야에 계속적인 연구가 진행되고 있으며, 둘째, 심리학과에서도 스포츠심리학을 전공할 수 있게 되었으며, 셋째, 임상치료에 스포츠심리학을 적용하고자 하는 관심이 증가되고 있음이다.

스포츠심리학 전공은 아직도 대학원에서만 가능하다. 비록 많은 학부과정들이 스포츠심리학 과목들을 개설하고 있지만 학부 수준에서 스포츠심리학을 전공할 수는 없다. 대학원에서 스포츠심리학을 전공한다는 것은 심리학과와 체육학과의 경계선상에 있는 듯하다. 현재로서는 장래 스포츠심리학자가 되려는 사람이 어느 분야에서 훈련을 받아야 할지 불명확하다. 아마 앞으로의 학과선택은 어느 분야에서 스포츠심리학의 전문자격증을 쉽게 받을 수 있는가에 달려있을 것이다.

3) 스포츠심리학의 위치

스포츠심리학은 밝은 미래를 가진 분야라고 할 수 있다. 체육분야에서 스포츠심리학의 전공은 계속해서 성장하고 있다. 심리학자들이 최근 들어 이 분야에 보다 많은 관심을 가지고 접근해 오고 있다. 스포츠 팬과 경기인들도 경기력에 영향을 미치는 심리적 요소들에 대해 상당한 관심을 보이고 있다. 스포츠심리학자와의 상담 후 실제로 경기력 향상을 보인 선수들에 대한 이야기들은 일반인들에게는 물론 대중매체에서 일하는 스포츠 작가나 평론가들로부터 상당한 관심과 신뢰성을 얻어 왔다.

현재 이 분야는 '경기력 향상에 미치는 심리적 요소를 밝히는 연구 영역' 과 '선수들에게 심리치료를 실시하는 임상 영역' 으로 구분된다. 그러나 한 사람이 전적으로 한 영역에만 종속될 필요는 없다. 많은 스포츠심리학자들은 연구와 학식을 통하여 새로운 지식을 탄생시키기 위해 많은 노력을 하고 있다.

4) 스포츠심리학의 연구 영역

어느 분야이든 간에 연구에 의해 개선된 이론을 바탕으로 지식을 넓혀 나가지 않고서는 발전도 향상도 있을 수 없다. 연구 영역의 스포츠심리학도 계속된 연구와 이론의 정제를 통해 지식을 발전시킨 분야이다. 이러한 일은 주로 대학의 체육학과나 심리학과에서 행해지고 있다.

1983년 Landers는 스포츠심리학의 연구는 크게 세 기간을 거쳐 발달해 왔다고 주장했다.

첫번째 기간(1950~1965)에는 선수들의 인성이 경기력에 어떠한 영향을 미치는가에 대한 연구가 지배적이었다. 흔히 제기되었던 질문들은 '우수 선수들은 비우수 선수들과 비교하여 다른 인성을 가지고 있는가?' '접촉 경기종목의 선수들은 비접촉 경기종목의 선수들에 비해 다른 인성을 가지는가?' '어떠한 인성이 승부에 강한가를 알 수 있는가?' 등이었다.

두번째 기간(1966~1976)에는 상호작용이나 조건반사와 같은 심리학에서 쓰이던 이론들을 빌어와 스포츠 현장에서도 이용될 수 있는지를 시험해 보던 연구가 주종을 이루었다.

세번째 기간(1976~현재)에는 스포츠에서 직접적으로 나온 정보와 이론들을 개발하고, 경기력을 향상시키기 위한 심리적 기술과 전략을 개발하고 가다듬는 데에 보다 많은 중점을 두어 왔다.

[표 10-2]는 연구 영역의 스포츠심리학에서 다루어지고 있는 논제와 대표적인 질문들이다.

[표 10-2] 연구 영역 스포츠심리학의 논제와 질문

논 제	대표적 질문
심리생리학적 연구 (psychophysiological approaches)	• 정신력의 향상을 위한 인지적 책략(cognitive strategy)을 선수들에게 주입하면 긴장과 불안에 의한 생리적반응을 조절하는데 도움이 될까? • 정신훈련(imagery mental practice) 동안 생리적 변화는 어떠한가? • 불안은 선수에게 생리적으로 어떠한 영향을 미치는가?
심리생물학적 연구 (psychobiological approaches)	• 운동을 하는 동안 기분을 좋게 하는 것은 무엇인가? • 달리는 동안에 발생하는 무아의 경지(runner's high)는무엇인가? • 건강을 위해 운동을 하면 약물의존에서 벗어날 수 있는가?

논 제	대표적 질문
자기 조절 (self-regulation)	• 선수들이 자신들의 신체를 이해하고 조절하는 것을 배울 수 있는가? • 심리적 스트레스의 조절은 경기력 향상에 영향을 미치는가?
사회심리학 (social psychology)	• 스포츠 활동의 참여를 조장하는 역할은 무엇이 하는가? • 협력과 분노(aggression)는 서로 어떻게 관련하는가?

선수나 팀과 직접 부딪쳐 임상을 실시하는 사람들은 자신들의 연구와 실제를 연결시킨다. 따라서 스포츠심리학의 임상을 위한 연구에서 제기되는 각종 문제점들은 통상적으로 심리학자들에 의해 사용되는 테크닉들로부터 생긴다. 연구나 임상 스포츠심리학 모두 스포츠과학의 범위 내에서 영역을 확보해 왔다. 이 두 분야는 또 다른 스포츠과학과의 협력은 물론 경기력 향상과 관련된 많은 영역에서 밝은 장래를 가지고 있다.

5) 스포츠심리학의 임상적 적용

1970년대 이후 스포츠심리학자가 팀이나 선수의 경기력을 향상시킬 수 있다는 사실은 보다 분명해 졌다. 그러한 결과 미국과 같은 선진국에서는 프로는 물론 아마추어 팀과 선수들이 임상 서비스를 제공할 수 있는 사람들을 고용해 왔다. 국가대표팀이 출전할 때 임상 스포츠심리학자가 동반하는 현상은 매우 흔한 일이다.

임상 스포츠심리학자의 역할은 다른 분야의 사람들에 의해 대신 수행되기도 하지만 그들은 대체로 다음과 같은 두 가지 역할을 수행한다.

첫번째 역할은 경기력의 향상을 위해 선수와 함께 직접적으로 심리적 대처방안을 마련하는 것이다(경기력 향상 역할). 이 역할에서 스포츠심리학자는 선수에게 시합동안 긴장을 풀고 경쟁에서 오는 두려움을 극복하며, 스트레스에 대처하거나 또는 긍정적인 경기결과를 생각하도록 가르친다.

두번째 역할은 선수들을 상담하여 그들이 가지고 있는 문제점을 극복하고 상황에 적응하며, 삶의 현장에서 스트레스를 이길 수 있도록 도움을 주는 것이다. 선수가 가지고 있는 문제점에 대처할 수 있도록 하는 상담은 경기력 향상에 도움이 될 수 있겠지만 그 관계는 간접적이라고 보지 않을 수 없다. 선수가 부상을 당하여 심한 두려움을 나타낼 때 이를 극복할 수 있도록 도와주는 것 또한 임상 스포츠심리학자의 상담 역할이다.

[표 10-3]은 스포츠심리학에서 사용되는 여러 형태의 대처방안들을 설명과 예를 통해 보여주고 있다. 이러한 테크닉들은 비교적 양호하게 연구되어져 왔고 선수들에게 상당한 영향을 미치는 것으로 알려져 왔다.

또한 임상 스포츠심리학자는 정보를 수집하여 연습 시간을 보다 효율적으로 이용할 수 있는 방안과 기술 향상 방법, 그리고 행동수정behavioral modification을 통하여 개인과 팀에게 동기를 유발시키는 방안에 대해 조언을 해줄 수 있다. 임상 스포츠심리학자의 상담 역할은 스포츠심리학의 문헌에 선명하게 나타나 있지 않다. 상담심리학 문헌에는 상담 전략과 상담효과에 관한 실제적 정보는 있으나 팀이나 선수에게 행해진 연구는 거의 없다. 선수들은 대체로 자신들의 삶에서 아직은 발전단계를 겪고 있는 청소년들이다. 그러한 점은 그들이 선수생활에서 오는 스트레스뿐만 아니라 가족, 학교, 친척, 그리고 성인의 경우 직장과의 관련에서 오는 스트레스에 대처해야만 한다는 것을 의미한다. 스포츠심리학자들은 선수들이 그러한 개인적 문제들을 처리하도록 도와주어 오로지 경기력 향상에 온 힘을 기울일 수 있도록 하는 상담자와 같은 역할을 하기도 한다.

상담 역할에 대한 또 다른 예는 팀 내의 선수간의 관계와 선수와 코치간의 인간관계이다. 이러한 문제에 대해서도 임상 스포츠심리학자는 중요한 상담기능을 수행해 낼 수 있다. 스포츠심리학자는 우선 원만치 않게 진전되고 있는 개인간의 관계를 관찰한 후 조심스럽게 개입하여 문제가 되기 전에 그런 관계를 바꾸어 놓을 수 있다. 일단 문제가 일어나면 스포츠심리학자는 선수들을 상담하고, 해결책을 제시하며, 일이 원만히 해결될 때까지 도와준다.

[표 10-3] 선수에게 적용되는 임상 스포츠심리학의 실제

대처방안	설명과 실제
이완 훈련 (relaxation training)	• 선수에게 근육의 긴장을 느끼고 완화하는 방법을 가르친다. 예 : 시합사이에 긴장을 늦춘다.
신호-조절 이완 (cue-controlled relaxation)	• 평소의 이완 전략을 한 단어의 신호에 연결하여 연습하여 필요할 때 이완을 유도하도록 선수 자신에게 그 단어를 말하게 한다. 예 : 잠수하기 직전, 프리드로우 슈팅, 골프에서 퍼팅
예민도 저하 (desensitization)	• 매우 급박한 경쟁 상황을 상상한 후 선수가 이완할 수 있도록 가르침으로써 특정 경쟁 상황에서 야기된 불안을 점차로 줄인다. 예 : 뒤로 잠수할 때 뜀판에 머리를 부딪치는 두려움, 등반시 고도에 관련된 두려움
정신적 상상 (mental imaging)	• 경기가 시작하기 전 선수로 하여금 정신적으로 성공적인 수행을 상상하는 연습을 가르친다. 예 : 높이 뛰기, 수영 경기, 레슬링
대처 전략 (coping strategies)	• 시합전 혹은 시합 중에 어떤 일들이 일어날 수 있는지를 예측하여 선수가 그러한 일에 대처하여 이기도록 행동적 대처방안을 세우고 연습하는 것을 도와준다. 예 : 외국에서 시합하게 되었을 때의 특정한 절차들을 반복 연습시키는 것-언어, 안전, 시간, 그리고 음식에 대처하는 방법. 어떤 상황이 발생하면 경기 중 무엇을 해야 하는가에 대한 연습
가상 모델 (covert modeling)	• 선수가 기술을 배우는데 도움을 줄 수단으로서 특정 수행을 할 때 적당한 모델을 상상하도록 가르친다. 예 : 선수가 긴장된 상황에서 보다 경쟁을 잘 할 수 있도록 도와 줌

6) 스포츠심리학자의 자격 요건

스포츠심리학 분야에서 전문가로 일하기 위해서는 세 영역이 있다. 첫째는 스포츠심리학이며, 두번째는 임상심리학, 그리고 세번째는 상담심리학 분야이다. 현재 스포츠심리학의 임상 분야에서 일할 수 있는 자격이나 기준이 설정되어있지는 않다. 그러나 최근 미국 올림픽위원회의 심리자문위원회에서 임상 스포츠심리학자로 올림픽 팀에 참여할 수 있는 자격자의 학적 배경과 경력을 설정하였다. 비록 이러한

조치가 공식적인 자격 기준이나 인준 과정이라고 볼 수는 없지만 앞으로 자격을 요구하는 방향으로 유도되어질 전망이다.

연구 및 임상 스포츠심리학자들은 대다수의 경우 박사학위 소지자이다. 따라서 스포츠심리학 분야에서 일하기 위해서는 박사학위를 취득해야 된다는 결론이 나온다. 1987년 Feltz의 보고에 따르면 미국에서는 스포츠심리학 전공의 박사학위 과정이 대부분 체육학과(비록 학과의 명칭이 스포츠과학에 보다 명확히 연관되어 있음에도 불구하고)내에 개설되어 있다. 스포츠심리학을 전공하기 위해 박사과정에 입문했으나 체육학에 기본지식이 없는 학생들은 부족한 과목을 학부의 체육학과에서 이수하기도 한다. 그러나 최근에 스포츠심리학의 영역이 심리학 분야에서도 개설되기 시작했다고 Feltz는 같은 보고서에서 제시하였다.

박사학위 과정에서 스포츠심리학을 전공하는 학생들은 학과와 관계없이 심리학과의 연구방법research design에서 많은 과목을 이수해야 하며, 임상의 경험 또한 점점 많이 쌓도록 요구하고 있다. 미국의 주연합 심리학회American Association of State Psychology Boards에서는 심리학 박사학위 과정에 적용할 기준을 제시했다. 이 기준에 의하면 해당 대학에서 적어도 1년간 연속으로 체류해야 하며, 아울러 3년간 풀타임으로 대학원에 등록하도록 되어 있다. 졸업 예정자들은 네 분야, 즉 행동의 생물학적 기초, 행동의 인지 감정적 기초, 행동의 사회학적 기초, 그리고 개인차에 관한 과목 중에서 최저 6학기 동안 학점을 이수하게 된다. 뿐만 아니라 졸업 예정자들은 통계학, 연구 디자인, 연구 윤리, 심리측정방법, 그리고 심리학 역사를 철저히 공부하도록 되어있다.

스포츠심리학을 공부할 수 있는 또 다른 영역은 임상심리학과 상담심리학 분야이다. 미국의 경우에는 모든 주州에서 환자들에게 보수를 받고 서비스를 해주는 심리학자의 자격 기준을 법으로 규정하고 있다. 따라서 임상심리학과 상담심리학 전공의 학위 이수 규정은 대체로 주의 자격증 취득 규정에 준하고 있다. 임상심리학과 상담심리학의 교육과정에는 전문가의 지도아래 상당히 많은 임상이 포함되어 있다. 그들은 [표 10-3]에 기술된 내용을 이수하게 된다. 임상과정을 이수한 자 중 스포츠에 대한 기초지식이 높거나 관심이 많은 사람은 선수나 팀을 위해 익힌 기술들을 적용해 볼 수 있다. 스포츠의학 분야에서 일하는 심리학자의 대부분은 자격증을 가진 임상심리학 혹은 상담심리학 전공자들이다.

7) 스포츠심리학의 쟁점

현재 스포츠심리학에 있어 가장 중요한 이슈는 연구와 임상의 분리, 그리고 자격증 문제이다. 스포츠 심리학은 1980년대 이후 연구와 임상간에 명확한 분리가 일어났다. 스포츠심리학은 지나치게 학문적이고 이론 지향적이어서 스포츠 현장에서의 임상을 위해서는 개선점이 요구된다는 우려가 있었다. 1985년 Advancement of Applied Sport Psychology(AAASP)의 회합이 시작되었으며, 이어서 새로운 논문집인 Journal of Applied Sport Psychology가 출간되었다. 스포츠심리학에서 임상을 담당하던 사람들은 연구 분야의 사람들이 스포츠 현장에서 직접 이용될 수 있는 사실과 현상들을 연구하지 않는다고 걱정했다.

스포츠심리학의 연구 영역 내에서도 이러한 문제를 두고 심각한 토론이 있었다. 주요 이슈는 스포츠심리학의 연구가 그 자체의 이론을 개발하지 않고 모체인 심리학의 이론을 어느 정도까지 이용해야 하는가였다.

자격증 문제는 환자와 직접 접촉하여 서비스를 하는 분야에서 일하는 사람들의 관심사이다. 어떻게 하면 환자들을 무자격자로부터 보호할 수 있을까? 만약 임상의 실시가 잘못되면 환자는 어떻게 호소하여 불이익에서 벗어날 수 있을까? 임상 분야의 종사자들이 정해진 자격시험을 거치는 최소한의 경쟁을 한다면 위의 질문들은 훨씬 쉽게 해결될 수 있을 것이다.

스포츠심리학에 있어 유럽은 독특한 전통을 가지고 있다. 여러 유형의 심리처치 기술을 코치들에게 직접 가르쳐 그들이 팀과 선수들에게 테크닉을 사용하도록 한다. 코치들이 그러한 테크닉을 배우면 선수들을 위해 사용할 수 있다는 확신을 가지고 있다.

스포츠심리학이 스포츠과학 내에서 보다 확실히 뿌리를 내려야 한다는 것이 최근 이 분야에 종사하는 사람들의 일치된 의견인 듯하다. 비록 스포츠심리학이 체육으로부터 시작되었고, 초기에는 심리학과 밀접한 관련을 맺은 것이 사실이지만 장래에는 스포츠과학에 속해야 할 것 같다. 이러한 점은 장차 스포츠심리학자들이 생체역학, 스포츠 영양학, Motor Development 분야에서 보조 훈련을 받을 수 있다는 것을 의미한다.

초기의 스포츠심리학은 우수선수들에게만 연구의 관심을 쏟은 것이 사실이다. 국가대표와 프로 팀들은 스포츠심리학자들로 부터 임상 서비스를 받는 혜택을 누려왔다. 청소년의 스포츠 분야는 우수 선수나 팀에 비해 연구도 적었고 관심도 없었다. 만약 스포츠심리학이 그들이 내건 약속을 지키려고 하면 경기력 향상을 갈망하는 소년 소녀들의 요구와 그들을 도우는 많은 무보수 코치나 전문 지도자들에게 더욱 많은 관심을 돌려야 할 것이다.

4. Motor Learning, Control, Development*

어떠한 일에 있어 기술을 연마시킨다는 것은 운동수행능력의 효율성 증대와 관련되며, 아울러 소비되는 시간과 노력이 줄어든다는 의미이다. 그리고 증가된 기술 수준은 수행자에게 보다 쉽게 그 일을 마칠 수 있게 하고, 복잡하고 새로운 기술을 시도해 봄으로써 기쁨과 만족을 가져다 줄 수 있다. 만약 우리가 움직임의 전 과정을 완전히 이해하여 직면하는 일들에 수행능력을 향상시킬 수 있다면 삶의 질을 높이는데 실질적인 공헌을 할 수 있다.

1) 학습목표

체육 분야의 전공자들은 인간이 운동기술을 습득하고 그를 향상시키도록 하는데 항상 관심을 가져왔다. 운동을 통한 기술의 습득이 주로 유아기에서부터 청소년기를 거쳐 일어나기 때문에 이 분야에 종사하는 사람들은 유아에서 성인으로 이어지는 발달 단계에 대한 이해가 있어야 한다. 따라서 Motor Learning은 연구자나 현

* Motor Learning, Motor Control, Motor Development는 운동학습, 운동조정, 운동발달로 번역하기도 하나 이 책에서는 용어 선정과 관련된 혼돈을 피하기 위해 원어대로 사용한다.

장 지도자의 구분없이 이 분야 종사자 모두에게 빼 놓을 수 없는 관심사였던 것이다. Motor Control 분야가 최근에 이 분야에 합류했다.

체육분야에 종사하는 사람들은 운동기술의 수행과 학습에 공통의 관심을 가지고 있다. 어린이들이 뛰고 점프하며 손을 위로 뻗어 올릴 수 있을까? 어떻게 하면 청소년들이 역기를 요령 있게 들어올리는 방법을 배울 수 있을까? 어떻게 하면 농구선수들이 적절한 수비기술을 배울 수 있을까? 어떻게 하면 학생들이 테니스에서 양손 백핸드 스트로크backhand stroke를 완벽하게 구사할 수 있을까? 학생들의 수행능력이 사춘기를 거치며 어떻게 변화될까? 몇 세부터 어린이들이 스포츠 기술을 배울 수 있을까? 어떻게 하면 부적절한 기술을 보다 적절한 기술로 대체시킬 수 있을까? 이러한 질문들은 체육분야 종사자들의 일상 생활에서 떨어질 수 없는 중요한 문제들이다.

Motor Learning 분야의 연구자들은 위에서 열거한 실질적인 문제에 답하는 것은 물론 그 분야의 이론들을 더욱 발달시키기 위하여 노력한다. 다른 분야에서와 마찬가지로 이론과 실제사이를 연결시킨다는 것이 연구자나 현장 지도자들에게 있어서 항상 직접적인 관심사일 수는 없었다. 그럼에도 불구하고 체육학의 한 분야인 Motor Learning은 1970년대 이후 성장과 발달을 이룩하였으며, 이제 체육과학 분야에 확고히 뿌리를 내렸다.

Motor Learning은 전통적으로 운동기술 습득 분야에서 두 분과로 발전되어 온 것 같다. 이와 비슷한 영역으로 Motor Development의 분야가 있다. 이는 다른 역사를 가지고 있지만 근본적인 접근방식에 있어서는 Motor Learning과 Motor Control의 분야와 유사하다. 따라서 이 세 분야에서 제기되는 질문들은 서로 밀접히 관련되어 있다.

- 연습을 한꺼번에 해야 할까, 아니면 시간을 두고 나누어서 해야 할까?
- 결과의 지식(KR)을 제공하는데 정보의 형태가 기술습득에 영향을 미칠까?
- 수행자는 복잡하고 조화를 필요로 하는 기술을 발휘하기 위해 어떻게 계획을 세워야 할까?
- 어린이가 달리기를 배우기 위해 어떠한 학습단계를 거쳐야 할까?
- 어린이는 눈과 손의 협응성이 어떻게 발전하여 가는가?

• 머리로 떠올리며 실행하는 mental training으로도 과연 기술은 증진되는가?
• 어떻게 하면 연습조건을 실제 경기와 유사하게 조정할 수 있을까?
• 선수들은 날아오는 물체를 어떻게 눈으로 추적하여 잡거나 칠 수 있는가?
• 기술을 배우고 수행하는데 성性 차이가 있는가?

이러한 질문들에 대해 명확한 답이 많이 나오면 나올수록 학교나 스포츠 현장의 종사자들은 좋은 근거 하에서 학생들을 가르칠 수 있다. 그러므로 위 분야는 전통적으로 자격증을 받기 위한 교사나 코치들이 택해야 할 교과의 일부가 되었고 그러한 경향은 더욱 커질 것이다.

2) Motor Learning, Control, Development의 연구 영역

Motor Learning은 인간의 행동과 발달을 연구하는 분야로 정의되는 일반 심리학으로부터 그 역사적 뿌리를 찾을 수 있다. 전통적으로 심리학은 인간의 발달과 행동에 영향을 미치는 요소로 유전과 환경을 일컬어 왔는데, 환경을 가장 대표하는 것은 바로 연습과 경험의 결과로 비교적 반 영구적으로 일어난 수행능력의 변화, 즉 학습이라고 할 수 있다. 체육분야의 주된 관심은 어떠한 목표를 성취하기 위한 근육군의 활동으로 정의되는 운동 혹은 신체기술의 습득과 향상에 있다. 그러므로 Motor Learning은 경험과 연습의 결과로서 운동기술을 수행하는 능력에 나타나는 반 영구적인 하나의 변화이다. 여기에서 말하는 운동기술은 어린이들이 사다리를 기어오르는 것과 같이 기본적인 것일 수도 있고, 고도로 훈련된 농구선수들이 끊임없이 변하는 게임 상황에서 난해한 작전들을 수행하는 것과 같이 복잡한 것일 수도 있다.

대부분의 운동기술은 먼저 사물의 인지, 특히 공이나 물체를 치는 경우에서와 같이시각에 의한 사물의 인지 작동을 필요로 한다. 따라서 인지능력의 향상 없이는 기술습득의 향상을 기대할 수 없다. 사실 많은 지역에서 이 분야가 인지 운동학습으로 불려지고 있다. 운동기술의 학습과 수행에 있어서 인지능력에 대한 관심은 현재까지도 계속되고 있다.

심리학이 20세기 중반을 거쳐 발전을 거듭함에 따라 인간 행동과 발달에 영향을 미치는 주요 요소들이 무엇인가를 규명하는데 많은 관심을 가지게 되었다. 체육 분야의 연구자들은 운동과 기술수행이 일어나는 과정에 대해 연구의 초점을 맞추기 시작했고, 특히 주요 초점은 운동기술을 발휘하는데 신경 시스템이 근육 시스템을 어떻게 조정하는가에 관해서 였다. 그 결과 운동기술에 필요한 인지능력은 무엇인가? 어떻게 그 인지과정이 조직되고 사용되어지는가에 대해 관심이 집중되기 시작했다. 이와 관련된 보다 최근의 분야가 Motor Control인데 이는 학습이 여전히 주된 관심사이긴 하나 학습이 일어나는 과정에 보다 많은 관심을 갖는다.

Motor Development는 인간의 전반적인 발달은 물론, 학습보다 유전에 의해 영향을 받는 운동기술의 수행에 연구의 중점을 두고 있다. 유전은 두 가지 관점을 가지고 바라볼 수 있다. 그 하나는 인종들의 공통점은 무엇인가이며, 다른 하나는 한 인종의 독특함은 무엇인가이다. Motor Development의 연구는 주로 인간의 운동기술 수행능력에 관련된 발달 형태를 분석하는데 힘을 기울이고 있다. 이러한 전반적인 발달 형태를 토대로 연구자나 현장 지도자들이 유전에 의해 야기될 수 있는 개인차에 관심을 가진다. 이 분야는 인간이 평생에 걸쳐 발달한 과정을 대상으로 해야 하나, 역사적으로 볼 때 유아기와 아동기까지의 발달에 일어난 변화에 주된 관심을 가져온 경향이 있다.

Motor Learning은 대학의 체육학과나 심리학과에서 전공이 가능한 매우 영역이 좁은 분야이다. Motor Learning의 지식을 응용하여 직접적으로 지도할 전문가 practitioner 또한 없다. 물론 간접적으로 교사나 코치들이 전문가의 역할을 대신하고 있긴 하나 그러한 상태에서 좋은 결과를 기대할 수는 없다.

Motor Development 분야는 이론적 연구와 연구의 실질적인 이용간에 비교적 관계가 깊다. 초등학교 체육교사와 유치원, 유아원 교사들은 Motor Development 분야에서 나온 지식들을 직접적으로 응용하고 있다. 이 분야에서 생긴 지식들은 또한 장애자 체육 종사자들에게도 매우 중요하다. 선천적인 장애인들의 행동 부자유는 흔히 Motor Development가 지연되어 야기된다고 한다. 따라서 장애인들을 대상으로 하는 체육 분야의 종사자들은 장애인들에게 운동이 어떻게 일어나는가에 대해 가르친다.

Motor Development 분야로부터 나온 지식들은 유아 발달과 관련된 영역에 많이 이용되고 있다. 유아들의 지적, 신체적, 사회적, 정서적 발달은 신체의 움직임에 매우 많은 영향을 받는다. 어린이의 주위 탐사활동과 촉각의 발달은 신체 움직임을 통해서만 가능하다. 따라서 인지 발달과 감정의 발달은 아동기 운동의 개발과 밀접한 관련이 있다. 이와 관련하여 Boucher은 다음과 같이 진술하고 있다.

출생부터 약 7세까지의 어린 시절에는 흥미 있고 도전적인 움직임의 경험으로 가득 채워져야 한다. 이 시기에 어린이들은 수백 가지의 새로운 운동기술을 배운다. 이러한 경험들은 모든 학습의 토대가 되고 아이들이 처음으로 언어를 구사할 수 있도록 하는 원동력이 된다.

어린이와 청소년들이 스포츠 활동에 적극적으로 참여하는 문제는 Motor Development 전문가들에게 깊은 관심의 대상이 되어 왔다. 심지어 최근에는 유아들을 위한 신체와 체력발달 프로그램을 개발하려는 시도가 있다. 이러한 시점에서 Motor Development 분야의 전문가들은 그러한 노력들이 과연 어느 정도 수준으로 효과가 있는가에 대해 조사할 필요가 있고, 발달 단계에 대해 알려진 지식들이 적절히 이용될 수 있도록 현장 지도자practitioner들을 인도할 필요가 있다.

3) Motor Learning, Control, Development의 발달과정

일반심리학은 19세기 후반에 하나의 과학으로 발전되었다. 심리학의 발달 초기에는 연구자들이 운동기술의 학습에 대해서 연구했다. 때때로 침팬지 같은 고등동물을 피검자로 사용하여 운동기술 습득, 즉 학습에 대한 기초적인 연구들을 수행했었다.

20세기 초 체육이 하나의 전문영역으로 발전됨과 더불어 연구자들은 운동기술이 어떻게 습득되고, 발달단계에 따라 기술수행이 어떻게 다른가에 대해 관심을 보이기 시작했다. 운동능력과 같은 개념들이 개발되어 연구되었으며 광범위한 토론도 있었다. 체육교사들이 수행한 초기의 연구들은 일반교사들이 IQ 테스트 결과를 학습능력에 연관지우는 것과 같이 일반 운동능력을 운동기술 습득에 관련지으려 했다. 이러한 연구들의 결과는 주로 Research Quarterly라는 학술잡지를 통해 출간되었다.

Motor Learning 분야가 가장 많이 발전한 시기는 2차 세계 대전과 그 직후였다. 이러한 시기에 전쟁을 치른 정부들은 군인들에게 여러 가지의 지각perception과 운동기술을 효율적으로 훈련시키기 위해 많은 자금을 지원했다. 전쟁기간 동안에 행해진 일들은 먼 거리에서 적기를 보고 확인하여 재빨리 쫓아가서 움직이는 물체를 향해 사격하거나, 조종사, 항해사, 사격수들이 빠르고 정확한 대응을 할 수 있게끔 필요한 암시와 정보를 한 눈에 볼 수 있도록 하는 것이었다.

체육학과가 빠르게 성장하였던 베이비 붐 시대에 Motor Learning은 이미 체육교사가 되기 위한 프로그램에서 필수 교과목이 되었다. 1960년대에 체육학이 하나의 독립된 학문으로 탄생되었을 때, Motor Learning은 하위영역의 한 분야로 자리를 잡았다. Motor Learning 연구의 주된 관심은 분습법 대 전습법, 학습자에게 주어지는 피드백의 질과 양, 동기유발에 영향을 미치는 요소 등 학습에 관련된 문제와 학습에 영향을 미치는 환경 변수들이었다. 이 시기에 새로운 논문집인 Perceptual & Motor Skills과 Journal of Motor Behavior가 탄생하여 많은 연구 결과들이 발표되었다.

1970년대에는 많은 연구자들이 Motor Learning 그 자체보다 Motor Learning이 일어나는 과정에 더 많은 관심을 보이기 시작했다. 이것이 바로 Motor Control 분야의 시작이었다. Motor Control 분야의 연구자들은 운동수행에 미치는 영향을 조사하기 위해 피드백과 같은 환경 변인들을 조종하기보다는 하나의 운동기술이 만들어지기 위해 필요한 지각 과정과 신경 및 근육 시스템의 상호작용에 관심을 기울이기 시작했다.

Motor Control이 일어나는 과정을 조사하기 위하여 연구자들은 전통 심리학의 경계를 넘어서 자신들의 영역을 넓힐 필요가 있었다. 신경심리학, 신경생리학, 인지심리학, 생체역학과 컴퓨터 과학 등이 Motor Control의 분야가 탄생되는데 공헌했다. 오늘날에는 Motor Learning과 Motor Control의 두 분야가 심리학의 지각운동발달perceptual motor development 분야를 공부하는데 매우 중요하게 되었다.

Motor Learning과 스포츠 심리학은 모두 체육학의 전공분야가 되었다. 이 두 분야를 동시에 포함하는 미국 최초의 학술 조직인 North American Society for

Psychology of Sport and Physical Activity(NASPSPA)가 탄생되었다. 두 분야 모두 일반심리학에 뿌리를 두고 있기 때문에 한 조직 내에서 서로 융합하고 협조하고 있는 것은 그리 놀라운 사실이 아니다. 최근에 두 분야가 제 각기의 회합과 논문잡지를 발간하고 있으나 NASPSPA는 여전히 Motor Learning과 스포츠 심리학을 연결시키는 한 단체로 남아있다.

Motor Development는 운동의 성장과 발달에 환경보다 유전이 미치는 영향을 연구하는 분야다. Motor Development는 항상 발달심리학의 한 분야가 되어 왔다. 체육학이 20세기 초에 독립된 학문으로 성장했을 때 Motor Development는 서서히 체육학 내에서 하나의 전공 영역으로 자리를 잡았다. Motor Development 분야는 일반적으로 성장과 지각운동발달의 두 영역으로 나누어 연구되어진다. 신체와 운동의 성장과정에 대한 연구는 오랫동안 다른 여러 분야의 관심이기도 했다. 20세기 동안 심리학과 교육학은 성장과 발달에 대해 많은 연구를 했다. 이러한 전통에 따라 체육교사들도 비슷한 연구들을 수행했는데, 예를 들면 Wisconsin의 성장 연구는 7세에서 12세된 소년 소녀들의 부위 별 신체지수, 힘, 운동수행능력 등을 매년 측정한 것이다. Oregon에서 있었던 Medford 연구 또한 7세에서 18세된 소년들의 신체지수, 힘, 운동수행능력 등을 측정했다.

Motor Development 분야의 연구자들과 현장 지도자들은 발달에 관련된 신체특성을 조사할 뿐만 아니라 걷기, 오르기, 뛰기, 던지기, 잡기 등과 같은 행동을 발달시키는 데에도 관심을 가져 왔다. 초등학생을 위한 체육이 전문성을 가진 교사들에 의해 가르쳐질 때 Motor Development 분야에서 나온 지식들은 현장 지도자들에게 매우 중요하고 새로운 관심거리이다.

19세기 말은 유치원이나 초등학교 교육이 현저히 발달된 시기였다. 아동기를 성인기의 축소판이 아닌 하나의 독립된 단계로 간주했던 시기는 20세기가 되어서였다. 어린이들이 자라고 발달하고 배울 때 그들은 그들에게 알맞는 발달 단계로써 다루어져야 한다. 교사, 코치 그리고 어린이를 위해 일하는 사람들은 어떻게 하면 그들이 효율적으로 기술을 배우고 발전시키며, 또한 체력을 유지하고 증진시킬 수 있는가에 대해 알고 있어야 한다. Motor Learning, Control, Development 분야는 체육 내에서 공통된 관심을 가진 전공분야라고 할 수 있다.

4) Motor Learning, Control, Development의 현 위치

Motor Learning, Control, Development는 광범위한 스포츠과학 내에서 제각기 다른 논제들을 다루는 분야이다. 대부분의 체육교사 양성 프로그램에서는 적어도 Motor Learning과 Motor Control에서 각각 한 과목씩을 이수토록 하고 있다. Motor Control은 Motor Learning에서 다루어지기도 한다. 대학원, 특히 박사과정에서는 Motor Learning, Control, Development가 제각기 다른 전공으로 구분되어 있다.

Motor Learning, Motor Control은 실험심리학이나 신경심리학의 연구 분야와 매우 밀접한 연관을 맺으며 발전해 왔다. Motor Learning과 Motor Control에서 진행된 이론적 연구와 교사나 코치의 실제적 적용간에는 과거를 되돌아볼 때 참으로 미약하다. 반면에 Motor Development에서 나온 지식들은 유치원과 초등학교의 특수체육 현장에서 많이 이용되고 있는 편이다. 유아교육과 조기교육이 일생 동안 행동에 어떻게 영향을 미치는가에 대해 많은 지식들이 알려져왔다. 예를 들면, 성인들의 체력 이상은 아동기의 비정상적 발달과 잘못 길들여진 습관에 기인한다는 것이다. 그러므로 아동기의 경험과 성인의 생활 습관간의 관계는 Motor Development 분야에서 상당한 관심을 불러일으키고 있다.

자녀의 조기 발달에 관심을 가지고 있는 부모들은 운동과 신체발달에 관한 잡지와 문헌에 많은 관심을 보이고 있다. 인기도에 민감한 모든 분야가 그러하듯 상당히 위험하고 잘못된 유행과 정보가 범람할 수 있다. 따라서 Motor Development 분야의 연구자와 지도자는 정확한 정보를 보급하는데, 특히 유아의 신체활동과 유치원생의 운동과 체력증진을 위한 프로그램에 올바른 정보를 제공하려고 많은 힘을 쏟고 있다.

Motor Learning, Control, Development에서 다루어지는 연구 영역은 상당히 넓다. 이 분야에서 흔히 제기되는 대표적인 질문들은 [표 10-4]와 같다.

[표 10-4] Motor Learning, Control, Development의 연구 영역

분야	대표적인 질문
Motor Learning	• 피드백을 주는 시기와 빈도가 기술습득과 유지에 어떻게 영향을 미칠까? • 기술수행에 자동화가 일어나면 그 기술수행이 어떻게 변할까? • 피로는 기술수행과 학습을 어떻게 방해할까? • 노화(aging)는 운동기술의 학습과 수행을 위한 기억력에 어떤 영향을 미칠까?
Motor Control	• 초보자가 한 기술을 습득할 때 거쳐야 할 일련의 인지적 단계들은? • 초보에서부터 높은 수준의 기술 수행에 이르기까지 어떤 계획을 세울까? • 기술을 발휘하기 위해 필요한 정보를 저장하고 기억해 내는 인간 정보처리 시스템의 특성은 무엇인가? • 학습 때 말로 주어지는 정보가 어떻게 영상으로 변화되어 이용되는가?
Motor Development	• 어린이는 몇 세 때부터 심장과 혈관의 기능을 증진시키는 트레이닝으로부터 안전하게 혜택을 입을 수 있을까? • 어린이들이 물체를 던지고 잡고 치기를 배울 때 어떠한 발전단계를 거칠까? • 몇 세 때 혹은 어떤 발달단계에서 학습자는 성숙된 운동신경을 사용하나? • 조기의 운동 자극이 지능과 사고의 발달에 어떻게 영향을 미칠까?

Motor Learning, Control, Development가 하나의 전공영역으로 성장하면서 보다 많은 분야의 사람들에게 유익한 정보를 줄 수 있을 것으로 기대된다. [표 10-4]에서 보여준 많은 질문들은 체육 분야 이외의 사람들에게 더 많은 관심을 불러일으키고 있다. 예를 들어 신체재활, 노인학, 건축학, 유아교육, 산업공학 등의 분야가 Motor Learning, Control, Development 영역에 속하는 질문들에 대해 답을 구하려고 하는 것은 그 나름의 이유가 있다. 건축가는 적당한 놀이공간을 만들기 위해서이며, 산업공학자는 놀이기구를 개발하기 위해서 Motor Development 전문가의 도움이 필요하다. 신체재활에 종사하는 전문가들은 팔다리와 운동기능을 완전히 되찾아 주기 위해 Motor Control에 필요한 정보를 이해할 필요가 있다. 또한 노인학 전문가들은 나이가 들면 기억력과 운동기술의 수행에 어떠한 변화가 일어나는지를 알

아야 한다.

Motor Development 분야는 최근 들어 실질적인 성장을 하고 있는 것 같다. 미국의 경우 유치원과 초등학교 교육에서 나타나는 이슈들이 흔히 정치의 쟁점이 되고 있다. 21세기를 맞으면서 유치원과 초등학교 교육을 후원하는 입법이 미국에서 정부 수준은 물론 각 주에서도 제정될 것으로 기대된다. 그렇게 되면 Motor Development 분야에서 나온 정보와 지식이 널리 보급될 것이며, 새로운 프로그램의 개발을 위해 많은 사람들이 이 분야로 모여들 것이다.

5) Motor Learning, Control, Development의 전공 영역

Motor Learning, Motor Control의 전공자들은 대개 대학의 체육학과 혹은 심리학과에서 학문을 연구하고 가르치는 일에 종사하고 있다. Motor Development 전공자 또한 주로 대학에서 일하고 있다. 그러나 최근 산업이나 유아 · 유치교육 분야에서 일할 기회가 늘어나고 있다.

Motor Learning, Motor Control 전공자들은 대체로 가르치고 연구하는 일에만 몰두하고 치료clinic를 위해서는 자신들의 지식을 거의 사용하지 않는다. 이와는 대조적으로 Motor Development 전공자들은 가르치고 연구할 뿐만 아니라 운동 개발 프로그램 중의 유아나 유치원 어린이들에게 치료의 서비스도 제공하고 있다. 1980년대 이후 Motor Development 전공자들은 놀이터의 안전, 놀이터 설계, 놀이기구의 설계 등의 분야에 도움을 주어 왔다. 미국의 경우 이제 대학에서 교수를 채용할 때 Motor Development와 초등학교 체육의 두 분야에서 전문지식을 가진 사람을 구하는 것은 점점 흔한 일이 되었다. 초등학교 체육을 전공하여 학위를 받고자 하는 학생들은 Motor Development를 전공하는 학생들과 이수해야 할 교과목들이 비슷하다.

6) Motor Learning, Contro , Development 연구자의 자격 요건

위의 세 전공 분야는 학부 수준에서 상세히 공부하기는 어렵다. 일부 석사학위

과정의 프로그램들이 이와 관련되는 전공영역을 개설하고 있으며 박사학위과정의 수준에서는 흔한 편이다.

Motor Learning과 Motor Control을 전공하기 위해서는 두 유형의 길이 있다. 학부에서 체육학을 전공하거나, 아니면 학부에서 심리학을 전공하는 방법의 두 가지이다. 위의 분야에서 대학원 공부를 하기 위해서는 대학의 체육학과와 심리학과에서 그것이 가능하다. 학생들에게 공통적으로 심리학, 통계학, 연구방법 등에 대한 실질적인 지식을 요구하므로 그들간의 학위 수준은 비슷하다. 그러나 체육학 분야에서 요구되는 선수과목은 심리학과에 비교하여 훨씬 많다.

Motor Development는 대학원의 체육학 전공 프로그램에 전통적으로 개설되어 온 전공의 하나이다. 때로는 교육학에 때로는 체육학에 가까운 입장을 취하였다. 이 분야에서 대학원 과정을 마치기 위해서는 일반심리학, 신경심리학, 신체인류학, 연구방법론, 통계학 등의 과목들을 이수해야 한다. 비록 현재는 이 분야가 드물게 되었지만 유아나 유치원 교육 프로그램들이 성행하게 되면 Motor Development와 관련된 석사학위 프로그램들이 탄생케 될 것으로 기대된다.

7) Motor Learning, Control, Development 분야의 쟁점

어떠한 전공 분야이든 간에 이론과 방법상에 많은 이슈와 쟁점들이 있다. 그러나 이러한 문제들은 해당 분야의 전공자가 아니면 거의 흥미가 없는 것들이다. Motor Learning에 항상 따라다니는 주요 이슈는 Motor Learning과 Motor Control 분야에서 수행된 이론적 연구와 교사나 코치 등의 현장 지도와의 관계에서 발생된다. Motor Learning은 심리학과 직접적인 연관을 맺으며 체육분야에서 발전되어 왔다. Motor Learning에서 사용되는 대부분의 용어와 개념이 심리학으로부터 나왔다. Motor Learning이 발전할수록 이론적 방향과 개념, 그리고 이슈들과 관련된 전공용어의 사용을 위해 심리학에 더욱 의존하게 된다.

Motor Learning이 체육학의 한 분야가 되면서 부터 개발된 이론이 현장에 어떻게 적용될 수 있겠는가 하는 의문이 끊임없이 제기되었다. 1969년에 Simon은 그러한 이슈에 대해 다음과 같은 말을 했다.

확실히 우리는 Motor Learning에서 나온 피드백의 이론에 대해 많은 것을 알고 있으며, Bilodeau와 Jones가 피드백에 대해 많은 업적을 남긴 것 또한 안다. 그러나 아직도 현장에서 지도할 목적, 특히 선수들에게 어떤 기술을 가르치는데 도움을 받기 위해 그들의 논문을 살펴보면 별로 얻을게 없다.

5년 후에 Robert Wilberg에 의해 똑같은 문제가 제기되었다. 그는 Motor Learning이 체육 분야와 더 이상 동반자 관계를 유지하지 않고 있으며, Motor Learning에서 사용되는 언어들이 특수 전공 용어들로 가득 채워져 있어서 체육 분야 사람들은 Motor Learning이 무엇을 하는 분야인지, 무엇을 가르치고 있는지, 그리고 어디로 가고 있는지를 알지 못하고 있다고 주장했다.

Motor Learning에서 나온 연구와 이론들이 점점 복잡해짐에 따라 학생이나 선수들을 가르치는 실질적 적용의 문제가 더욱 심각해졌다. 그러나 최근에 Motor Learning 전공학자들이 자신들의 분야와 체육, 스포츠 현장 지도 사이의 관계에 대해 재고하기 시작했다. 그 이유는 연구에서 나온 이론들을 실질적으로 이용토록 하는 것은 물론 현장지도에 이용될 수 있는 보다 나은 이론을 만들어 보자는 생각에서였다. 최근 Motor Learning의 대가大家 Christina는 좋은 과학은 항상 이론에서부터 출발하여 실제적 상황으로 나아가야 한다는 견해를 비난했다.

과거 15년동안 그 같은 편협된 사고방식이 우리의 연구방향에 영향을 미치게 되어 응용 연구들이 금지되고, 또한 기초 연구로부터 격리되는 현상을 초래하였다. 이것은 참으로 불행한 일이다. 왜냐하면 현장 지도자들이 실질적인 문제에 부딪칠 때 도움을 줄 수 있는 잠재력을 생각하지 않았을 뿐만 아니라 Motor Learning의 이론적 토대를 마련해 줄 수 있는 기초 연구의 잠재력 또한 무시했기 때문이다.

Motor Development 분야에서는 유전 혹은 환경이 발달에 미치는 영향이 어느 정도인가에 대해 논의를 계속하고 있다. 어린이의 발달이 유전에 의해서인지, 아니면 교육에 의해서 더 많이 영향을 받는지에 대한 질문에는 만족한 대답을 구하기 어렵다. 그러나 연구자와 현장지도자 모두 어린이들을 보다 효과적으로 발달시킬 수 있는 여러 가지 새로운 방법을 발견해 냈다.

장래에는 Motor Development 분야가 노인의 문제에 보다 많은 관심을 기울일 것으로 기대된다. 그 중에서도 특히 노인들에 동반하는 운동수행능력의 감소가 중요한 연구 초점이 될 것이다. 무엇이 그러한 감소현상을 야기시키는가? 어떻게 하면 미리 발견하여 예방할 수 있을까? 이러한 질문들은 연장된 평균 수명으로 인해 노인 인구가 많아지는 나라에서 더욱 중요하게 될 것이다.

5. 스포츠사회학

1) 스포츠사회학의 개념

스포츠사회학sport sociology의 개념을 알기 위해서는 우선 사회학의 개념 파악이 전제되어야 한다. 이는 스포츠사회학이 사회학의 이론에서 출발했다고 해도 과언이 아니기 때문이다. 사회학은 한마디로 말해 사회구조와 사회화 과정을 연구하는 학문이다. 즉 사회학은 인간의 사회 조직을 묘사하고 설명함에 있어 과학적인 방법을 적용시키는 사회과학의 한 분야로서 교회, 법인체, 지역사회 등에 이르기까지 다양하고 광범위한 연구 대상을 가지며, 사회체제, 사회구조, 사회행위 등을 연구하는 학문이다. 스포츠사회학이 사회학의 이러한 문제와 관련되며 그에 근거함은 당연하다.

B. D. Mcpherson은 스포츠사회학을 "사회학의 하위 영역으로서 사회행동의 과정과 유형을 스포츠의 맥락에서 설명하고 특정 조건하에서 인간의 행동을 예측하여 그에 대한 이해를 촉진시키는 학문이다"라고 정의했다. 그리고 G. Leonard는 "스포츠사회학은 스포츠와 사회의 관계에 대한 연구로서 스포츠 장면에서 일어나는 행동 유형과 사회화 과정을 스포츠 구조와 스포츠 활동이 존재하는 일반 사회 구조의 측면에서 설명하려는 학문이다"라고 했다. 또한 J. J. Coakley는 "스포츠와 사회생활의 여러 측면인 가족, 교육, 정치, 경제, 종교 등과 같은 타 사회생활 영역과의 관계성, 다양한 형태의 스포츠 장면에서 나타나는 사회조직, 집단행동 및 사회적 상호작

용의 유형, 스포츠와 스포츠 경험에 영향을 미치는 문화적 및 구조적, 상황적 요인, 그리고 스포츠와 관련하여 발생하는 사회화, 경쟁, 협동, 갈등, 사회계층, 사회변동과 같은 사회과정을 탐구하는 학문" 이라 정의하였다.

이러한 점에서 볼 때 스포츠사회학은 스포츠와 사회의 관련성에 초점을 둔 사회학의 하위 영역 혹은 한 분과 영역으로 인식되고 있다. 그러므로 스포츠사회학은 스포츠 현상에 사회학적 이론과 연구방법을 적용하여 연구하는 사회학과 스포츠과학의 한계과학boundary science 또는 학제적 학문interdisciplinary science이라고 할 수 있다.

2) 스포츠사회학의 발달과정

스포츠사회학의 발전을 언급함에 있어 그 발달을 어디에서 찾느냐 하는 것은 연구자의 견해에 따라 달라질 수 있다. 예컨대 스포츠사회학이라는 명칭이 사용된 시기를 그 연구의 발단으로 볼 수도 있고, 또 명칭 여하를 불문하고 스포츠에 관계가 있는 사회현상을 사회학적 방법에 의해 분석하게 되었을 때를 그 발단으로 생각할 수 있다.

Donald Chu(1982)에 의해 스포츠의 유사개념인 놀이와 게임에 관련된 사회학적 주된 연구과정을 추적해 보면 다음과 같다.

놀이에 대한 최초의 연구는 독일 시인 F. V. Schiller와 에너지 과잉설surplus energy theory을 주창한 Spencer에 의해서이다. 후에 Piget는 에너지 과잉설을 교육현장에서 시험하여 놀이가 어린이의 성장에 필수적인 것이라고 주장하였으며, Max Weber와 George Simmel 또한 20세기 초 게임에 대한 연구를 하였다.

이러한 관점에서 연구는 Robert와 Sutton Smith까지 계속해서 내려왔다. 20세기까지 놀이와 게임에 대한 연구가 진지하게 진행되었지만 스포츠가 탐구의 주제는 되지 못했다. 왜냐하면 스포츠가 조직화되고 제도화된 현상으로 부각된 것은 비교적 최근의 일이기 때문이다. 스포츠는 유럽의 경우 산업혁명, 미국의 경우 남북전쟁 이후까지는 발달하지 못했다. 1910년 H. Steinitger의 『Sport and Kultur』, 1912년에 H. Risse의 『Sociologie Des Sports』 등의 스포츠사회학적 저술이 출판되기는 하였지만 1965년 Kenyon과 Loy의 저술 『Toward a Sociology of Sport』가 출간되기까지는 스포츠에 대한 학문적 탐구가 그 초점을 찾지 못하였다고 하겠다.

지금도 여전히 발전하는 단계에 있기는 하지만 스포츠사회학은 점차 사회학과 체육학의 한 영역으로서 그 자리를 굳히고 있다. 이러한 추세에 따라 국제스포츠사회학 위원회International Committee on Sport Sociology, 미국사회학회 스포츠과학분과Sport Sociology Section, American Sociological Association 등 전문학술 조직이 형성되고 International Review of Sociology, Review of Sport Leisure, Journal of Sport Issue 등의 학술잡지가 발간됨으로써 이 분야 연구자들 간의 정보교환과 의사소통이 활발히 이루어지고 있다.

3) 스포츠사회학의 목표

스포츠사회학은 스포츠에 있어서의 개인 및 집단행동과 관련된 일정한 구조와 과정을 탐구하는 데에 기본적인 초점을 맞추고 있다. 특히 사회적 단위(개인, 집단, 사회)와 스포츠 환경에 존재하는 사회적 과정(사회화, 변동, 갈등), 그리고 스포츠 현상에 있어서의 문화적, 하위 문화적 문제와 스포츠와 다른 사회 제도간의 관련성 등의 탐구에 관심이 있다. 다시 말하면 스포츠사회학은 스포츠에 있어서의 민족적, 인종적 차별, 스포츠와 다른 사회제도(가정, 교육, 정치, 경제)와의 관련성, 직업으로서의 스포츠, 아동 스포츠의 사회적 문제, 스포츠의 의미, 기능, 구조에 있어서의 비교 문화적, 하위 문화적 변동 등을 규명하는데 기본적인 관심이 있다. 따라서 스포츠사회학의 주요 목표는 다음과 같이 요약 정리할 수 있다.

첫째, 스포츠와 가정, 정치, 경제, 종교와 같은 제도간의 관련성
둘째, 모든 형태의 스포츠환경내에 존재하는 사회조직, 집단행동, 사회적 상호작용의 형태
셋째, 스포츠와 스포츠 경험에 영향을 미치는 문화적, 구조적, 환경적 요인
넷째, 사회화, 경쟁, 협동, 갈등, 사회계층, 그리고 사회변동 과정과 같이 스포츠와 결합하여 발생하는 사회적 과정

4) 스포츠사회학의 연구 영역

大西國男은 스포츠사회학의 연구 역영이 "스포츠활동 가운데 집단 내에 있어서 개인의 행위나 집단의 형성 및 기능이 어떻게 유형화되고 제도화되는가 하는 스포츠 행동양식의 매개과정을 탐구하는 연구가 중심 내용이 되어야 한다."고 하였다.

(1) 연구내용 및 과제에 의한 영역

① 사회적 행위에 관한 연구 내용

이 수준에서는 사회행동, 사회적 사실, 퍼스널리티 등에 관해 연구하는 영역이다. 즉 특정 스포츠조직, 즉 운동선수 집단이나 일반 사회인동호회 등이 갖는 집단 양식 및 타 집단과 상이한 조직문화를 형성해 가는 사실을 증명하는 연구 영역이다.

② 집단에 관한 연구 내용

학교운동부, 체육학습집단, 직장 스포츠동호회, 자생적 스포츠집단, 스포츠연맹, 그리고 이와 유사한 조직이나 단체의 유형에 의한 기능과 구조를 탐구하는 연구 영역이다.

③ 문화 및 제도에 관한 연구 내용

정신체계(비물질문화)에 속하는 행동문화(외면적문화)로서의 제도나 규범, 습관, 관습, 규율, 규칙 등으로부터 정신문화(내면적 문화)로서의 신념, 이데올로기(사회의식이나 자연의식적인 소산), 스포츠맨십, 아마추어리즘 등을 탐구하는 연구 영역이다.

④ 사회변동의 영향에 관한 연구 내용

사회변화에 따라 일어나는 스포츠집단이나 스포츠문화에 대한 영향 또는 변용의 과정을 탐구하는 연구 영역이다.

(2) 연구범위 및 접근방법에 의한 영역

스포츠사회학의 연구영역은 그 학문적 성격으로 보아 사회학의 연구영역에 속한다고 볼 수 있으나 연구의 역사가 짧아서 아직도 연구가 진전되지 않은 분야가 많다. 또한 지금까지 많은 학자가 스포츠사회학의 연구영역에 대해 언급하고 있지만 각자의 입장에 따라서 상이하게 나타나고 있어 보다 일반화된 모형이 정립되지 아니한 실정이다. 그러나 이 분야에 대한 많은 연구가 축적됨에 따라 기본적이고 개략적인 구분은 가능하게 되었다.

스포츠사회학의 연구영역을 구분함에 있어 가장 체계적이고 이상적인 분류형태는 그것을 거시적, 미시적, 전문적 영역으로 나누어 설명하는 것으로서, 이는 Loy, McPherson, Kenyon, 그리고 Donald Chu에 의해 제시되었으며, 그 분류의 기본적인 골격에 있어서는 가장 일반화된 유형을 제시하고 있다. 그러나 각 영역별 구체적인 연구내용에 있어서는 다소 상이한 요소를 포함하고 있다. 따라서 이러한 수준에서 스포츠사회학의 연구영역을 분류하는 데에 가장 적절하고 합리적인 것으로서 Donald Chu의 분류방법을 사용할 수 있는데, 이 란에서는 기본적으로 그의 견해에 입각하되 지금까지 여러 학자들의 견해를 결합하여 연구영역을 정립하고 체계화해 보고자 한다.

(가) 거시적 영역

거시적 영역은 대규모 사회체계와 그들 간의 관계에 관한 연구를 수행하는 영역으로서 스포츠가 존속하는 각 사회에 대한 스포츠의 기능을 탐구한다.

① 스포츠와 정치

이 수준에서는 스포츠는 단순히 개인적인 차원에 그치지 않고 국가적 목표를 수행하는데 있어 훌륭한 매개역할을 하는 잠재력을 가진 것으로서 가정되어 국가 차원에서 활용되고 취급된다.

(a) 스포츠와 정치의 관계 : 스포츠의 룰 및 규약과 법제도와의 구조적, 위계적 관련성, 스포츠의 내재적 특성과 정치적 목적과의 관련성, 그리고 스포츠와

사회, 정치체제와의 관련성을 규명한다.

(b) 스포츠의 정치적 기능 : 스포츠의 정치화 현상을 정치, 경제, 사회, 외교, 군사적 목적에 따라 순기능과 역기능으로 나누어 조사한다.

(c) 스포츠 참가와 정치적 성향 : 스포츠에 참가함으로써 일반적으로 내면화하는 성향을 정치적 입장에서 조사한다.

② 스포츠와 종교

이 수준에서는 스포츠가 기능, 규범, 역할, 상징체계, 가치체계에 있어서 종교와 유사한 속성을 가진 제도화된 산물이라는 개념에 입각하여 탐구된다.

(a) 스포츠와 종교의 관계 : 스포츠와 종교에 대한 역사적인 관련성 및 공통된 가치체계를 탐구한다.

(b) 종교의 스포츠 이용 : 교회, 종교적 지도자, 스포츠 종교단체, 선교사 등이 종교적 목적 달성을 위한 수단으로서 스포츠를 이용하는 구체적 실태를 규명한다.

(c) 스포츠의 종교 이용 : 스포츠에서의 궁극적 목적 달성을 위한 종교적인 의식행위 및 주술을 연구한다.

③ 스포츠와 교육

스포츠 참가가 학술적인 목표달성 및 바람직한 규범과 가치체계의 학습을 강화하고 성인 세계에서의 역할을 수행하는 아동 및 청소년의 교육사회화에 있어서 어떠한 가치가 있는지를 탐구한다.

(a) 스포츠 참가와 교육적 성취도의 관계 : 스포츠가 참가자의 정신 지능적 발달을 어떻게 도모하는지, 그리고 스포츠 참가와 학업 성취도의 관계는 어떻게 되는지를 규명한다.

(b) 학교, 지역사회, 개인에 대한 스포츠의 교육적 영향 : 스포츠 참가가 교육 및 지역사회 의 결속과 사회적 결합에 어떻게 영향을 미치고 개인이 사회적 지위와 인정을 얻고 자아를 추구하는데 어떻게 도움이 되는지를 규명한다.

④ 스포츠와 인종

이 수준에서는 사회, 혹은 국제간에 지속적으로 존재하고 있는 종족, 특히 흑인에 관한 문제를 스포츠 문화 내에서 탐색한다.

(a) 스포츠와 인종적 차별 : 스포츠가 고래적으로 인종적 차등에 대한 합법적 동인으로 사용되어진 과정과 현세적 실제를 고찰한다.

(b) 스포츠와 실력주의 : 스포츠에 있어 인종적 차등은 무시되어야 한다는 실력주의에 입각하여 계층이동의 동인으로 사용되어지는 상황을 조사한다.

⑤ 스포츠와 성gender

성별, 특히 여성의 스포츠 참가에 대한 편견과 불공정한 참가 기회를 남녀평등주의의 입장에서, 그리고 실제적인 입장에서 고찰한다.

(a) 성역할과 스포츠 참가 : 성역할에 따른 스포츠 참가에 대한 역사적인 개념 및 현황, 그리고 참가에 따른 하위 문화적 차이를 규명한다.

(b) 여성 스포츠에 대한 편견과 실제 : 여성 스포츠에 대한 생물학적 심리학적 편견과 그에 대한 과학적이고 합리적인 실제를 규명한다.

⑥ 스포츠와 대중매체

대중매체는 대중문화의 생성과 발전에 지대한 영향을 미치고 있으며, 대중의 여론과 태도를 변용시키고 있다. 따라서 이 수준에서는 스포츠와 대중매체의 공생관계와 관련된 상대적 우월에 대한 문제를 탐구하는 역영이다.

(a) 대중매체의 우월적 공생 : 대중매체는 스포츠를 통해 광고수익의 및 시청률 증대를 도모하기 위한 방편으로서, 경기일정, 경기규칙, 경기장 등을 대중매체의 환경에 맞게 변화시킴으로써 야기되는 긍·부정적 문제점을 규명한다.

(b) 스포츠의 우월적 공생 : 스포츠 문화 정착, 스포츠 붐 조성, 스포츠팬 확보, 재정적 수익(독점중계권 및 스폰서십 활용 등)을 추구하기 위하여 대중매체와 공생적 관계를 형성하는 과정 및 효과와 관련된 문제점을 탐구한다. 또한 그로인하여 야기되는 스포츠의 정체성 회복을 위한 방안을 강구하는 연구영역이다.

(c) 스포츠매체의 효과 : 스포츠와 일반 대중매체가 결합하려 스포츠에 관한 지식이나 정보를 스포츠팬에게 간접적으로 전달하는 매체를 스포츠매체라 한다. 따라서 직접 경기장을 찾지 못하는 스포츠팬을 위하여 TV, 라디오, 신문, 잡지, 비디오, 필름, 만화, 영화, 포스터 등을 통하여 스포츠 정보와 경기내용을 전달하는 복합적 조직과 수용자간의 수용 메카니즘을 탐구하는 연구 영역이다.

(d) 매체스포츠의 효과 : 현장 경기활동이 아닌 TV, 라디오, 신문, 잡지 등을 통하여 간접적으로 스포츠팬에게 전달되는 스포츠에 관한 지식과 정보, 그리고 경기결과 등에 대한 수용자의 인식체계 및 행태 등을 비롯하여, 시청률 및 구독률 경쟁을 부추기는 상업성 및 전문성에 대한 대처방안 등을 탐구하는 연구 영역이다.

(e) 스포츠 저널리즘 : 스포츠와 관련된 시사적인 지식 및 정보를 수용자에게 전달하는 방법론적 측면을 비롯하여, 경기 결과 및 스포츠와 관련된 다양한 이슈 등에 대한 여론론, 평론 및 해석에 이르기까지 모든 과정을 탐구하는 연구 영역이다.

⑦ 스포츠와 일탈

스포츠 일탈은 스포츠 체계에서 발생하는 다양한 규범 위반 행동을 의미한다. 즉 본질적으로 사회 일탈의 개념과 동일하다. 이와 관련하여 Eitzen(1981)은 스포츠 일탈을 스포츠의 규범이라는 시각에서 경기규칙을 위반하는 행위, 스포츠맨십과 페어플레이 등 보편적인 가치에서 벗어나는 행위 및 비합법적으로 사람, 용구 및 재산 등에 손해를 가하는 행동으로 규정하고 있다. 따라서 이 수준에서는 스포츠현장에서 발생되는 다양한 일탈행위, 즉 금지 약물 복용, 경기 조작, 판정 불복종, 팀 이탈, 선수 자격 조작, 경기 폭력, 선수 폭행, 심판 매수 등과 관련된 반사회적 현상을 탐구하는 연구 영역이다.

(a) 스포츠 일탈의 순기능 : 스포츠 일탈의 순기능은 규범의 존재와 동조화를 강화시켜주기 때문에 사회적 안전판safety value 역할을 한다. 그리고 스포츠 일탈이 사회의 개혁과 창의성을 가져다준다. 이는 현재 시각에서는 일탈로 규

정될 수 있는 행위가 다음 세대에는 규범이 될 수 있다는 것을 의미한다. 따라서 이 수준에서는 스포츠참여를 통해 체득할 수 있는 긍정적인 측면, 즉 신체적, 정신적, 교육적, 사회적, 문화적, 규범적 가치에 대한 긍정적 효과를 탐구하는 연구 영역이다.

(b) 스포츠 일탈의 역기능 : 스포츠 일탈의 역기능은 스포츠 세계의 질서 및 예측 가능성을 위협하고 긴장과 불안을 조성한다. 그리고 스포츠 참가자의 사회화에 부정적인 영향을 미칠 가능성이 있다. 따라서 이 수준에서는 스포츠의 상업주의와 승리주의 등으로 인해 야기되는 반사회적 행동을 비롯하여 근원적 경향성에 대해 탐구하는 연구 영역이다.

⑧ 스포츠사회화

이 수준에서는 개개인이 스포츠참여를 통해 자신의 가치관, 신념, 태도 등을 집단 내의 다른 구성원들과 공유하여 자신의 지위에 상응하도록 습득하는 과정(Kenyon & McPherson, 1973)을 탐구하는 영역이다.

(a) 스포츠에로의 사회화 : 스포츠에로의 개입, 즉 스포츠에 참여하는 그 자체를 의미하는 것으로서, 개인적 특성(사회인구학적 개인차), 중요타자(부모, 형제자매, 교사, 특정 운동선수 등), 준거집단(또래집단, 학교, 지역사회, 국가, 대중매체 등) 그리고 사회적 상황 등이 개인의 스포츠참여에 미치는 영향을 탐구하는 연구 영역이다.

(b) 스포츠를 통한 사회화 : 스포츠 체계 내에서 학습된 기능, 특성, 가치, 태도, 지식 및 성향 등이 다른 사회 체계로 전이 또는 일반화되는 과정을 탐구하는 연구 영역이다. 즉 스포츠 세계의 규범, 규율, 서열, 지위, 역할, 책임 등을 경험함으로써, 그것이 개인의 자아에 내면화되는 과정을 비롯하여, 페어플레이, 용기, 성취성, 공정성, 준법정신, 바람직한 시민의식 등에 미치는 효과를 탐구하는 연구 영역이다.

(c) 스포츠로부터의 탈사회화 : 스포츠에 지속적으로 참여하던 개인이 다양한 외재적 요인에 의해 스포츠를 중단하거나 탈락 및 은퇴하게 되는 과정과 그 원인을 탐구하는 연구 영역이다.

(d) 스포츠를 통한 비사회화 : 이는 스포츠를 통해 긍정적인 시민의식을 함양하는 것이 아니라, 스포츠의 부정적인 특성인 공격성 및 비윤리성이 강화됨으로써, 반사회적 행동을 자행하게 되는 원인과 대처방안을 탐구하는 연구 영역이다.

⑨ 스포츠와 경제

이 수준에서는 스포츠이벤트, 스포츠기업, 스포츠용품생산업체, 각종 체육 단체 및 시설, 스포츠 에이전트, 스포츠미디어, 스포츠 도박 등이 개인과 사회의 미치는 경제적 효과를 비롯하여, 반대로 경제발전이 스포츠의 발전에 미치는 영향 등을 탐구하는 연구 영역이다.

(a) 스포츠참여의 경제적 효과 : 이 수준에서는 스포츠참여가 조직풍토, 조직몰입, 조직효율성, 직무스트레스, 직장 및 직업 만족 직무만족 등에 미치는 긍정적 영향을 탐구하는 연구 영역이다.

(b) 스포츠이벤트의 경제적 효과 : 과학과 교통의 발달은 도시에로의 인구 집중화 현상을 가져왔고, 그에 따라 도시를 중심으로 대규모 경기장이 건설됨으로써, 각종 국제스포츠이벤트와 프로스포츠가 정착되었다. 따라서 이 수준에서는 개인의 사회인구학적, 경제학적, 지정학적 특성과 관련하여, 스포츠이벤트의 효율성을 위한 시장세분화 가능성을 비롯하여, 국제스포츠이벤트 및 프로스포츠의 사회, 경제, 문화적 시너지 효과 등을 탐구하는 연구 영역이다.

⑩ 스포츠와 관광

스포츠관광은 스포츠와 관광이 결합된 형태로서, 스포츠활동에 직접 참여하거나 관람스포츠 참여로 즐기는 레저 중심의 여행이다. 즉 개인이 누릴 수 있는 자유시간 범위 내에서 일상을 떠나 자연 및 문화 등과 연계된 스포츠활동을 체험하는 것이다(한철언, 2001). 따라서 이 수준에서는 스포츠관광의 영역, 스포츠관광의 매력, 그리고 스포츠관광의 문화적, 경제적, 지역적 효과 등을 탐구하는 연구 영역으로서, 가장 최근에 대두된 분야이다.

(a) 스포츠관광의 역영 : 스포츠관광은 독자적인 영역이 아니라, 스포츠와 관광

의 공생적 관계를 기초로 한다. 따라서 이 수준에서는 스포츠관관이벤트(올림픽, 월드컵, 프로스포츠 등), 스포츠관광 매력물(스포츠박물관, 명예의 전당, 스포츠컨퍼런스, 스포츠테마파크, 골프장, 스키장, 번지점프 등), 스포츠관광 여행(모험 및 극복스포츠, 도보여행, 트래킹, 바다낚시, 스쿠버다이빙 등), 스포츠관광 리조트(테니스크루즈, 세일링크루즈, 요트크루즈 등) 등의 적용 가능성 및 활성화 방안 등을 조망하는 연구 영역이다.

(b) 스포츠관광의 매력 : 스포츠관광의 매력은 관광자가 스포츠와 관련된 무엇인가를 경험하고파 하는데 있다. 따라서 이 수준에서는 스포츠관광의 상대적 가치와 매력을 양산하는 방안과, 그것을 대중에게 전파하는데 필요한 다양한 증거자료를 축적하는 연구 영역이다.

(나) 미시적 영역

이 수준에서는 스포츠라는 소규모 사회체계에 있어서 성원의 사회적 상호작용 및 관계 그리고 하위 문화적 변인 등을 연구한다.

① 스포츠와 조직

이 수준에서는 스포츠는 사회체계 내에서 존재하는 다른 사회조직과 그 구조 및 제도 그리고 규범 등에 있어서 유사하다는 가정 하에 스포츠의 구조적인 면을 연구한다.

(a) 스포츠와 조직의 유형 및 수준 : 스포츠 조직의 종류 및 수준에 따라 집단 성원간의 역할 및 상호작용의 관계는 어떠한지를 규명한다.

(b) 자발적 결사체로서의 스포츠 : 스포츠 조직에 있어서 각 지위 점유자의 역할, 규범, 역할 갈등 그리고 총체적 작동은 어떠한지를 규명한다.

② 스포츠와 소집단

이 수준에서의 연구는 스포츠 팀은 공동의 목표, 참가자에 대한 규칙과 지침, 구성원간의 관계 및 상호작용의 형태에 있어서 사회의 소집단이라는 형태적 특징을 가진 것으로서, 사회체계에 대한 발전적 사고의 한 수단으로 사용된다는 기본전제하에서 시작된다.

(a) 스포츠 소집단의 구성, 구조와 효율성의 관계 : 집단의 응집력과 팀 성공, 집단 성원의 사회적 동질성 및 집단의 구조적 특성과 팀 성공간의 관계를 규명한다.

(b) 리더십의 유형과 효율성의 관계 : 지도자의 심리적 특성 및 대인관계에 따른 집단 운영과 팀 성공간의 관계를 규명한다.

③ 스포츠와 하위문화

이 수준에서는 사회체계의 소규모 단위에 있어서 참가자의 가치, 규범, 신념, 행위 등의 변화 양상을 스포츠 문화 내에서 고찰한다.

(a) 스포츠와 공격성 : 스포츠에 있어서 궁극적 목표 달성을 위한 선수와 관중의 공격성을 사회심리학적 측면에서 고찰한다.

(b) 스포츠와 비행 : 스포츠에 참가함으로써 참가자가 근원적 성향을 정화하고 사회에 바람직하고 유능한 시민으로서 역할을 할 수 있는지에 관해 연구한다.

(c) 스포츠와 사기 : 참가자의 사기는 승리에 어떻게 관계되는지, 그리고 높은 사기는 승리에 있어서 필수적인지를 규명한다.

(3) 전문적 영역

전문적 영역은 스포츠사회학에 관련된 연구과제 방법 등을 다루는 영역이다.

① 학문적 적법성

이 수준에서는 스포츠사회학 연구의 이유와 그에 따른 유용하고 효율적인 연구법을 고찰하며, 스포츠사회학에 유용하게 사용되는 유사개념에 대한 정의, 개념, 이론을 제시한다.

② 스포츠의 본질적 정체

구조기능주의이론, 갈등이론, 상징적 상호작용이론 등을 적용하여 설명한다.

5) 스포츠사회학의 주요 이론 모형

대부분의 사회학 이론은 논리적으로 일관된 형태로 짜여진 이론적 진술들을 정밀하게 구성해 놓은 것이라기보다는 하나의 사회상을 언어로 표현하고 있을 뿐이다. 그리하여 소위 이론의 대다수는 실제로 사회의 여러 특징들을 조당하기 위한 하나의 일반적인 '전망' 내지 '지향orientation' 에 불과한 것이다. 사회학에는 이러한 전망이 많기 때문에 해설상 문제점이 제기되며, 이러한 문제점은 또 여러 가지 전망이 섞여 쓰인다는 사실과 겹쳐서 어떤 전망을 분간해 내는 것도 어렵게 만든다. 실제로 사회학 연구에 적용되는 모형은 다 적합한 것이 아니며, 시대와 공간을 넘어서 적합한 것도 아니다. 어떤 것은 어느 특정시대에 특정한 곳에서 발달되고 특정한 곳에서 주로 이용되기도 한다. 모든 모형은 특정의 가정이나 전제하에 기초하고 있으며 거기에 맞는 대상에 유용하다. 스포츠사회학 연구에 있어서 사용되는 주요 이론으로는 구조기능주의, 갈등이론 및 상호작용론을 들 수 있다.

(1) 기능주의

기본적으로 기능주의functionalism의 전망은 개인이나 집단보다는 사회와 제도간의 상호관련성에 대한 강조에서 비롯된다. 그에 대해 기본적인 질문의 형성은 "사회 성원이 새로운 세대에 의해서 교체되는 데에도 불구하고 어떻게 사회생활은 계속 유지되고 전승되는가" 하는 것이다. 이에 대한 대답은 "사회가 조직된 사회생활의 전제 조건이나 그 결과로 나타난 욕구를 충족시킬 수 없는 수단" 을 갖고 있기 때문이라는 것이다.

구조기능주의의 전제는 사회에는 그 존속을 위해 수행되어야만 할 기능들이 있고 이들은 구조들을 통해서 이루어진다고 보는 것이다. 따라서 기능주의의 목표는 구조사회생활의 조건과 요구를 밝혀내고 주어진 사회가 그 조건이나 요구를 만족시키는 과정을 찾아내는데 있다. 이러한 관점에서 보면 스포츠라는 제도 또한 사회전체에 대하여 그 나름대로의 기능을 발휘함으로써 사회의 유지에 역할을 한다고 하겠다. 즉 스포츠의 사회적 기능은 전체사회의 체계존속을 증진시키기 위하여 합의를 조직 지워 준다는 것이다.

스포츠는 젊은이들로 하여금 장래 사회에서 수행해야 할 역할에 대비하여 그 자질을 갖도록 돕는 기능을 한다고 볼 수 있다. 스포츠를 통하여 젊은이들은 열심히 일하도록 배우고 일의 성취와 협동이 가치 있는 것이라는 점을 배운다. 전시적 수행의 성취 정도에 따라 보상을 달리하는 것을 정당화함으로써 스포츠는 사회질서를 유지하도록 돕는다. 이와 관련하여 스포츠의 사회적 기능에는 몇 가지 주요한 개념이 있는데 순기능과 역기능, 현시적 기능과 잠재적 기능, 사회체계가 그것이다

(2) 갈등이론

구조기능주의는 유기체가 항상 균형을 유지하는 방향으로 움직이는 것과 같이 사회도 항상 균형을 유지하는 방향으로 그 부분이 통합되어 가는 것으로 가정한다. 이러한 사회화 과정에 대한 가정을 가리켜 '균형 모형' 이라 한다. 이와 같은 구조기능주의의 비판에 대한, 특히 균형모형에 대한 비판으로서 대두된 것이 갈등모형이다. 이 이론은 사회 안에는 갈등이 항상 있게 마련인데, 사회 질서는 이해관계에 있는 집단들 사이에서 한 집단이 다른 집단을 복종시키는 관계에서 성립하며, 갈등을 통하여 사회변동(구조의 변동)이 일어난다. 다시 말해서 권위관계로 맺어진 지배집단과 종속집단은 서로 권위와 지위를 수지 또는 차지하려는 상반된 이해관심을 가진다.

이와 같이 서로 모순된 이해 관심이 갈등을 일으킬 수 있는 근본적인 구조적 요인이 되며 갈등으로 인하여 사회는 변동한다는 것이다. 일반적으로 갈등이론conflict theory은 사회질서가 아닌 사회변화의 과정이 사회학이 주 관심이어야 한다는 견지다. 사회질서와 안정은 구성원의 자발적 협동과 가치의 공유에서 비롯되는 것이 아니고 계급간의 위압coercion과 강제의 결과로 이루어지는 것이라 본다. 갈등이론을 견지하는 스포츠사회학자들은 심하게는 스포츠를 단지 지배계급ruling class이 노동대중working mass을 위압 지배하는 것의 한 예로 해석하기도 한다. 스포츠에 있어서 주장과 부원 사이의 갈등, 프로 팀에서의 구단과 선수와의 갈등, 국제 스포츠에서 각국의 갈등 등은 이의 한 예다.

(3) 상징적 상호작용론

사람은 상징해석자로서 사물이나 인간행동의 의미를 해석하는 힘이 인간에게 있어 가장 핵심적이고 두드러진 특성이라는 것이다. 즉 사람에게는 특수한 능력이 있는데, 그것은 마음mind을 지녔다는 사실이다. 이 마음은 주변의 대상에게 상징을 부여함으로써 의미를 찾고 언어라는 의사소통의 상징적 수단을 이용하고 추상적 상징을 해석할 능력을 지녔다. 뿐만 아니라 앞으로 일어날 일을 상상할 힘을 가지고 있다. 그런데 이러한 마음의 힘은 사람이 사회 집단 속에 태어나서 다른 사람들과 상호작용 함으로써 자아를 형성할 때 비로소 활성화된다는 것이다. 그리하여 사람이란 이미 주어진 사회의 규범을 마치 연극배우가 극본을 그대로 외워 연기하듯이 수동적으로 따르는 존재가 아니라, 각 개인은 대상과 상황을 주관적으로 규정하고 의미를 부여함으로써 자기의 세계에 능동적으로 작용하는 존재라는 것이다. 상징적 상호작용론symbolic interaction에서 보는 사회질서란 상호작용하는 개인이 둘 사이에서 주고받는 말과 행동의 의미를 개인들이 어떻게 해석하며 이에 따라 어떻게 행동하는가에 달린 것이다. 이 견지에서 스포츠 활동은 선수, 관중, 임원 등의 다양한 상황으로 규정하고 그 속에서 상호작용하고 그에 적응하는 모습에 관심을 가진다. 스포츠 장면에서의 관중의 태도(반응)가 경기자의 행동에 강화를 주는 것이 이의 한 예이다.

6. 스포츠 마케팅

1964년 東京올림픽에서 소니, 아식스, 미즈노 등이 세계적인 상표로 급부상하고, 1972년 뮌헨올림픽에서 아디다스 등의 기업이 스포츠의 공식 후원업체로 상표와 기업 이미지를 전 세계인에게 알리게 되어 상품의 매출과 이익을 증대시켰으나 진정한 의미에 있어 스포츠 마케팅sport marketing의 세계화 효시는 1984년 LA올림픽 이후라고 할 수 있다. 우리나라의 경우는 서울올림픽 이후에 기업들이 스포츠 마케팅의 중요성을 인식하고 투자하기 시작하였다.

스포츠 마케팅은 스포츠의 오락적 역할에 주목하여 발달된 분야이다. 스포츠 마케팅을 단순한 기업광고 정도로 생각하면 별 것 아닌 것 같지만, 그것이 지니고 있는 시장성은 엄청난 것이어서 현재 세계의 각 나라들은 이 분야에 대한 연구와 개발, 그리고 투자가 지속되고 있다. 우리나라와 같이 자원이 부족한 경우 이러한 시장은 더 없는 보고寶庫라고 할 수 있다. 적은 투자로도 엄청난 효과를 창출해 낼 수 있는 분야가 스포츠 마케팅이다.

1) 스포츠 마케팅의 개념

스포츠 마케팅이란 스포츠를 스포츠 소비자들에게 유통하고 프로모션promotion하는 모든 활동과 일반제품을 소비자들에게 스포츠를 이용하여 유통하고 프로모션하는 모든 활동을 의미한다(Mullin, 1983). 스포츠 마케팅의 개념은 '스포츠 자체의 상품화' 와 '스포츠를 매개로 한 모든 상품의 마케팅 과정' 이라는 두 요소를 함의하고 있다. 이는 사업영역의 측면에서 볼 때 '스포츠의 마케팅marketing of sports' 과 '스포츠를 이용한 마케팅marketing through sports' 으로 구분할 수 있다. 전자는 스포츠가 마케팅의 대상이 되는 개념이지만, 후자는 스포츠가 마케팅의 수단이 되고 기업의 상품이나 기업자체의 이미지(CI : Coperate Image)가 마케팅의 대상이 된다. 스포츠의 마케팅은 스포츠 자체를 사업화 하는 것으로서 스포츠제품이나 서비스에 대한 마케팅을 의미한다. 스포츠회원 모집, 스포츠 팀의 팬 확보, 스포츠시설, 용품, 의류, 프로그램 판매등이 여기에 해당한다. 따라서 일반대중은 스포츠 소비자sport consumer가 되며, 상품화된 스포츠를 어떻게 소비자에게 판매할 것인가가 스포츠 마케팅 활동의 목적이 된다(김종 외, 1998).

스포츠를 이용한 마케팅은 스포츠를 상품판매의 촉진수단으로 하는 마케팅을 말한다. 즉 올림픽이나 월드컵 등과 같은 대형 국제스포츠의 방송 중계권, 삼성이나 FILA와 같은 기업의 스폰서십, 그리고 박찬호나 박세리 등과 같은 유명선수의 광고모델 기용이 여기에 속한다. 따라서 스포츠를 이용한 마케팅의 소비자는 스포츠를 상품판매에 활용하려는 기업이 된다. 다시 말하여 스포츠를 이용한 마케팅은 스포츠상품뿐만 아니라 다른 일반상품을 스포츠와 연계하여 판매하는 마케팅으로서 스포츠를 하나의 판촉 수단으로 이용하는 것을 말한다.

또한 스포츠 마케팅은 좁은 의미와 넓은 의미로 이해될 수 있다. 협의의 스포츠 마케팅은 스포츠대회의 효과적인 운영과 관련된 모든 활동을 말한다. 스포츠대회는 마케팅의 대상이자 동시에 수단이다. 즉 스포츠 이벤트 주최측에게는 마케팅의 대상이고, 후원자sponsor에게는 마케팅의 수단이 된다. 활동영역을 중심으로 하여 이를 이해하면 좁은 의미의 스포츠 마케팅은 크게 다음과 같은 활동, 즉 행사관리 event management, TV 중계, 스폰서십sponsorship, 선수관리, 상표사용 인허사업 licensing 및 상품공급 사업merchandizing 등으로 구성되어 있다. 행사관리란 시설, 인사, 입장권 판매, 일정관리 등 스포츠행사 동안의 모든 관리활동이며, TV 중계는 스포츠 이벤트를 대중에게 널리 보급시키는데 있어서 가장 중요한 공급활동이다.

스폰서십은 주로 기업으로부터의 재정 및 서비스 지원을 말하며, 스포츠대회를 치르기 위한 중요한 재정조달 활동이다. 선수관리란 선수들의 효과적인 스포츠대회 참여를 위하여 선수들의 일정, 상금, 세금 등을 관리하는 것이며, 상표사용 및 상품공급 사업은 선수, 단체, 리그, 스포츠관련 상품 및 회사 등의 이름, 로고(logo)를 상표화하고 상품화하는 일로써 재정을 조달하는 또 다른 방법 중의 하나이다. 이러한 일들을 주최측을 대신하여 전문적으로 대행하여 주는 회사를 스포츠 마케팅회사라고 하며, 개인은 스포츠대회를 주최하는 조직, 스포츠 마케팅회사, 언론 혹은 기업(후원자)에 속하여 스포츠 마케팅 활동에 참여할 수 있다. 광의의 스포츠 마케팅 개념은 훨씬 폭 넓게 적용된다(박진경, 2000).

스포츠 마케팅에 대한 가장 흔한 오해 중의 하나는 스포츠 마케팅을 스포츠사업이나 관련 사업의 한 분야로 이해하고 있다는 사실이다. 그러나 엄밀한 의미에서 스포츠 마케팅은 스포츠의 비즈니스적 가치와 잠재적 부가가치를 극대화 하고자 하는 스포츠 경영기법의 하나라고 할 수 있다. 즉 스포츠 마케팅은 스포츠관련 사업이나 산업에서 다양한 마케팅 기법을 개발하고 이용함으로써 '스포츠'라는 제품이 지니고 있는 시장가치를 최대한으로 활용하여 기업의 생산성과 이윤을 극대화하려는 경영의 한 방법이라고 할 수 있다.

2) 스포츠 시장의 특성과 규모

(1) 스포츠 시장과 상품

스포츠는 경기인의 노동력, 경기운영 서비스, 그리고 규칙, 심판, 경기장, 장비 및 용품 등과 같은 부가 요소들이 어우러져 생산되는 상품이다. 그리고 이러한 스포츠상품은 경기장, TV, 라디오, 신문 및 잡지, 인터넷 및 PC 통신, 전화 등의 유통수단을 통하여 소비자들의 눈과, 귀, 그리고 마음으로 전달되며, 그 과정에서 다양한 형태의 스포츠관련 상품의 수요, 공급, 매개가 이루어지는 시장을 형성하게 된다.

스포츠 시장은 1차 시장과 2차 시장으로 구분할 수 있다. 1차 시장은 스포츠를 직접 생산하는 집단이 형성하는 시장으로서 경기인 시장과 관람객 시장, 자원봉사자 시장, 그리고 용품과 장비, 설비 시장으로 구분된다. 2차 시장은 스포츠를 이용하여 이익을 추구하는 집단들이 형성하는 시장으로 광고시장, 스폰서십 시장, 관련 상품 시장 등이 이에 속한다. 스포츠 시장의 두르러진 특성으로는 첫째, 경쟁만이 존재하는 일반적 시장과는 달리 스포츠 시장에서는 경쟁과 협력이 동시에 이루어진다. 대회나 리그에서 선수나 팀은 상대를 이겨야 하지만 상대가 없는 대회는 대회자체가 성립되지 않는다. 둘째, 스포츠의 1차 소비자(관람객)는 자기 자신을 선수와 동일시하는 경향이 매우 강하다. 셋째, 수요와 변동이 심하다. 팬들은 시즌 초반 기대에 부풀어 물밀듯이 구장을 찾았다가 시즌 중반 이후 팀이 슬럼프에 빠지게 되면 즉시 발길을 끊어 버리게 된다. 일반제품 소비자와는 상이한 스포츠 소비자의 이러한 특성은 스폰서나 광고주의 표적이 되기도 한다.

한편, 스포츠상품 역시 연극이나 영화관람, 여행 등의 여가상품이 일반상품과는 틀린 특성을 지니고 있다. 첫째, 스포츠의 불확정성 및 의외성으로 인하여 승부에 대한 예측이 어렵고, 동일한 규격제품을 계속 생산할 수 없다는 점이다. 둘째, 스포츠는 소비재와 생산재의 양면성을 지니고 있다. 스포츠를 하는 사람에게나 보는 사람에게는 스포츠가 최종 소비재이지만 방송이나 광고, 스폰서십 업계에는 스포츠가 도구로 활용되기 때문에 생산재의 역할을 한다. 셋째, 스포츠는 '하는 사람' 이나 '보는 사람' 의 국경을 초월하는 범세계적 상품이다. 올림픽은 전 세계의 모든 인종이 출전하며, 월드컵 대회는 전 대륙의 인류에게 중계방송이 된다(박진경, 2000).

(2) 스포츠산업 시장 규모

스포츠산업은 스포츠활동의 생산과 소비를 핵심부문으로 하여 이를 지원하는 다양한 산업을 지칭하는 것이다. 스포츠제조업과 각종 프로스포츠가 산업 · 경제적 특성과 구조를 갖추면서 발전해왔지만 스포츠산업은 통합된 산업영역으로 자리 잡지 못한 것이 사실이다. 그러나 국내외적으로 급격히 변화 · 확대되어 감에 따라 스포츠산업은 타 분야와의 연계를 통한 고부가가치를 가진 블루오션 영역으로 인식되어 가고 있다(유병한, 2005). 즉 새로운 마케팅시장으로서의 중요성이 증대되고 있다.

2002년도 국내 스포츠산업은 14조 751억 1,000만 원 규모로서 국내총생산(GDP) 대비 2,05% 수준이다. 이러한 스포츠산업 규모는 연간 출하(매출) 규모, 소비시장 규모로 산정한 결과이다. 국내 스포츠산업 시장은 1990년대 초반부터 급격히 상승하면서 지속적으로 증가 추세에 있다. 이를 스포츠 용품업, 스포츠 시설업, 스포츠 서비스업으로 구분하여 보면 [표 10-5]와 같다(김종, 2005).

[표 10-5] 국내 스포츠산업 규모 및 현황

구 분	업체수	고용인원	매출액	비율
스포츠용품업(용품제조, 유통)	8,178개	46,085명	4조 1,190억 4,000만원	29.3%
스포츠시설업(시설건설, 운영)	42,054개	239,073명	5조 6,326억 8,000만원	40.0%
스포츠서비스업(경기, 마케팅, 정보)	18,419개	231,550명	4조 3,233억 9,000만원	30.7%
계	68,651개	516,708명	14조 751억 1,000만원	

미국, 일본 등 해외 주요 국가에서도 스포츠산업은 고부가 가치산업으로 급속하게 성장할 것으로 전망되어 정책적으로 육성하고 있다. 미국의 경우, 아마추어 및 프로스포츠 팀, 선수 등이 생산해 낸 스포츠산업의 규모만 2,555억 달러로 자동차 산업의 2배 이상, 영화산업의 거의 7배에 달하고 있으며, 일본, 중국, 호주 등 스포츠 선진국에서 스포츠산업을 21세기 유망산업으로 선정하여 투자와 지원을 강화하고 있다. 한국과 미국, 그리고 일본의 스포츠산업 규모를 비교하면 다음과 같다.

[표 10-6] 스포츠산업 규모 비교

구 분	업체수	고용인원	매출액
GDP	5,469억 달러	9조 8,828억 달러	3조 9,767억 달러
스포츠산업	112억 달러	2,555억 달러	805억 달러
GDP대비 스포츠산업 비율	2.05%	3.35%	2.02%

향후 스포츠산업은 타산업과 연관하여 산업발전에 기여할 뿐만 아니라 새로운 산업영역의 개발이 출현할 것이다. 특히 스포츠에이전트, 스포츠이벤트 기획, 스포츠관광 산업 등 신규직종에 많은 고용을 창출하게 될 것이다. 이와 더불어 스포츠를 매개로 한 재화와 스포츠 서비스의 생산 · 유통 · 분배의 촉진을 가져와 국내 스포츠 발전을 위한 재원을 확대하는데 기여할 것이고, 민간 기업의 마인드를 스포츠 부문에 적극적으로 도입할 수 있는 기반을 마련하면서 이를 통하여 체육재원의 다변화와 민간차원에 의한 체육진흥이 이루어질 것으로 기대된다.

3) 마케팅 믹스

스포츠 마케팅에서 중요한 구성요소는 다양하게 제시되고 있으나 대체적으로 제품product, 프로모션promotion, 장소place, 그리고 가격price의 4Ps로 구분하는 것이 일반적이다. 따라서 성공적인 스포츠 마케팅은 이와 같은 네 가지 마케팅 구성요소를 얼마나 적절하고 효율적으로 혼합하여 사용하는가 하는 마케팅 믹스marketing mix에 의하여 결정된다(박진경, 2000).

(1) 제품

제품product은 유형적인 재화나 무형적인 서비스를 총칭하는 개념으로서 스포츠 마케팅의 핵심적 요소라고 할 수 있다. 스포츠제품은 스포츠를 통하여 생산되는 상품이나 서비스로서 축구나 농구, 야구, 골프 등과 같이 각각의 스포츠종목이 지니고 있는 경기특성 및 형식 그 자체에서부터 각종 이벤트와 스타선수, 팀이나 리그, 시설 및 장비와 의류, 그리고 관람스포츠와 참여스포츠 등 서비스 상품에 이르기까지 스포츠와 관련된 유형, 무형의 상품이 모두 포함된다. 각종 스포츠경기는 경기장에서 관중들에게 직접 팔리기도 하고, TV 방송 프로그램의 형태로 가공되어 시청자에게 팔리기도 한다. 올림픽이나 월드컵과 같은 세계적인 스포츠 이벤트는 천문학적인 수입이 보장되며, 스타플레이어는 거액의 이적료나 임대료를 받고 해외로 트레이드되기도 한다. 각종 스포츠경기의 입장권은 관련 단체나 조직의 중요한 수입원이며, 수영장이나 골프장의 회원권은 일반서민이 꿈도 꿀 수 없는 가격에 팔리기도 한다. 돈을 받고 제공하는 스포츠센터의 운동 프로그램도 역시 스포츠제품 중의 하나이다.

스포츠제품이 마케팅 상품으로서 다른 산업분야의 제품과 경쟁력을 가지는 이유는 기본적으로 스포츠상품이 일반시장에서 판매되는 제품과는 다른 독특한 특성을 지니고 있기 때문이다. 스포츠가 지닌 여러 특성 중에서도 예측이 어렵고 표준화된 규격제품을 생산할 수 없다는 점이 가장 큰 매력이다. 날씨, 선수의 컨디션, 관중의 반응, 경기 당시 두 팀의 기록과 순위 등과 같이 실체가 없는 요소가 경기결과와 팬들이 경험하는 흥분과 만족도에 영향을 준다. 큰 경기일수록 평범한 땅볼의 에러나 자유투 실패, 패널티 킥의 실축 등에 의하여 승부가 갈리는 경우가 많고, 이러한 돌발변수가 팬들의 감정을 극도로 자극한다.

또한 스포츠제품은 생산과 소비가 동시에 이루어진다. 스포츠경기는 생산되는 순간 팬들에 의하여 소비가 이루어지기 때문에 재고가 없다. 물론 TV 녹화방송이나 신문기사 혹은 비디오테이프 등과 같이 제품의 수명이 다른 형태로 연장되기도 하지만 기본적으로는 어제 경기의 입장권이나 어제의 스키 리프트 이용권을 팔 수 있는 마케터marketer는 존재하지 않는다. 스포츠제품이 지니고 있는 또 다른 특징은 스포츠가 생산재이자 소비재의 양면성을 지니고 있다는 사실이다. 스포츠를 하는 사람에게나 보는 사람에게는 스포츠가 최종 소비재이지만 방송이나 광고, 스폰서업계에서는 스포츠가 도구로 활동되기 때문에 생산재의 역할을 하게 된다. 이외에도 스포츠제품은 통제가 불가능하다.

(2) 프로모션

프로모션promotion은 잠재 고객에게 제품이나 서비스에 관한 메시지를 전달하기 위한 홍보방법 및 기타 의사소통 수단을 의미한다. 스포츠 마케팅에서의 프로모션은 생산하고자 하는 스포츠제품에 대한 소비자의 관심과 인지, 그리고 구매를 자극하도록 계획된 수많은 의사사통 과정을 포괄하는 개념으로 사용하고 있다. 스포츠 마케팅에서 프로모션은 흔히 광고advertising, 대인판매personal selling, PRpublic relation, 그리고 판매촉진sales promotion 등과 같은 유형의 마케팅 행위를 포함하고 있다.

광고는 특정 광고주가 자신의 아이디어, 재화 또는 서비스를 대가로 지불하면서 매체를 통하여 메시지를 전달하고 촉진시키는 수단을 말한다. 스포츠 마케팅에서 광고는 스포츠조직, 특정 스포츠 혹은 시설에 대한 장기적인 이미지를 수립하거나 즉각적인 회원모집과 관중동원을 유도하기 위하여 사용된다. 광고의 종류에는 매체 종류에 따라 인쇄매체, 전파매체, 기타매체로 나누어지며, 다시 신문광고, 잡지광고, 방송광고, 옥외광고, 우편광고 및 교통광고 등으로 나눌 수 있다. 광고의 효과는 노출빈도 뿐만 아니라 도달범위(시청률) 및 효과강도(노출에 대한 양적 효과강도)에 의하여 평가된다. 대인판매는 촉진이나 구매과정의 일정 단계를 거친 다음에 소비자로 하여금 제품에 대한 선호 · 확신 및 구매행동을 통하여 그들의 스포츠제품을 직접적으로 판매하고 있다. 대인판매는 스포츠용품을 소매할 때 가장 확실한 방법이 되며, 팀 스포츠관련 단체나 스포츠센터에서도 중요한 판매수단으로 활용하고 있다. 특히 관람 및 참여 스포츠의 마케팅에 있어서 대인판매는 후원자 클럽의 조직, 방송 중계권 판매, 후원사 확보 등에 효과적으로 활용될 수 있다. 대인판매의 방법으로는 1 : 1 직접판매나 전화판매가 있으며, 어떤 방법을 이용하든 간에 스포츠 비즈니스 조직과 그 조직의 제품, 그리고 소비자들을 가장 직접적으로 연결시킬 수 있다는 장점이 있다.

PR은 언론 관계media relation와 지역사회 유대community relation를 포함하는 개념으로서 '해당 조직과 지역사회의 관계를 좋게 하기 위한 모든 노력'이라고 정의할 수 있다. 스포츠 마케팅에 있어서 PR은 뉴스형식으로 소비자에게 전달되기 때문에 소비자에게 높은 신뢰감을 줄뿐만 아니라 광고나 판매원을 회피하는 많은 고객들에게 접근할 수 있다는 점에서 중요한 마케팅 프로모션활동으로 평가된다. 특히, 관람 스포츠의 경우 언론매체의 노출을 통한 무료 광고효과 때문에 대부분의 프로모션 활동을 PR을 중심으로 실시하고 있다. 판매촉진은 제품 또는 서비스의 구매나 판매를 촉진시키기 위한 단기적이고 자극적인 프로모션 활동으로서 신속한 효과, 부진한 관중동원의 증대, 회원증대 등과 같이 단기적 판매효과를 얻는 데는 효과적이나 장기적으로 조직이나 제품, 시설 등의 이미지를 고취시키기 위한 방안으로는 적합하지 않다.

(3) 장소

스포츠 마케팅에 있어서 장소(place)는 스포츠제품의 생산과 소비가 이루어지는 지리적 공간으로서 경기장이나 스포츠센터와 같이 스포츠상품이나 서비스의 실질적인 유통이 이루어지거나 일정 지역에 스포츠상품이나 서비스를 제공하는 곳을 의미한다. 스포츠산업에서 장소나 유통기능은 다른 산업과 차이가 있다. 즉 스포츠용품 산업을 제외하면 스포츠제품은 기본적으로 스포츠활동을 통하여 생산과 소비가 이루어지기 때문에 스포츠활동이 행해질 수 있는 장소가 없으면 스포츠제품의 판매와 구매가 불가능해져 마케팅 행위 자체가 성립되지 않는다.

일반적으로 스포츠 마케팅에 있어서 장소에 영향을 미치는 요인으로서 접근성, 매력성, 실용성 등 세 가지가 있다. 접근성은 스포츠 소비자가 스포츠제품을 얼마나 편리하고 용이하게 구매할 수 있는가 하는 지리적 위치와 관련된 요인이다. 지하철, 버스 등과 같은 대중교통 이용의 편리성, 교통요금과 소요시간, 자가용 고객을 위한 충분한 주차공간의 확보 여부, 그리고 쾌적하고 안전한 주변 환경의 조성여부 등은 스포츠 소비자의 제품 및 서비스의 구매결정에 결정적인 요인이 된다. 매력성은 경기장의 규모나 시설의 현대화와 건축미를 의미한다. 실용성은 스포츠제품의 생산과 소비가 이루어지는 장소를 생산자(선수나 참가자)나 소비자(관중)가 얼마나 효율적으로 활용할 수 있는가를 의미한다. 예컨대 잠실종합운동장 메인 스타디움의 경우 시설의 외양은 뛰어나나 축구경기를 관람하기에는 효과적이지 못하다.

(4) 가격

가격price은 소비자들이 제품이나 서비스를 구매하고 지급하는 화폐가치를 의미하는 것으로서 단순히 유형적 제품뿐만 아니라 이에 부가되는 여러 서비스나 제품을 구매함으로써 얻을 수 있는 효용과 가치를 포함시켜 결정된다. 가격은 수요가 탄력적인 시장에서는 구매에 큰 영향을 미치도록 가장 쉽게 조작이 가능한 가변 요소일 뿐만 아니라 대부분의 영리조직이 추구하는 이익의 계량적 표현으로서 입장료, 시설 이용료, 강습료, 임금, 수수료, 이자 등도 모두 가격의 한 형태이다. 스포츠산업에서 입장료나 회비의 형태를 띤 가격은 스포츠 소비자들이 스포츠제품이나 서비스에 대해 지각하는 가치의 표현일 뿐만 아니라 그들이 구매함으로써 충족할 수 있다고 생각하는 욕구의 표현이다. 따라서 제품의 무형적인 속성을 중시하는 스포츠제품의 가격은 다른 여러 소비용품이나 산업용품과는 달리 소비자의 생활수준에 의하여 큰 영향을 받기 때문에 신중히 결정되어야 할 필요가 있다.

스포츠 마케팅에 있어서 가격은 여러 가지 요인에 의하여 영향을 받는다. 입장권 판매의 경우 할인제도, 쿠폰제도, 각종 판매촉진 요소들에 의하여 가격이 통제되고 변동될 수 있다. 또한 TV 중계권이나 스폰서십 패키지의 가격 책정도 동원 관중수나 매체 노출량 등에 따라 좌우되기 때문에 여러 가지 요소를 감안한 가격 전략이 수립되어야 한다.

4) 스포츠를 마케팅 도구로 이용하는 이유

기업이 스포츠에 깊이 개입하는 이유는 무엇보다 현대 스포츠가 기업에 유·무형의 경제적 파급효과를 안겨 주기 때문이다. 즉 오늘날 기업소속의 운동선수 및 기업운영·지원의 스포츠 팀은 장기적 마케팅 전략의 중요한 수단이 되고 있는데, 특히 경제가 다원화되고 다국적 기업활동이 점차 활발해지면서 기업의 스포츠참여는 매우 다양화되어 가고 있다. 이처럼 기업들이 적지 않은 비용을 들여가면서 스포츠를 마케팅 도구로 이용하는 이유는 다음과 같은 여러 가지 긍정적인 효과를 얻을 수 있기 때문이다(김종, 1998).

첫째, 스포츠는 독특한 광고 노출효과를 갖는다. 즉 경기대회의 이름에 스폰서 이름을 넣는 타이틀 스폰서나 선수 유니폼이나 의상에 스폰서 광고를 넣는 경우, 그리고 경기장에 광고판을 설치함으로써 스폰서에게 방송망을 통한 노출이라는 이중의 가치를 제공한다.

둘째, 스포츠는 소비자들에게 파고드는 능력이 뛰어나다. 일반 소비자들은 매일 5,000여 가지의 광고를 의식 또는 무의식적으로 접하게 된다. 이러한 광고홍수 속에서 현대인들은 광고 불감증이나 광고 기피증을 나타낼 정도로 광고에 식상해져 있다. 그러나 어느 한 선수의 홈런 신기록을 기대하고 경기장을 찾는 관중들은 그 선수의 헬멧에서 빛나는 광고를 무의식중에 수십 번씩 반복해서 보게 된다. 또한 TV 시청 중 광고가 나오면 채널을 돌리는 시청자들도 경기 중에 방송되는 광고판이나 선수들 유니폼과 용품에 새겨진 광고를 피할 수가 없다. 바로 이와 같은 이유 때문에 스포츠를 이용한 광고는 더욱 수용적이 된다.

셋째, 스포츠는 기업에게 여타의 다른 홍보수단에 비하여 대중과의 자연스러운 밀착기회를 보다 많이 제공해 준다. 이러한 측면에서 기업은 소속 운동선수 및 스포츠 팀이 스포츠경기를 통해 방송전파를 타고 대중들에게 노출됨으로써 자사 홍보효과를 극대화하고 제품 판매를 증대시킬 수 있다. 또한 기업은 소속 선수 및 팀이 국제대회에서 우승함으로써 국위선양에 앞장서고 있다는 사실을 부각시키고, 지역사회 스포츠 단체 및 경기를 후원함으로써 기업이익을 지역사회에 다시 환원시키는 노력을 지역사회 주민에게 보여 자연스럽게 홍보 효과를 얻을 수 있다.

넷째, 스포츠는 종업원의 사기진작 및 생산성 향상을 가져올 수 있다. 기업의 스포츠 팀 운영은 다각적인 측면에서 종업원의 사기를 앙양시켜줌과 동시에 기업의 효율성을 향상시키는 중요한 수단이 되고 있다. 즉 기업은 스포츠 팀 운영을 통해 자사의 제품 매출과 관련된 직접 효과를 겨냥할 뿐만 아니라 종업원의 사기를 드높여 주는 간접 효과마저 이룩한다는 것이다. 특히 과거 경제발전 시대에 있어서 스포츠가 국민의 사기진작과 대통합을 이루는데 크게 공헌하였듯이 오늘날 각 기업이 육성하는 운동선수 및 스포츠 팀의 활동은 경제위기의 여파로 저하되어 있는 직원의 사기, 애사심, 그리고 응집력 제고는 물론 나아가 근로현장의 노동력 제고 및 생산성 향상의 중요한 기능을 수행함으로써 국난극복의 전기를 마련하는데도 크게 기여하게 된다.

다섯째, 스포츠 후원은 기업의 제품 이미지를 제고시킬 수 있다. 기업은 소유구단 및 소속선수의 활약상과 자사 제품의 우수성을 동일화시킴으로써 상품 이미지를 제고시켜 소비자들의 구매욕구를 자극하여 소비를 촉진시킬 수 있다. 이와 관련하여 스포츠 마케팅 전문가들은 스포츠 마케팅을 통한 제품 이미지 제고가 저가의 상품 이미지를 고급 브랜드로 도약시킬 수 있는 지름길이라고 주장한다.

여섯째, 각종 스포츠행사 협찬 비용에 대한 세제 혜택을 받을 수 있다. 기업은 올림픽 및 월드컵 등의 대회에 제공하는 재화와 용역의 소요비용에 대해 세금공제 혜택을 받을 수 있다. 특히 우리나라의 프로스포츠가 발전할 수 있었던 이유는 프로구단의 적자를 보전해 주는 모기업의 지원금에 대한 세금혜택 법규가 프로스포츠의 출범과 함께 제정되어 있었기 때문이다.

5) 스포츠를 이용한 마케팅의 유형

일반기업에서 스포츠를 이용하여 마케팅을 하는 방법은 직접사업과 간접사업의 두 유형이 있다. 직접사업은 크게 방송후원broadcasting sponsorship, 행사후원event sponsorship, 스포츠 단체, 팀 및 선수후원, 그리고 매체상품화media merchandising 등 네 가지가 있으며, 간접사업에는 광고이서advertising endorsement와 제품이서product endorsement가 있다(박현종, 1998).

방송후원은 특정 후원회사가 방송사와 계약체결을 통하여 특정경기 전체나, 특정경기 또는 특정 팀이나 선수와 관련된 방송중계의 모든 광고 혹은 그 상당 부분을 독점 지불하는 계약의 형태이다. 행사후원은 후원회사가 특정경기의 전체 비용 또는 상당 비용을 지불하는 형태이다. 여기에는 대회명칭 후원title sponsorship, 공식 후원official sponsorship, 공식 공급official supply 및 공식 상품화권official license 등이 포함된다.

스포츠 팀이나 선수후원은 특정 선수가 자사의 제품을 경기에 활용하거나 후원업체임을 명시하는 대가로 상당 비용을 후원하는 형태이다. 매체 상품화는 스포츠 단체나 대회의 경기장 안에 광고판, 스코어 보드, 인쇄물, 비행선이나 대형풍선 등에 특정 기업이 광고를 하는 대가로 상당 비용을 후원하는 형태이다.

스포츠를 이용한 마케팅 중 간접사업은 보통 이서endorsement라고 한다. 이서는 스포츠계의 스타플레이어를 특정제품의 판촉요원이나 이벤트의 홍보요원으로 활용하는 대가로 현금이나 주식지분 또는 매출액에 따른 로열티loyalty를 선수에게 지불하는 것으로서 광고 이서와 제품 이서가 있다. 광고이서는 특정 선수나 팀, 단체를 자사 제품의 광고에 등장시켜 적절한 효과를 얻는 방법이다. 제품이서는 운동선수, 팀 및 스포츠단체를 언론매체를 통한 제품광고에 이용하는 대신에 이름, 사인, 로고, 심벌, 얼굴사진 등을 기업이 판매하는 제품에 부착하여 판매하는 방법이다.

참고문헌

김광회 외 4인(1992) 운동생리학. 서울 : 태근문화사.

김 종(2005) "'스포츠산업진흥법' 왜 필요한가?" : 스포츠비지니스 제53권.

김 종 외 5인(1998) 한국 스포츠마케팅 발전과제 연구. 서울 : 한국체육과학연구원.

박진경(2000) 스포츠마케팅. http://www.sm21c.co.kr/.

박현종, 박영옥(1998) 스포츠마케팅의 활용을 통한 경기단체 및 대회 활성화 전략에 관한 연구. 서울 : 한국체육과학연구원.

유병한(2005) "'스포츠산업진흥법' 제점 早早益善" 스포츠비지니스 제53권.

이강평, 김대권(1991) 운동생리학. 서울 : 보경문화사.

임번장(1989) "스포츠 사회학의 주요 이론적 모형", 한국체육학회보.

임번장(1994) 스포츠 사회학 개론. 서울 : 동화문화사.

조명진(1991) 스포츠 생리학. 서울 : 계축문화사.

채홍원(1992) 운동생리학. 서울 : 형설출판사.

Coakley. J. J.(1986) Sport in society : Issues and Controversies (3rd ed), St. Louis, MI : C. V. Mosby.

Donald Chu(1982) Dimensions of sport study. John Wiley and Sons. Inc. Skidmore College.

Eitzen, D. S., Sage. G. H.(1978) Sociology of American sport. Dubuque. IW: Wm. C. Brown

Lever. J. (1976) "Sex differences in the games children play", Social Problems, 23.

Loy, J. W., Mcpherson, B. D. and Kenyon, G. S.(1978) Sport and social systems. Reading. MA : Addison-Wesley.

Mcpherson, B. D.(1975) "Past, present and future perspective for research in sport sociology", International Review of Sociology of Sport, 10(1).

Mcpherson, B. D. and Kenyon, G. S.(1974) "An approach to study of sport socialization", IRSS. 9.

Siedentop, D.(1990) Introduction to Physical Education, Fitness, Sport, California : Mayfield Publishing.

Tuner, J.(1979) Functionalism. Menlo park. CA : Benjamin / Cummings.

문제

11 미래 스포츠의 전망

미래 사회가 현재에 비해 보다 급속한 변화가 있으리라는 것은 쉽게 짐작할 수 있는 문제이다. 그러므로 우리는 많은 기대를 가지기도 하지만 한편으로는 미래를 두려워하기도 한다. 미래사회의 변화는 이루고자 하는 방향으로 사회적 조건을 맞추려는 인간들의 노력과 현실적인 문제와의 융합에 의해 결정된다. 따라서 미래 사회에서의 스포츠도 운명이나 미래학자, 컴퓨터의 예측, 초자연적인 힘 등에 의해 미리 결정되어져 있지 않다. 변화는 인간의 융합된 행위들에 의해 창출되므로 미래의 스포츠도 미리 결정된 형태를 따라 변화하지 않을 것이라는 것을 의미한다. 스포츠에서의 변화는 인간이 원하는 형태의 선택 여하에 따라 결정될 것이다. 그러한 선택은 사회적 상황에 따라 제한될 것이며 스포츠에 대한 인식과 평가에 의해 유도되어질 것이다.

* 이 내용은 스포츠사회학 세미나(1991)에서 논의된 「미래사회와 스포츠」, J. J. Coakley의 저서(1982) 「Sport in Society」, 그리고 이종영의 논문(1993) 「후기 산업사회와 스포츠사회학」 등에서 발췌 요약되었음.

1. 미래사회의 전망

현대사회에서는 급격한 변화가 어디에서나 빈번히 일어나고 있다. 현재보다는 미래가 보다 많은 변화를 가져올 가능성이 높다. 그러나 혹자들이 예견하는 것처럼 미래가 그렇게 신속하고 극적으로 전개되지는 않을 것이며, 미래사회의 변화는 사회구성원들의 행위와 사회 상황간에 이루어지는 조화적인 힘에 의해 그 폭과 속도가 결정된다고 하겠다. 이러한 맥락에서 볼 때, 결국 미래사회는 지금까지 진행되어 온 사회 변동의 연속선상에서 다음과 같은 변화가 있을 것으로 전망된다.

첫째, 과학기술이 고도로 발전할 것이다.

지난 두 세대 동안 이루어졌던 과학기술의 혁신은 앞으로 더욱 가속화, 첨단화될 것이 분명하다. 이와 같은 과학기술의 급속한 발달은 경제적 윤택과 생활의 편의를 제공해주지만 환경오염이나 천연자원의 고갈에 대한 공포와 도덕적 가치관의 혼란 등을 초래할 수 있는 양면성을 지니고 있다.

둘째, 지식과 정보가 폭증할 것이다.

과학기술의 혁신에 수반하여 일어나는 지식과 정보의 폭발적인 증가는 자연과학뿐만 아니라 사회과학, 인문학, 그리고 인간 움직임을 다루는 스포츠과학에도 많은 영향을 미칠 것이다. 그러나 지식의 증가는 이러한 긍정적인 측면을 내포하고 있는 반면 사회 구성원들에게 증가된 지식과는 별도로 소외감을 느끼게 할 가능성이 있다.

셋째, 고령화 사회가 도래할 것이다.

체육활동의 내용과 방법은 사람들의 연령이나 성별에 따라 달라지기 때문에 인구구조의 변화는 중요한 정책환경으로 작용한다. 인구구조의 변화 중 가장 두드러진 것은 평균 수명의 빠른 증가로 초래될 고령화 사회*의 문제이다. 이러한 고령화 사회는 노인인구의 비중이 증가하면서 사회 · 경제적인 구조에 많은 변화를 초래한다. 2002년 통계청에 따르면 전체 인구 중에서 65세 이상의 노인인구가 차지하는 비중이 2000년에는 7.2%였지만, 2010년에는 10.7%, 2020년에는 15.1%, 그리고 2030년에는 23.1%로 급증하여 2030년에 이르면 인구 4명중 1명은 65세 이상의 노인이 될 것으로 전망하고 있다. 이외에도 급속한 도시화나 사회조직의 다양화, 그리고 제도적 혼란현상 등이 초래될 가능성이 있으며, 이러한 변화들로 인해 미래사회의 개인들은 전반적인 제도와 가치규범의 혼란 속에서 삶의 의미를 재정립하지 않을 수 없는 상황에 처할 수 있다.

2. 미래 스포츠의 형태

2000년대의 스포츠는 어떻게 될 것인가? 이러한 의문은 1970년대 중반 Sport Illustrated의 집필가인 William O. Johnson에 의해 제기되었다. 그는 사회학자와 미래학자의 견해를 분석한 결과 미래 스포츠는 기교스포츠technosport와 자연스포츠ecosport의 두 가지 형태가 될 것이라고 결론지었다.

W. O. Johnson에 의하면 '기교스포츠'는 과학기술과 경쟁스포츠의 결합에 연계되어 있고, '자연스포츠'는 인간의 자유에 대한 욕구, 사회적, 자연적 환경에의 조화, 신체활동에 참여하는 대중의 일부분이 되려는 욕구 등의 결합에 관련되어 있다. 미래 스포츠의 두 형태가 서로 전혀 상이함에도 불구하고, W. O. Johnson은 서구사회의 상황과 지배적인 가치관에 의해 자연적으로 발전된 논리적 결과로서 서술하고 있다. 그러나 기교스포츠와 자연스포츠 모두 극단적인 형태는 현재의 스포츠에 대한 파괴를 전제하고 있다.

* UN은 연령구조에 따라 한 국가의 인구유형을 세 가지로 분류하고, 65세 이상의 노인인구가 전체 인구에서 차지하는 비율이 4% 미만인 국가를 유년 인구국(Young population), 4-7%인 국가를 성년 인구국(mature population) 7% 이상인 국가를 노년 인구국(aged population)이라고 함. 또한 '고령화 사회(Aging society)'는 전체 인구에 대한 노인인구의 비율이 7% 이상인 사회를, '고령사회(Aged society)는 노인인구의 비율이 14% 이상,' 초고령사회(Super-aged society)는 20% 이상인 사회를 지칭함.

1) 기교스포츠

스포츠와 과학기술의 결합은 새로운 것이 아니다. 과학기술은 운동선수의 경기력을 향상시키고, 관중의 참여를 확대시키며 스포츠를 보다 흥미롭게 하는데 이용되어져 왔다. 미래에는 과학기술이 운동선수들에게 초인간적인 근력과 지구력을 가져올 수 있도록 하는 화학적, 기계적 방법을 제공하게 될 것이다.

기계화된 신체부위가 경기력의 향상을 위해 이용될 수 있다. 예를 들면, 보다 효율성 높은 심장이 지구력 향상을 위해 이용될 수 있다. 신경계에 연결된 휴대용 충전 찜질 팩을 이용하여 타박상에 의한 고통을 느끼지 않게 함으로써 운동 상해가 최고 수준의 경기력을 발휘하는데 장애가 되지 않도록 한다. 통신기술 덕분에 관중들은 작전지시, 락카룸, 심지어는 선수의 가정 등 개인적 프라이버시까지 침투하게 된다.

경기 중에 느끼는 선수의 정서적 경험이 대리 참가의 형태를 원하는 팬들에게 전자 방식에 의해 전달된다. 그러나 미래의 스포츠가 단순히 기술적 가능성의 결과에만 의존되지는 않을 것이다. 그 이유는 과학기술과 스포츠의 결합이 선수와 관중들에게 스포츠 경험의 중요한 부분을 파괴할 수 있는 잠재력을 지니고 있기 때문이다. 기교스포츠는 과학기술과 스포츠의 결합이라는 차원 이상의 무엇을 포함하고 있다.

기교스포츠는 경기를 보다 예측 가능한 것으로 하는 계획성과 함께 증가된 조직력을 포함하고 있다. 극단적인 형태의 기교스포츠는 완벽한 경기를 위해 실수, 실책, 실패, 실망 등과 같은 '인간적인' 요소들을 배제한다. 이는 인간의 잠재력이 외부의 지시와 통제에 의해서만 발휘된다는 생각에 기초를 두고 있는 것이다. 스포츠에 대한 이러한 접근 방식은 창조의 가능성을 파괴할 뿐만 아니라, 사전에 계획된 행동 중 우연적이며 예상치 못한 돌발적 상황에서 나타나는 놀이의 기본적인 요소인 자유성, 자발성, 표현성 등을 감소시킨다. 그러나 다행스럽게도 선수와 관중들이 이러한 형태의 변화를 받아들이고 있지 않는 것 같다. 선수나 관중 누구도 조련사와 기술자간의 경쟁으로 축소된 경기에 흥미를 느끼지 않을 것이다. 인간의 자발성과 표현성이 결여된 경기에 참가하는 로보트 같은 선수와는 자신이 동일시될 수 없기 때문에 선수들은 이러한 경기에서의 인질이 되기를 거부하며 관중들은 이러한 경기를 보고 싶어하지 않을 것이다. 기교스포츠의 발전은 기교스포츠가 선수에 대한 관중의 동일시를 방해하는 한 제한될 가능성이 있다.

관중의 관심은 근본적으로 그들이 주시하고 있는 선수들이 자신들과 본질적으로 비슷하다는 사실에 기초를 두고 있다. 운동선수들도 강박감을 느끼고, 승패에 대해 감정적으로 반응하고, 실수를 저지르고, 성공을 위해 노력하고, 경기력의 발휘가 잘되는 날이 있는 반면 그렇지 않은 날도 있다. 이러한 인간의 본질적인 면은 팬의 흥미를 유지하는데 결정적이다. 사람들은 과학기술의 산물로 조정된 선수들을 자신들과 동일시하는데 흥미를 느낄 것 같지는 않다. 스포츠는 경기하는 사람과 관람하는 사람 사이에 유사성이 있기 때문에 성공할 수 있다. 과학기술이 이러한 유사성을 흐리게 한다면 관중의 흥미는 감소될 것이다. 이러한 점이 기교스포츠의 도래를 방해하는 근본적인 장애물이다.

2) 자연스포츠

기교스포츠가 관중과 우수선수에게 영향을 미치는 변화 양상이라면, 자연스포츠는 대중의 참여형태에 영향을 미치는 변화 양상이다. 자연스포츠는 점차 보다 많은 사람들이 그들의 자유시간을 스포츠와 관련된 활동에 참가할 것이라는 가정을 기초로 하고 있으며, 그에 대한 참여는 근본적으로 자연적이고 자발적이며 놀이 형태의 활동이라고 특징지울 수 있다. 또한 자연스포츠에서의 경기는 개방적이고, 유동적이며, 때로는 경계와 점수 기록판도 없으며, 흔히 경기의 끝과 중간 또는 승패의 결정이 없는 형태로 진행된다.

George Leonard는 자연스포츠가 참여자에게 복잡하고 고도로 구조화된 작업환경에 대처할 수 있는 방법을 제공한다고 주장한다. 자연스포츠는 인간을 일로부터 구원해 주며 구조를 지나치게 강조하고 참여가 수동적으로 이루어지던 전통적인 여가활동에 대한 대안을 제시하고 있다. 자연스포츠의 형태는 하이킹, 사이클링, 등짐지기, 오리엔티어링, Fisbee(플라스틱 원반던지기), 또는 걷기, 달리기, 뜀뛰기, 던지기, 균형 잡기, 기초적인 텀블링 등과 같은 변형된 신체활동들을 포함하고 있다. 중요한 것은 자발적인 행위이며, 활동 그 자체가 규칙준수에 우선한다는 점이다.

자연스포츠에 대한 철학과 참여가 증가할 것이라는 W. O. Johnson의 예언은 정확한 것이다. 이러한 방향으로의 변화가 이미 일어나고 있다. 그러나 자연스포츠가 2000년대를 맞아 현재의 스포츠 형태들을 대신할 것인가에 대해서는 의문의 여지가 있다. 자연스포츠는 agon과 같은 스포츠 경험의 본질적인 차원을 잃어버리고 있다. agon은 스포츠에서 경쟁성을 의미하며, 투쟁성 또한 포함하고 있다. 경쟁은 여러 형태의 신체활동과 스포츠를 성립시키는 결정적 요인이다. 만약 스포츠에서 agon의 요소를 배제排除하게 되면, 스포츠 경험을 통한 도전이 전반적으로 변화하게 된다. 이는 더 이상 능력에 대한 테스트나 우수성에의 추구를 포함하지 않게 된다. 자연스포츠는 놀이의 요소를 고도로 조직화된 스포츠 활동으로 전환시키려는 인식과 요구는 확실하지만, 대부분의 사람들은 경쟁성과 투쟁성이 배제된 스포츠 활동으로의 변화에는 반대할 것이다. 사람들은 신체활동의 참여를 통하여 개인적으로 다양한 경험을 하지만, 대부분의 참가자들은 끊임없이 자신의 능력을 다른 사람과 겨루어 보거나, 어떤 성취 기준에 비교하는데 관심을 갖고 있다. 서구사회의 지배적인 가치관은 계속적으로 결과, 경쟁, 성취, 우수성의 추구 등을 강조할 것이다.

3. 미래 스포츠의 전망

기교스포츠나 자연스포츠와 같은 새로운 스포츠의 형태가 나타난다는 것은 흥미 있는 전망이다. 그러나 20세기를 보내고 21세기를 맞는다고 해도 스포츠의 기본적인 구조에 있어 중요한 변화가 있을 것 같지는 않다. 다양한 스포츠 활동에의 참가 인구가 증가할 것이고, 대중 스포츠가 점차 발전될 것이지만 스포츠의 조직과 스포츠 경험의 본질은 근본적으로 동일하게 남아있을 것이다. 미래 스포츠에 대한 일반적인 견해는 급진적인 변화를 예언하지 않고 일반적인 사회적 상황 및 관계변화와 맥락을 같이하게 될 것이다. 지난 세대의 팬이나 운동선수와 마찬가지로, 일반대중 역시 경기기록과 점수에 흥미를 갖고 있다. 아직도 일반대중은 계획된 노력과 전문 기술을 통한 합리성, 고된 훈련, 우수성 추구, 목표성취 등에 가치를 두고 있다. 스포츠 참가는 여전히 성격 형성, 국가적 위신, 애국심 등과 관련이 있으며, 사업적

이해 관계에 기초를 두고 재정적 이득 또는 정치적 결과를 얻기 위해 오락의 형태로서 후원된다.

이와 같은 맥락 하에서 미래 스포츠의 변화는 현재의 스포츠가 지니고 있는 세속화, 대중화, 전문화, 합리화, 조직화, 수량화, 기록화 등의 특성들이 다음과 같이 확대된다는 것을 의미한다.

- 세속화 : 스포츠에 있어 물질적, 오락적 가치를 더욱 강조하게 될 것이다.
- 대중화 : 사회적 배경에 관계없이 많은 사람들이 스포츠 활동에 참가할 수 있도록 스포츠 경쟁을 개방하려는 시도가 보다 증가할 것이다.
- 전문화 : 경기력을 향상시킬 수 있는 전문화된 기술, 전략, 용구 등이 더욱 발달할 것이다.
- 합리화 : 스포츠 경기 규칙을 정비하고 선수들이 이에 대비할 수 있도록 하는 보다 과학적인 방법이 사용될 것이다.
- 조직화 : 스포츠활동을 후원 · 통제 · 관리하기 위한 조직 구조가 더욱 확대될 것이다.
- 수량화 : 팀과 선수 개인의 성적에 관한 통계자료가 보다 많이 발간될 것이다.
- 기록화 : 각종 기록을 수립하거나 경신하려는 요구가 더욱 높아질 것이다.

위에서 논의된 미래스포츠의 변화는 전혀 새로운 것이 아니며, 산업기술 사회에서 일어나는 중요한 변화와 밀접하게 관련되어 있다. 결국, 미래사회에서는 보다 많은 사람들이 스포츠활동에 참가할 것이 예견되지만 그들 역시 오늘날과 매우 유사한 방식으로 스포츠를 경험하게 될 것이다.

한편, 미래사회의 중심적인 특성으로 부상하는 여가의 증대 현상은 사회의 근본적인 구조적 변화로 인하여 산업사회에 존재해 왔던 여가와는 특성을 달리한다. 즉 수단적 가치를 지향하며 행해졌던 현대 산업사회의 여가활동이 미래사회에서는 그 자체의 가치를 추구하는 자기 충족적 가치를 지향하게 된다. 현대사회에서의 여가와 스포츠는 노동과 같이 전개되고 일을 위한 도구적 가치로서 중시되었지만 미래사회에서는 일이 스포츠활동의 기회와 만족을 위해서 존재하는 변화를 겪게 될 것이다. 여가활동의 전개방향 역시 개인주의적이며 개방적이고, 대중적이며 자유방임적이고, 평등적이며 자율적인 형태를 띄게 될 것이다. 스포츠는 여가활동을 대표하는 영역으로 행해지기 때문에 이러한 여가활동의 전개방향은 스포츠 현상의 변화하는 추세를 반영하는 것이다.

위와 같은 유추적인 예측이 자연스럽게 시사하고 있는 바는 미래사회에서의 스포츠활동은 양적으로 팽창하고 질적으로 인간의 개인적 삶에 기여하는 정도가 높아진다는 사실이다. D. Bell에 의하면 미래사회에서는 경제부문의 구조변화에 따라 스포츠가 여가산업으로 사회의 중심적 역할을 수행할 것이며, 중심직업이 전문기술과학자로 전환되면서 스포츠 전문가 역시 정보와 지식을 생산하고 통제하는 역할을 할 것이고, 스포츠의 정보 의존도가 높아지고 인본주의적 경향이 증대될 것이다. 또한 스포츠 행동의 연구가 실증주의적 경험주의에서 다양한 시스템 방법으로 전환될 것이며, 시간적인 조망에서 장기적 예측이 중시된다는 것이다. D. Bell이 주장한 구체적인 변화양상은 [표 11-1]과 같다.

[표 11-1] 시대 변화에 따른 스포츠의 변화 양상

구 분	산업사회 이전	산업사회	후기 산업사회
경제부문	스포츠의 부재	신체적, 심리적 재생을 위한 스포츠	스포츠자체가 산업의 중심 부문화
중심직업	신체활동에 부정적	스포츠 직업이 보조화	중심직업으로 스포츠 직업의 전문기술 과학자화
테크놀로지	놀이형태의 신체활동	에너지 의존적 스포츠	정보의존적 스포츠
게임형태	자연을 극복하는 게임	제조물을 극복하는 게임	인간들 사이의 게임
방법론	상식과 경험	경험주의와 실험	추상이론 : 모델, 실험모사 결정이론, 시스템 분석
시간적 전망	전통적 놀이	근대 스포츠	새로운 스포츠의 출현
기본원리	전통주의 : 자연발생적 스포츠	스포츠발달 : 투자와 통제의 중요성	이론적 지식의 중심성과 코드화에 의한 변화

Bell이 제시하는 미래사회의 스포츠에 관한 이론은 A. Toffler가 주장하는 정보화 사회의 이론과 매우 흡사하다. 미래사회에서 스포츠가 변화하는 방향을 Toffler의 정보화 사회 이론에 근거하여 예측하면 [표 11-2]와 같다.

[표 11-2] 산업사회와 정보화 사회의 비교를 근거로 한 후기 산업사회의 스포츠 변화양상

구 분	산업사회	정보화 사회(제3의 물결)
생산과 소비	프로 스포츠의 발달	참여 스포츠의 발달
에너지의 의존	에너지 고의존 스포츠 발달	에너지 저의존 스포츠 발달
주요산업과 생산방식	스포츠의 공해 유발 엄격한 규칙의 대중 스포츠	스포츠와 공해 무관 개성있는 개인스포츠
과학기술과 노동의 특징	결과의 결정이 신체적 능력에 의존	결과의 결정이 정보와 지식에 의존
생활과 문화	규격화된 소수의 스포츠발달, 물질적 생활수준향상의 유용성	탈규격화된 다양한 스포츠 발달, 정신적 욕구 충족의 유용성
미디어	획일화된 대중스포츠 방영	소규모의 다양한 개인 스포츠 방영
지배적 6원칙	표준화, 분업화, 동시화 집중화, 극대화, 중앙집권화	탈표준화, 탈분업화, 탈동시화, 탈집중화, 탈극대화, 탈중앙집권화
국가와 정부	체제의 우월성 경쟁에 의존	복지를 위한 스포츠

지금까지 논의된 미래 스포츠의 변화에 대한 예측은 도전challenge이라는 맥락에서 받아들여 질 수 있다. 변화는 변화를 원하는 사람들이 실제로 변화를 일으킬 경우에만 가능한 것이다. 스포츠의 의미가 개인적 차원이나 사회적 차원에서 바뀌어 질 수 있으며, 스포츠 참가의 새로운 목표를 세우거나 이를 달성하기 위한 새로운 조직을 만들 수도 있다. 또한 스포츠를 단순히 현 사회를 반영하는 것 이상의 어떤 것으로 만드는 것도 가능하다.

4. 미래 스포츠의 연구 과제

스포츠가 지닌 중요성이 날로 증가함에 따라 사람들은 현재의 스포츠와 앞으로의 가능성에 대해 보다 주의 깊은 예측을 하게 된다. 실제로 1960년대 후반부터 1970년대 중반에 이르기까지 변화의 필요성에 대한 논의가 있어 왔다. 미래 스포츠에 대한 대부분의 논문들이 이 시기에 발표되었다. 그러나 많은 연구들이 스포츠가 변화해야 될 모습과 이러한 변화를 가능케 하는 방법을 제시하는데 실패하였다. 변화가 일어나기 위해서는 실제적인 전략들을 동반한 혁신적인 대안이 필요하며, 이들 전략은 효과적으로 실행에 옮겨져야 한다.

변화에 대한 접근 방법에는 '혁신주의' 와 '급진주의' 의 두 가지 형태가 있다. 혁신주의자는 여성과 소수민족에 대한 차별, 폭력, 선수의 이용, 속임수, 불공정한 상업행위, 약물복용, 승리에 대한 지나친 강조, 과도한 금전주의와 국가주의 등 스포츠의 제반 문제들을 일소하는데 관심을 두고 있다. 다시 말하면, 그들은 스포츠의 평등, 정의, 발달의 기회 등과 같은 문제들에 관심을 갖고 있다. 반면 급진주의자들은 스포츠내의 문제들을 해결하는 것보다는 스포츠 자체의 본질을 변화시키는데 더 큰 관심을 갖고 있다. 즉 그들은 스포츠 경험의 새로운 모형을 설정하고 새로운 스포츠 조직을 만들기를 원한다.

현대 산업사회에서 스포츠가 급진적인 변화가 일어나야 한다고 생각하는 사람은 상대적으로 적다. 혁신주의자들은 스포츠의 본질에 대해서는 대부분 혁신지향적이라기보다는 오히려 보수적인 성향이 강하다. 즉 그들은 현재 상태의 스포츠가 그대로 유지되기를 원한다. 보수주의적 입장에서 볼 때, 사회의 다른 분야와 마찬가지로 스포츠에서의 변화 역시 전통적인 제한이나 경험, 그리고 조직적 구조 등을 강화하는 것에 지나지 않는다고 할 수 있다. 다시 말하면, 기존의 상태를 강화하는 것이 모든 문제를 가장 잘 해결하는 길이라는 것이다. 이러한 성향을 지닌 사람들은 혁신주의자의 생각에 대해 회의적이며, 또한 급진주의를 우려하고 있다. 그들은 양쪽 모두를 반대한다. 이와 같은 반대 입장은 미래에서의 변화를 원하는 사람들이 직면하게 되는 도전의 일면이다. 반대를 극복하기 위해서는 미래에 대한 보다 폭넓은 전망이 필요하며, 정치적인 상황에 개입하고 실재 관념을 실현시킬 수 있는 권력과 자원이 요구된다. 이러한 상황에서 일어나는 상호작용의 결과에 따라 스포츠의 미래가 결정될 것이다.

현대사회에서 스포츠가 지닌 중요성이 증가함에 따라 사람들은 미래스포츠의 가능성에 대해 보다 주의 깊게 살펴보게 될 것이다. 아울러 급속한 사회변화에 따른 가치관의 혼란과 비인간화 현상을 초래하게 될 미래사회에 있어 이러한 문제점들을 해결하고 인간의 '삶의 질' 을 높일 수 있는 미래스포츠의 역할은 매우 중요한 것이다. 현대사회에서 나타나기 시작한 여가시간의 증가는 계속 확산될 것이며, 미래에는 보다 뚜렷한 여가활동의 요구들이 표출될 것이다. 이에 따라 대다수의 사람들이 앞에서 전망한 선수와 관중을 위해 고도로 조직화된 기교스포츠에서 자연적이고 놀이성이 짙은 자연스포츠에 이르기까지 다양하게 참여할 것이다. 이러한 전망을 토대로 볼 때 미래 스포츠가 자발성과 표현성이 상실된 기교스포츠나 경쟁성과 투쟁성이 상실된 자연스포츠의 극단적인 형태로 변화될 경우 참여자들에게 의미 있는 경험을 제공할 수 없다고 하겠다.

따라서 스포츠가 변화해야 될 새로운 모습을 보다 폭넓게 전망하고 이러한 변화를 가능케 하는 혁신적인 대안들이 제시되어야 할 것이다. 이를 위해 스포츠의 의미를 개인적 차원이나 사회적 차원에서 재조명해야 하며, 나아가 스포츠를 단순히 현대사회를 반영하는 것 이상의 어떤 것으로 만드는 것도 가능할 것이다.

5. 스포츠의 본질과 구조의 뉴 패러다임[1)]

1) 개관

'스포츠란 무엇인가' 라고 하는 문제는 너무나 보편적이어서 대부분의 사람들이 직관적으로 알고 있는 듯하지만 이를 명확히 규정하는 사람이 거의 없다고 보는 편

1) 이 내용은 김동규, 전용배(1999)가 『움직임의 철학 : 한국체육철학회지(7-2)』에 기고하여 게재되었음.

이 오히려 옳을지도 모른다. 스포츠가 문화의 한 형태로서 그 범위가 확대 팽창되긴 하였으나 스포츠의 범위를 어느 수준으로 정할 것인가에 대해서는 의견의 일치가 이루어지기 어렵기 때문이다. 축구 · 야구 · 농구 · 테니스 · 배드민턴 등의 활동을 스포츠로 분류하는 데에는 이론의 여지가 없을 것이나 "새벽에 노부부가 공원에서 배드민턴을 치는 것도 스포츠라고 할 수 있는가"에 대해서는 선뜩 대답하기 어려운 문제가 아닐 수 없다. 낚시 · 등산 · 하이킹 등도 스포츠인가? X-game, Hi-Tech Adventure와 같은 신종경기나 새로운 형태의 경기가 생성될 때 어떠한 기준으로 스포츠인지 아닌지를 구별할 수 있을까?

Slusher(1967)는 스포츠에 대한 정의설정을 거부하였다. 스포츠는 해석할 수 있는 규정적 용어의 수준을 넘어서고 있으며 식별 가능한 어떠한 실체도 가지고 있지 않다는 입장이다. 그러나 그의 주장은 부분적으로 타당하다고 볼 수 있으나 체육학자들에게 분석 가능한 실마리를 제공해 주지 못한다는 측면에서 비난을 받을 수밖에 없다. 최종적인 본질규명의 시도는 불가능한 것이라 하더라도 한 시대에서의 개념설정은 그 시대 학자들의 사명이며, 그러한 과정을 통하여 그 분야의 정체성이 확보될 수 있는 것이다.

'스포츠'라고 하는 언어는 다른 용어들처럼 어의語義의 변천과 발전을 통해 그 개념이 오늘날에 이르렀다. 시대의 변화와 함께 용어의 보편화된 정의도 생명력이 영구하지 못했던 것이다. 그리하여 이 장에서는 20세기말이라고 하는 현재의 상황에서 개념혼란 없는 효율적인 의사소통을 위한 한 장치로서 스포츠의 본질에 대한 비판적 담론의 장을 마련하고 그 구조적 틀을 설정해 보려고 한다. 이는 스포츠의 본질규명과 구조적 틀의 완성에 목적이 있다기보다는 문제제기의 차원에서 의미가 있다고 본다.

2) 스포츠 정의의 재해석 : 다양한 텍스트로의 이해

현상으로서의 스포츠는 역사 속에서 다양한 형태로 전개된다. 원래 스포츠의 어원은 중세 로만스어에서 출발하여, 불어동사 deporter나 desporter로 변해 남성명사 desport가 만들어졌다. 그 후 11세기경에 영국으로 들어가서 disport로 변형되었으며, 16세기경에 'sport' 라는 영어가 탄생되었다. 이와 같이 성립된 'sport' 란 용어는 영국으로부터 다시 프랑스로 역수입됨과 동시에 19세기 이후 독일, 미국, 일본, 한국 등에서 외래어로 유행하게 되었다.

'sport' 의 의미는 중세영어 '전용한다' '운반한다' 는 동사에서 유래되었으나 이는 개념이나 용어의 역사적인 맥락을 이해하는 데에는 도움을 줄 수 있지만 개념규정의 근거는 되지 못한다. 영국의 경우 테니스는 '게임' 의 하나라고 하면 이해가 되어도 '스포츠' 라고 하면 수긍하기 어려운 것이다. 그러므로 'sport' 에 대한 영국에서의 의미와 현재 한국에서 사용하고 있는 의미는 다를 수 있다. 중국의 경우에는 현재 'sport' 란 용어 없이 '體育' 이라는 용어가 이를 대변하고 있다. 그러므로 중국어 '體育 = 티위' 라는 용어는 경우에 따라 스포츠로 번역해야 한다. 스포츠는 그 나라의 특성이나 기호를 반영할 수밖에 없으며, 동일한 사회에서도 적용범위나 강조점이 다른 것이다.

학문의 보편성과 용어의 통일이라는 견지에서는 개념규정이 하나로 통일되는 것이 바람직하나 실제에 있어서 이는 부분적으로 차이가 있을 수밖에 없다. 결국 '스포츠' 라는 용어는 긴 세월을 통해 그 나라의 문화 속에서 용해되고 재창출되는 것이다. 단일화된 개념이나 정의를 인위적으로 설정하면 의사소통을 용이하게 할 수 있다는 장점이 있지만 각 나라의 언어와 문화 · 환경적 특성을 반영하기 어렵다.

이러한 입장은 스포츠의 사전적 의미에서도 나타나고 있다. 스포츠는 「Webster Encyclopedic Dictionary of the English Language, (1966)」와 「The American Heritage Dictionary of the English Language, (1981)」에서 pastime, amusement, game, diversion, merry-making, out of door recreation, indulge, fun, enjoyment 등의 개념으로 의미를 나타내고 있다. 스포츠를 유희성, 오락, 재미, 즐거움에 무게 중심을 두고 즐거움이 함축된 활동으로 보고 있음을 알 수 있다. 스포츠의 경쟁성과 관련된 성격은 'game' 에서만 찾아 볼 수 있다. 이 두 사전에서 경쟁성은 'athletics' 즉 '운동경기' 라는 용어에서 언급되고 있다.

스포츠에 대한 사전적 정의는 분명히 한계가 있음을 지적하고자 한다. 사전적 정의만으로는 그 시대의 스포츠에 대한 인식을 충분히 설명하지 못한다. 특히 Webster Dictionary나 American Dictionary의 스포츠에 대한 개념규정은 오늘날의 스포츠에 대한 인식을 더 이상 적용할 수 없음을 보여주는 한 단면이다. 유희성 못지 않게 경쟁성이 강조되는 현대 사회에서의 스포츠를 대변하지 못하고 있는 것이다. 스포츠라는 용어는 우리 문화와 기호 속에서 용해되어 재해석되어야 함을 의미한다.

서양 학자들이 주장한 스포츠의 정의에서도 스포츠의 의미에 대해 다양한 텍스트로서 접근되고 있음을 발견할 수 있다. 몇몇 학자들이 설정한 스포츠의 정의를 보면 다음과 같다.

- Singer(1976) – 스포츠는 특정의 행정적 조직과 관계되며, 인간행동의 목적을 정의하고 그것의 유형을 제한하는 규칙의 역사적 배경이다.
- Aspin(1969) – 스포츠는 유희에 포함되고 일상생활과 유리된 것이다. 도덕적인 것은 아니고 특수한 목표를 달성하기 위해 질서 있는 운동의 형을 갖고 참가자의 능력이나 도구, 장소, 시간, 계절 등에 따라서 제한을 받는다.
- Edward(1973) – 상대집단을 패배시키는 것을 통해서 가치 있는 유형 혹은 무형의 자산을 가진 공식적으로 조직화된 집단을 대표하거나 또는 단체의 일원인 행위자에 의해서 수행되는 신체활동이다.
- McIntosh(1957) – 스포츠라는 말은 남, 여, 게임, 기분전환, 수렵, 투쟁, 농담, 혹은 식물의 이변까지도 포함한다. 스포츠는 너무 광범위한 개념이기 때문에 한정적으로 제한하는 것은 곤란하다.
- Guttman(1978) – 신체적 콘테스트contest로써 행해지는 경쟁적 게임으로서 조직화된 플레이다.
- Coakley(1986) – 스포츠는 그 참가가 내적 · 외적 요인들의 결합에 의해 지워지는 사람들에 의한 격렬한 신체적 노력 혹은 비교적 복잡한 신체적 기술의 이용을 수반하는 제도화된 경쟁적 활동이다.
- Deim(1956) – 스포츠는 진지하게 생각되고 규칙화되어 상호 경쟁되는 유희이다.
- Kenyon(1974) – 스포츠는 제도화되고, 경쟁적인 총체적 신체활동이다.
- Huizinga(1955) – 스포츠의 경쟁적 요소를 유희 속에 포함 시켜야 하므로 스포

츠는 유희적 경쟁으로의 발전이다.

- 국제스포츠평의회(ICSPE, 1968) – 스포츠는 유희의 성격을 가지고, 자기 또는 타인과의 경쟁 혹은 자연의 장애와의 대결을 포함하고 있는 운동이다.

위에서 제시된 스포츠의 정의는 시대와 문화적 관점에 따라 다양한 편이나 이는 크게 두 유형으로 특징이 구분될 수 있다. 즉 Huizinga, McIntosh, Aspin 등의 유럽 학자들이 '유희성' 에 초점을 맞추었다면, Keyon, Edwards, Coakley 등의 미국학자들은 유희적 요소에 '경쟁성' 의 개념을 추가하였다. 이러한 현상의 기저에는 현대스포츠의 발전이 미국을 중심으로 이루어졌음이 작용하고 있다고 볼 수 있다. 미국의 경우에 있어서도 스포츠가 처음 소개되었을 때에는 유럽, 특히 영국의 영향을 받아 유희성에 바탕을 둔 정의가 형성되었으나 시간이 경과함에 따라 스포츠가 미국문화에 동화되어 미국의 현실에 맞는 정의가 형성되었다. 시대별로도 유럽의 학자들이 1950-60년대를 대변한다면, 미국의 학자들은 1970~80년대를 대변하고 있어서 시대에 따라 스포츠에 대한 개념설정이 상이함도 알 수 있다.

이러한 사조는 한국에서도 비슷한 유형으로 발달되어 한국에서의 스포츠 정의의 인지는 미국의 개념을 바탕으로 하고 있다. 이는 한국 학자 자체의 해석에 의했다기보다는 유희성에 비해 경쟁성이 지나치게 강조되고 있는 한국 스포츠계의 실정에 영향을 받았음에 의한다고 볼 수 있다.

이상을 요약하여 결론을 내리면 다음과 같다.

스포츠에 대한 고전적 정의는 고도화된 프로스포츠의 정착, 올림픽의 정치화, 경제적 요인의 증대, 사회적 확대와 동반한 다의성 증대 등의 문제를 충분히 설명할 수 없는 한계점이 있다. 현대사회에서의 스포츠는 그 내용에 있어서 경쟁적 활동이 본질적으로 강조되어야 하는 것이다. 이러한 입장에서 보면 노부부가 새벽에 공원에서 하는 배드민턴은 운동이지 스포츠는 아니다. 반면에 X-game이나 Hi-Tech Adventure는 성립요건만 갖추면 스포츠라고 할 수 있다. 그리하여 본 연구자는 스포츠라는 용어에 대해 '공적인 규칙과 조직화된 구조 안에서 유희성과 경쟁성이 내재되어 있는 인간의 자연스런 신체활동이다'는 협의적 의미의 정의를 내리고자 한다.

스포츠는 경쟁성이 절대적 가치로 존재하느냐, 부가적 가치로 존재하느냐에 따라 전문스포츠specialized sports와 여가스포츠leisure sports로 분류될 수 있다. 스포츠에 프로, 아마, 레저, 학원, 경기, 상업, 클럽 등의 접두어를 붙여 하나의 단어를 형성하는 용어가 많지만 미래사회에서의 스포츠는 전문스포츠와 여가스포츠로 분류하는 것이 타당할 것 같다. 취미로 스포츠에 참가하는 사람도 승리추구적인 입장에서의 경쟁적 요소를 강하게 대두시킬 수 있으나 기본적으로는 경쟁성은 부가적인 가치이다. 그리하여 스포츠라는 용어의 해석과 정의는 하나의 텍스트가 아니라 다양한 텍스트로 이해되어야 하는 것이다.

3) 현대 스포츠에서 경쟁성의 강화원인

스포츠에 있어서 유희성과 경쟁성은 본질적 요소로서 어느 한쪽에 치우침 없이 균형을 이루는 것이 바람직한 형태라고 볼 수 있다. 그러나 현대 사회에서의 스포츠는 경쟁성이 특히 강화되고 있다. 그 원인은 무엇일까?

사전적 해석에서 나타나듯 스포츠는 유희성, 즉 즐거움이라고 하는 오락적 요소를 포함하고 있다. 그러나 스포츠에서의 유희성은 전문스포츠specialized sports 참여자에게 있어서는 여가스포츠leisure sports의 참여자에 비해 성취될 가능성이 줄어들 수밖에 없다. 전문스포츠에의 참여자는 유희성의 절대 가치만을 추구할 수 없기 때문이다. 현대에 있어서 유희성은 참여자의 목적에 따라 개인적 차이가 존재하며, 경쟁성에 비해 유희성은 상대적으로 감소되어 가고 있는 것이다. 지난 100년간 스포츠는 수많은 제도와 규칙의 변화를 통해서 경쟁성의 강화를 이끌어 내었다.

현대스포츠에 있어서 경쟁적 요인이 강화된 가장 큰 이유는 자본주의의 발전이다. 자본주의는 경쟁의 원리에 의해 성립되고 있다. 특히 미국이 주도하고 있는 신자유주의新自由主義는 경쟁의 원리를 모든 요소에 적용하기를 강요한다. 동구의 몰락이 가져온 냉전의 종식은 중국에까지 전문스포츠의 정착화가 이루어졌다. 그리하여 경쟁성은 보다 강화되었으며, 유희성은 점차 축소될 수밖에 없는 상황이 되었다.

경쟁성 강화의 다음 요인은 스포츠 자체의 팽창이다. 고대 · 중세 · 근대에도 스포츠는 존재했었다. 그러나 스포츠가 전 인류에 대해서 현재처럼 제도화된 보편적 시스템은 아니었다. 영국의 경우 스포츠는 일부 귀족의 놀이였으며, 아시아권의 나라들과 제 3세계 국가들에 있어서는 부분적으로 형식화되어 있었을 뿐이다. 스포츠의 팽창에 크게 기여한 것은 TV의 출현이다. 올림픽이나 월드컵, 그리고 신생스포츠의 탄생배경에는 TV의 역할이 지대하였다. 1964년 동경올림픽이 사상 처음으로 전 세계에 위성 중계된 사건은 스포츠의 인류 보편화에 전환점이 되었다. 스포츠의 보편화는 스포츠 본래의 성향인 유희성의 강화로 연결되지 못하고 경쟁성의 강화로 귀결되었다.

이와 함께 정치, 경제, 사회, 문화와 결부된 스포츠의 다기능적 역할의 증대는 경쟁성을 부추겼다. 그리하여 현대사회에서의 스포츠는 공평성equity이란 명분아래 제도, 규칙의 변화를 통해 경쟁적 요소를 지속적으로 강화하고 있다. 신생스포츠도 처음 발현될 때는 유희적 개념에서 출발하지만 결국 제도나 규칙의 변화를 통해 경쟁성의 원리강화로 귀결되고 만다. 스포츠에서 유희적 요소는 상존하고, 스포츠에서 유희성의 배제는 스포츠의 내재적 가치라고 하는 존립기반을 위협하는 것이 됨에도 불구하고 현대 사회에서의 스포츠는 고도의 발달을 동경하여 경쟁적 요소가 보다 강화되는 방향으로 이끌려 가고 있다.

4) 스포츠의 구조적 틀

현대사회에서 스포츠의 영역은 확대와 발전이 급속도로 진행되고 있다. 우리의 의지와 상관없이 스포츠는 팽창되고 있는 것이다. 프로 스포츠, 아마 스포츠, 학원 스포츠, 클럽 스포츠, 대중 스포츠, 엘리트 스포츠, 여가 스포츠, X-game 등 수많은 스포츠의 유형이 대두되고 있다. 현대사회에 있어서 스포츠의 이러한 영역들은 어떠한 틀frame로 그 구조를 성립시켜야 할까? 구조적 틀이라고 하는 형식을 갖추지 않고 스포츠의 당면과제들을 해결할 수 있을까? 이 또한 다양한 방식으로 접근이 가능하겠으나 이 란에서는 인적 구성과 관련한 스포츠의 구조적 틀을 제시해 보고자 한다. 스포츠에 관계하는 인적 결합의 입장에서 그 구조적 틀은 다음과 같은 모형으로 제시될 수 있다고 본다.

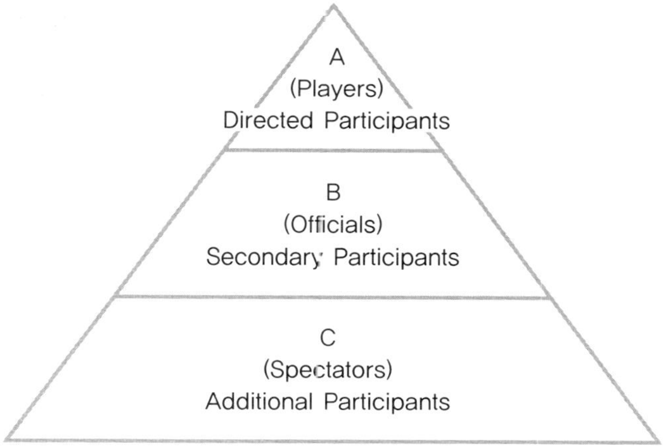

〈그림 11-1〉 스포츠의 트라이앵글 모형

스포츠에서 1차적 참가자는 경기자, 즉 참가 당사자이다. 2차적 참가자는 구단 관계자, 프로모터, 학교 관계자, 코치, 감독, 심판 등이며, 여가 스포츠에 참여하는 경우라면 팀을 이끌고 있는 리더가 경우에 따라서 1, 2차 참가자가 될 수 있다. 부가적 참가자는 관람자, TV 시청자, 방송관계자 등으로 분류되며, 이들은 1, 2차적 참가자보다 직접적 참가는 아니다.

스포츠의 성립을 위한 최소한의 필요조건을 △이라고 가정하면, A는 그 자체로서 하나의 구조를 이룬다고 볼 수 있다. B. C의 경우 자체적으로 독립해서는 △구조를 이룰 수 없으며, B. C가 결합해도 △을 만들 수는 없다. B. C는 A와 결합 없이는 스포츠의 성립요건이 갖춘 상태가 되지 못한다. 그러나 A가 B와 결합하는 경우에는 △를 만들 수 있으며, A가 C와 결합하는 경우에도 △이 성립된다. 물론 가장 이상적인 형태는 A. B. C가 결합하여 이룬 △이라고 볼 수 있다. 본 연구자는 이 모형을 트라이앵글triangle 모형이라 지칭하고자 한다.

현대적 개념에 있어서 스포츠가 구조적 틀을 형성할 경우 A가 자체적으로 독립해서 만든 △형태보다는, A+B, A+C, A+B+C로 이루어진 △이 스포츠를 해석하고 설명하는데 보다 용이한 모형임을 강조하고자 한다. A 자체만으로 성립된 스포츠는 최소한의 필요조건은 갖추었으나 현대적 개념의 스포츠는 그렇게 단순한 형태만으로는 존립가능이 희박한 상황이 되었다.

근대 스포츠는 위 트라이앵글 모형에서 주로 A영역에 한정되어 있었다. 그러나 미국에 근원을 두고 있는 현대 스포츠의 개념확대와 변이는 A, B, C의 결합을 요구하고 있다. 한국의 민속놀이는 B나 C의 시스템이 구축되지 못하여 스포츠로 정착하는데 한계가 있었던 것이다. 스포츠가 미래에는 어떻게 규정되고 적용될지 예측하기 어렵다. 그러나 예측 가능한 점은 놀이나 유희로부터 스포츠가 태동하였다 하더라도 현대적 의미의 스포츠가 성립되기 위해서는 트라이앵글 모형, 즉 A, B, C의 결합이 요청되고 있음이다. 스포츠의 내재적 의미와는 관계없이, 그러한 성립요건을 갖추지 못할 경우 새로운 스포츠는 정착될 수 없게 될 것이다. 이는 매우 단순한 문제제기이긴 하나 스포츠의 인적 구성이 혼란스럽게 난무하는 상황에서 스포츠의 구조를 이해하고 그 주체를 인식케 하는 데에는 의의가 있다고 본다.

5) 결론

스포츠의 개념과 본질에 대한 탐구는 앞으로도 지속될 것이다. 시대가 변함에 따라 모든 개념도 고정화되어 있지 않고 성격의 변화는 필연적으로 수반 될 수밖에 없기 때문이다. 스포츠의 개념은 지금까지 살펴본 바와 같이 중세에서의 스포츠 의미와 현대적 개념간에는 차이가 존재하고 있음을 알 수 있었다.

스포츠는 오락, 유희적 성격에서 출발하여 경쟁적 활동으로의 전이를 겪어왔다. 미래 사회에서는 또 어떻게 의미전환이 이루어질지 예측할 수 없다. 이 란에서는 단지 20C 후반이라는 시간적 한정성을 전제로 하여 스포츠에 대한 개념을 정립하고자 하였다. 스포츠의 사전적 정의는 오늘날의 스포츠를 명확히 설명하고 있지 못하였다. 스포츠에 대한 유희적 개념만의 강조는 시대와 부합되지 않는다고 할 수 있다. 명확한 정의가 용어사용에 혼란을 방지하는 것은 명백한 사실이기 때문에 체육 · 스포츠와 관련된 수많은 용어에 대한 지속적인 검토가 요구된다고 판단된다.

언어란 비록 우리가 그것을 차용해 왔다 하더라도 우리 문화 속에서 용해되기 때문에 하나의 텍스트가 아닌 다양한 텍스트를 통한 재해석이 필요한 것이다. 마지막으로 스포츠를 구성하는 인적인 결합요소를 모형을 통해 설명하고자 했다. 이러한 틀은 스포츠의 구조를 해석하는데 중요한 요소라 여겨진다.

참고문헌

김문겸(1993) 여가의 사회학 : 한국의 레져문화. 서울 : 한울.

스포츠사회학 세미나(1991) "미래사회와 스포츠", 미간행보고서.

이종영(1993) "후기산업사회와 스포츠사회학", 한국스포츠사회학회.

Aspin, B.(1969) Either/or(Vol. I ,II). London : Anchor Books.

Aveni, A. F.(1976) "Man and machine : some neglected considerations on the Sociology of sport", Sport Sociology. Bull. 5(1) 13-24.

Bell, D. (1973) The coming of post - Industrial society : A Venture in social forecasting. London : Heinemann.

Coakley. J.(1986) Sports in society : Issues and Controversies, 3rd ed. St. Louis : Time Mirror / Nosby College Publishing.

Deim, K.(1956) スポツの 本質. その教え, 萬有社.

Edward, H.(1973) Sociology of sport. Illinois : The Dorsey Press.

Guttman, A.(1978) From R. to R. Columbia, NY : Horcourt.

Huizinga, J.(1955) Homo Ludens : A study of the play element in culture. Boston : Beacon Press. 김윤수(역)(1981). 호모루덴스. 서울 : 까치.

Johnson, W.(1974) "From here to 2000", Sports illustrated 41.

Kenyon, G. S.(1974) A society of sport : On becoming a subdiscipline. Research Quarterly, 47(1).

McIntosh, P.(1957) Landmarks in the history of physical education. Loutledge Kegan Paul.

Singer, R. N.(1976) Physical education foundations. New York : Holt Rinebhart and Winstion.

Slusher, H. S.(1976) Man, sport and existence : A critical analysis. Philadelphia : Leaand Febiger.

Storemann, W. F.(1984) "The promised Leisure : an illusion", Quest 36(2).

Toffler, A.(1981) The third wave. London : Pan.

찾아보기(한글)

찾아보기(영어)